나 자신이고자 하는 충동

 카이로스총서35

나 자신이고자 하는 충동 私自身であろうとする衝動

지은이 구라카즈 시게루
옮긴이 한태준

펴낸이 조정환
책임운영 신은주
편집부 김정연
홍보 김하은
프리뷰 박인수·박지현·이종호

펴낸곳 도서출판 갈무리 등록일 1994. 3. 3. 등록번호 제17-0161호
초판인쇄 2015년 3월 13일 초판발행 2015년 3월 19일
종이 화인페이퍼 출력 경운출력·상지출력 인쇄 중앙P&L
라미네이팅 금성산업 제본 일진제책

주소 서울 마포구 서교동 375-13 성지빌딩 101호 [동교로 22길 29]
전화 02-325-1485 팩스 02-325-1407
website http://galmuri.co.kr e-mail galmuri94@gmail.com

ISBN 978-89-6195-089-3 04300 / 978-89-86114-63-8(세트)
도서분류 1. 미학 2. 예술사 3. 문학 4. 미술 5. 역사 6. 일본사 7. 문화이론 8. 근대사 9. 사회운동
          10. 철학

값 20,000원

이 도서의 국립중앙도서관 출판예정도서목록(CIP)은 서지정보유통지원시스템 홈페이지(http://seoji.nl.go.kr)와 국가자료공동목
록시스템(http://www.nl.go.kr/kolisnet)에서 이용하실 수 있습니다. (CIP제어번호 : CIP2015008279)

私自身であろうとする衝動

관동대지진에서 태평양전쟁 발발까지의 예술 운동과 공동체

나 자신이고자 하는 충동

구라카즈 시게루 지음
倉数茂

한태준 옮김

일러두기

1. 이 책은 倉数茂, 『私自身であろうとする衝動——関東大震災から大戦前夜における芸術運動とコミュニティ』, 以文社, 2011을 완역한 것이다.
2. 인명과 고유명사는 혼동을 야기할 수 있다고 생각되는 경우를 제외하고는 본문에 원어를 병기하지 않고 찾아보기에 병기했다.
3. 인명과 지명은 아래와 같은 예외를 제외하고 원어 발음대로 옮기는 것을 원칙으로 하였다.
   1) 요코미쓰 리이치의 『상하이』 속 등장인물들의 이름은 한국어판(소화출판사, 1999)의 표기를 따랐다.
   2) '關東大地震'에서 '關東'은 원어 발음대로 적으면 '간토대지진'이지만 보다 일반적인 표현인 '관동대지진'을 택하였다.
4. 단행본, 전집, 정기간행물, 보고서에는 겹낫표(『』)를, 논문, 논설, 기고문 등에는 홑낫표(「」)를 사용하였다.
5. 원서의 드러냄표(방점)는 고딕체로 표기하였다.
6. 저자의 대괄호와 옮긴이의 대괄호를 구분하였다. 〔 〕 속 내용은 저자의 것이며, [ ] 속 내용은 옮긴이나 편집부가 첨가한 것이다.
7. 지은이 주석과 옮긴이 주석은 같은 일련번호를 가지며, 옮긴이 주석에는 [옮긴이]라고 표시하였다.
8. 문헌들의 출처는 원어 서지사항을 먼저 적고, 저자 이름·문헌 제목·출판사명 등을 한국어로 번역한 서지사항을 대괄호([ ]) 속에 넣어 병기했다. 한국어판은 참고문헌에 수록했다.

차례

미적 아나키즘이란 무엇인가

세계주의와 벌거벗은 '생명'[1]

1990년대 이후 글로벌 자본주의의 진전 속에서 개인의 벌거벗은 '생명'이 사상적인 화제로 조명되어 왔다. 자본주의의 주변부, 제3세계나 하층 노동의 영역에서 육체 이외에 아무것도 없는 노동자가 세계적인 생산관계에 직접 편입되었다. 도시나 선진국에서 지적 작업에 종사하는 화이트칼라도 점점 자신들의 육화된 '창조성'을 극한까지 높이도록 요청받고 있다. 양쪽 모두에게서 변화와 유동성이 채무불이행default의 형태로 나타나고, 개인은 그 변화에 적응하거나 그 변화를 선점할 것을 강요당한다는 점이 공통적이다.

일반적으로 자주 언급되듯이 신자유주의에서는, 지금까지의 복지국가 체제가, 국가나 기업에 포섭되어 일정한 안정을 보장받았던 개인을 조직 외부에 매달아 놓는다고 한다. 개인은 직접적으로 불안정한 시장에 내던져지는 것이다. 전통·습관·고정된 가치관에 머무르는 것이 허용되지 않고 인간은 '자유'로워야 한다는 것, 예술가처럼 창조적이어야 한다는 것을 강요받고 있다.

게다가 2008년의 국제적인 금융 위기 이래로, 세계를 감싸 왔던 신자유주의에 대한 찬사는 그림자 속으로 자취를 감추었고, 노동이나 사회 보장의 존재 방식에 관한 의론의 폭이 다소간 넓어진 것처럼 보인다. 그렇지만 총체적으로는 개인이 점점 벌거벗은 생명으로 되어 가는 추세에 변화는 없어 보인다. 그러한 추세가 단순한 일회성 유행이 아니며, 자본주의 전체의 동향과 연관되어 있기 때문이다.

개인을 감싸던 표피가 벗겨진다는 것은, 인간이 각자의 개인적 생명을 초월한 가치나 문맥을 잃어버리고 단지 '그래도 살아 있어'라는 사실성에만 노출되어 있는 사태를 의미한다. 개별적인 생명을 초월한 가치(국가나 종교)나, 생명을 완만한 연속성 속으로 해소시키는 공동체(직장이나 가족)는 어느새 리얼리티를 잃어버리고, 사람들은 자신의 생명이 지닌 의미를 스스로 찾아내지 않으면 안 된다. 자살자와 고독사의 증가는 일상적인 삶이 완충재 없이 그대로 죽음과 직면해 있다는 것을 의미한다. 유동하는 세계에 알몸으로 내던져진 생명을 어떤 식으로 가치 매김할 것인가. 이것은 지극히 현대적인 문제라 할 수 있다.

그런데 다이쇼[2]에서 쇼와[3] 초기에 걸쳐서, 그동안 아무것도 아니었던 개인의 '생명'이 지닌 창조성을 최대한으로 강조하는 예술사상이 존재했다. 그 사상은 고독하지만 독자적인 개인, 무한히 산출되고 있는 개인이라는 모델을 내세웠다. 그것은 '나'라는 단독적인 생명 이상의 가치를 인정하지 않는다는 의미에서 아나키즘에 가까웠고, '나'는 세계의 일부인 것만이 아니라, '나'야말로 세계를 창조한다는 생각이었다는 점에서 유아론적唯我論的이었다.

'나'야말로 세계를 창조한다는 생각의 전형적인 사례는, 아리시마 다케오[4]의 작품에서 엿볼 수 있다.

> 따라서 단언컨대, 자기가 없는 곳에 세계란 없다. …… 세계를 창조하는 단위인 동시에 전체인 존재가 자기이다. 그렇기 때문에, 세계가 아름다운 것이 되기 위해서는 자기가 선한 존재가 되지 않으면 안 된다.[5]

여기서 '자기'自己라는 것은, 분출하는 생명 그것의 현현이자 표현이다. 나는 끊임없이 구체적인 형태와 실재로서 표현되고 있다. 『사랑은 아낌없이 빼앗는다』(1920)와 그 주변의 텍스트가 반복해서 강조하는 것은 주체가 보존하고 있는 것은 단지 '자기'·'나'라는 기반이며, 그 기반으로부터의 유출로서 모든 것이 시작된다는 것이다. 아리시마의 텍스트 속에서 '나'와 그 근원인 생명을 다음과 같이 '개성'·'욕구'·'자기완성' ― 다만 이것을 어떤 형태의 과정의 완결로 생각해서는 안 된다 ― '사랑' 등으로 바꿔 말하더라도 그것이 목표하는 지점은 항상 똑같다. 아리시마는 "난 단지 태어났다. 나는 그것을 안다. 내 자신이 그 사실을 아는 주체인 이상, 나의 이 생명은 누가 뭐라든지 내 소유다. 나는 이 생명을 내가 생각하는 대로 살아갈 수 있다. 내 유일의 소유여. 내가 모든 회의에도 상관없이, 결국 내 생명을 존중하고 애무하지 않고 살아갈 수 있을 것인가."[6] "나는 나의 것, 내 유일의 것. 나는 내 자신을 그 어떤 것과도 바꾸지 않고 사랑하는 것에서 시작하지 않으면 안 된다."[7]

나와 내 생명이 모든 것임을 느끼는 순간에서부터 모든 것이 전개된다고 믿는 태도는 아리시마만 갖고 있던 태도가 아니었다. 아리시마만큼 철저하게 이 사상에 끝까지 전념하여 언어화하고자 시도한 사람은 극히 드물지만, 그것은 당대의 예술 사조에 널리 공유되어 예상하지 못한 형태로 프롤레타리아트 예술 운동이나 일본 낭만파에까지 유입되었다는 것이 나의 주장이다.

아나키즘의 시대

아나키즘은 1990년대에 사상적인 관점으로서 부활했다. 맑스주의와 폭력 혁명을 호명한 신좌익이 몰락한 후, 현대사회를 비판하는 운동이 소수적인 경향에 의존해 분산적인 네트워크의 형태로 선택되었기 때문이다. 그것은 개인의 벌거벗은 생명이라는 것은 '위기'임과 동시에 새로운 가능성이라는 입장에 서 있다. 맑스주의적인 사회혁명에 있어서의 국가=당의 지도권을 인정하지 않고, 개인의 창의적인 연마가 세계를 바꾼다고 믿는 사상인 아나키즘은, 개인의 자유와 창조성이야말로 가치가 있다고 주장하며, 그 누구의 강제에 의하지 않고 개인이 자기조직적인 집단=운동을 형성하는 것이 가능하다고 생각한다.

그러나 앞서 언급했듯이 이러한 사상은 신자유주의의 사고방식이기도 하다. 자본에 봉사하는 아나키즘과 자본에 적대하는 아나키즘을 명확하게 분리하는 것은 불가능하다. 거듭 말하자면 그 어떤 사상과 신조를 가지고 있는지와 상관없이 고정된 상징적 질서가 쇠한 오늘날 네트워크 기술에 의한 커뮤니케이션의 바다에 사용되고 있는 우리들은 어느 정도로는 모두 아나키즘적인 환경 속에 살아가고 있다.

이것은 다이쇼기의 예술가들이 직면했던 문제와 매우 닮아 있다. 그 당시에는 대중의 발흥과 가혹한 자본주의적 경쟁이 진행되고 있었다. 사회는 분출된 불만이나 분쟁을 조정하기 위해서 새로운 관리·통치 기술을 필요로 했다. 그것은 일반적으로 다이쇼 데모크라시[8]라고 불린다.

도시화와 대중화는 개인이 자기의 욕망을 서슴지 않고 표명하는 것을 허용하였다. 무수한 다형도착적多形倒錯的인 욕망이 번성했다. 예술가들은 자아를 표현하는 것이 사명이라고 생각하게 되었다. 그러한 태도는 대중사회의 도래에 의해 벌거벗겨진 개인에게서 태어난 것이면서, 그와 동시에 이런 상황을 진전시키는 요인이기도 하였다. 이것은 어떤 의미에선 현재의 글로벌한 상황의 준비 과정이었던 것처럼 보인다.

다이쇼기에 일어난 변동은 일본 자본주의가 일정한 숙성의 과정을 맞이하고 있었음을 나타낸다. 개인의 사적·성적 욕망이 상품화됨과 동시에 정치적인 주장도 고조되었다. 그 예로 이 시기에 연대를 주장한 노동조합이나 농민조합이 다수 조직되었다. 〈전국수평사〉[9]나 여권신장운동 같은 주변부의 이견이 제기된 것도 이 시기였다. 그러한 주변부에는 자기 조직화하는 공동체를 향한 시선도 물론 존재하고 있었다.

백화파[10]는 개인이 권위에서 벗어나 홀로 자유로운 개인이 되는 것을 '해방'으로 인식한 최초의 예술 운동이었다. 그런데 이 낙천성은 곧 뿔뿔이 갈라져서 시대상에 따라 다양하게 분열되었다. 시인 하기와라 교지로는 도시의 하층에서 폭발하는 개인의 모습을 표기법상의 실험을 통해서 묘사했고, 곤 와지로는 빠르게 변화하는 대중의 모습을 연필로 스케치했다. 또 사토 하루오나 우노 고지[11]가 다이쇼기에 묘사했던 것은 개인이 홀로 방에 틀어박히는 것에 의해 욕망의 자유가 가능하게 된다는 역설이었다. 에도가와 란포나 다니자키 준이치로는 그러한 밀실의 욕망이 지닌 진실을 추구했다. 그리고 요코미쓰 리이치는 이러한 대중의 자기주장을 대일본 제국의 위기로서 양의적인 감정을 가지고 그려나갔다.

현재와 다른 점이 있다면, 그들은 개인의 자유라는 이러한 사고방식을 근대의 '예술'이라는 미적 이념의 내부로 받아들였다는 점이다. 우리는 그것을 미적 아나키즘이라 부르겠다. 미적 아나키즘이란 개인의 자기표현에 최대한의 가치를 두는 태도를 가진 예술에 대한 모델화인 것이다.

이 책에서 논의의 대상으로 삼은 것은 아리시마가 생생하게 그려내는 듯한, ─ 그러나 아리시마뿐만이 아닌 ─ '나'와 그 생명[삶]을 기반으로 한 미적 아나키즘의 모양과 그 기능이다. 이 주체는 한편으론 사실적인 생명을, 즉 생물학적인 생명을 중핵으로 하면서 다른 한편으론 끝이 없는 확장성과 창조성으로 이 세상의 모든 것을 미적으로 가상화한다. 이러한 사고 형태가 특별한 것이 아니었다는 점은 당대의 많은 군소 작가, 정치

활동가, 철학도나 노동운동가 들에게서 그것이 공통의 언어와 발상으로 나타났다는 것에서 확인할 수 있다. 아리시마만큼 논리적 일관성이나 귀결을 향한 열정을 갖고 있지는 않았다고 해도 그들에게서 똑같은 사상이 단편적인 형태로 표명되고 있었던 것이다.

이 책의 목적은 다이쇼기에서 쇼와 초기에 걸쳐 일본의 예술 운동을 폭넓게 지배했던 표현론적 원리를, 그 변용과 해체의 모습도 포함해서 다루는 것이다. 여기서 각 개인은 미적 창조와 향유의 주체로서 스스로를 구성한다. 이러한 원리에서 문제가 되는 것은, 메이지 말기의 사회적 속박에서 해방되어, 보다 창조적인 자유로운 '나'로서 이제 막 주체로서 새롭게 태어나는 것이다. 아리시마는 이것을 『사랑은 아낌없이 빼앗는다』의 1절에서 '나 자신이고자 하는 충동'으로 표현하고 있다.

하지만 '나 자신이고자 하는 충동'이란 무엇일까? 내가 '나 자신'이고자 한다는 것은 무엇인가? 물론 그것을 고정된 정체성을 유지하고, 동일성을 방어하고자 하는 태도로 보는 것은 잘못된 생각이다. 이 말이 이미 시간적 변화, 주체의 분열(능동적 행위자로서의 '나'와 행위의 목표로서의 '나'), 자아와 욕동, 지금 존재하는 것과 지금부터 태어나는 것 사이의 관계를 포함하고 있는 것에서 알 수 있듯이, 여기서 의미하고 있는 것은 오히려 부단한 전개와 표출, 새로운 자기의 획득, 끝이 없는 변화이자 결국엔 미적인, ─세계를 창출함과 동시에 새로운 '나 자신'을 만들고, 표현한다는 의미에서─ 창조하는 주체 구성의 원리인 것이다.

미적 아나키즘의 특징

아리시마 다케오가 기독교 신앙을 버리는 과정을 묘사한 『사랑은 아낌없이 빼앗는다』의 이어지는 일절에서는 신은 없다는 것, 즉 '나'의 생명[삶]을 초월한 것은 존재하지 않는다는 인식을 그가 얼마나 순례자와 같은 열정으로 갈구하고 있었는지가 나타난다. 그에게 종교적인 것이란 자기를 숭배하는 태도인 것이다.

신을 안다고 생각하는 나는, 신을 안다고 생각하는 것을 아는 것이다. 나의 혼란은 이것에서부터 싹트기 시작했다. 이 혼란 속에서 나는 점점 자신의 방향으로 되돌아갔다. 가리키고 있는 고향은 어느샌가 저 멀리 멀어져 버리고, 그럼에도 나는 계속하여 미끄러짐을 반복하여, 혼란에 혼란을 거듭하면서도 이윽고 고향으로 되돌아왔다.[12]

여기서 돌아갈 장소로 불리는 '고향'이란 나 자신이면서 내 생명을 말한다. 생명[삶]이야말로 열렬한 신앙이 되는 것이다. 즉, 그것은 지금 여기서 실존하고 있는 자기 자신을 향한 귀의의 고백인 것이다. 아리시마에게 중요한 것은 교의의 정당성이나 신의 유무 같은 '신학적'인 문제가 아니었던 것은 확실하다. 그가 서술하고 있는 것은 단지 '자신'이 신을 믿고 사랑하는 것이 불가능했다는 점이다. 하지만, 충분한 열의를 가지고 믿는 것이 가능하다면, 아리시마는 신이 존재하는가라는 문제 따위는 신경 쓰지 않았을지도 모른다고 생각한다. 아리시마가 사랑이란 빼앗는 것이라고 단언하는 것도 그에게 사랑이란 단어가 통상 우리가 말하는 배려나 공감 이상의 것, 즉 대상과 일체화하고, 대상을 나의 표현, 나의 생산물로 변환시킬 듯한 힘을 의미하고 있기 때문이다. "내가 작은 새를 사랑하면 할수록 더욱 더, 작은 새는 나 그 자체가 된다. 이제 나에게 작은 새는 나라는 존재 이외에 아무것도 아니다. 그것은 작은 새가 아니다. 작은 새는 나이기 때문이다. 내가 작은 새를 살리는 것이다."[13] 작은 새를 향한 사랑은 나를 향한 사랑이며, 내가 나를 표현하는 것이기도 하다. 이것은 존재와 표현을 동일시하는 것, 게다가 세계를 나의 표현이라 생각하는 사고임이 틀림없다. 이 미적 원리의 특징을 열거한다면 다음과 같다.

1. 내재주의內在主義

이것은 생명[삶]의 궁극적 의미, 그 목적은 생명[삶] 그 자신이라는 것을 인정하는 것이며, 엄격한 내재주의이다. 그리고 생명[삶]의 상위에 자리 잡은 초월적 권위나, 생명[삶]을 규제하는 사회적 규범을 부정하는 것이다. 생명[삶]이 소중한 것은 그것이 고귀한 것, 훌륭한 것, 아름다운 것으로 통하기 때문이 아니라, 생명[삶] 그 자체가 최고의 가치이기 때문이다. 게다가 생명[삶]의 발현인 욕구, 본능, 의지 등도 전면적인 긍정의 대상이 된다. 아리시마에 의하면, '본능적 생활'impulsive life이란 외부의 자극(즉, 사회적 요구나 규범)에 의해서가 아니라, '자기 필연의 충동'에서 생활을 시작하는 것에 그 '개성'이 있다. 아리시마는 거기에 '의지의 절대적 자유'가 있다고 한다. 이렇게 말할 수 있는 것도 의지가 자연이자 필연인 한에서, 의지는 도덕적 판단을 필요로 하지 않기 때문이다. "본능의 생활은 일원적이면서 그것을 견제해야 하는 그 어떤 대상도 없다. 그것은 그 자신의 필연적 의지에 의해서, 필연적인 길을 밟고 지나간다."[14] 같은 생각을 오스기 사카에[15]는 역학적인 '힘'이라고 표현한다. "생명[삶]에는 광의와 협의가 있다. 나는 지금 가장 좁은 의미의 개인의 생명[삶]을 주장한다. 이 생명[삶]의 진수는 자아이다. 그래서 자아란 요컨대 일종의 힘인 것이다. 역학상 힘의 법칙에 따른 일종의 힘인 것이다. 힘은 즉각 동작이 되어 나타나지 않으면 안 된다. 왜냐하면 힘의 존재와 동작이란 같은 의의를 지니고 있기 때문이다. 따라서 힘의 활동은 피할 수 있는 것이 아니다. 활동 그 자체가 힘의 전부이기 때문이다. 활동은 힘의 유일한 외관aspect이다."[16] 자기주장이나 반역이 생명(자연)의 불가피한 현현이라고 간주되는 이상 그것들을 제한하려는 것은 수목의 성장을 막으려는 것과 같다. 아리시마는 원칙적으로 모든 충동을 선이라고 부른다. 다만 생명의 극히 일부분밖에 대표하지 않는 열등한 위치의 충동(예컨대 육체)과 보다 큰 전인격적인 충동을 구별하고 있다. 그렇지만 여기서도 육욕이나 폭력은 그 자체로서 악은 아니다. 단지 육욕에만 사로잡혀 생명의 보다 큰 흐름을 단절해 버리는 것이 문제이다.

말할 필요도 없이 이러한 생각을 정치의 영역에 두고 바로잡으려 하는 것은 위험한 울림을 띤다. 그 어떤 초월도 인정하지 않는 철저한 내재성은 천황이라는 권위를 정점으로 두었던 메이지 국가의 법 권력에 저촉되는 것이기 때문이다. 그렇기 때문에 권력은 오스기의 '생명'의 지속, 그 자체를 잘라 버리는 형태로 보복한 것이다.

2. 생명[삶]으로의 일원화

생명[삶]의 목적은 생명[삶]이 그 자체로 존재하는 이상 스스로를 현실화하고 전개하며 표현하는 것 이외에 다른 것은 하지 않는 것이다. 그것은 결국 인간의 모든 실천이 생명[삶]의 자율적 운동의 일부로 파악되는 것을 의미한다. 모든 행위와 행동 그리고 사회활동은 맹목적 생명[삶]의 과정에 포섭되어 있다. 그중 최고의 형태는 예술 작품의 창작이다. 작게는 사람들이 하루하루 반복하는 하찮은 일상의 작업에서, 크게는 혁명과 같은 사회체의 창설까지 모두 생명[삶] 확장의 다양한 현현의 하나이자 미적 창조에 비견할 수 있다.

아리시마에게는, 정치가의 권력욕이나 군인의 무공도 '사랑의 표현' ─ 여기서 '사랑'이란, 생명이 유출되는 힘을 가리킨다 ─ 이라는 점에서는 서로 다르지 않다. 다만 정치나 군사는 대부분 조잡하고 불순한 형태로 사랑을 표현할 수밖에 없다. 현실 생활에서 사랑이나 생명은 서로 양립할 수 없는 이해관계나 장해에 의해서 저해되기 때문이다. 하지만 아리시마는 "다행히도 인류는 이처럼 품질에 따라서만 성립되지는 않는다. 여기엔 사랑의 순진한 표현을 더욱더 가능하게 하려는 사람이 있다. 그렇게 하지 않으면 견디지 못하는 사람이 있다. 그 때문에 그들은 자신들에게 이익처럼 보이는 결과에도 매혹되지 않는다. …… 이러한 사람이 정치에 관련되어 있건, 생산에 종사하고 있건, 세리稅吏이건, 창부이건, 이렇게 조잡한 생활 재료를 허용하는 한에 있어서 최상의 생활을 목표로 하는 것이다. 이런 사람들의 생활은 그 자체가 좋은 예술이다"[17]라고 말한다.

예술과 예술이 아닌 것의 경계는 폐기된다. 때문에 오스기는 아나키즘적인 반역 행위를 현대의 최고의 예술적 실천이라고 주장했다. "생명[삶]의 확충 속에서 생명[삶]의 최상의 미를 본 나는, 반역과 파괴 속에서만 오늘날 생명[삶]의 최상의 미를 봅니다. 정복의 사실이 그 정상에 도달한 오늘날, 계조階調는 더 이상 미가 아닙니다. 미는 난조亂調일 뿐입니다.…… 저는 저의 생활에서, 이런 반역 속에서 무한의 미를 향유할 수 있습니다."[18]

이것은, 예기하지 못한 부산물로 '예술의 소멸'이란 이념을 낳았다. 세계가 거대한 하나의 예술 행위인 이상, 개별 예술 작품은 더 이상 필요하지 않다. 예술은 생활 속에 녹아 사라져 버린다. 이러한 시각은 야나기 무네요시, 미야자와 겐지에 의해 명확히 표현된다.

3. 반권위주의

행위의 예술화의 정치적 귀결이 중요한 의미를 띠는 것은, 이 시대가 대중이라는 새로운 영역을 발견했기 때문이다. 말할 필요도 없이 여기서 생명[삶]은 생명[삶]의 '표현'과 동일하다. 그래서 정치 역시 대중의 의지 표현으로 간주되기 시작했고, 오스기 사카에가 명료하게 주장했듯이, 대중·군중·노동자와 같은 인간의 개별적 해방이 정치적이자 동시에 미적인 프로젝트가 되었다. 욕망의 긍정, 자신의 특이성 주장, 개성에 대한 고집 등은 더 이상 개인적인 일이 아닌 정치적인 프로그램이 되었다. 오스기 사카에는 자신의 자유연애와 반역의 향유가 그 자체로 노동운동과 결합되어 있다는 것을 의심할 필요가 없었고, 히라쓰카 라이초[19]의 여성운동은 자신 속의 '천재'를 각성시키기 위한 유심적 충동에서 시작되었다. 그는 내면적 자기 해방과 억압된 것들의 정치적 해방이 생명[삶]의 확장이자 자기표현이란 점에서 일치한다고 생각했다.

확실히 아리시마 다케오나 백화파의 면면들, 또는 표현이라는 원리를 공유하고 있던 다른 예술가들은 반드시 좁은 의미의 정치에 관계되었던 것도 아니고, 좁은 의미의 정치에 강렬한 관심을 가지고 있던 것도 아니었다. 그러나 그들에게 자신들의 예술 운동이 공적인 노동이라는 것, 즉 새로운 이상적 사회체 창설에 연결되어 있다는 것은 자명했다. 그들은 사적인 취미로서가 아닌 '인류'에 대한 봉사로서 예술 활동을 행했다. 마찬가지로 미야자와 겐지도 주위의 농민들을 위해서 노래를 만들고 극본을 썼다. 이러한 행위들은 사회 내의 이해 조정이나 자원 관리, 외교정책이나 질서유지라는 의미에서의 정치가 아니다. 그 대신에 그들이 주목한 것은, 창조적 생명[삶]이란 미적 주체의 구성이며, 동시에 사회를 구성하는 것이기도 하다는 점이었다. 왜냐하면 '나'는 사회의 매우 작은 일부이지만, '나와 그 생명[삶]만이 사회와 세계를 만든다고 생각했기 때문이다. '아타라시키무라'[20]를 시작으로 한 소규모 공동체는 이러한 사회의 모형이었던 것이다. 그곳에서 개성은 서로를 규제하는 것이 아니라, 상호 촉발에 의해 증대되는 것이라고 생각되었다.

칼 슈미트[21]는 『독재』에서 프랑스 혁명의 이론가 에마뉘엘 조제프

시에예스[22]가 명확히 한 '제헌권력'과 헌법의 관계가, 조르다노 브루노[23]를 시작으로 스피노자도 사용했던 '산출하는 자연'과 '산출된 자연'이라는 생각과 유사적analogical이라고 지적하고 있다.[24] '산출하는 자연'이란 신을 가리키고, 창조된 세계는 '산출된 자연'이라 불린다. 근대 국민국가의 인민주권 원리가 기초로 한 것도 역시 '정치화된 신학 개념'이다. 지금 문제로 제시한 미적 원리가 바로 무한히 능동적인 '산출하는 자연'으로서 '나'를 숭배하는 한, 그것이 거의 정치적인 영향을 띠고 있다는 것은 피할 수 없다. '제헌권력'(구성권력)은 국가의 최고법규인 헌법을 제정하는 권력을 말한다. 이것의 특징은 모든 권력을 통제하는 힘이면서, 결코 실체화되지 않고 잠재성에 머무른다는 점이다. 그것은 결코 눈에 보이지 않으며, 그것을 구체적으로 지명하는 것도 불가능하다. 그것은, "그 자신이 헌법에 의해 제정된 권력이 아님에도 불구하고 모든 현행 헌법에 대해서 그것을 근거 짓는 힘이 되는 형태로 연관된다. 또 이 권력 자신은 결코 헌법에 의해서 파악되지 않고 만약 현행 헌법이 이 권력을 부정하려 한다고 할지라도, 부정될 수 없을 권력이다. 결국 이것이 '제헌권력'인 것이다."[25] "모든 국가적 근원력인 민중·국민은 끊임없이 여러 새로운 기관을 제정한다. 그 권력의 한없이 잡기 힘든 심연에서는 국민이 어느 때이든지 부수는 것이 가능한, 또는 국민의 권력이 결코 그 속에서 확정적으로 한정되지 않는 여러 행태가 끊임없이 새롭게 태어나는 것이다."[26] 이러한 서술은 아리시마 다케오가 기술한 자기와 '가치'의 관계를 상기시킨다. 아리시마에 의하면 산다는 것이란 주위의 여러 현상에 대한 끊임없는 '가치 설정의 연속'이다.[27] 사회적으로는 가치의 제도화·고정화라고도 말할 수 있다. 나는 어떤 판단·행위를 행할 때마다 특정 가치를 정립하고, 그러한 집단적 응고凝固가 제도를 형태 짓는다. 하지만, '자기가 막힘이 없는 유동'인 이상, 이 제도는 항상 실패할 수밖에 없다. "자기와 인식의 대상과의 교섭에서 생기는 가치는 무엇을 표준으로 결정되는가? 그것은 바로 자기이다. 그러나 자기가 소유한 가치 표준은 가치고정론이 믿는 것처럼 일정한 것이 아니다. 자기 속에 있기에 가치표준은 항상 유동적으로 변화하고 있다."[28] 유동하는 '나'는 끊임없이 경직된 사회제도와 공인公認된 가치를 허물어 나간다.

4. 노동＝예술

노동 또한 표현에 속한다. 경제활동도 어떤 미적 생산이자 예술 행위이다. 더욱이 근대사회에서 노동은 필연적으로 집단적으로 이루어지기 때문에, 노동을 통해 미적인 공동체가 성립된다고 여겨진다.

아마도 이러한 생각을 가장 멀리 밀고 나간 사람은 야나기 무네요시일 것이다. 그의 미학 이론 속에는 작품(민예품)의 제작 행위, 먹을 것을 얻기 위한 사회적 노동, 그리고 공동체의 생성이 완전히 하나로서 융합되어 있다. 그런데 미적 창조를, 복수의 차이가 자기 촉발을 반복하면서 자발적으로 진행하는 과정으로 보는 시선은 미야자와 겐지의 작품에도 적용된다. 미야자와 겐지가 비전문가의 춤이나 연극에 매료되었던 것은 그것이 신체의 일상적 몸짓에 접속한 집단예술이라고 생각했기 때문이며, 역으로 "예술로 잿빛의 노동을 불살라라"(「농민예술론」)라고 선동할 때는, 비근한 농작업을 있는 그대로 예술로 전환시키는 것을 의도한 것이다. 여기서 미적 창조＝노동행위는 집합적 주체를 생산하는 것이며 야나기에게 있어서는 장인들의 길드(조합), 미야자와의 입장에서는 농민들의 공동체 창조와 같은 의미이다. 그러나 ― 모든 표현은 새로운 '나'의 획득, 전개이기 때문에 ― 애당초 작품 제작과 주체 자신의 창조가 불가분이라는 점을, 생명[삶]을 근거로 하는 미적 창조의 원리 자체로 생각하고 있었던 이상, 그 '주체'에는 단일한 개인만 속하는 것인지 아니면 '주체'가 집단적인 것인지라는 문제는 그저, 아직 규정되지 않은 것에 불과했다. 그리고 실제로 프롤레타리아트 예술 운동에서는, 프롤레타리아트라는 집단은 노동을 통해서 역사와 사회를 창조하는 근원적 주체로 여겨지고 있었다.

생명[삶] 권력과 아나키즘

다이쇼기, 관동대지진을 전후로 하여, 일본은 '생명정치' 쪽으로 큰 방향전환을 하게 된다. 구체적으로는 위생학, 도시계획, 사회정책 등이 있었고 다이쇼기에 고양된 데모크라시, 대의제야말로 개인 한 사람 한 사람을 '국민'으로 등록해 국가의 의사와 기능 속에 위치시키고 포섭하는 양의적인 역할을 담당했기 때문이다. 대중민주주의의 기반이 개별로 뿔뿔이 흩어진 대중의 생명[삶]에서 출발한 욕망이나 의지를 이해하고 파악한 것이라 한다면, 그것이 생명정치의 기술과 서로 닮은 데가 있다고 해도 이상하지 않을 것이다.

이것의 배경에는 러일전쟁의 승리로 완성된 것처럼 보였던 메이지 국가의 동요가 있다. 그것은 유신 이래 진행되어온 강압적인 집권화와 명망 가문에 의한 지배 체계가 표면화되기 시작했다는 것을 의미했고, 대역 사건[29]이나 쌀 소동[30] 같은 사건이 보여주는 것처럼 이미 이전의 통치 방법이 제대로 기능하지 못한다는 것을 의미하기도 했다. 이런 변화를 야기한 것은 얄궂게도 메이지 정부가 진행시킨 급속한 산업화와 자본주의화가 토해낸 광대한 '대중' 계층이었다. 그래서 실제로, 권력이란 주권을 기초로 하는 법적이고 제도적이며 경직된 규범이 아니라, 지식이나 도덕을 둘러싸고 이루어지는 미세한 게임이라는 푸코의 테제는 부권적인 정부가 통치한 메이지 국가보다 다이쇼 이후의 '대중사회'라는 상황에 더 어울린다.

이 시대상황이 미적 아나키즘과 무관하지 않음은, 이런 모델이 (그 어떤 선험적 규정도 받아들이지 않는) 익명의 '나', 즉 생물학적인 생명에 의거하고 있다는 사실로부터 간파할 수 있을 것이다. 따라서 이런 생명에 어울리는 것은 대중이라 불리는, 고향을 잃어버리고, 상호간 관련이 끊긴 유동하는 개인들의 생명인 것이다. 아리시마 다케오가 아버지에게서 물려받은 농장을 해방시킬 때, 그는 결국 부르주아지라는 자신이 속한 계급으로부터의 이탈을 자신의 손으로 이루어낸 것인데, 그것은 자신을 속박하는 사회적 정의로부터의 해방이기도 했다. 하지만 아리시마는 수개월 후에 스캔들에 휘말려 하타노 아키코[31]와 자살을 하게 된다. 이러한 이중성에서, 자유를 향유하는 무한의 자아가, 그와 동시에 아슬아슬한 생존으로 내몰려서 '벌거벗은 생명(예외상태)'(벤야민＝아감벤)으로 존재하게 되는 양의성이 드러난다. 이를 명료하게 의식하고 있던 것은 백화파에 이은 다음 세대의 시인들이었다. 그들 대부분은 자신의 의지에 의해 도시 최하층에 속하고 있었지만, 자신들이 지닌 생명의 고유성, '나'의 단독성을 향한 집착을 포기하지 않았다. 이들에게서 일관된 것은 역시 '나 자신이고자 하는 충동'이다. 교양이나 명성, 중산계급적 편안함에 갇혀 있었기 때문에 그들은 자신들이 가지고 있던 유일의 것, 즉 나의 실존의 절대성을 열광적으로 주장했던 것이다. 그 결과, 그들의 시는 – 후에 하기와라 교지로의 작품에서 그 실례를 보겠지만, – 인간의 기본적인 본능이나 욕망조차 인정하지 않는 사회에 대한 통렬한 고발이 되었다.

대표성과 적대성

하기와라 교지로는 '나를 대표하는 것은 나밖에 없다는 태도'를 일관되게 고수했다. 나는 그 어떤 것에 의해서도 대표되지 않는다. 이런 직접성의 철저한 추구에 있어서 그는 아나키즘적이었다. 아나키즘이란 각각이 매개(예컨대 대의제)를 일체 부정해서 어디까지나 개인으로서 존재하는 것을 요구하는 사상이었기 때문이다. 하지만 아리시마 다케오는 이미 「선언 하나」에서 같은 문제를 제기하고 있었다. 즉 그것은 "부르주아지에 속한 지식인이 다른 계급을 '대표'하는 것이 가능한가?"라는 형태로 제기되었다.

동시에 칼 만하임[32]은 『이데올로기와 유토피아』(1929)에서 계급이나 사회적 위치에서 유래한 존재구속성에서 자기비판적으로 이탈해 나간 '자유에 유동하는 지식인'에 관해 언급하고 있다. 자본주의의 고도화가 필연적으로 낳은 데라시네[33]형 지식인(그중에는 글쓰기 수입에 생계를 의존하는 저작가가 포함된다)이야말로, 경합하는 이데올로기 사이를 초월적으로 비판·검토하는 것을 통해 유토피아적 비전을 구축할 수 있다. 아리시마 다케오는 어떤 의미에서 이러한 자유유목지식인을 지향하고 있었다고 할 수 있다. 그가 아버지의 유산을 방치했던 것은 부르주아지라는 계급적 속박에서 자유롭기 위해서였다. 그런데도 「선언 하나」 이후 그의 자기 진단은 매우 엄격했다. "예술에 종사하고 있는 사람으로서 부르주아의 생활에 둘러싸여 그곳에서 배우고, 행하고, 생각하는 환경에서 지금까지 지냈다. 불행하게도 프롤레타리아의 생활 사상에 동화되는 것이 매우 곤란하기에 절망감을 느낀다. 생활이나 사상에 어느 정도까지는 근접할 수 있지만, 그 감정까지 나 자신에게 적용하는 것은 불가능하다고 해도 과언이 아니다."[34]

지식인의 자기 불신을 명확하게 서술한다는 점에서 「선언 하나」(1922)는 쇼와 시대의 첫 페이지를 열었다고 할 수 있다. 그것은 교양이나 미적 감수성에 의해 현실의 사회적 속박에서 해방되어 세계시민 = 자유유목지식인이 된다는 백화파적인 꿈의 좌절을 증언하고 있기 때문이다. 이후의 지식인은, 적극적으로 '고향 소실자'가 되는 것을 선택한 고바야시 히데오처럼, "최근에 '나 자신의 글에서 과장을 배제한다면, 도대체 무엇이 남을 것인가?'라고 자주 생각한다"[35]라고 투덜대든지, 맑스주의자처럼 스스로 이데올로기적인 입장을 떠맡아 특정한 관점·시야만이 세계를 구성한다고 강변할 수밖에 없었다.(구라하라 고레히토의 '프롤레타리아 전위의 눈'[36] 이론이 그 전형적인 예이다.) 물론 고바야시가 말한 '과장'이란, 자유유목지식인은 실제로 출판 자본에 의존할 수밖에 없기 때문에 저널리즘으로의 영합을 의미하는 것이겠다. 어쨌든 쇼와 세대는 자신들에게 가능한 그 어떤 인식도 '각양각색의 의장意匠', 즉 이데올로기와 미디어에 의해 오염된 니힐리즘을 회피할 수 없었다.

대표성의 문제와 한 쌍이 되는 것이 적대성의 발견이다. 이것도 대중이라는 사회 영역의 발견에서 유래하는 것이다. 대중이 고립되고 단독적인 개인들의 총화를 의미한다면, 거기에는 이미 유기적인 통합은 전제되지 않는다. 『적과 흑』의 시인들은 자신들의 '생명[삶]'만 고집하기 때문에 자신들은 사회와 화해할 수 없다는 것을 깨달아야 했다. 거기에서는 언어까지 자신들의 단독성만을 주장하고 있고 구문syntax에서 벗어나 뿔뿔이 흩어져 버린다. 한편, 프롤레타리아 작가들은 그러한 적대성을 계급 대립으로 찾아내고, 그들의 집합적 주체를 세웠다. 또 곤 와지로는 관동대지진 이후 통합이 깨지고 유동하는 사회의 모습을 사물의 변모라는 형태로 파악하려고 했다. 그리하여 요코미쓰 리이치는 사회적 적대성이 제국 열강의 상극이라는 것을 발견해 냈다.

공동체

이 책에서 언급한 대부분의 예술가들은 어떤 형태로든 자유롭고 평등한 공동체를 창설한다는 꿈을 가지고 있었다. 그중에서는 '아리시마 농장'처럼 실현된 것도 있지만, 사토 하루오의 '아름다운 마을'처럼 덧없는 몽상에 지나지 않았던 것도 있었다. 미야자와 겐지의 '이하토브'Ihatov 등은 〈라스 지인 협회〉[37]로 잠시 동안만 현실화되었다고 할 수도 있을 것이다. 이러한 공동체 구상은 그 예술가들의 예술 사조와 깊이 관련되어 있다. 또 일관되게 개인의 자립을 중시하는 조합주의적 발상이 공통되게 나타난다.

가라타니 고진은, 서양의 역사에서 계몽주의에 대한 반발로 낭만주의가 등장한 것은, '억압된 것의 회귀'(S. 프로이트), 즉 근대화가 해체시킨 사회 본연의 자세(호혜성)의 회귀라는 관점을 제시한다.[38] 회귀하는 것은 단순히 전근대적인 농업 공동체가 아니라 더 고대적이며 본래적인 사회 관계에 있었을 법한 것이다.[39] "그렇기 때문에 낭만주의는 양가적이다. 그것은 노스탤지어(향수)적인 복고주의라는 측면과, 자본=국가의 비판이라는 측면을 함께 가진다. 일반적으로는 전자가 지배적이지만, 예컨대 영국의 낭만파에서는 후자의 면이 강했고, 그들 대부분이 사회주의자였다는 것은 주목할 만한 가치가 있다."[40] 이 책의 예술가들을 가라타니가 말하는 낭만주의 좌파로 간주해도 좋을 것이다. 낭만주의 좌파의 특징 중 하나는 어소시에이션association에 기초한 사회제도(공동체)를 구상한 것이고, 두 번째는 그러한 공동체를 미적인 문제로 고찰한 것이다. 그것은 집권적인 맑스주의보다는 프루동의 초기 사회주의에 더 가깝다. 광신적 국수주의자인 야스다 요주로를 도쿄 히데키[41] 같은 국가주의자들이 적대시한 이유는 야스다에게서 잠재적인 반국가 사상이 감지되었기 때문이다. 실제로 전후에 야스다는 농본주의 아나키즘(무정부주의)으로 태도를 바꾼다.

　이러한 낭만주의적 어소시에이셔니즘associationism의 주장은 미적 원리(상상력)의 강조에 의해 구성되어 있다. 타인과 공감하고, 일치점을 추출해 내는 것은 상상력의 능력이라 생각하였기 때문이다. 함께 일하고 함께 예술 활동에 몰두하는 것으로 사람들이 하나가 될 수 있다고 야나기 무네요시나 미야자와 겐지는 믿었던 것이다.

　예술이라는 이념이 수호하고 있던 것은 주체가 세계를 능동적으로 만들어 내고 변혁해 간다는 신념이다. 칸트가 『판단력 비판』에서 미를 상상력의 자유로운 유희와 오성悟性의 일치라고 생각했을 때, 그는 미를 대상의 질에서가 아니라 주관 내부의 자율적 운동에서 찾고자 했다. 미의 창조는 외적인 규범에 좌우되지 않는 순수함으로 가득 찬 자발적인 행위, 바로 자유의 창조라고 생각했다.

　'표현'이라는 생각은 이러한 전제에 기초하고 있다. 사람이 무언가를 '표현'하는 것은 단지 그것이 그 사람 내부에서 분출하여 흘러넘치기 때문이다. 이것은 생성되는 것으로서의 자연(피시스)physis을 자기 내부에서 발견하는 것이다. 칸트는 자연으로부터 얻은 보물(재능)에 의해 아낌없이 미를 산출하고 예술사에서 후세의 모범이 되는 인물을 '천재'라고 불렀다. 상상력의 자유로운 유희는 자연의 끊임없는 산출성이다. 그래서 천재란 이러한 자연의 체현자体現者를 일컫는다.

　백화파는 이런 천재라는 개념을 문자 그대로 계승했다. 백화파는 고흐, 고갱, 톨스토이, 스트린드베리 같은 거장들의 천재성을 숭배했지만,

그것은 어떤 빈곤하고 이름 없는 인간도 원리적으로는 자기 자신 안에 있는 무한의 산출성을 해방하는 것이 가능하다는 신념과 상대적인 것으로 나타났다. 이런 의미에서 다이쇼기에 나타난 미적 아나키즘은 근대 예술 이념의 적자라 말해도 좋을 것이다.

예술이라는 이념에서 창조는 항상 '나'에게서 시작한다. 새로움, 변화는 나의 심연에서부터 다가온다. 예술가가 행하는 것은 세계를 '표현하는' 것이지만 이것은 세계의 근거를 나에게 둔 태도이며, 내가 세계를 주재한다고 생각하는 것이다. 그 때문에 '나'는 무한이 된다. 반대 입장에서 이야기하자면, 그것은 무한한 자연을 주체로 하는 그 틀 속에 가둘 수 있다. 예술적 창조라는 형태를 지니고 그 무한의 산출력은 흘러넘쳐 나오겠지만 말이다.

다이쇼 후기에서 쇼와 초기라는 짧은 기간에, 이러한 생각이 강한 사회적 관심과 하나가 되었다. 그것이 미적 아나키즘인 것이다.

예술이라는 이념이 그 효력을 잃은 현재, 우리들은 이러한 능동성을 잃어버린 것처럼 보인다. 우리들은 이미 세계의 주인이 아니며, 변화는 세계로부터 찾아와서 주체를 스쳐 지나간다. 오늘날의 아나키즘적인 예술가들이 나의 상상력, 내 개성의 절대성을 순진하게 주장하지는 않을 것이다.

이 장의 서두에 서술했던 것처럼, 현대는 개인이 조직적인 보호막을 잃어버리고, 유동하는 사회에 내던져져 버린 시대이다. 때문에 다시금 개인적인 창조성이 조명 받고 있다. 거기서 벌거벗겨진 '생명[삶]'의 의미가 정치적 쟁점으로 되어 가고 있다. 전전戰前 시기의 미적 아나키즘의 계보에

다가가는 것은 현재의 상황에서 하나의 원점을 재검토하는 작업이 될 것이다. 그것은 '생명[삶]'에서 시작하는 욕망이나 정동을 믿는 것으로, 무엇이 발생하고 무엇이 갈라섰는지, 또 우리들이 예술이란 이념을 폐기함으로써 무엇을 잃고, 무엇이 변하는 것인지를 생각하는 수단이 될 것이다.

1장

포스트 백화파 세대

이번 장에서는, 도시 공간의 급속한 변용과 연관 지어서, 백화파 이후의 예술가들이 미적 아나키즘을 어떤 식으로 자기 나름대로 변형시켜 갔는지를 탐구한다. 마치 아리시마의 죽음에 이어서 일어난 듯했던 관동대지진 이후, 일본에는 짧은 전위의 계절이 찾아온다. 그 속에서 활약했던 이들 중에는 고현학(考現学)의 곤 와지로와 『적과 흑』의 하기와라 교지로 등이 있었다. 이들에게 공통된 것은 단편화된 도시의 여러 모습에 깊이 몸을 누이면서, 지금 이 순간의 '나', 자유로운 변덕과 덧없는 표현 등을 긍정하는 태도였다. 고현학은 사람들의 집합적인 '생활'이나 욕망의 표현으로서의 도시를 순식간에 스케치했다. 한편 하기와라 교지로는 자아의 해체에 이르기까지, 개체의 순간적인 실존에 연연했다.

〈분리파 건축회〉(分離派建築会) 1920년(다이쇼 9년)에 도쿄 제국 대학 건축학과 졸업생에 의해서 시작된 건축운동이다. 건축이 '예술'이라고 주장하였고, 표현주의적이라 말할 수 있는 디자인을 전개했다.

곤 와지로 (今和次郎, 1888~1973) 오래된 민가 연구에서 출발해서 관동대지진을 계기로 요시다 겐키치와 '고현학'을 창안했다. 일상생활의 모든 사물과 행위를 기록하는 것을 지향했다. '고현학'이란 말은 고고학에서 왔다. 가정, 복장, 주택 개선 등에도 관심을 기울였다. 와세다 대학 이공학부 교수였다.

하기와라 교지로 (萩原恭次郎, 1899~1938) 시인. 군마현 출생. 미래파, 다다이즘 등에 영향을 받아 20대에 상경하여, 시집 『적과 흑』을 발행했다(동인으로 쓰보이 시게지, 오카모토 준, 가와사키 쵸타로가 있다). 1925년에 출판한 『사형선고』는 일본 근대시 사상 가장 과격한 실험을 행한 시집이라 불린다. 그 후 귀향하여 농촌시를 썼고 만년에는 민족주의적인 시를 남겼다.

자유의 아포리아

잠시 외출할 때에도 어머니에게 이야기를 하곤 했던 아리시마는, 1923년 6월 8일 철도를 타고 요쯔야, 신바시를 걸쳐 우에노에 내려서 그곳에서 기다리고 있던 여성과 함께 나가노행 열차에 몸을 실었다. 가루이자와에 도착한 것은 심야가 다 되어서였다. 아리시마와 동행한 여성은 세찬 소나기 소리에 에워싸여 다음날 9일 아침을 맞이했다.

아리시마의 산장 정월암淨月庵에서 천장의 대들보에 허리끈을 걸어 목을 매달아 죽은 두 명의 유골이 발견된 것은 한 달이 지난 7월 7일의 일이었다. 신문에 따르면 두 사람의 얼굴은 심하게 부패해 있었고, 얼굴로는 신원을 알 수 없었다고 한다. 아리시마 작가와 유부녀의 정사情死는 멋진 스캔들로서 세간을 흔들었다. 미증유의 대지진은 겨우 두 달 남짓 남아 있었다.

아리시마의 착오는 무엇이었을까? 서론에서 서술한 것을 되풀이하자면 미적 아나키즘이란 나를 '능산적能産的 자연'의 유출로 보는 것이다. 미적이라 불리는 것은 그것이 예술 창조의 모델로서 여겨지기 때문이다. 나는 나로부터 솟구쳐 나온다. 나는 나를 완성시킨다. 이것은 시간을 통해 지식과 경험을 쌓음으로써 자기를 형성한다는, 구제舊制 고등학교에서 말하는 '교양주의'의 타당함(?)과는 상당히 다르다. 순간적인 본능·욕망·충동의 절대적 긍정, 자기를 속박하는 규범의 거부인 것이다. 즉 자기숭배의 사상이며, 자기가 제로에서 완전히 새로운 것을 만들어낼 수 있다는 사고이다. 그것은 전통적 가치의 일소를 의미한다.

다카무라 고타로[1]도 "저는 예술계의 절대 자유^{Freiheit}를 원하고 있습니다"라고 말하며, 이렇게 서술한다.

누군가 '녹색 태양'을 그려도 저는 그것이 틀리다고 말하지 않을 참입니다. 저에게도 그렇게 보일 때가 있을지 모르기 때문입니다. '녹색 태양'이 있는 한 그 그림이 지닌 모든 가치를 무시하고 지나칠 수 없습니다. 회화에 있어서의 우열은 녹색과 붉은 색 간의 차별과 관계가 없습니다.[2]

그는 "예술가의 인격^{PERSÖNLICHKEIT} [3]의 무한 권위를 인정하고자 한다"[4]라고 주장한다. 원래 이 문장은 야마와키 신토쿠[5]의 〈정류소의 아침〉이라는 회화작품을 이시이 하쿠테이[6]가 비판한 것을 시작으로, 무샤노코지 사네아쓰[7], 기노시타 모쿠타로[8] 등이 연관된 '녹색 태양' 논쟁의 일부로서 기술되었다. 이시이가 가한 비판의 요점은 야마와키의 그림 속 신바시 정류소가 인상파풍의 터치인 탓에, 일본의 풍경다움^{LOCAL} ^{COLOUR}을 잃어버렸다는 데 있다. 이에 대해 다카무라는 스타일이 인상파이건, 그 무엇이건 거기에 인격·생명이 표현되어 있는지가 관건이라고 단언했다. 양식은 무엇이든 좋다. 주관은 어떠한 스타일이든, 대상이든, 선택이 가능하다. 그때 자신이 그렇게 표현하고 싶다고 '느끼고' 있었다면 태양이 녹색이었다고 해도 상관없다. 아니, 그렇게 묘사하지 않으면 안 된다. 문자 그대로 어두운 파란 하늘이나 붉은 자화상을 그려서 일본 최초의 야수파^{fauvist}로 불렸던 요로즈 데쓰고로[9]가 데뷔한 것은 이 년 후의 일이다.

예술을 통해서 자아의 절대 자유Freiheit를 표현하는 것. "삶의 확충 속에서 삶 최고의 미를 본다"(오스기 사카에)[10]는 것. 이시이 하쿠테이가 고수했던 전통에 의해 보증된 그라데이션gradation, 諧調과 리얼리티 대신에 자아의 주장이 나타난다.

자유에 대한 이러한 강조는 국가적 부권父權에서 해방되어 유동해 왔던 도시민의 감성의

요로즈 데쓰고로, 〈붉은 눈의 자화상〉 (1912~13)

표현이라고도 할 수 있다. 오스기는 확실하게 그것을 자각하고 있었고, 아리시마도 그것에 민감했기 때문에 차기 문화의 주역은 이러한 도시노동자 이외에는 있을 수 없다고 확신했다.

그러나 이러한 자유는 어떤 질서로부터도 보호받지 않고 어떤 규범도 믿을 수 없다는 불안과 동일한 것이다. 아리시마는 자아의 자유에 극한까지 경도되고, 그렇기에 격렬하게 이러한 위태로움으로 일관했던 작가이기도 하다. 그는 자기를 '불궁不窮의 유동'이라고 말하였다. 지금 이 순간 나의 진실이 다음 순간에도 그러하다고 단정 지을 수 없다는 것이다. 『카인의 후예』(1917), 『어떤 여자』(1919) 등의 작품은 항상 극단적인 자아를 지닌 주인공을 구성하는 것으로부터 시작되었다. 그러나 『어떤 여자』의 요코는 자기의 본질을 추구해온 결과 자신이 왜 이 행위를 행했으며, 이 행위가

요로즈 데쓰고로,
〈굴뚝 있는 풍경〉
(1912)

왜 행해졌는지를 이해하지 못한 채 찰나의 욕망이나 감정으로 번뇌에 휩싸이게 된다. 자아는 모든 양식樣式을 딛고서 일관된 세계를 구성할 뿐만 아니라 끝없이 덧없게 방황하는 감각의 연쇄를 해방시켜 버린다. 유동을 멈추지 않는 자아의 욕동(주지하듯이 아리시마는 그것을 '사랑'이라 명명한다)을 일거에 동결시켜 보편성으로 구제하게 된다면, 그것은 문자 그대로 죽음의 순간 외에는 남기지 않을 것이다. 모든 충동을 긍정하는 아리시마는 자살조차 삶의 표현으로서 인정하는 것을 피할 수 없다. 그는 자살에 관해서 "그것은 개성의 분실이 아니다. 육체의 파멸에 이를 때까지 성장하고 자유가 된 개인의 확충을 가리키는 것이다"[11]라고 말한다.

아리시마는 미적 아나키즘의 원리를 극도로 순화했기 때문에 두 개의 아포리아(난제)에 도달했다. 하나는 흩어지는 충동을 통시적으로 통합하는 인격이라는 상위 심급을 이젠 신뢰할 수 없다는 것이며, 두 번째는 공시적으로 존재하는 복수의 자아들의 알력을 어떤 식으로 조정할 것인가라는 문제이다. 무샤노코지 사네아쓰 등 다른 백화파들이 이 아포리아에 둔감했던 것은, 그들이 '인류'라는 애매한 공동성으로 개별의 주관이 희박하게 해소될 것이라는 근거 없는 희망을 안고 있었기 때문임이 틀림없다. 원래부터 한없이 융통성 있는 백화파의 '자아'는 언제든지 기분이나 느낌이라는 것으로 전환되어 버린다. 즉 개별적이며 고유한 것으로서의 '자아'는 동시에 언제든지 무정형한 것, 광대한 것, 잠재적으로 개인을 넘어섰다고 관상^{觀想}되었던 것으로 인식되었다. 그 때문에 개인과 집단은 간단히 일치되어 버렸다. 백화파의 인도주의^{humanism}는 구체적인 정치적·사회적 맥락으로 정립되어 있지 않았다. 실제로 만년의 무샤노코지 사네아쓰는 군국주의라는 집단적 정신에 손쉽게 설득되어 버렸다.

그러나 이 아포리아는 당시의 통치권력이 직면하고 있던 문제이기도 하였다. 즉 강권에 의지하지 않고 어떻게 도시민의 다양하고 제멋대로인 욕망을 포섭하고, 관리할 것인가. 이어지는 건축계의 동향을 보면서 이 문제에 있어서 권력과 예술의 관계를 살펴보도록 하자.

'분리'와 '표현'

1920년, 도쿄 제국 대학 캠퍼스 일각에서 졸업을 앞둔 여섯 명의 학생들이 자그마한 건축전을 열었다. 〈분리파 건축회〉라 칭한 그들의 작품이, 일본 최초의 집단적 건축운동으로 근대 건축사의 전환점으로서 이후 갑자기 뜨거운 주목을 받게 될 것이라고 그 누구도 눈치 채지 못

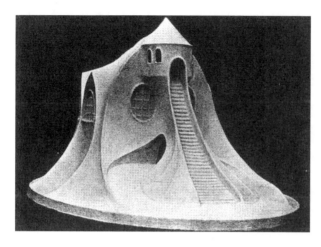

〈산의 집〉
(다키자와 마유미.
1921)

했다. 여기서 여섯 명의 학생이란 이시모토 기쿠지[12], 호리구치 스테미[13], 다키자와 마유미, 아이다 시게루, 야마다 마모루[14], 모리다 게이이치[15]를 말한다.

「선언」

우리들은 일어선다.

과거 건축으로부터 분리하고, 모든 건축을 통해서 진정으로 의의 있는 신건축을 창조하기 위해서.

우리들은 일어선다.

과거 건축 속에 잠들어 있는 모든 것을 자각시키기 위해서 침식되어 버린 모든 것을 구제하기 위해서.

우리들은 일어선다.

〈보라색 연기 별장〉
(호리구치 스테미,
1926)

우리들의 이상을 실현시키기 위해서 우리들은 모든 것을 기쁨 속에 바치고, 쓰러질 때까지, 죽을 때까지 기약한다.

우리 일동은, 세계를 향해 선언한다.

― 〈분리파 건축회〉[16]

'분리파'라는 이름은 구스타프 클림트, 요제프 호프만 등에 의해서 시작된 비엔나 제체시온sezession(분리파)에서 유래한다. 실제로는 아직 제체시온에 관해 자세히 알지 못했지만, 젊은 학생들은 미미한 풍문으로라도 전통에 반기를 들고 새로운 미를 창조하고자 하는 시대의 태동을 감지하고 있었다.

구조파 건축이 자라나는 가운데서 그들의 희망은 건축을 '예술'로서 되돌리는 것이었다. 그들이 대항했던 구조파란 도쿄 제국 대학 건축과 교수 사노 도시카타[17]를 중심으로 한 건축계 내부의 그룹을 가리킨다.

1915년 사노 교수는 '진도'라는 개념을 도입함으로서 지진의 진동을

도쿄 중앙 전신국 (야마다 마모루, 1927)

정량화하여 파악하는 것을 가능하게 하고, 세계에서 선구적으로 내진구조학의 기초를 구축하는 데 성공했다. 그 후 그는 우치다 요시카즈[18], 나이토 다츄[19] 등 제자를 인솔하고서 구조 연구에 매진함과 동시에 도시계획 외에도 주택 개량, 전원도시 계획 등에 적극적으로 관여하였다.

사노 도시카타는 공공건축이란 국가의 위신을 표상한다고 사고되었던 시대의 최후를 상징하는 인물이었다. 그는 독일 유학 시절 건축학회 앞으로 보낸 편지에서, 앞으로 건축가는 순수한 기술자로서 "어떻게 가장 단단하고 가장 편리한 건축물을 가장 저렴하게 만들 수 있을 것인가?"라는 문제에 집중해야 한다고 주장하고 있다. 다시 말해 그는 건축의 목적은 미가 아닌 사회적 유용성에 있다고 단언하고, 실제로 고토 신페이[20]라는 정치가나, 도시계획이나 주택 정책을 추진하던 관료와 연관

됨으로써 건축계에서 주류의 위치를 차지하고 있었다.

1914년에는, 사노-우치다 라인의 배후로도 알려진 노다 도시히코[21]의 '건축 비排예술론'이 발표되었다. 한편 제1회 전람회[22]에 글을 기고했던 이시모토 기쿠지의 문장은 "건축은 하나의 예술이다. 이것을 인정해 주길 바란다"라는 선언으로 시작된다. 그것은 건축을 예술로서 인정하는 것, 다시 말해서 건축가를 작품의 주체로서 확립하는 것을 의미한다. 익명의 기술이 아닌 건축가의 주관·자아가 건축물을 자유롭게 창조하고 만들어 낸다. 이는 당연히 백화파로 대표되는 자아 예찬의 풍조와도 연관이 있다.

분리파 건축계의 젊은이들은 사노를 비롯한 건축계의 합리주의에 반발한 사람들이었다. 분리파 건축계의 작품에는 실제로는 독일 표현주의의 영향이 현저하다고 여겨지고 있다. 현실의 건설을 염두에 두지 않은 공상적인 스케치, 곡선이나 곡면을 많이 사용한 매시브massive한 조형, 선명하면서 풍부한 색채, 지면에서 벌떡 머리를 든 산등성이나 유기체를 떠올리게 하는 형상 등. 독일 표현주의도 바이마르 체제의 혼란스런 사회 정세 속에서 고독한 개인의 불안이나 원망, 감정 등을 표현하고자 한 것이다. 독일 표현주의에서는 안정된 규범에 기초해서 외부를 묘사한 것 이상으로, 내면적인 감각·정서의 표현도 중시되고 있다.

그들이 단지 구조파를 향한 저항으로서 일어섰다 하더라도, 어떤 의미에서 분리파의 등장에는 필연성이 있었다. 건축사가인 이나가키 에이조[23]는 철근 콘크리트 등의 혁신적인 기술이 오히려 건축가들을 혼미하게 했다고 말한다. 신기술에 의해 가능한 형태의 폭이 넓어졌기 때문에 건축계에서는 보다 새로운 디자인이 요구되고 있었다. 하지만 건축가들은 아직 벽돌 구조의 형태에서 벗어나지 못하고 있었다. "새롭게 등장한 철과 콘크리트라는 중추 자재는 건축가에게 희망인 동시에 큰 부담이기도 했다. 철골구조나 철근 콘크리트 구조가 구조적으로 뛰어나다는 점은 누차 입증되었고 그런 의미에서 이 새로운 건축 기법은 촉진되었다. 그러나 그와 동시에 초래된 구조의 자유로움, 즉 어떠한 외형도 가능하다고 생각될 수 있는 자유로운 구조가, 디자인적으로는 오히려 부담을 가중하였다."[24]

결국 분리파가 원한 자유는, 사실 사노 교수 등의 구조파가 추진했던 신기술에 의해서만 가능한 것이었다. 하지만 '과거의 건축'으로부터의 분리, 전통적 규범으로부터의 이탈이라는 프로그램은 필연적으로 모든 결정을 공중에 매달아 버린다. 거기에는 선택을 가능하게 하는 컨텍스트[25]가 존재하지 않는다. 분리를 단행하는 한, 어떠한 양식의 선택도 가능해진다 – 결국은 불가능해진다 – 는 것은 초장부터 의식되고 있었다. 다음 문장이 서술하고 있는 것은 양식주의의 부정이 모든 양식을 받아들이게 되어 버렸다는 패러독스(역설)에 있다. "분리라는 것의 의미가 오로지 예술을 사멸시키고자 하는 모든 주형이나 형식과 표현을 구속하는 답습에서 분리한다는 의미인 이상 분리파는 단 하나의 양식에 대한 명칭이 아니다. 그 어떤 양식 예술도, 그 어떠한 유파 예술도 창작된 것인 한에서 모두 분리파에 포함된다. 그것이 자연파이든, 낭만파이든, 상징파이든, 또는 인상파이든 그것이 지니고 있는 성질을 받아들이는 것에서 출발한 운동인 것이다."[26]

약관 26세의 호리구치 스테미가 쓴 이 한 문장에서 분리파가 안고 있는 아포리아가 충분히 표현되고 있다. 사실, 결성된 지 몇 년이 지나지 않아, 분리파는 나중에 가담한 구라타 치카타다[27], 야마구치 분조[28]도 포함하여, 르 코르뷔지에류의 모더니즘이나 인터내셔널 스타일, 고전주의 등 각각의 자질에 따라서 해체되어 갔다.

분리파가 처음부터 직면하고 있던 문제를 다음과 같이 세 가지로 정리할 수 있을 것이다. 첫째로 모든 양식이 동일한 차원으로 의식될 때, 제작자는 의거해야 할 근거를 잃어버린다. 공허하지만 이 막다른 골목을 돌파하기 위해서 무한히 자유로운 자아가 도래한다. 자아가 무모한 결단을 행할 때에만 그것은 외부에 의존하지 않는다는 의미에서 내면성의 진정한 표현을 나타낼 수 있다. 하지만 이는 "내가 이것(이 형태)을 원했던 것은, 내가 이것을 원했기 때문이다"라는 동어반복tautology에 빠져 버린다. 결국 필연성을 확보할 수 없다. 둘째로, 그 때문에 이 필연성을 보완하는 것으로서 대중성popularity이 요구된다. 애초부터 대학을 졸업하고 어떠한 실적도 없는 〈분리파 건축회〉 구성원들의 주장이 논의를 불러일으킨 것은, 선언 발표 직후 시로키야 백화점에서 그들의 작품 전시회가 열렸고, 그것이 신문 잡지에 크게 보도되었다는 상황 때문이었다. 결국 그들의 자유로운 자아는, 매스미디어의 구성에 의해서 지탱되고 있었던 것이다. 셋째로 그들의 작품이 유기적인 곡선을 묘사하면서 위쪽과 옆쪽을 향해 퍼져 나가는 경향을 지니고 있음과 동시에, 내향으로 닫혀 있는 공간의 충실함을 형성하는 경향을 가진다는 점이다. 물론 이것은 자율적인 내부공간의 발견으로 높이 평가할 수 있다. 건축비평가인 하세가와 다카시[29]는 여기서 '자기'를, 신기한 조각적 형태(다시 말해, 물질적 외부)로서가 아니라 사용자가 지각하는 내부로서 조형하고자 하는 의지를 발견한다. 그러나 이러한 점은 문예에서의 사적 공간에 대한 지향을 다루는 다음 장에서도 공통된 것 같다. 둘 다 건축에 있어서의 내부를 외부 세계에 의존하지 않는 자율적인 공간으로 인식하고 유토픽^{utopic}한 몽상이 자라는 사교적인 장소라고 믿었기 때문이다.

분리파는 주관의 자유로운 '표현'이 실은 익명의 합리성, 권력에 의한 관리와 상보적이라는 점을 보여주었다. 사노 도시카타의 도시계획이나 규범은, 단순한 상부로부터의 통제가 아니라 꼼꼼히 배치된 관리 시스템과 개별적이고 제멋대로인 주관의 일상적 행위의 경계에서 성립한 것이라고 평가되고 있었다. 거기에 덧붙이자면, 다이쇼 시기에 융성했던 생활개선 운동도, 일상의 행위를 합리적이고 효율적인 규범에 따라 분절화하고 조직하고자 한 것이었다. 그런데 보통선거권과 대의제에 의해 기능하는 의회제 민주주의야말로 그 조직화 중에서 가장 두드러진 모습이었다고 할 수 있다. 다시 말해, 수많은 내면과 행위를 단일한 주체로서 구축하기 위한 기술이 문제시되던 시대였다. 거꾸로 말하자면 명시적인 국가의 상징, 메이지의 부권질서에 의해 통제 불가능한, 복수의 역동이 교착하는 장소로서 사회적 영역이 부상하기 시작했다. 여권운동이나 1922년에 결성된 〈전국수평사〉도 그러한 힘의 존재를 보여주었다. 1905년 히비야 방화 사건[30] 이래 다이쇼 시기의 '제국'은 쌀 소동(1918년), 중국의 5·4 운동, 조선의 3·1 독립운동(둘 다 1919년)이라는 내외의 민중봉기를 경험했고, 1923년 관동대지진에서는 유언비어에 의한 학살이 발생하는 무질서를 드러내었다. 그리고 쌀 소동을 계기로 한 식료품 증가책(조선에서의

산미증식계획)이 조선 농부의 기아를 초래하고 내지로의 노동이민을 증대시킨 것처럼, 국제관계뿐만 아니라 내지와 외지의 관계도 이미 즉각적으로 상호작용적인 것으로 되고 있었다. 박열[31]이 재일 한국인 저항운동 기관지 『못된 놈(후토이센진太い鮮人)』(못된 조선인을 뜻하는 '후데이센진'不逞鮮人을 패러디한 단어)을 1922년에 발행한다. 일본은 국가의 틀을 넘어서 크게 유동을 시작하고 있었다.

　　나라와 나라, 본국과 식민지의 경계를 관통하면서 작동하는 도시 – 사회의 밑바닥에서 벌어진 아나키 – 야말로 후에 요코미쓰 리이치가 망상한 것이지만, 아리시마 또한 그러한 환상과 무관했다고는 생각할 수 없다. 그는 사회라는 직물조직이 여러 조각으로 찢기고, 개별의 주관성이 폭발할 가능성을 예견하고 있었다. 그는 다른 백화파 사람들처럼, 자아가 시스템의 존재를 망각해서 확대하여 시스템이라는 기술이 없어지고, 자연스런 조화에 도달한다는 잠꼬대 같은 말을 믿을 수 없었다. 아리시마가 자신의 농장을 해방할 즈음에, 경제학자인 친구 모리모토 고키치[32]에게 수고를 끼치면서까지 경제적 평등을 확보하는 농장의 법적 규정·규약에 얽매인 모습은 무샤노코지의 '아타라시키 무라'의 무계획성·방임주의와 현저한 대조를 이루고 있다. 그가 기술의 필요성을 부정하지 않았던 것은 작위성을 싫어했던 백화파 가운데에서 색다른 모습이었다. 그는 사회가 살아남기 위해서는 기술이, 다만 지금과는 다른 시스템이 필요하다고 느끼고 있었다. 그 시스템은 달리 말하면, 제4계급에 기초를 둔 시스템이다. 그러나 이것이 독재적인 집권에 의거하는 사회주의와도 다른 것임은 틀림없었다. 「선언 하나」에서 그가 기술하고 있는 것은 무언가를 대표하는 것의 비논리성, 철두철미하게 단지 그것뿐이다.

> 노동자는 크로포트킨, 맑스 같은 사상가까지도 필요로 하지 않는다. 오
> 히려 그런 것들 없이 가는 것이 그들의 독자성과 본능적인 힘을 보다 완
> 전히 발휘하게 만들지도 모른다.……이후 제4계급에도 자본 왕국의 덕
> 이 평등하게 분배되어, 노동자가 크로포트킨, 맑스, 그 외의 심오한 생활
> 원리를 이해하게 될지 모른다. 그리고 거기서 하나의 혁명이 성취될지도
> 모른다. 그러나 그런 일이 일어난다면, 나는 그 혁명의 본질을 의심하지
> 않을 수 없다. 프랑스 혁명이 민중을 위한 혁명으로서 발발했음에도 불
> 구하고, 루소나 볼테르 등의 사상과 관련되어 일어난 혁명인 만큼, 그 결
> 과는 제3계급의 이익으로 돌아가서 실제의 민중 즉 제4계급은 오늘날
> 에 이르기까지 이전의 상태 그대로 남아 있다. 현재의 러시아의 현상을
> 보아도 이 불안감은 여전히 있는 듯 보인다.[33]

크로포트킨은 아리시마에게 결정적인 영향을 준 사상가였다. 다
만 아리시마는 어떤 뛰어난 사상이 있어도 민중이 타인에게서 받은 말
을 가지고 자기를 이야기해서는 안 된다고 확신했다. 자기는 자기에 의해
서만 말해질 수 있다. 자기는 순수하게 자기만을 대표한다. 그것은 백화
파의 원리(동어반복)를 백화파가 파괴하는 지점을 넘어서까지 일관하는
것을 의미한다. 사람은 타인의 작품에 자아를 투사하는 것이 불가능하
다. 때문에 어떠한 작가·지식인도 민중을 대변한다고 믿어서는 안 된다.
아리시마가 바라던 것은 모든 자아의 직접성을 체현한 사회주의였다. 이

러한 자아의 요구에 충실했다는 점에서 아리시마는 단연코 백화파였다. 그런데 그가 예견했던 자아의 분산은 대지진을 계기로 모두의 눈에 드러나게 되었다.

지진과 '부락건축 논쟁'

　진도 7.9의 격렬한 진동이 관동 지방을 덮친 것은, 1923년(다이쇼 12년) 9월 1일 오전 11시 58분의 일이었다. 요리에 사용되었던 불이 강풍으로 인해 시내 약 팔십 개소를 태우고, 도시는 금세 화염에 휩싸였다. 사망자 수 99,331명, 행방불명자 수 43,476명, 부서진 가옥은 약 25만 호, 완전히 소실된 가옥은 45만 호에 달했다. 그 유명한 관동대지진의 일이다.

　그런데 주지하듯이 지진이 일본 근대사에 새긴 상흔은 자연의 직접적인 맹위 때문만이 아니다. 헌병 대위 아마카스 마사히코가 아나키스트 오스기 사카에와 그의 정부 이토 노에, 조카 다치바나 소이치를 학살한 아마카스 사건, 노동운동가인 가와이 요시토라 등 10명이 가메이도 경찰서에서 죽임을 당한 가메이도 사건, 게다가 "조선인이 습격하고 있다", "우물에 독을 넣었다" 등의 유언비어에 혹하여, 군과 자경단 등이 수천 명이나 되는 조선인·중국인을 참살한 것 등, 사회의 무질서는 오히려 지진 후 수 주에 걸쳐 역사상 그 유래를 찾아볼 수 없을 정도로 어두운 면을 지니고 부상했다. 대도시 도쿄는 이렇게 드러난 폭력과 혼란의 그림자를 불식시키지 못한 채, 쇼와라는 시대로 진입하게 되었다.

그렇지만, 불안은 불안으로서 남겨둔 채 부흥은 진행되었다. 당국에 의한 지원이나 지도보다도 빨리, 민중은 어쨌든 최저한의 생활 기반을 다시 일으켜야 했다. 그리하여 지진으로부터 대강 1년 후에는 『규슈일보』 기자인 스기야마 나오키, 다시 말해 이후의 유메노 규사쿠[34]는 다음과 같이 쓴다.

높은 곳에 올라가서 보니, 저 멀리 부락의 바다가 펼쳐져 있었다. 파랑·빨강·갈색·하양·검정·노랑·자주·잿빛 등의 지붕이 철판 지붕과 한곳에서 태양 아래 파도를 만들며, 횃불의 숲으로 밀어닥치고, 철교와 작은 산을 기어오르고, 굴뚝을 피우며, 끝내는 은회색의 하늘 아래서 연기처럼 사라져 간다. 그 사이에 검게 그을린 고목나무가 쓰러지고 있는 폐허 같은 건축물들이 어른거리고, 매연이 뿌옇고, 구름이 지나가고, 솔개가 춤추며, 비행기가 지나간다.

지진 후 얼마 지나지 않은 작년 9월 14일에 찍은 사진을 보면, 한 마을 안에 두세 채 비율로 서 있던 것이 지금은 대부분 앞을 가로막고 첩첩이 서 있다 말해도 무방할 것이다. 세균이나 벌레의 힘도 무섭지만, 인간의 힘도 양성한다면 대단한 것이다.[35]

「노상에서 본 새로운 도쿄의 뒷모습」, 「도쿄인의 타락시대」는 1924년에서 1925년에 걸쳐 『규슈일보』에 연재되었다. 여기서 유메노 규사쿠는 지진을 계기로 도쿄의 세태가 어떻게 방탕하게 변해 가는지를 개성 있는 필체로 서술하고 있다. 그가 묘사하는 것은 도촬의 유행이나 불량 소년·소녀의 생태, 비전문 성노동자에 의한 매춘의 횡행이다. 그러나 그러한 무질서가 유메노의 눈에는 도쿄의 '타락'으로 보였다고 하더라도 그곳에서는 모든 것이 초기화된 상태에서 시작하고자 하는 분방한 활기 같은 것이 느껴지고 있었다. 불탄 자리에서 무리 지은 부락은 바로 그 상징적인 광경임이 틀림없다. 사람들은 '세균이나 벌레' 같이 왕성하게 대지를 침식하고 있었다.

부락barrack이란 지진 직후 급하게 세워진 임시가옥hut을 뜻하는 것이 아니다. 임시가옥이 텐트나 거적으로 만든, 비바람을 피하기 위한 최소한의 보금자리shelter에 지나지 않는 것에 비해, 부락은 어떻게든 의식주를 해결하거나 장사를 하기 위한 기능을 구비하고 있다. 기본적으로는 개인이 자신의 기지로 세울 수밖에 없고, 그렇기에 임시 주거지이면서도 자신의 취향에 맞춰서 장식하고 싶다는 욕구가 생겨나는 것은 당연한 일이다.

당시의 도쿄에는 낮은 가격으로 부락의 장식을 담당하던 단체가 존재하고 있었다. 그중에서 가장 중요한 것은 곤 와지로 등의 〈부락 장식사裝飾社〉였다.

이번 재난에 처하여, 지금까지 특별한 주장을 지니고 있던 우리는, 인습에서 벗어난 아름다운 건축물을 위해 가두에서 일하기로 합의하였다. 부락 시대의 도쿄가 우리의 예술을 시험할 좋은 기회라고 믿는다.
부락을 아름답게 하는 일 전부 — 상점, 공장, 레스토랑, 카페, 주택, 여러

사회 그 외의 건물 내외의 일[36]

지진이 발발한 지 채 한 달이 지나지 않았을 때, 곤 와지로 등은 가두에서 이러한 선전 유인물을 뿌리고 있었다.

가지고 있던 재료와 페인트만으로 부락을 장식하는 〈부락 장식사〉의 활동은 세간의 화제가 되었고, 곤 와지로 등에게 연이어서 주문이 들어왔다. 거리의 불탄 구역들이 멋진 부락으로 그 모습을 탈바꿈하며 증식되고 있었다. 정면에서 거친 터치로 거대한 기린상을 그린 '카페 기린'(1923), 모두 새까맣게 칠한 '제국대학 세틀먼트'(1924) 등이 잘 알려져 있다.

〈부락 장식사〉는 주택 연구가인 곤 와지로와 도쿄 미술학교의 후배와 제자들에 의해 결성되었다. 그 멤버의 대다수는 당시의 전위 미술 단체인 〈센토사〉尖塔社의 구성원들과 겹친다. 곤 와지로 자신은 와세다 대학 건축과의 조교수였고, 그 전前해에 『일본의 민가』(1922)라는 일본 최초의 전문적인 민가 연구를 발표한 명석한 연구자였다. 이 민가 연구는 야나기타 구니오[37] 등이 조직한 〈하쿠보회〉白茅会라는 그룹에 참가하는 것으로 이루어지고 있었다. 곤 와지로가 발판 위에서 솔로 칠을 하고 있으면, 밑에서 "어이 미장이, 돌아가는 길에 우리 집에도 들렸다 가 주오"라고 말을 걸어오곤 했다. 그러한 분위기 속에서 〈부락 장식사〉의 활동은 진행되고 있었다.

미술사가인 오무카 도시하루[38]는 다이쇼 말기 신흥 미술 운동의 전개에 〈부락 장식사〉를 시작으로 하는 건축활동이 해방적인 비전을 부여한 것이 아닌가 하고 지적하고 있다.[39] 당시 〈부락 장식사〉 이외에도 무라야마 도모요시, 야나세 마사무 등의 〈마보〉MAVO 40, 미술학교 계통의 〈자영사〉自零社, 그리고 오쿠무라 도큐, 기노시타 시게루 등 일본 화가들이 참여한 〈일요사〉日曜社, 디자이너, 공예가 중심의 〈X회 예술운동〉 등이 부락 장식에 손을 대고 있었다. 그들은 이미 다다이즘·미래파에 의해 '전위'의 세례를 받고 살롱회화의 파괴를 외치고 있었지만, 지진

<카페 기린>
(곤 와지로 컬렉션, 공학원 대학 도서관 소장)

에 의한 파멸은 그들이 액자를 버리고 직접 사회와 맞부딪치는 것을 가능하게 했다.

그러나 〈부락 장식사〉의 활동은 생각지 못한 방향에서 공격을 받게 된다. 그것은 〈분리파 건축회〉의 일원인 다키자와 마유미의 비판이다. 신문과 잡지를 통해서 곤 와지로와 다키자와 간의 설전이 시작되었다. 다키자와의 주장은 그의 분리파로서의 입장을 생각하면 지극히 명쾌하고, 세계적인 모더니즘의 전개에 입각해서도 타당한 것이다. 다키자와는 말한다. "건축가로서의 주문은, 화가도 조각가도, 건축미의 본래적이고 본질적인 것을 깊이 응시하라는 것이다. 건축예술(이 단어는 조금 딱딱하

지만, 건축술^{Baukunst}을 의미한다)의 독자적 영역으로까지 나아가고 싶은 것이다."[41] "덧붙여진 장식을 걷어 내는 것에서, 진정한 건축 예술이 시작하는 것이다."[42] 애초에 분리파의 출발점은 '건축은 하나의 예술이다'라는 주장에 있었다. 앞서 서술했듯이 사노 도시카타 등 구조파의 패권에 대항하기 위해서, 그들은 표현으로서 건축 및 – 그 주체로서의 – 예술가 = 건축가를 회복하는 것을 시도했다. 다키자와는, 그 당시의 장식은 건축적 '진실'의 발현을 결여한 광란과 방자이고 필경 '허위의 위용'에 불과하다고 그것을 강하게 부정한다.[43] 물론 다키자와의 주장을 뒷받침하고 있는 것은 백화파적인 '자아'에 대한 믿음이다. 그들은 매우 단독적인 '자아'가 동시에 보편적이기도 할 수 있다고 믿고 있었다. 그러한 관점에서 본다면 다키자와가 부락의 장식을, 미술학도들의 변덕이며, 부락이라는 캠퍼스에 적당한 그림을 그리는 것뿐이라고 판단해도 이상하지 않다. 건축의 표현 주체인 건축가만이 건축(미)의 '본질'을 창조할 수 있기 때문이다.

한편 곤 와지로의 반론도 지극히 명쾌한 논리로 관철되고 있다. 우선 그는 건축 작품의 주체로서의 건축가라는 상을 인정하지 않는다. 오히려 작품은 사용자의, 다시 말해 지진으로 거리에 나오게 된 피난민들이 거주하는 장소들의 욕구를 표시한다.

예를 들어 실내 장식에 있어서는 인생 속 세상을, 생활을, 그곳에서 빚어지는 사람들의 기분을, 그것들의 흐름대로 현악기의 정교한 연주를 교차시켜 벽에, 천장에, 생활의 반주로서 창작하고 싶다는 것이다. 사람들은 어떠한 설명도 필요 없이 그것을 긍정하고자 하고, 그 환경의 유혹에

만족하고자 한다. 범접할 수 없는 위엄으로 사람들을 품고자 하는 마음을 갖추고 임하는 일이라 생각하고 있다.[44]

곤 와지로에게 장식은 주체에게 일관되게 정위定位될 수 없는 세상·생활·기분이라는 '흐름'을 표현하는 것이다. 마치 부락이 불탄 자리에서 잡초같이 자라난 것처럼 곤 와지로는 사람들 사이에서 생겨난 자의恣意나 변덕스러움을 긍정하고자 하였다. 여기에는 고현학考現学을 거쳐 후에 유행에 관한 학문을 창시하고자 한 곤 와지로의 지향성이 명확하게 나타나고 있다. 그는 "우리들이 생각하는 장식이라는 일은, 건축의 입체 구성 리듬과 함께 활동하는 것이며, 또는 그것에서 벗어나서 활동하는 것도 있지만, 어느 쪽이든 인생이 물질의 표면에서 요구하는 지점의 그 무엇인가이다"[45]라고 말한다. 즉 장식은 입체 구성으로서 건축으로부터 독립적인 가치를 지니고 있고, 무엇인가를 표현하는 것이라고 해도 건축의 '본질'이라 말할 수 없다. 오히려 그것은 여러 가지 '인생'과의 연관을 지니고 있다. 이러한 발상은 그의 민가 연구 과정에서 형성된 것이라 해도 무방하다. 『일본의 민가』에서 그는 각지의 농가·개척가옥·숯막[46]이라는 다수의 비도시적 가옥을 문제 삼으면서 그것들을 미적으로 평가하는 것도, 그것들의 역사적 경위에 다다르는 것도 아니다. 그는 단지 그 구체적인 표현에서 느껴지는 각 토지들의 생활양식에만 주의를 기울이고 있다. 곤 와지로의 눈에 건축은 미적·역사적 대상이라기보다 사람들의 생활과 그 변화를 나타내는 것이었다.(그러나 그 때문에 곤 와지로의 민가 연구는 그 후, 부정되어 고립되게 된다.)[47]

'고현학'

곤 와지로의 특징은 철저한 표층성의 옹호와 변화의 긍정이다. 물론 장식뿐만 아니라 부락 건축 그 자체가 수년 후에는 해체당하는 가건물에 불과했다. 이러한 곤 와지로의 생각은 보편적이면서 무시간적인 '미'라는 백화파적 관념과 정면으로 대립한다. 하지만 한편으로 현대성modernity이란 순간적인 것에 대한 감수성이 아니었던가? 예를 들어 보들레르에 의하면, 현대 예술가에게 필요한 자질이란 미세한 사물의 변화를 재빠르게 파악하고 민첩하게 정착해 보이는 능력이다.

만약에 하나의 유행mode이, 의복의 재단법이 세밀하게 변화하고, 리본이나 버클을 꽃모양 장식이 대신하는 것, 모자의 장식리본의 폭이 넓어지는 것, 틀어올린 머리를 목덜미 위에서 한 단 아래로 내리는 것, 벨트 위치를 높이는 것, 스커트가 넓어지는 것 등과 같은 것이라면, 엄청나게 먼 곳에서 그가 지닌 매의 눈은 이미 그것을 간파하고 있었다고 믿고 싶다. 그래서, 지금이나 다른 이들은 잠들어 있을 때, 이 남자는 자신의 테이블 위에 몸을 굽히고서 좀 전의 사물 위로 흘러가는 것과 같은 시선을 한 장의 종이 위에 예리하게 비추고 연필, 펜 또는 붓을 검처럼 휘두르고, 유리잔 속 물을 천장에 세차게 흩날리고 셔츠로 펜을 닦고, 마치 영상image이 자신에게서 도망치는 것을 무서워하는 것처럼 부리나케, 격하게, 활발하게 움직이고, 혼자 있으면서 시비조로 나와 내 몸을 괴롭히고 있다.[48]

이 문장은 곤 와지로가 창시한 고현학과 맞춤한 듯한 서술처럼 쓰여 있다. 다시 말해 고현학은 보들레르가 1860년대에 도입한 "일시적인 것, 변하기 쉬운 것, 우발적인 것"이라는 미적 표준이, 일본에서 철저하게 개화한 것이었다. 보들레르가 말하는 '화가'처럼 곤 와지로 등은 "가는 곳마다 현재의 삶의 일시적인, 순간의 미를" 찾는다.

하지만 세부로 향한 이러한 시선은 도시에 대한 지각의 변용이라는 경험과 연결되어 있다. 그것은 도시를 관찰하는 사람의 눈앞에, 연계가 결여된 무수한 이미지군의 흩어짐으로 나타나는 경험에 기인하여 성립한다. 즉 도시의 거리는 원근이 없는 파노라마, "삶의 모든 요소의 동적인 매력을 표상하는 만화경kaleidoscope"(보들레르)[49]이 된다. 그러한 지각을 가능하게 한 것은 결국 지진이라는 위기였다.

그것은 다이쇼 12년(1923년)의 지진이 일어난 때부터였다. 나는 잠시 이전의 죽음의 도시에서 도망쳐온 예술가들과 똑같이 어안이 벙벙해 있었다. 그러나 우리는 그때의 도쿄의 흙 위에 서 있었다. 그리고 그곳에서, 응시하지 않으면 안 되는 것에서 많은 것을 느꼈다. 우리들은, 적어도 내 자신은, 그곳에서 그럭저럭 영업하는 사람으로서 미장이를 시작하고, 또는 작은 조사 등을 하면서 매일 불탄 들판을 헤매었다. 내가 눈에 보이는 여러 가지를 기록하는 것에 심취했던 것은 그때 즈음이었다. 그곳에서 사람들의 모든 행동을 분석적으로 바라보는 것, 그리고 그 기록 방식에 관해 공부했던 것, 그러한 것들이 아무것도 아니었던 황량한 벌판 위의 나를 재촉했던 것이었다. 물론 그 이전, 산 속이나 불편한 시골 지역에서 여러 가지 기록을 하는 작업에 상당히 익숙해져 있었기 때문에, 마침 그런 환경에서 행했던 것과 같은 기분으로 진행할 수 있었던 것이다. 지진이 일어나기 전까지는 대도시에 관한 사물의 기록이라는 것은 너무나 복잡한 것이기 때문에 감당할 수 없는 것이라고 생각할 수밖에 없었지만, 원시적인 상태로 바뀐 그 당시의 도쿄에서는 기록 작성이 용이하다고 생각되었던 것이다.[50]

보들레르가 예술가를 "죽음의 그림자에서 막 탈출해온 남자"[51]라고 불렀던 것처럼 곤 와지로도 '죽음의 도시' 도쿄의 회복 과정에 나타나는 현상을 스케치함으로써 수집하고자 하였다. 급속하게 변모해 가는 도시의 유흥, 그것은 유메노 규사쿠가 깊게 한탄했던 것이지만 이것이 고현학의 탄생을 재촉했다.[52]

고현학의 발단은 1925년의 '도쿄 긴자거리 유흥기록'에 있다고 여겨진다. 여기서 곤 와지로와 〈부락 장식사〉 동지이기도 했던 요시다 겐키치[53]는 『부인공론』 기자들의 손을 빌려 "긴자를 산책하는 사람들의 수, 종류, 동작 및 모든 복장에 관련된 것"[54]을 조사·기록했다.

'고현학'이란 명칭이 사용된 것은 1927년 신주쿠 기노쿠니야에서 '조사 전람회'가 개최된 때였다. 기존의 고고학에 대항해서, 현재의 생활을 조사하는 학문이라는 의미에서 붙은 이름이었다. 현대 소비사회의 '민족지'인 고현학은 모든 사회적 사실과 현상을 '채집'했다. 이 '채집'이라는 단어는 물론 곤충채집이란 단어에서 빌려온 것이다. 마치 곤충이라는 자연의 작은 조각을 핀으로 고정하듯이 고현학자는 사회의 일부를 포획하고 진열한다. 그리고 얼마 되지 않는 기간 동안이었지만, 고현학은 적극적으로 채집 사례를 축적하고 있었다.

고현학의 채집 대상은 "도시에서 다양한 사람들의 다양한 경우에 따른 걸음 속도나 걸음걸이, 기댄 모습이나 앉은 모습, 신체의 세부에 관한 버릇, 거리 위에 있는 통행인들의 구성, 거기에 동반해서 일어나는 노점 배열이나 상점가의 구성, 공원의 산책자, 각종 행렬, 연설회 광경, 회의장 광경, 하역 인부나 도로 공사장 인부의 활동상, 들판이나 거리의 농부, 어부의 일하는 모습이나 휴식 상태, 마을 축제의 모임, 카페의 모퉁이나 극장의 복도, 스포츠의 관람석"[55]까지 포함한다. 결국, 채집에서 제외된 것이 아닌 사회 내 사건이나 사람들의 행동 중 그 마구잡이식 포괄 방식에 있어서 고현학을 뛰어넘는 것은 아직 없다. 실제로 고현학의 기록을 보면, 통행하는 사람의 수염 모습 같은 너무나도 엉뚱한 채집 사례에 경악하게 되고, 무심코 웃음이 나올 수밖에 없다.

고현학이 채집하는 것은 어디까지나 일회적이고 우연적인 개체(행위)이다. 그러나 동시에 그것은 개체들 간의 관계까지도 문제시한다. 그 때문에 통계학적 수법이 활용되고 거기에서 개체의 수학적 관계가 도출된다. 하지만 개체를 향한 주시와 통계학적 방법론은 모순된다. 말할 필요도 없이, 통계는 개체를 반복하는 '수數'로 추상하지 않는 한 성립하지 않기 때문이다. 이 모순은 분류를 가능하게 하는 범주를 고정할 수 없다는 점에서 비롯된다. 곤 와지로는 휴지통의 내용 채집을 예로 들어, 사전에 설정된 범주에 따라 분류해 버려서는 이 휴지통 속 내용물의 주인의 특색을 인식할 수 없다고 말한다. 그 때문에 우선 조사를 행하여, a

실밥, b 편지 내용물, c 코 푼 휴지, d 신문지 조각, e 상점 포장지, f 머리카락 등의 항목을 세운다. 그러나 이것으로는 조사마다 새로운 범주가 생성되고 증식이 무한정 계속된다. 게다가 'a 실밥'이란 항목조차 더욱더 세분화가 가능할 것이다. 즉, 범주가 끝없이 개체에 가까워져 버린 이상, 최종적인 분류체계가 성립할 필요가 없다. 그리고 전체적인 체계가 성립하지 않는 까닭에 개체가 일의적인 관계 속에 위치 지어질 필요도 없다. 곤 와지로는 고현학을 건축학, 민속학, 사회심리학이라는 주변 여러 영역과 교섭시키면서 그것을 마침내 '객체적인 현대생활'을 해명하기 위한 '예비조사'라 규정했지만 실은 이것은 채집을 이어 가기 위한 알리바이에 불과하다. 오히려 고현학이 표현한 것은 사회의 총체가, 그 총체를 지향하는 조사의 과정으로(조사에 의해서) 끊임없이 그 틀을 재편하는 것이다.

도시의 리듬

고현학은 우선 사물과 현상의 변화를 다룬다고 말할 수 있다. 고현학이 문제시하는 것은 도시 공간에서 각기 변천해 가는 풍습 현상의 총체이자, 그 변천의 순간에 나타나는 현상이기 때문이다. 이것은 언뜻 일정량의 분석 즉 시간 축 위에서 변화의 추출을 행하고 있는 듯이 보이지만 실제로는 사물과 현상의 작용에서 분석의 범위 자체가 변환되어 버리는 사태를 나타낸다. 그 때문에 고현학의 조사는 채집마다 그 형식이 다르다. 거기에 일관된 방법 의식이 있다고는 아무래도 생각할 수 없다.(통계조차도 사용되기도 하고 사용되지 않기도 하는 등 오락가락한다.) 확실히 말하자면 조사방법 및

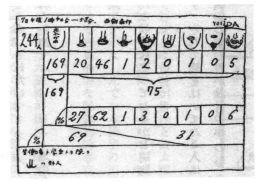

'수염' 도쿄 긴자 풍습 기록에서
(곤 와지로 컬렉션, 공학원대학도서관 소장)

그 대상이 변덕스럽게 선택된 듯 보인다. 그러나 곤 와지로는 언제나 자의성을 옹호하고 있었다. 자의성은 조금도 부정될 만한 것으로 생각되지 않았다. 고현학의 문제는 자의성을 자의성으로 남겨둔 채, 다시 말해 외적인 규제 없이, 개체의 행동에서 얼마나 규칙이 자발적으로 생성될 수 있는가였다.

곤 와지로의 제자 가와조에 노보루[56]는 자신이 곤 와지로와, 『일본의 민가』 시대의 작업부터 결별한 이유에 관해서 이렇게 기록하고 있다. 곤 와지로는 전국의 농가를 조사하는 동안 인문지리학이라는 학문에 의문을 지니고 있었다고 한다. "만년에 내가 인문지리학에 관해서 여쭤어 봤을 때, 곤 와지로 선생님은 시시한 학문이라고 말했다. 들판에서 일하고 있는 농부가 서서 소변 누는 것을 보고 그 장소에는 무언가 법칙 같은 것이 있는 듯해서 이것을 조사해 본다고 내가 선생님에게 말하자, 그것은 인문지리학의 대상이 될 수 없다는 답변이 돌아왔기 때문이다."[57] 가와조에도 그 순간 선생님의 답변에 아연해졌다고 한다. 하지만 필시 이

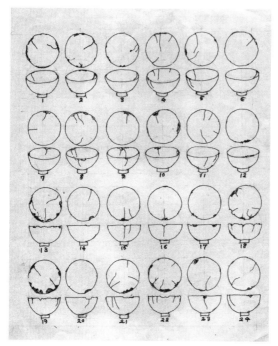

이야기는 농담이 아닐 것이다. 농부의 소변이라는 일상적인 일을 학문의 단어로는 포착할 수 없다. 역으로 농부의 소변을 언어화하기 위해서는 농부의 환경 속에 존재하는 모든 현상, 모든 사건을 주시·기술하지 않으면 안 된다.

'깨진 공기' 〈1〉 (곤 와지로 컬렉션, 공학원대학도서관 소장)

'이노카시라 공원 봄 소풍', '이노카시라 공원 자살 장소 분포도'라는 매우 유사한 (또는 대조적인) 고현학 '채집'이 있다. 각기 이노카시라 공원에서 소풍으로 흥겨운 사람들과 자살하는 사람의 개별의 상황과 장소를 기록하고 있다. 여러 자살자를, 게다가 자살자와 유흥객을 망설임 없이 동등하게 취급하는 점이 고현학답다. 그 배경에는 모든 것이 등가 상품이 된 다이쇼 말기에서 쇼와 초기에 걸친 대중소비사회가 있을 것이다. 하지만 고현학이 "소비생활의 학문"[58]이라 하더라도 고현학에서 개별 대상에 대한 물신주의는 오히려 희박하다. 곤 와지로는 충분한 수의 자살 사례가 모이지 않아서 유감이라고까지 말했지만 이것은 '장소 선택 방법, 남녀에 따른 특징, 야외에서의 자살 방법' 등을 '고찰 재료'로 하기 때문이었다. 개체에 대한 멈출 수 없는 욕망에서 한발 물러나서 그것들의 순환 형태, 증감과 변모, 서로의 배치 상황 등, 결국엔 '무리'의 상태를 고찰하는 것이다. 통상의 학문적 언어에서 누락된, 일반화를 결여한 개별 사례의 이합과 집산이,

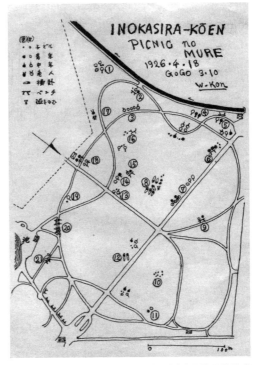

'이노카시라 공원 소풍 무리'
(곤 와지로 컬렉션, 공학원대학도서관 소장)

고현학이라는 학문 아닌 학문의 대상 아닌 대상을 구성한다. 개개의 자살이나 '농부의 노상 방뇨'가 아닌 그것들의 '법칙과 같은 것'이다. 이것은 법칙 그 자체가 아닐지도 모르지만 어떤 리듬, 율동임에는 틀림없다.

그는 교외에 범람하는 평범한 울타리나 담의 설비에 관해 서술하면서 이러한 디자인이 '감각의 리듬으로 사용될' 가능성에 대해서 언급하고 있다. "길을 걷는 기분이 유쾌한지, 불유쾌한지가, 길가에 정착되어 있는 이러한 것에 의해 좌우되든지 하는 것이다. 기분 나쁜 것을 잠깐 짚어 보면, 〔간혹〕 내가 연구해온 하나의 문제 − 굳이 연구라고 말해 봅시다 − 의 재

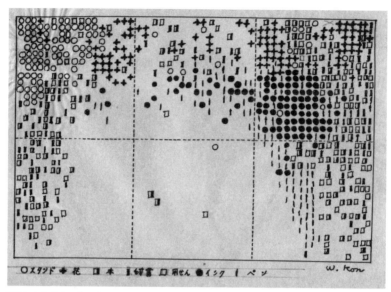

'책상 면의 배치도' (곤 와지로 컬렉션, 공학원대학도서관 소장)

료를 넣어 둔 주머니 속에 자살자의 자살 장소 연구 채집 전표 등이 있다. 예를 들어 어떤 건널목은 거기까지 가는 도중, 한 쪽이 몇 십 미터의 어떤 담, 그리고 한 쪽의 풍경은 이러쿵저러쿵…… 등과 현장에서 찾은 것이 있지만, 그러한 것들 속에 어느 철사 울타리의 실측도가 포함되어 있기도 하다. 어떤 관점에서 보자면, 환경은 그 위에 흐르는 사람들의 마음을 지배한다."[59] 결국 곤 와지로의 생각에 의하면, 주체는 환경의 함수인 것이다.

고현학에 있어서는, 현대의 인간은 자율적이고 자기 통치를 행하는 주체가 결코 될 수 없다. 화창한 봄날 소풍을 즐기다가 어느새 끔찍한 죽음을 맞기도 하는 것은 변변찮고 자의적인 행동들의 축적으로서 무의식의 리듬이 직접 사람들의 신체에 작용하고 있기 때문이다. 자살자는 자살을 결심하는 것이 아니다. 도시의 리듬에 동기화된 순간, 갑자기 '죽음'에 휩싸여 버리는 것이다.

곤 와지로는 현대사회를 거대한 무의식의 맥동으로 보았다. 그리고 고현학이란 그 비가시적인 춤의 악곡을 기록하는 시도에 다름 아니다. 사실, 긴자를 지나가는 통행인의 성별이나 아이를 데리고 있는지 없는지 의 차이를 기록하기 위해서 요시다 겐키치는 '달크로즈 기보법'에서 독자 적 기술 방법을 고안해 내기까지 하였다.[60]

거리에서 끝없이 전개되는 집합적인 무도는 그 자체로 고현학이 바 라보는 현대사회의 메타포라 할 수 있다. 하지만 산책자^{flaneur}다운 고현 학자는 자료를 노상에서만 찾는 것이 아니다. 왜냐하면 주의를 둘러보면 책상 위조차 하나의 파사주^{passage}이기 때문이다. 곤 와지로는 학생들에 게 자신들의 집에 있는 책상에 스탠드, 꽃, 잉크, 펜, 메모지, 사전 등의 일 곱 가지 품목이 어떻게 배치되어 있는지를 기록하게 하였다. 수많은 데이 터에서 떠오르는 것은 위의 일곱 가지의 상품군에 의한 분자장^{分子狀}의 집 산^{集散}운동이었다. 스탠드, 꽃……이란 물체들은 서로 직접적인 관계를 가지지 않고 그 움직임을 통제하는 규칙도 지니지 않는다는 점에서 노상 을 오고 가는 군중과 동일한 가치를 지닌다. 그것들은 서로에게 무관심 한 채로 "등을 마주 선 채로 지나쳐 간다."[61] 그리고 책상 위와 노상이 서 로 공통점을 지닌다는 사실은 개인과 사회, 사적인 영역과 공적인 공간 이 구별될 수 없는 사회 상황을 증언하고 있다.[62]

'전위'avant-garde의 시대

관동대지진 전후는 일본에 '전위'라는 개념이 들어온 시기이기도 했다. 예술가들은 예술의 파괴라는 계획을 처음으로 자각적으로 획득하고 각각의 방식으로 스스로의 예술기법을 쇄신하고자 시도했다. 앞서 서술했듯이, 부락 장식에 참가했던 많은 이들이 〈마보〉를 시작으로 한 전위예술 그룹의 멤버였는데, 요시다 겐키치도 쓰키지 소극장에서 게오르크 카이저[63]의 작품 〈가스〉를 담당하는 등 고현학과 병행해서 선구적인 무대장치 작품을 남기기도 했다.

다이쇼 시기 신흥 미술운동이라고도 불리는 당시의 전위예술 운동을 개관해 보자. 다만, 여기서는 미술로 한정하지는 않는다.

잘 알려져 있듯이, 일본에서 미래파가 최초로 소개된 것은 1909년 『스바루』지에 모리 오가이[64]가 번역해 실은 「미래파 선언」을 통해서이다. 마리네티의 원문이 『피가로』지에 발표된 지 겨우 3개월 후에 일어난 일이다. 또 1911년, 파리에서 〈앙데팡당〉전[65], 살롱 도톤느[66]에서 '큐비즘'이 주목을 받자, 이시이 하쿠테이 등이 '입체파'란 명칭으로 바로 그 동향을 전파하였다. 다이쇼 시기를 맞이한 1912년에 〈이과회〉[67]가 결성되고, 반관전反官展(문전)을 내세운 화가들이 모여든 것도 신경향의 작품이 나올 수 있게 된 배경으로 작용하였다.

1915년에 아리시마 다케오의 동생인 아리시마 이쿠마가 이탈리아 미래파인 움베르토 보치오니[68]의 「인상파 대 미래파」를 번역하였다. 이것을 읽은 18세의 간바라 타이[69] ─ 이후 〈부락 장식사〉의 멤버가 된다 ─ 가 미래파 운동의 선구자 마리네티와 서신 교환을 시작한다. 이와 함께 〈퓨제인[fusain]회〉[70]의 기무라 쇼하치[71]도 마리네티에게 직접 자료를 입수하여, 미래파의 소개에 전념하고 있었다. 초기의 미래파 유입이 백화파 주변에서 일어났다는 것은 매우 흥미로운 사실이다. 또 야마다 고사쿠[72]의 후원으로 17세인 도고 세이지[73]의 개인전이 히비야 미술관에서 열렸고, 1916년에 그는 〈파라솔을 든 여인〉으로 이과상[74]을 수상한다. 한편, 1917년에 간바라는 후기 입체시라는 평을 받는 미래파적인 시를 발표함과 동시에 회화작품도 제작하여, 1920년에는 일본 최초의 전위 예술 선언[manifesto]이라 불리는 「제1차 간바라 타이 선언서」를 발표한다. 1920년에서 1921년 사이에는 혁명 러시아의 망명자들인 다비드 불뤼크와 바르바라 부브노바가 자신들의 미래파, 구성주의 작품들을 가지고 일본에 방문한 일이 화제를 모았다. 불뤼크가 후몬교[75] 등에 의해 막 결성된 〈미래파 미술협회〉에 합류하는 것으로 일본 전위 운동은 활기를 띠었다. 1921년 제2회 미래파 전람회의 출품자로는 야나세 마사무[76], 오가타 가메노스케[77] 이외에도 이나가키 다루호[78], 히라토 렌키치[79] 등의 이름도 보인다. 이 당시 문학의 영역에서는 막스 슈티르너[80] 저작의 번역가이자 이토 노에의 전 남편이기도 한 쓰지 준[81]을 중심으로 잡지 『개조』 등에서 다다이즘 소개가 일어나고 있었다. 히라토 렌키치는 히비야 거리에서 「일본 미래파 운동 선언」을 배포한 다음 해인 1922년에 29세라는 젊은 나이로 사망하지만, 그의 시는 다카하시 신키치, 하기와라 교지로 등에게 영향을 주었고, 1923년에는 「단언컨대 다다이스트」, 「죽었다[\^DA] [82] 렌키치」 등을 실은 『다다이스트 신키치의 시』가 사토 하루오[83]의 서문을 첨부하여 쓰지 쥰의 편집에 의해 출판되었다. 한편 일본 회화에서는 1921년에 결성된 〈제1회 작가동맹〉[DSD]이 계급투쟁을 주장하였고, 〈이과회〉 쪽에서는 1922년에 실험적 경향의 작가들이 '액션'[action]을 결성하는 등 전위를 둘러싼 상황이 더욱 과열되고 있었다. 여기서 중요한 역할을 맡은 이가 독일에서 가장 앞선 전위 미술을 배우고 1923년에 귀국한 무라야마 도모요시[84]이다. 그를 중심으로 결성된 〈마보〉는 다방면의 활동과 기관지 『마보』의 강렬함에 의해서 다이쇼 아방가르드의 상징적인 존재가 되었다. 그 후 1924년에도 신흥 미술 그룹들이 합동하여 〈삼과[三科] 조형 예술 협회〉가 결성되고 쓰키지 소극장에서도 〈극장의 삼과[三科]〉(1925)라는 이름으로 실험극이 상연되는 등의 움직임이 있긴 하였지만, 이 시점을 정점으로 하여 이후 신흥 미술은 프롤레타리아트 예술 운동의 조류에 흡수·해체되어 버린다. (다만 1924년에는 중국 다롄에서 기타가와 후유히코[85], 안자이 후유에[86] 등에 의해서 『아[亞]』가 창간되어, 모더니즘 시로의 태동이 시작되고 있었다는 것을 잊어서는 안 될 것이다.)

이처럼 일본 전위의 탄생에 즈음하여 미래파와 다다이즘에 대한 정보가 중요한 기점이 되었다. 하지만 단 하나 지적해 두고 싶은 것은, 지진이 일어날 때쯤에 일본의 아방가르드는 미래를 선취한다는 '새로움'의 신화로부터 어떤 의미에서는 이탈을 시작하고 있었다는 점이다. 무라야마 도모요시는 귀국 후 바로 액션 제2회 전람회에 대해 혹평을 하는 등, 동시대 미술에 대한 왕성한 비판을 시작하는데, 그 비판은 자신이 제창한 '의식적 구성주의'다운 원리에 의거해서였다. 결국 그는 명확한 이론화를 이루지 못한 채 프롤레타리아트 미술로 전향해 버리지만, 나중에야 자신이 주관적인 기준에 의식적으로 모순을 일으켰다고 서술한다. 결국 '의식적 구성주의' 자체는 러시아 구성주의를 연상시키는 이름에도 불구하고, 계속해서 변모하는 사상에 대한 극복의 구상이란, 주관적인 기준의 추구에 지나지 않았던 것이다. 요컨대 무라야마의 귀국의 충격은 그가 본고장의 예술 사조를 꿰뚫고 있었음에도, 이제 와서 그의 생각이 그것들에 근거하고 있다고 말하는 것은 무의미하다고 명확하게 단언했다는 데 있었다. 이는 메이지 이후 반복되어온, 서구의 최신 양식을 도입하는 게임 자체에 종말을 선언한 것이었다. 〈마보〉에서 뚜렷이 드러나는 활동의 다채로움도, '새로움'에 의존하는 것이 아니라, 혼성적인 스타일을 두려워하지 않고 이미 어떤 사회적 맥락 — 그 결과가 단절된 예술의 여러 장르일 것이다 — 을 '의식적'으로 교착시켜 재결합하는 수법에 의해 가능하게 된 것이다.

　그러나 이것이 무라야마에게만 국한된 것이라고는 생각할 수 없다. 다다이즘을 기폭제로 했던 시인들에게서도 서구의 다다이즘이 구체적으로 어떠한 운동인가(이었던가)를 진지하게 고심한 모습은 그다지 발견되지 않았고, 다카하시 신키치 등은 최초로 접한 단편적인 신문보도만으로 충분히 만족하고 있었던 것처럼 보인다.[87] 다다를 소개하는 중심에 있었던 쓰지 준조차 그다운 무사태평함nonchalant(?)으로 다다는 어느 시대에나 존재한다는 말의 의미만을 반복해서 설명하고 있다. 그 때문에 같은 다다이즘을 내세우고는 있어도 적어도 작품의 표현 수준에서는 유럽의 그것과는 그다지 연관이 없다. 이는 다음 세대인 『시와 시론』[88]의 시인들이 유럽의 동향에 대한 꼼꼼한 주의를 기울이고 있던 것과는 대조적이다. 다다이즘과의 만남이 시인들에게 제공한 것은 규범으로부터의 해방이었지 모방해야 할 모델이 아니었다.

하기와라 교지로, 쓰보이 시게지[89], 오카모토 준, 가와사키 쵸타로[90]를 동인으로서 창간된, 1924년에서 이듬해에 걸쳐 호외를 포함하여 총 5회 발행된 『적과 흑』은 이러한 다다이즘／아나키즘계 시인 – 물론, 다다이즘과 아나키즘은 서로 다른 개념범주이지만, 현실에서는 일정 정도 맞물리는 부분이 있다 – 의 거점으로서, 시문학사적으로는 지극히 큰 의미를 지닌다고 평가받는다. 그 표지에 게재된 다음과 같은 선언은 유명하다. "시란 무엇인가? 시인이란 무엇인가? 우리들은 과거의 모든 개념을 폐기하고, 대담하게 선언한다! '시라는 것은 폭탄이다! 시인이란 감옥의 견고한 벽과 문에 폭탄을 던지는 검은 범죄자이다!' "[91] 여기서 이들이 시의 목적이란 어떠한 미적 표현의 획득보다도 형식을 포함하여 사회 체제의 직접적인 파괴라고 말함으로써, 다다적이고 아나키적인 시적 의식을 보이고 있다는 것은 말할 필요도 없다.

하지만 실제로 책을 펴보면, 적어도 첫 호에 한정하여 게재되고 있는 작품은 의외라고 느껴질 정도로 정통적orthodox이다. 예를 들어 서두의 하기와라 교지로의 작품 「밭과 인간」이 그렇다. "벼는 베이고／12월이 왔다／대기는 찢겨 아프고／부족하게 거둬들인 밭에／들쥐는 햇볕이 드문드문 드는 곳을／무너진 낭떠러지 구멍으로／벼 그루터기를 바쁘게 모으고 있다／흙은 굶주림에 갈망하여／견고한 잡초의 종자는 남고／심어진 보리 종자는 동사한다／세금은 무겁고, 괴로운 나머지 심한 기침을 하는 밭／큰 낫을 쥐고 일어선 자여!……아, 피를 내뿜은 손과 발로／황량한 대지를 지탱하는 마른 나무와 같은 밭의 인간이여 / 재색의 석양은 모든 것을 모아 / 황야처럼 밭도 사람도 지워간다 / 먼 도시의 아이들만이 / 새로운 문명의 빛을 받는다."[92]

여기에 적힌 것은 당시 많이 쓰였던, 민중시파에 의한 농민시의 아류 epigonen 그 이상이 아니다. 그러나 반대로 이것은 아나키즘 시인의 출발점이 원래 어떤 지점에 있었는가를 명확하게 알리고 있다.

민중시파란 통상 모모타 소지[93], 도미타 사이카[94], 센게 모토마로[95] 등의 시인을 가리키고, 이들은 구어자유시를 구사해서 휴머니즘적 감정을 노래하는 것으로서 다이쇼 중기의 시단에 대두했다. 다이쇼 데모크라시와 휴머니즘의 구가라는 점에서도, 또 인적인 교류에 있어서도 이들은 백화파에 속한다.[96] 사실 이들의 '민중'이란 막연히 하층사회에 사는 사람들을 가리키고 있으며, 맑스주의적인 의미에서의 '계급'이 물론 아니다. 따라서 이들의 '민중'은 명확한 규정을 지니지 않은 포괄적인 개념이란 점에서 백화파의 '인류'에 가깝다. 이들은 민중을 향한 이러한 감정을, 종종 띄어 쓰여 있을 뿐인 산문이라고 야유 받았던 평이한 단어와 단순한 리듬으로 이어 간다. (물론, 이것도 무샤노코지와 공통되는 점이다.) 아나키즘 시의 발흥은 이러한 민중시파의 스타일 위에, 그것을 지지하고 있는 백화파적인 것으로의 이탈과 부정의 과정과 같다.

민중시파가 적으로 취급될 수밖에 없었던 이유로는 아나키스트 시인의 대부분이 실제로 농민층이거나 도시 하층계급 출신이었다는 점이 고려된다. 민중시파가 어딘가 민중에게 말을 거는 '지식인'이란 자세에서 빠져나올 수 없었던 것은, 그들이 단적으로 사회 내부에 위치를 갖지 않은 룸펜 프롤레타리아트였기 때문이다. 민중시파적인 화법에서 아방가르드로의 전환은 '농민'이나 '노동자', 그 외의 사회적 위치에서 말하는 것이 아니라, 마치 아무것도 아닌 사람으로서, 모든 사회적 속성을 박탈당한 벌거벗은 자아로서 목소리를 높인다는 행위로 나타난다.

개의 언어

다카하시 신키치의 다다 선언 「단언컨대 다다이스트」는 이렇게 시작된다.

DADA는 모두를 단언해서 부정한다.

무한이라든지 무無라든지, 그런 것은 담배라든지, 속치마라는 단어와도 같은 음으로 울린다.

상상으로 샘솟는 모든 것은 실재하는 것이다.

모든 과거는 낫토의 미래에 포함된다.

인간이 감당할 수 없는 상상을, 돌이나 정어리의 머리에 의존해서 상상할 수 있다면, 주걱도 고양이도 상상할 수 있다.

DADA는 모든 것에서 자아를 본다.

공기의 진동에서도, 최근의 증오에서도, 자아라는 말의 향기에서도 자아를 보는 것이다.[97]

여기서 자아는 모든 것을 자유자재로 부정하는 것도 단언하는 것도 가능한 듯한, 절대적인 원리로서 나타나고 있다. 이러한 자아는 형식논리를 초월해서 "무한"과 "담배"를 등가로 취급하는 것이 가능하고, "상상으로 샘솟는 모든 것은 실재한다"고 단언할 수 있다. 그렇지만 자아는 애매하게 타자를 포괄하는 것이 아니라, 절대적인 주관성을 모든 사물에 부여한다. 여기서 다카하시가 당시 친하게 지내던 막스 슈티르너 ─ 『유일자와 그 소유』는 쓰지 준에 의해 『자아경』이란 제목으로 번역되었다 ─ 의 그림자를 인지할 수 있을 것이다.

　　중요한 것은 아나키스트 시인들이 언어를 그 발화주체에게서 떼어내고자 하지 않았다는 것이다. 그들은 광적으로 스스로의 단독성, 유일성에 빠져 있었다. 그런 '나'를 향한 구애, 자신의 욕망이나 실존에의 충실에 있어서 역시 그들도 미적 아나키즘 계보의 일부였다. "우주는 비누다. 비누는 바지다"(「단언컨대 다다이스트」)라는 인용 구절이 무의미해 보일지 모르지만 화자의 권능을 두드러지게 하고, "▶▶×××⟪⟪⟪ガア●ガア"(하기와라 교지로, 「하늘은 알림판에 숫자를 점멸시킨다」) 같은 소음화된 기호의 무리는 어떤 형태의 사고나 메시지가 아니라, 단지 여기에 화자가 현존하고 있다는 사실만을 지시한다.

　　어디까지나 폭력에 의해서 타자의 이해 가능성을 끊어 버리는 것, 아나키즘 시인들이 고발한 것은 발화자와 수용자의 융화라는 공동성의 허구였다. 이런 융화에서 개인은 전체성 속에 갇혀, 말하자면 조종당하기 때문이다. 되풀이하자면, 자기의 언어가 '나' 이외의 그 무엇도 대표해서는 안 된다는 것은 만년의 아리시마 다케오가 「선언 하나」 속에서 명확하게 표명한 사상이기도 하다.(덧붙여서 아리시마는 『적과 흑』 창간의 자금제공자이기도 하였다.) 다음에 나오는 오카모토 준의 단언은 그들이 선 위치를 적나라하게 밝히고 있다. "나는 지금까지 인류를 위해서, 사회를 위해서, ××를 위해서, 이러한 다수의 '위대한 사명'을 위해서, 한 번도 시를 쓴 적이 없다.……그렇다면 도대체 너는 무엇인가? 아무거나 생각하듯이 생각해 줘. 나는 지금부터 단지 자신이 하고 싶은 것, 할 수 있는 범위 내의 것을 해내고 죽을 것 같다. 썩어 죽을 것인가, 파열해서 죽을 것인가, 어느 쪽을 택해도 한 번은 죽는다. 누구를 위해서가 아니라, 자신을 위해서 자신이 하고 싶은 것을 극히 에고이스트적으로 행하여, 그렇게 더없이 자업자득으로 죽어 가기까지 한다!"[98]

"인류를 위해서, 사회를 위해서, ××를 위해서" 시를 쓰지 않는다는 말은 백화파나 민중시파에 대한 비판일 것이다. 하지만, 말이라는 것은 어떻게든 사회적인 의미 작용으로부터 벗어날 수 없다. 자신만을 위한 말 따위는 없다. "헤헤, 울화가 치미는구나. 그 녀석도 사용하는 말로 시를 쓸 수 있을까? 시인들의 유산, 그런 때들로 시를 쓰는 것은 싫구나. 시에는 언어가 있다. 하지만 백지의 시는 없는가? 나의 언어도, 반푼이의, 빌어먹을, 부르주아여. 하지만, 부르주아의 언어도, 나의 언어도 같다."[99] 따라서, 그들은 '부르주아의 언어'와 완전히 다른 언어, 비유하자면 개 짖는 소리와 같은 말을 동경한다.

멍멍멍멍!
좋구나

바둑이야, 짖어라

너의 의욕에 인간의 언어가 없으니 짖어 주렴[100]

그들은 단호하게 개로서 존재하는 것을 선택했다고 해야 할 것이다. 『적과 흑』의 시인들, 특히 하기와라 교지로에게 그 의지는 명확했다. 이해나 공감을 거부하는 말. 짖는 소리에 매우 가까운 말. 그때의 주체는 원만하게 통합을 취한 자아가 아니라, 산산이 깨진 벌거벗은 욕동에 불과하다. 물론 작품의 통일성도 깨져 버린다. "시구를, 시의 행을, 산문과 같이 무거운 짐을 어깨에 짊어지고서 피곤해하지 말라! / 다음 행까지 공손히 운반하는 역할을 포기하라! 각 행 각자에 독립을 외쳐라! 홀로인 채로 강렬하게 폭소하라! 또 절규하여라! 강함, 강한 감각을 지녀라!"(하기와라 교지로의 『사형선고』 서문)[101] 그들이 행하고 있는 것은 백화파적인 창조성creation 없는 단적인 움직임action인 것이다. 내적인 확신이나 구상에 기초해서 바깥 세계와 씨름하고, 변형하고, 만들어 나가는 것과는 다른, 폭발과도 닮은 자포자기의 행동화acting out이다.

1925년 하기와라 교지로의 첫 번째 시집 『사형선고』가 출판된다. 이 한 권의 책은 지면구성, 표지 등을 담당한 오카다 다쓰오가 참여했다는 점[102] 이외에도, 〈마보〉그룹을 중심으로 17명의 아티스트들의 손을 거친 리놀륨 인각화[103]나 조형작품의 사진판이 삽입되고, 본문의 활자 위치가 좌우, 위아래가 뒤집힘을 반복하고, 다양한 서체가 사용되는 등, 책을 구성하는 데 다양한 실험이 행해졌다는 의미에서도 시 영역에 있어 형식적 실험의 정점을 찍은 작품으로 위치 지어지고 있다.(다만, 서적 형태의 파괴라는 점에서는 〈마보〉 쪽이 과격했다고 보는데 지면에 직접 신문지나 머리카락, 끝내는 딱총까지 붙여 폭발물 금지법 단속을 당한 적도 있었 다고 한다.) 영역이나 성격이 다른 작가들의 협력으로 만들어진 이 책은, 스타일에서도 작품을 통제하는 상위 차원의 주체를 인정하지 않고 지면 을 분자적인 운동이 난무하는 공간으로 해체하고자 하는 꿈을 꾸었던 아나키스트적인 지향으로 충만해 있었다.

그러나 이러한 방식의 실험이 단순히 책을 감싼 외피가 아니라 작품 의 본질과 깊이 호응하면서 특이한 강도를 획득하고 있는 것은 그의 후 반 작품에서 약 사분의 일 지점에서이다. 적어도 이러한 작품에 관해서 는 그 필적calligraphy까지도 포함해서 독해하지 않으면 의미가 없다.

'벌거벗은 생명'

조르조 아감벤은 『호모 사케르』에서 그리스·로마부터 서구 정치사 상에 잠재해온 호모 사케르라는 특이한 인간 형상을 문제 삼는다. 아감 벤에 의하면, 호모 사케르란 사회관계로부터 배제된 인간이지만, 역설적 으로 사회는 그 추방에서 전일성全一性을 획득한다. 호모 사케르는 사회적 생명(비오스)을 잃어버리고 순수하게 생물학적 생명(조에)으로 환원된 인간이다. 그/그녀는 사회의 정치적·심리적 경제성의 완전한 외부로 존 재하기 위해서 죄책감을 느끼는 일 없이 그리고 어떠한 경외심도 없이 호 모 사케르를 살해할 수 있다. 마치 아우슈비츠의 간수들이 수인들을 기생충처럼 죽일 수 있었던 것처럼 말이다. 아감벤은 그러한 호모 사케르의 모습을 벤야민의 말을 빌려서 '벌거벗은 생명'이라 부른다. 그리고 근대에 와서 그러한 예외상황이 일반적으로 규칙화되고, 사회의 보통 성원들이 호모 사케르로서 자신의 알몸의 생존을 직접 조작·관리 받게 되었다고 아감벤은 결론짓는다. 우선 여기서 주목하고 싶은 것은 그가 인용한 아리스토텔레스의 한 구절이다.

> 동물 가운데 인간만이 언어를 가지고 있다. 과연 음성은 쾌와 불쾌를 전달하는 신호이다. 그 때문에 다른 동물에게도 음성은 갖춰지고 있다. …… 그러나 인간에게 독자적인 언어는, 이익과 불이익을, 그리고 옳음과 올바르지 않음을 표시하기 위해 있다. 왜냐하면 인간만이 선과 악, 옳음과 올바르지 않음을 비롯하여 다른 것을 지각할 수 있다는 것, 이것이 다른 동물과 대비되는 인간의 특성임이 틀림없기 때문이다. 그리고 인간이 '선과 악, 옳음과 올바르지 않음'을 공유하는 것이 집이나 국가를 만들기 때문이다.[104]

아리스토텔레스에 따르면, 단순한 고통이나 쾌락의 외침이 아니라, 인식과 커뮤니케이션을 가능하게 하는 '언어활동'이야말로 인간을 동물과 구별하는 증표이다. 그렇다면 하기와라 등이 문제시한 것은 언어를 사용하지 않고 막 짖는 것밖에 모르는 강아지로서의 인간, 불쑥 튀어나오는 성욕이나 충동적인 분노라고 하는 '벌거벗은 생명'으로까지 한계가 좁혀진 인간이었다. 그것은 백화파가 상상조차 못한, 이후의 맑스주의자들이 혐오를 가지고 거부했던 생존의 자세였다. 즉 이것은 하기와라 등이 자신들을 사회에서 배제된 인간, 사회가 어떤 망설임도 없이 뭉개 버리고 살해할 수 있는 인간이라 생각하고 있었다는 증거이며, 시인들은 도시의 최하층을 움츠리고 돌아다니면서 이미 그 도시에서 '사는' 장소를 발견할 수 없다고 느꼈다는 증거이다.

그러한 도시에 대한 저주, 금전을 향한 갈망, 여체에 대한 욕망, 체제를 향한 분노라는 것이 『사형선고』에 난무하고 있다. 그런데 되풀이하지만 그것들은 조각난 울부짖음에 불과하다. 「생활」이라는 시가 나타내고 있듯이 그에게 일상은 "남자다! 여자다! 죽음이다! 삶이다!/ − 객실이다! ●●●묘지이다! ×××카드놀이 책상이다!/낙태다! 자살이다! 장례식이다!/톱니바퀴······ 톱니바퀴······ 톱니바퀴······ 톱니바퀴······ 톱니바퀴······ 톱니바퀴······ 톱니바퀴!/어머니의 젖을 핥으면서 나온 돼지새끼!"[105]에 지나지 않았고, 그 틈에 "아하하하하 − − − − − −하하하"라든지, 또는 "끼익●끼익●끼끼●우훼라!"[106]라는 문자 그대로의 부르짖음이 삽입되어 있다.

또는 「광고등」에서의 '그'나 '그녀'는, '간다', '깨다', '굴복하다'라는 조각난 행위의 축적의 연쇄로 환원되어 버리고 있다.

그는 운다!	!ㄱ몸 릌쳐미 믄ㄷ	그녀는 신에게 감사!
그는 웃는다!	!ㄱ미이빛껫 게칩챠 믄ㄷ	그녀는 시신이 된다!
그는 걷는다!	!ㄱ뼜 릌ㄷ그 믄ㄷ	그녀는 가시길이다!
그는 기뻐한다!	!ㄱ미이쳬새 믄ㄷ	그녀는 지쳐 쇠한다!
그는 잔다!	!ㄱ믄햔 고밥신 믄ㄷ	그녀는 비밀로 한다!

彼は笑ふ！ 彼女は神に感謝！
彼は歩く！ 彼女は骸となる！
彼は喜ぶ！ 彼女は棘の道だ！
彼は寝る！ 彼女は疲れ衰ふ！
彼は食ふ！ 彼女は秘密にす！
彼は産む！ 彼女は甘美な酒！
彼は沈む！ 彼女は死の闇黒！
彼は怒る！ 彼女は華奢である！
彼は走る！ 彼女は夫が無い！
彼は産む！ 彼女は血を滴す！
彼は富む！ 彼女は罪を犯す！
彼は盗む！ 彼女は抱擁する！
彼は来る！ 彼女は確く信ず！
彼は行く！ 彼女は裸である！
彼は破る！ 彼女は予感する！
彼は凹む！ 彼女は髯を挘る！
彼は乗る！ 彼女は胸を震す！
彼は撃る！ 彼女は肩を落す！
彼は没る！ 彼女は埋まれる！
彼は洩る！ 彼女は大な奇蹟！
彼は埋る！ 彼女は滑りゆく！
彼は響く！ 彼女は顔を叩く！
彼は抱く！ 彼女は目が痛む！
彼は受る！ 彼女は黒い足だ！
彼は傷る！ 彼女は塵埃なり！
彼は鳴る！ 彼女は遠き薔薇！

하기와라 교지로, 「광고등」

그는 먹는다!		그녀는 죽음의 암흑!
그는 성낸다!		그녀는 화사하다!
그는 달린다!		그녀는 남편이 없다!
그는 가라앉는다!		그녀는 피를 흘린다!
그는 낳는다!		그녀는 죄를 범한다!
그는 재산이 많다!		그녀는 포용한다!
그는 훔친다!		그녀는 확실히 믿는다!
그는 온다!		그녀는 나체이다!
그는 간다!		그녀는 예감한다!
그는 부순다!		그녀는 수염을 집어 뜯는다!
그는 굴복한다!		그녀는 가슴을 흔든다!
그는 탄다!		그녀는 어깨를 늘어뜨린다!
그는 경련한다!		그녀는 싸여있다!
그는 빠지다!		그녀는 거대한 기적!

그는 잠긴다!	!나몄올어쌓 는그	그녀는 거대한 기적!
그는 묻힌다!	!다는웃비 을음웃아 는그	그녀는 미끄러져 갔다!
그는 울려 퍼진다!	!미어턍슬 는그	그녀는 얼굴을 때린다!
그는 껴안는다!	!미으욧소 는그	그녀는 눈이 아프다!
그는 받는다!	!미우두요 는그	그녀는 검은 발이다!
그는 다친다!	!미에빵 는그	그녀는 먼지이다!
그는 운다!	!미으봉부 는그	그녀는 까마득한 장미이다![107]

또 "강하게 아름답게 용감하게"라는 부제가 붙은 것에서도, 하기와 라다운 사회체제와의 싸움을 표현하고 있는 「매연」에서도, 그 구체적인 투쟁은 '묻어라! (그대로) 침몰시켜라!', '찔러 죽여라!', '목을 졸라라!' 등의 충동적인 행위 이상의 것이 아니다.

「매연」
― 강하게 아름답게 용감하게

생활이다!
■■■■■ 묻어라! 침몰시켜라!
굴뚝에서 고함지른다!
■■■■■ 찔러 죽여라!
참호다!
■■■■■ 목을 졸라라!
철퇴다!
■■■■■■ 쳐라! 부숴라! 어디서든 꺾어라!
생활이다!

하기와라 교지로, 「매연」

■■■■ 뚜껑을 닫아라! 공기를 통하지 마라!

강하게 주장하라!

■■■■ 가스를 보내라!

투쟁이다!

■■■■ 경관을 불러라! 무덤으로!

해골이다!

■■■■ 삽으로 건져라!

　　　 ═══ 소리치지 마라! 밟지 마라!

　　　 ═══ 우리들은 뿌리 뽑힐 것이다!

　　　 ═══ 백의 소리에는 백만의 압살이다!

　　　 ═══ 어두운 밤을 지나라! 소리도 없이!

　　　 ═══ 백만 마리의 늑대가 되라!

　　　 ═══ 부르짖는 쪽부터 당할 것이다!

파열이다! 파열이다!

시간이다!

기관사는 자살하였네!

결별했다!

— 운명에　공포에　화폐에　생명에

사라져라! 사라져라! 사라져라!

거리를! 거리를! 거리를 지나가라! 거리를 지나가라!

======= 목적이 없다.

======= 파랗게 질려 있어라!

======= 역습이다!

======= 미쳐 있어라![108]

사적 언어로서의 시

하기와라가 선택한 '개의 언어'를 비트겐슈타인이 말한 '사적 언어' 같은 것으로 사고하는 게 가능할지도 모른다. 비트겐슈타인은 '감각이 "사적"으로 존재한다는 것이란 어떤 것인가?'라고 묻는다. 예를 들어 내가 아픔을 느끼고 있다고 하자. 이 감각이 내 것이라고 말할 수 있는 것은 아픔이 나밖에 경험할 수 없는 직접적인 명증성으로서 나타나기 때문이다. 타인은 나의 아픔을 이해는 할 수 있어도 직접 경험하는 것이 불가능하다. 반대로 나는 내 자신의 아픔을 '의심'하는 것이 불가능하다. 아나키스트 시인들이 매료되었던 것은 이 아픔의 개인적인 성격이었다. 그들은 자신들의 분노나 짜증을 부르주아에게 의기양양한 얼굴로 이해받기를 원하지 않았다. 비트겐슈타인은 "아이가 상처를 입고 운다. 그러자 어른들이 그 아이에게 말을 걸고, 감탄사를 가르치고, 나중에는 문장을 가르친다. 그들은 그 아이에게 아픔에 맞는 새로운 반응을 가르치는 것이다"[109]라고 말한다. 그러나 아나키스트들은 그러한 사회적 언어를 '어른들', 다시 말해 이전의 시인들로부터 '배우는' 것을 거부한다.

그렇다면 이러한 감각의 사적인 성격을 그대로 표현으로 가져온다면 어떻게 될 것인가. 비트겐슈타인은 다음과 같은 예시를 제안한다. "저희는 어떤 종류의 감각이 반복되어 일어나는 것에 대해서 일기를 기록하고자 합니다. 그 때문에 그 감각을 'E'라는 기호에 결부시키고 자신이 그 감각을 지닌 날에는 반드시 이 기호를 달력에 기입합니다." 이 'E'가 비트겐슈타인이 말하는 '사적 언어'인 것이다. 여기에서는 하기와라 교지로에 따라서 'Eiiiiii'로 해 두자. 나는 감각에 충실하게 반복하고 'Eiiiiii'라고 쓸 수 있다. 그러나 당연히 다른 사람은 이 기호의 의미를 이해할 수 없다. 이 'Eiiiiii'는 전달의 기능을 가지고 있지 않고, 아픔의 인덱스(지표)로서 존재하는 기호이다.

그러나 문제는 있다. 내가 '어떤 감각'이 일어날 때에 'Eiiiiii'라고 적는다고 해도, 어제의 감각과 오늘의 그것이 동일하다는 것을 무엇으로 인정할 것인가. 그러기 위해서는 미리 '아픔'과 같은 단어로 양자를 동일하다고 정할 필요가 있는 것은 아닌가. 나는 정의를 안정시켜 두기 위한 기준을 가지고 있지 않다. 본래 어떤 감각을 느낄 때마다 동일의 기호열을 기입한다는 설정 자체가 단어에 의해서 뒷받침되는 지속적인 주체의 존재를 전제하고 있다. 만약 내가 모든 언어활동을 사적 언어로 바꿔 놓는다고 결의했다면 나 자체의 일관성조차 유지할 수 없게 되어 버릴 것이다.

하기와라 교지로 작품의 언어적 해체는 이처럼 사적 언어에 대한 고집에서 유래하는 것이라고 생각한다. 'Eiiiiii'이 그 어떤 종류의 '감각'을 직시하고 있다손 치더라도, 그 감각은 '나'로 속하고, 또 속하지 않는다. 한편으로 그것은 철저하게 나만의 것인 동시에, 다른 한편으론 그 감각의 주체로서의 내가 존재하지 않기 때문이다. 'Eiiiiii'는 '어떤 감각'의 순수한 흔적, 기호로는 존재하지만 속하는 장소를 갖지 않으며 무엇을 의미하는지를 발화자를 포함해서 누구도 알 수 없다.

도시 폭동

그러나 그렇다고 해도 이 활자 상자의 내용을 뒤엎는 것처럼 너무나도 과잉된 서법상의 시도를 어떻게 생각하면 좋을까. 하기와라 교지로에 대한 클리셰인 "다다의 격렬함이나 아나키적인 충동", "대도시의 광기 어린 떠들썩함, 소음, 사람들의 꿈틀거림"을 "생생하게 드러내 보이고자 했다"[110]라는 말로서 결말지어도 괜찮을까. 그런데 오히려 그러한 평가에는 『사형선고』를 서구의 미래파나 다다라는 유파에 뒤떨어지지 않는 일본의 '전위'로 위치 짓고 싶다는 내셔널리즘적인 욕망이 반영된 것은 아닌가.

어쩌면 『사형선고』라는 시집은 다이쇼기에 있어 하나의 '삶정치'의 증언으로서 받아들여져야 할 것이다. '삶정치'란 인간을 상징적인symbolique 것으로서, "물질성을 띠고 동시에 기술적으로 처리할 수 있는 언어기호"[111]로서 취급하는 공학적 조작이다. 이 경우에 '물질성'이란 바로 조에zoe로서의 신체 그 자체이다.

4장에서 논하듯이, 요코미쓰 리이치는 『상하이』에서 영화의 모방

mimicry을 통해서 도시＝주체의 산란과 통합을 양의적으로 묘사했다. 요코미쓰에게 도시는 한 편의 필름이고, 동시에 서로 반영하면서도 조각조각 파편화된 무수한 이미지의 무리였다. 참조 체계가 영화가 아니면 안 되었던 이유는 사람이 "자신의 신체만은 어떻게 해서든 끊어진 곳 없이 움직인다고 생각하고 싶기 때문에 자신의 신체를 인식하는 것이 가능함과 동시에 자신의 신체를 오해하게 될 수밖에 없다"[112]는 욕망을, 상상 l'imaginaire의 층위로 품고 있고, 복수이면서 동시에 단수로 존재하는 신체의 이중성을 특권적으로 표상하고 있는 것이 필름이었기 때문이다.

한편 『사형선고』에서 이미지는 오히려 회피되고 있다. 여기서는 프리드리히 키틀러[113]가 말하는 타이프라이터, 다시 말해 상징적인symbolique 레벨이 우위에 있었다. 확실히 언어가 최종적으로 이미지로부터 도망칠 수 없다 해도, 적어도 "●●●●Eiiiiii----"라는 시구(?)는 이미지하고는 관계가 없을 것이다. 거기에 존재하는 것은 문자 그대로 언어가 되지 않은 문자, 기호의 물질적 신체에 불과한 것이기 때문이다.

마지막으로 『상하이』와 매우 닮은 소재, 즉 도시의 군중을 제재題材로 한 「라스코리니코프」를 인용하자. 물론 이미지가 아닌 문자 그 자체가 어떻게 격렬히 약동하고 있는가를 확인하기 위해서이다. 이것은 개인이 절대적으로, 편입된 사회라는 거대한 연산정치가 토해 내는 기호에 불과하게 되어 버렸을 때에 그 물질적 신체가 반란＝도시봉기를 계획하는 것이 가능한가를 묻는 실험이다. 여기에 있는 것은 의미나 운율, 언어의 선적 연속성을 내팽개친 문자로서의 신체, 즉 단지 존재한다는 것 이외에는 의미를 박탈당한 생명(조에)이다. 문자는, 의미라는 한없이 닳아 버린

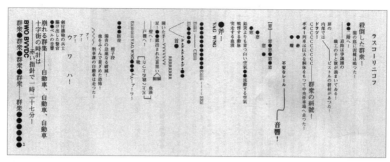

하기와라 교지로, 「라스코리니코프」

의상 아래에서, 하드웨어로서의 신체를 노출하고 있다. 이것은 활자 상자
위의 폭동이다.

「라스코리니코프」

밀려드는 군중!
　　심연 속에서 진흙투성이 구두는 울었다!
●● 2층에서!
— — 도로는 쟁의단의
　　직공의 손과 깃발이 소용돌이 치고 있다!
문의　　　　　　　피스톨의 발사가 있었다!
내부에서는 ──╱
쿠쾅쾅!
CCCCCCCCCC ─── 군중의 외침!
Bogey 열차는 거대한 동체를 가지고 중앙정거장으로 달렸다!
　　●빨강
　　●등불

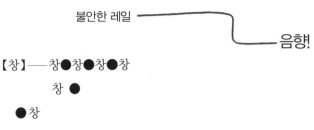

불안한 레일 ────────┐
                    └──── 음향!

【창】── 창●창●창●창

　　　창 ●

　●창

　●창

납으로 만든 화폐보다도 파랗고 하얀 공기●●유동하는 공기

전율하는 동맥

질주하는 혈맥

●도끼!

VAG WNG

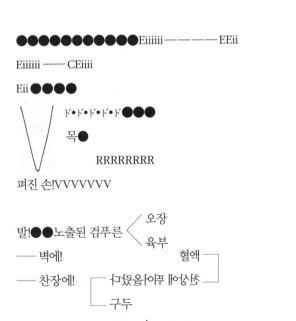

●●●●●●●●●●●●●Eiiiiii ────── EEii

Eiiiiii 〰〰 CEiiii

Eii ●●●●

　　　　ﾄ●ﾄ●ﾄ●ﾄ●ﾄ ●●●

　　　　목●

　　　　　　　RRRRRRRR

펴진 손!VVVVVVV

발!●●노출된 검푸른 ⟨ 오장
　　　　　　　　　 육부

── 벽에!　　　　　　　　혈액 ┐

── 찬장에!　┌ ﾄﾄﾑﾑﾑﾀﾀ ﾟﾟ ﾉﾒﾒﾒﾒ ┘
　　　　　└ 구두

EiiiiiiiiiiiVAG.WNG●●●^A_A! 아!와!

●●●낭떠러지
　　　　사닥다리 계단
　　독음의 급속한 파멸!
　　피를 머금고 질려 버린 공포!
　〰〰〰〰형사과 자동차는 달린다!
　　아!
　　　아!
　　　　아!
　　　　우　　와　　하!
검을 찬 소총 병사
뛰어나가는 경관
●●벨소리 음향
무너지는 군중──자동차, 자동차, 자동차
십자로의 시계는
〰〰〰〰〰── 빨간 시침으로 한시 이십칠 분!
BWO BVVDC
군중●군중●군중●군중●……군중●●●●●●[114]

『사형선고』에서 4년 후, 군마로 귀향한 하기와라 교지로는 후에 『단
편』(1931)으로 정리된 시 선집을, 구사노 신페이[115] 등이 만든 동인지 『학
교』에 드문드문 게재하기 시작했다. 전위의 계절은 짧았다. 세상에는 이
미 아방가르드의 늠름한 모습은 온데간데없고, 어떤 이는 맑스주의의 전
열에 가담하고, 어떤 이는 단지 모습을 감추고, 다카하시 신키치는 선禪
에 경도되고, 쓰지 준 등은 니힐리즘의 심연에 빠진 채 거지 같은 모습으
로 방랑한 끝에 이윽고 전시 하의 누추한 집에서 굶어죽었다. 하기와라

의 시에서도 도시의 떠들썩함과 시끄러움은 사라져 버린다. 농민 시로의 회귀? 확실히 그럴 것이다. 하지만 그들의 시구는 깨진 돌처럼 과묵하고 이상한 무게를 담고 있는 것 같이 느껴진다. 그곳에 있는 것은 역시 가난과 세상의 멸시 속에 뭉개져 버린 인간이었다.

그리고 벌거벗은 삶으로까지 떠밀린 인간의 모습은 다른 곳에서도 존재했다. 과격한 실험성과 관계가 없기는 하지만 하야시 후미코[116]나 히라바야시 다이코[117] 같은 작가들의 작품 속에서 존재했었다.

히라바야시의 『무료 치료실에서』(1928)는 10대인 그녀가 만주를 방랑했던 시기의 체험을 토대로 쓰인 단편인데 주인공은 임신한 몸을 끌고서 타향의 무료 치료 병원에 들어온다. 아나키스트인 남편은 노동쟁의에 관련되어 수감되어 있다. 그녀 또한 출산을 마치고 즉각 감옥에 들어가야 할 처지이다. 그녀는 길가에 쓰러져 노파나 창기들 사이에 섞여서 여아를 출산한다. 그러나 각기병인 어머니의 젖을 빤 아기는 어처구니없게도 죽어 버린다.

밤이 환하게 밝아진 때에, 견습간호사가 미소를 띠우며 내 침대 옆으로 다가왔다. 그 웃음에 딱 연결된 나의 직감이 있었다.
"정말 미안하게도, 정확히 4시에 임종하였습니다."
"그렇습니까."
나는 상대방의 감춰진 목소리에 씌워진 것처럼 아무 일도 없듯이 태연한 목소리로 답했다. 사실 나에게는 그 이상의 감정은 일어나지 않았던 것이다.[118]

그녀는 자신이 우유를 주문해 달라고 말을 꺼낼 수 없었기 때문에 병원이 자식을 죽게 방치했다는 것을 알고 있다. 그러나 슬픔조차 느낄 수가 없다. 출산비용 대신에 해부 실험으로 제공된 유해를 남기고, 그 다음날 그녀는 홀로 감옥으로 향한다.

여기에 아무렇게나 내던져진 '벌거벗은 생명'이 있다. 이러한 여성들, 영아들의 벌거벗은 조에(생명)는 마치 모래알처럼 도시를 넘어서 식민지 전역에, 아시아로 퍼뜨려지고 있었다.

2장

닫힌 방

이번 장은 다이쇼 말기부터 쇼와 초기에 걸쳐서 유행한 '독실'(個室)[1]을 둘러싼 이야기의 분석이다. 그 배경에 있는 것은 생활 개선 운동이 추진한 주거 공간의 변화이지만, 당시 독실을 소재로 한 일군의 소설은 그러한 물질적인 변화로 환원할 수 없는 면도 갖추고 있다. 당시 작가들이 직면한 것은 독실을 둘러싼, 사적인 영역과 공적인 영역 간의 관계의 변화였다. 그들은 주체의 자유의 가능성을 최소한의 개인적 공간에 틀어박히는 것으로 방어하고자 했던 것이다. 하지만 그와 동시에 그들이 거기서 발견했던 것은 부부라는 '타인'이 서로 몸을 밀착하는 벌거벗은 정욕의 장소였다. 이 장의 후반부에서는 지치지 않고 그러한 세계를 묘사했던 작가로서 에도가와 란포를 예로 들 것이다.

우노 고지 (宇野浩二, 1891~1961) 소설가. 능숙하고 막힘이 없는 문체로 쓴, 유머러스하고 비애감 넘치는 사소설을 다수 남겼다.

에도가와 란포 (江戸川乱歩, 1894~1965) 소설가. 『동전 2전』 등 명탐정 아케치 고고로가 활약하는 여러 작품을 통해 일본에서 탐정 소설이라는 장르를 확립했다. 또 공포 소설, 괴기 소설 분야에서도 선구자적 자취를 남겼고, 문학계에 그치지 않는 큰 영향을 남겼다.

가와바타 야스나리 (川端康成, 1899~1972) 소설가. 요코미쓰 리이치 등과 『문예 시대』를 창간. 신감각파의 대표적 작가로서 활약했지만 이후에는 『설국』, 『금수』 등 섬세하고 탐미적인 작품으로 전환해서 국제적으로 높은 평가를 받았다.

다니자키 준이치로 (谷崎潤一郎, 1886~1965) 소설가. 대학 재학 중에 『문신』으로 데뷔. 관능적 세계에 빠져 버린 남성상을 그리며 탐미파의 대표 작가로 인정받았다. 그 후에도 만년에 이르기까지 왕성한 창작 활동을 이어 갔다.

공간 배치의 개선

폐쇄된 공간에 틀어박히는 것, 그리고 감금당하는 것은, 탐정소설이라는 장르가 탄생한 이래로 그 장르에 뿌리 깊이 자리 잡고 있는 매혹과 공포이다. 에드거 앨런 포의 『붉은 죽음의 가면』(1842)이나 『때 이른 매장』(1844)을 떠올려 보면 좋을 것이다. 호화스런 저택이나 검은 관은 위험에 가득 찬 외부를 차단함과 동시에 개인을 무한한 불안으로 유폐시킨다. 그리고 다이쇼기의 문화 또한 이 대피와 유폐라는 이원성에 깊이 매료되어 있었다. 무샤노코지 사네아쓰는 이미 1911년에, 도움을 구하는 피난자 ― 아마도 전년의 반역 사건²을 염두에 두었던 것 같다 ― 의 소리에 귀를 틀어막고 실내에 틀어박힌 젊은 남녀를 묘사하고 있지만(『분홍빛 방』), 다이쇼기의 작가들은 빠짐없이 사적 소小공간을 그려내는 것에 몰두해 있었다. 비평가인 가와모토 사부로는 다음과 같이 지적하고 있다.

사토 하루오, 다니자키 준이치로, 아쿠타가와 류노스케, 나가이 가후 등의 작품을 읽고 있으면 깨닫게 되는 하나의 특색은 작품의 장소가, 외부와 가로막힌 밀실, 고립된 공간으로 설정되어 있는 것이 상당히 많다는 점이다. 숲 속의 서양풍 집, 뒷골목의 단층집, 영화관, 강변에 위치한 별장, 도서관, 호텔, 낮에도 어두컴컴한 창고, 유곽 등……근대화가 진행된 도시 내에 사회화되어 개방된 공간이 늘어 가던 와중에 그들은, 오히려 빛이 들어오지 않는, 조용하고 눈에 잘 띄지 않는 폐쇄된 곳을, 이야기가 탄생하는 장소로 선택하였다. 인공적으로 만들어지고 살짝 비밀

스런 어둠을 보존하고 있는 암실 같은 장소를 찾아내었다.[3]

하지만 문학뿐만이 아니다. 메이지의 화가들이 실내를 그리지 않았을 리가 없다. 구로다 세이키[4] 등 외광파[5]에게 있어서 중요한 것은 블라인드나 장지문 틀로 스며들어오는 빛의 효과이지, 실내 공간의 자율성이 아니었다. 기시다 류세이[6]로 오면 이야기가 달라진다. 거기에는 창이 없고 외부와의 연속관계도 분명하지 않다. 왜냐하면 문제가 되었던 것은 외부 세계에 대한 리얼한 묘사가 아니라 개인의 내면을 가득 채운 불안이나 존재 감각이기 때문이다.

말할 필요도 없이 실내가 묘사의 대상이 되기 위해서는 우선 '독실'이 보급될 필요가 있었다. 공간을 미닫이 등으로 구획 짓는 전통적인 일본 가옥에는 원래부터 명확하게 차단된 공간이라는 것이 존재하지 않았다. 무가武家의 저택은 고사하고 일반 가정에서도 가족 구성원에게 공간은 분리되어 있지 않았으며, 하나의 방이 식사, 수면이라는 복수의 기능을 가지고 있는 것이 일반적이었다. 물 사용은 대체로 간소하였고 욕실을 가진 집은 적었다. 원래 에도기의 주거는 도시 공간과 연속적이었고, 요리나 배설 같은 기능은 외부화되어 있었다.

그러나 메이지 말기부터 보급된 '중앙 복도식' 계획은 복도 남쪽에서 거실, 응접실, 볕이 잘 안 드는 북쪽의 부엌, 식모들의 방 등 기능별로 공간을 재배치하는 것이었다. 이러한 동향은 다이쇼기에 크게 고조된 생활 개선 운동에 의해 추진되었다.

원래 다이쇼 중기부터 생활의 '개조', '개량'을 외치는 단체가 계속해서 설립되었고, 기관지 발행 등을 통해서 활발한 선전활동을 진행하고 있었다. 예를 들어 〈아메리카야〉라는 일본 최초의 주택설계 시공회사를 설립한 하시구치 신스케가 1916년에 〈주택 개량회〉를 설립했다. 그 계기는 가사노동에 테일러 시스템[7]을 도입하고자 한 미스미 스즈코[8]가 일본 가옥의 비합리성에 대해 소리를 높였던 지점이다. 또 소비적인 면에서 경제를 연구하고 있던 모리모토 고키치(아리시마 다케오의 친구로, 농장 개방의 상세한 계획을 작성했던 인물)는 1922년에 〈문화 보급회〉를 조직했고, 문부성도 〈생활 개선 동맹〉이라는 외부단체를 조직하여 의식주부터 사교예절에 이르는 개선을 계획하고자 하였다.

개조 단체를 특징짓는 것은, 생활이라는 애매하고 다의적인 행위를 분절화해서 합리적으로 재편하고자 하는 이러한 의도였다. 〈생활 개선 동맹〉의 규약은 "시간을 정확하게 지키는 것", "인척에 대한 정거장에서의 전송과 마중을 폐지할 것", "세뱃돈, 정월선물, 연말선물, 크리스마스 선물, 송별선물, 방문선물, 축의부의금 등에 대한 겉치레로 이어지는 보답을 폐지할 것"[9]과 일상적인 관습에 관해서까지 지시하고 있다. "낭비를 줄이고, 겉치레를 피하기", "더욱 더 국민의 활동능률을 증진하는 것"이 "국제적 신장에 기여한다"고 한 것이다. 또 동맹 내에, 사노 도시카타를 회장으로 곤 와지로, 오에 스미[10](일본 가정학의 창시자) 등을 위원으로서 〈주택 개선 조사 위원회〉가 만들어졌는데, 이 위원회가 내놓은 여섯 항목의 제안은 주택 개선의 총체를 전형적으로 보여준다.

첫째, 주택은 점차 입식으로 개선하고자 한다.

기시다 류세이, 〈레이코 다섯 살의 초상〉, 1918

둘째, 주택의 공간 배치 설비는 종래의 접객 중심에서 가족 중심으로 개선할 것.

셋째, 주택의 구조설비는 겉치레를 피하고 위생, 재해 방지 등 실용성에 무게를 둘 것.

넷째, 정원은 종래의 감상 중심으로 치우치지 말고, 재해 방지 등 실용성에 무게를 둘 것.

다섯째, 가구는 간편하고 견고할 수 있도록 주택의 개선에 준하는 것으로 비치할 것.

여섯째, 대도시에서는 지역 상황에 의거하여 공동주택(아파트) 및 전원田園도시 시설을 장려할 것.[11]

'입식'이나 '가족 중심', 위생이나 실용의 중시는 다른 개선 운동에서도 공통된 사항이다. 그것들은 일반적으로 혈통 연속성에 근거한 '가문'을, 주부와 아이라는 최소 단위로 구성되는 '가정'으로 변화시키고자 했다고 할 수 있다. 가문이, 계승되는 가장의 권위를 축으로 분가를 기대하는 차남 이하, 노동을 담당하는 하인·하녀 등을 포함한 복합적 구성이었다면, '가정'은 시간적으로도 공간적으로도 훨씬 한정된 폐쇄적 시스템이다. '가정'을 성립시키는 것은 부부의 유대이자 아이의 존재이다. 그것은 공간 배치에 있어서는 단란함을 위한 거실이나 아이 방으로서 구현되었다. 중산층 가정에 거실이나 아이 방이 등장하는 것도 이 시대이다. 물론 그렇기 위해서는 각 방이 명확하게 분절될 필요가 있다.

개선동맹의 위원이었던 고구레 조이치[12]는 일본풍의 자택을 스스로 입식 실내로 개조하고, 그 사례를 『우리 집을 개량하고』에서 공개했다. 고구레는 개인의 사생활을 존중함과 동시에 주택의 각

구로다 세이키, 〈독서〉, 1891

부분이 각각의 사용자에 대응해야 한다고 주장하고 있다. 음식을 요리하는 부엌과 가족의 단란함을 책임지는 거실, 편한 잠이 필요한 침실 이 세 가지는 독립된 방으로서 계획되지 않으면 안 된다.

물론 이러한 발상은 세계적인 모더니즘 조류와 일치하고 있었다. 예를 들어, 아돌프 마이어[13]의 지도하에 바우하우스에서 실험 주택을 설계했던 게오르크 무헤[14]는 자신의 주택을 다음과 같이 설명하고 있다.

평면도는 12.70×12.70의 평면상에 각각의 방들 간에 합목적적인 관계가 성립할 수 있도록 구획되어 있다. …… 각각의 방들은 완전히 그 목적에 맞도록 설비가 갖춰져 있다. 부엌은 단순히 부엌으로만 있어야 하며, 부엌이 부엌이면서 동시에 가족을 위한 휴게실로도 기능해서는 안 된다.[15]

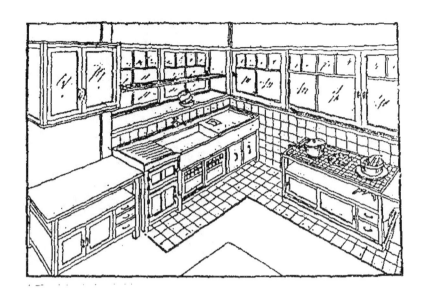

(위) 부엌의 개량제안. 고구레 조이치, 『주택과 건축』(1928)
(오른쪽 아래) 싱크대의 설계제안. 고구레 조이치, 『주택과 건축』(1928)
(왼쪽 아래) 식당과 부엌을 연결하는 디자인 사례. 고구레 조이치, 『새로운 집과 가구장식』(1927)

부엌은 부엌으로 존재하고, 거실은 거실이 아니면 안 된다. 그러한 자기 동일적인 부분들의 '합목적적인 관계를 성립시키는 것으로 주택은 효율적인 '기계장치'가 된다. 이른바 가정에서의 포드＝테일러주의인 것이다. 가시와기 히로시[16]는 고구레의 발상이 현대적인 가사 시스템을 선취하고 있다고 서술한다. "고구레의 기능주의적 발상은 인간과 공간(또는 설비)을 모조리 몇 가지 기본 단위로 분절하고 그것들을 다시 통합한다는 점이 특징이다. 그러므로 가구를 생각할 때도 단위로 분해해서 조립하는 방법을 사용한다. 그 결과, 현대의 유닛 시스템을 앞서는 것이 된다.……즉, 부엌의 작업을 분절하고, 그것을 라인에 따라 연결시키는 방법인 것이다."[17] 당시 많은 여성 운동가나 가정론자家政論者가 가사에 과학적 관리법을 도입하는 것을 시험해 보고 있었다. 음식은 '단백질', '지방', '탄수화물'이라는 영양학적인 개념으로 분류되고, 시간은 스톱워치로 균등하게 가늠되었다. 거기서 가장 효율적인 요리법이나 부엌에서의 행동 방식이 도출되고 그에 따라 설비도 개조되었다. 조리용 도마土間[18]를 대체하면서 확산되었던, 바닥을 깐 부엌은 당시 '도쿄식 취사장'으로 불렸다고 한다.[19]

가사노동에서 낭비를 줄이고 '가정'을, 여가를 위한 합리적 기계로서 재편성하는 것은, 다이쇼적인 두 개의 형상인 '주부'와 '아이'가 출현한 것과 평행선상에 있다. 그들은 가사와 소비를 위한 주체이다. 그것과 동반해서, 『부인의 벗』, 『주부의 벗』, 『붉은 새』, 『황금배』라는 잡지가 창간되고, 각종 콘텐츠―기쿠치 히로시의 『진주부인』(1921) 같은 대중 취향의 읽을거리나 아동문학―가 준비되었다. 남편은 도시에 일하러 나가 있기 때문에 낮 동안의 가정은 주부와 아이가 지배하는 소왕국이 된다. 주택 개량의 논의에서는 여러 번 '아이 방'이 가장 중요한 장소로 문제시되고 있었는데 이는 시대의 관심이 아이라는 존재로 향하게 되었다는 사실을 보여주는 하나의 사례에 불과하다. 이 시대는 '동심주의'를 내세운 스즈키 미에키치[20]의 『붉은 새』나 야마모토 가나에[21]의 자유연상 그림 교육이 큰 반향을 불러일으켰을 뿐 아니라 하니 모토코[22]의 자유학원이나 니시무라 이사쿠[23]의 문화학원 등 상상력이나 자발성에 무게를 둔 자유교육 운동이 큰 사회적 운동movement으로 된 시기이기도 했기 때문이다.

그러나 이것은 아이가 아이로서 있어야만 한다는 것 또한 나타내고 있다. 결국 아이는 순진하고 무구하지 않으면 안 되었다. '가정'이라는 합리적으로 조직된 시스템 속에서, 아이의 순수함innocence이야말로 그것이 지닌 비공리성, 쓸모없음을 통해, 시스템의 지속에 의미를 부여하는 특이점이 되기 때문이다. 태어나 버린 것, 그래서 존재하고 있는 것에는 그 어떤 이유도 없다. 아이는 그 자체가 목적이지 수단이 아니다. 가정의 일부로서 아이가 있는 것이 아니라 가정이야말로 아이를 위해 존재한다. 물론 이것은 아이를 자유·몽상·자발성이라는 텅 빈, 무규정의 관념의 상징으로 여기는 것이다. 사람들은 아이에게서, 가정에 가득한 불안을 흡수해 주는 결핍을 간파하였다. '아이 방'은 가정의 공허한 중심이 되었다. 아이라는 형상 그 자체가 합리성을 지향하는 사회의 분산점이 되었다.

농촌과 도시의 결합 — 전원 유토피아

다만, 거실이나 기능적인 부엌을 완비한 근대적 주택에 살고 있는 사람들은 극히 일부였다. 실제로는 교외의 '문화주택'조차 일본풍 주택의 현관 옆에 서재와 응접실을 겹친 서양식 방을 덧붙였을 뿐인 절충양식 형태가 많았다. 사람들은 휴식공간에서는 지금까지 했던 대로 일본 옷을 입고 다다미 바로 위에서 잠을 자는 것을 좋아했기 때문이다. 그러나 마쓰야마 이와오[24]는 이러한 서양식 방이 샐러리맨이나 사관들의 지위에 대한 상징이 되었다고 아래와 같이 쓰고 있다. "서양식 방에는 싸구려 전집과 등의자가 놓이고, 그곳에 사는 사람은 교양과 합리성을 피력했었다."[25] 외부의 손님은 그곳에서 쉽게 서양화되지 않는 자신의 신체를 생활공간의 배후에 은폐하였다. 동시대의 간판 건축과 같은 모양으로, 서양식 방은 말하자면 건축이 감싸고 있는 외적인 디자인으로서 기능했다.

물론 그것은 주거공간에만 한정되어 있지 않았다. 예를 들어 1916년에 창간된 『주부의 벗』의 성공요인은 현실에서는 검소한 생활을 하면서 중산층 문화나 생활을 동경하는 사회층을 독자로 개척한 점에 있다.[26] 그 내용에 있어서도 적은 수입을 메우기 위한 실용기사와 문화를 향한 동경이 같이 공존했다. 문화 주택으로 대표되는 듯한 새로운 라이프스타일은 오히려 소수만이 향유함으로써, 대중의 욕망을 선동하는 것이 되었다.

이 시기 주택 개량 운동이 이룩한 것은 복수의 중층적인 컨텍스트를 나눠서 일의적인 기능에 근거한 자기동일적 공간으로 주택을 새롭게 조직한 것이었다. 거기서 공간은, 그리고 각각의 공간에 귀속되는 개인도, 단일한 컨텍스트에 속하고 규정되었다. 서재에서는 교양인답게, 부엌에서는 주부답게, 거실에는 좋은 부모처럼, 그 내부의 행동도 규격화되어 '가정'이란 시스템의 부분이 되는 것이었다. 예컨대 주부라는 기능/개인은, 그대로 다른 '가정'의 일부와도 교환 가능하게 되는 것이다. 전체적으로 보자면 그것들은 부품에 지나지 않았다.

하지만 완전히 똑같은 일이 도시 전체의 규모에서 일어났다. 그것이 에브니저 하워드[27]의 전원도시론의 영향을 받아 진행되었던 도시교외의 개발이었다.

일본 교외의 주택 개발은 한큐(미노전철)[28]의 고바야시 이치조[29] 등에 의한 이케다무로마치 주택 등 관서지방에서 먼저 일어났고, 곧 관동지방에도 파급되는 경로를 따랐다. 다이쇼기에 이르자 야마노테선[30]의 권내를 넘어서 사쿠라신마치나 닛뽀리의 와타나베마치, 고마코메 야마토무라 등이 개발되어 갔다.(당시 야마노테선의 권외는 이미 '교외'였다.) 이들 교외 주택지는 크게, 철도회사에 의한 것, 도시개발업자developer에 의한 것, 세이조학원에 의한 학원도시 개발 등 세 개로 나뉘어 있었다. 철도회사 관련 주택지로서는 〈하코네 토지 주식회사〉의 국립 학원 도시, 메지로 문화촌, 시부사와 에이이치[31] 등에 의한 덴엔초후田園調布 등이 잘 알려져 있다. 도심부와 연결된 철도역이나 간선도로를 축으로 상업지역·학교·공원·행정시설 등이 정연하게 배치되어 있는 광경은 이제는 일본의 가장 평균적인 풍경이 되었지만, 교외에 인공적인 도시를 설계한다는 사상, 기능 공간을 합리적으로 배치한다는 발상(공간 배치의 개선과 완전히 평행선상에 있다)은 이 당시에 탄생한 것이다.

그 계기가 되었던 것은 에브니저 하워드가 영국에서 제창했던 전원도시론이다. 그는 1898년에 발표한 『내일 : 사회 개혁에 이르는 평화로운 길』(후에 『내일의 전원도시』로 개정)에서 인구 3만 명 정도의 위성도시를 대도시 주변에 건설하고, 그것들을 고속 교통기관으로 연결한다는 비전^{vision}을 제출했다. 이러한 구상은 폭넓게 받아들여져 도시의 팽창과 슬럼화, 중산계급을 대상으로 한 주택 부족으로 고민하는 선진 여러 나라에 큰 영향을 주었다. 일본에서도 1912년에 사노 도시카타, 내무성 지방국의 이케다 히로시[32] 등에 의해서 〈도시연구회〉가 결성되어 정책 브레인으로서 활동함과 동시에 주택문제 연구를 진행해 왔다. 1919년, 하라[33] 내각은 '소매 주택^{小賣住宅}의 증설'을 정책으로서 내세웠고 같은 해 개최된 건축 학회 대회는 '도시와 주택'을 주제로 하여 개최되었다. 민관 쌍방으로부터 교외 주택 건설에 대한 기운이 고조되고 있었다. 사노 자신도 개발 도상 지역인 야마토무라로 이주해서, 거리 구획부터 유치원 경영에 이르는, 주택과 관련된 일에 몰두해 있었다. 게다가 지진으로 주거지를 잃어버린 사람들이 다른 지역으로 이동하는 경우가 늘었다.

이러한 신흥 주택지에서는 거의 예외 없이 주민 조합이나 자치회가 결성되었고, 하수도의 정비나 경관 정비를 위한 계약이 진행되었다. 게다가 중앙에는 클럽하우스가 세워지고, 영화가 상영되거나 어린이회 등이 열렸다. 그곳에서는 대도시에서는 불가능했던 전인적 소통이 요구되었던 것이다. 그 안에는 예외적이라고는 하지만, 쇼난 지역의 전원주택처럼 전인적 커뮤니케이션을 위해 설립된 조합이, 토지의 취득에서 개발까지 조합 자체의 힘으로 이루어낸 사례도 있다. 조합원의 중심에는 구^舊 요네자와번^{米沢藩} [34]의 무사들이 있었고, 그들을 이끌었던 것은 유신 이전에, 문자 그대로 반사족^{半士族}, 반농민으로 살던 조카마치 지역의 기억이었다.

전형적인 것은 역시 덴엔초후이다. 원래부터 덴엔초후는 재계의 중진이었던 시부사와 에이이치가 실업계 은퇴 후 영리를 목적으로 하지 않는 사업을 시행하고 싶다는 희망에서 시작한 이상주의적 프로젝트였다. 그 때문에 경제성을 희생해서라도 주민의 쾌적함[35]을 높이는 방향으로 개발이 진행되었고, 산뜻하게 서양적인 역사驛舍와 거리 등이 정비되었다. 시부사와 히데오(에이이치의 아들)는 그곳에 자택을 세워 이주하였고, 스스로 커뮤니티의 중심이 되었다. 시부사와는 자택을 개방해서 외국제 전기기구 전람회 같은 행사를 열었던 듯하다. 그는 거리에 걸맞은 '문화적'인 라이프스타일을 보급하고 싶어 했었다.[36] 경관의 보호 등을 위해서 맺은 〈주민협정〉 속의 "소위 이상적 전원도시에 모자람이 없는 주택 건설을 희망"(덴엔초후), "학교를 중심으로 한 평화롭고 조용한 교외 이상향"(국립)이라는 말은 당시 주민과 개발자 사이에 어떠한 이미지가 공유되고 있었는지를 잘 나타내고 있다.

교외 개발은 결코 '아타라시키 무라'과 관계가 없는 현상이 아니다. 둘 다 다이쇼 시대에 보인 강렬한 커뮤니티 지향의 현상이며, 도시의 '문화'와 농촌의 '자연'을 결합하고자 했던 의도를 지니고 있었다. 그것은 이상화된 '가정'이 그러했던 것처럼 계몽된 사람들이 모인 사랑과 휴식의 유토피아로서 구상된 것이다. 이는 교외 주택이 소비와 여가를 위한 공간이었다는 것을 의미한다.

교외 주택이 전제하고 있는 것은 낮에는 대도시에서 근무하고 밤에는 교외에서 휴식한다는 라이프스타일이다. 대도시는 성인 남성에 의해 생산의 장소였고, 교외는 여성과 아이가 생활하는 소비와 휴식의 장소였다. 이것은 사실 생산과 소비를 가능한 한 가깝게 하고 유기적으로 결합하고자 한 하워드의 구상과는 정반대였다.[37] 하워드는 전원도시에서는 빈곤자가 줄고 노동자의 건강과 쾌적함도 향상될 것이라 서술하고 있다. 그것은 경제가 규모의 확대를 목표로 하지 않고 노동자가 노동의 주인으로 있을 수 있어야만 가능하다. 다시 말해 이는 자치와 자주관리의 사상인 것이다. 하워드는 전기·철도 같은 근대기술의 활용을 제창하지만 그 기술의 목적은 주거지 바로 가까이에 일하는 장소가 있고 근처에는 단골 가게, 공방이 늘어선 친밀한 생활공간을 회복하기 위한 것이었다.

일본에 생겨난 현실의 교외 주택은 하워드의 생각과는 반대로, 교외를 대도시 중심의 보다 거대한 경제 시스템의 내부로 편입한 것이었다. 그 시스템에서는 공적인 생산 영역과 사적인 소비 영역이 서로 다른 공간으로서 분리되고, 교외도시는 마치 그 소비 영역에서 자족하는 것 같은 환상을 자아낸다. 교외 주택지에서 시도된 자치의 꿈이 왠지 덧없게 추상적인 것이었던 이유는 주민 자신이 추상적인 존재였기 때문일 것이다. 그들은 노동에서 분리되어 여가의 영역에서만 만났다. 대부분이 기업·관청에 근무하는 중산층 계급의 남성과 그 가족이었다는 의미에서도 교외 주택의 주민들은 균질적인 동시에 추상적이었다. 무엇보다 그곳에 존재했던 것은 정치와도, 경제와도 관계가 없는, 주말의 클럽하우스에서 생겨난 공동체였기 때문이다.

그럼 교외 개발에서 주택 개량까지를 관통하고 있는 경향이란 무엇인가. 둘 다 가지고 있는 단위(전원도시, 가정)가 사회로부터 분리되어 일단 자율적이고 친밀한 공간으로 규정된 후에, 다시 보다 큰 시스템의 일부로 '효율적'으로 편입되었다. 또 친밀한 공간의 내부도 한차례 분할되고 '합리성'에 따라 재편되었다. 그곳에서는 생활이나 행동양식이라는 애매하게 다의적인 영역이 이성의 시선에 의해서 분절화되고 형식화되었다. 하지만 이는 도시 공간의 편성에만 한정된 것이 아니었다. 세리자와 가즈야[38]는, 러일전쟁 이후 다이쇼 시대에 걸쳐서 범죄·광기·빈곤이라는 영역을 사회의 어두운 영역으로서 배제하지 않고, 가시화하고 조명함으로써 '사회' 내부로 그 영역을 포섭하고자 하는 전환이 각 분야에서 진행되고 있었다는 것을 지적한다. 도미이 마사아키라[39], 마키노 에이이치[40] 등의 새로운 조류의 형법학은 처벌보다 교정을 중시해서, 개별적인 주관이나 성격을 문제 삼았다. 형벌은 가소성可塑性(개선 가능성)이나 미래의 위험성에 상응하여 배분되어야만 하는 것이고, 처벌은 일종의 치료행위로 간주되었다. (예를 들어 오늘날에는 익숙한 '집행유예' 제도가 이 시기에 도입되었다고 한다.) 마찬가지로, 구레 슈조[41]를 중심으로 정신의학적 지식이, 또 내무관료 등에 의해 사회정책 방법론이, 각각 광기와 빈곤이라는 병에 대응하는 것으로서 구축되어 갔다. 처벌에서 교정으로의, 감금에서 치료로의 이행이 존재하고 있었던 것이다.

여기에도 역시 부정형의 애매한 영역에 대한 시선이 있다. 광기나 가난함 또한 분절되고, 언어로 표현되지 않으면 안 되었다. 그리고 이런 언어화, 형식화를 향한 지향은 사회의 모든 영역을 관통했으며, 그 가운데 최대의 장치가 바로 대의제였다.

세리자와에 의하면, 미노베 다쓰키치[42]의 천황기관설[43]과 요시노 사쿠조[44]의 민주주의의 공통점은 모두 주권(권력의 소재)과 그 운용(통치)

을 교묘하게 분리한다는 점에 있다고 한다. 미노베는 주권과 통치권을 분리시킴으로써 주권자인 천황과 국민을 함께 기관으로서 포함하는 국가를, 통치권의 주체로서 부상시켰다. 요시노는 주권이 천황에게 있음을 인정하면서, 그 실제의 운용(정치)에 있어서는 민중을 대표하는 의회가 주도한다고 주장했다.

우에스기 신키치[45](미노베의 논쟁 상대였던 헌법학자)가 주장했던 천황 친정설처럼, 권력이 주권자의 소유물로서 관념화되고 있는 언설에서는 권력이란 구체적인 인물이 가진 하나의 능력에 불과한 것이다. 권력이 구체적인 인물의 능력과는 동일시되지 않는 민주주의적인 언설에서는, 권력은 초월적인 질서에서 해방된 익명의 것으로서 출현한다. 그때 그 권력은 어떠한 권위에도 의지하지 않으며, 스스로 작동하면서 공간에 질서를 규정한다. 초월적인 주체가 없는 권력은 외재적인 지원을 필요로 하는 것 없이 스스로를 갱신하며, 이 과정에서 통치공간에 질서를 부여한다. 그 때문에 이 권력은 스스로가 내재하는 영역으로서 '사회'를 부상시키는 것이다.[46]

민중은 통치되면서 동시에 통치하는 것이 된다. 주권자인 천황도 이 시스템의 일부인 이상, 절대적인 권력자란 있을 수 없다. 중요한 것은 권력이 어디에 있는지가 아니라, 원활하게 작동하는 것처럼 보이는 시스템을 구축하는 것이다. 다이쇼 데모크라시란 그러한 시스템 구축을 위한 노력이었다고 할 수 있다.

다이쇼기는 〈전국수평사〉나 『청탑』青鞜, 노동쟁의나 〈우애회〉 등 다양한 민중운동이 격렬하게 발생했던 시기이다. 동시에 학교 교육은 대중에게, 읽고 쓰는 정해진 능력을 가르치고 있었다. 1차 세계대전을 계기로 한 자본주의의 고도화는 구매력을 향상시키고, 잡지·출판·영화·음반 같은 매스미디어를 일상적인 소비재로 유동시켰다. 다이쇼기의 통치 권력은 유동하는 거대한 대중을 표상하고 대표하는 것을 사명으로 하였다. 그것은 개별적인 개인이나 집단이 관리 네트워크에 편입되는 것인 동시에, 이름도 얼굴도 없었던 이들이 장소를 가지고 형태를 가지며 언어를 가지게 되는 과정이기도 했다. 여기에 이 시대의 양의성이 존재한다. 부단히 생성하는 개별적인 사실과 현상들을 인식해서 분절하고, 형식화하는 것. 부정형인 것에 형태를 부여하고, 주체로서 적절한 장소에 배치하는 것. 어느 쪽이든 이 시기의 사회에 넘쳐흐르고 있던 욕망이란 그러한 것들이었고, 대의제의 확충조차 그 대표적인 사례에 불과했다. 이 지점에서 권력과 대중의 욕구는 일치했다. 오히려 권력은 그 작동 원천으로서 대중의 욕구를 적극적으로 필요로 하였다.

'독실'의 탄생

주거개선 운동은 열쇠를 잠그는 독실이란 공간을 만들었다. 그러나 이러한 것은 하나의 역설을 낳는다. 합리적으로 재편되고, 일의적인 컨텍스트로 조직된 독실이라는 공간이 가장 비합리적인 몽상을 위한 장소가 되기 때문에 그러하다. 확실히 가정(가옥)이라는 전체 속에서 각각의 방은 명확한 기능을 부여받고 있었다. 하지만 일단 문을 닫아 버리면, 실내는 전체에서 분리되고, 아무것도 아닌 장소, 다시 말해 무엇이든 될 수 있는 장소가 된다.

이렇게 닫히고 고립된 공간이 한편으로는 어린이 방으로, 또 다른 한편으로는 살인현장으로 통하고 있다. 양쪽 모두, 일상적인 경험 법칙이나 현실 원칙에 구애받지 않는 불가사의한 일이나 이상한 사건을 위한 장소였기 때문이다. 물론 거기서 한발 내딛으면, 눈앞에 있던 불가사의는 갑자기 안개 속으로 사라져 버린다. 곧바로 일상이 되돌아오고, 자신이 눈으로 본 것은 환영이었다고 깨달을 수밖에 없게 된다.

우노 고지의 『꿈꾸는 방』(1922)의 화자는 완전히 고립된 독실을 원해서 가족과 생활하는 여인숙과는 별도로 "성냥갑을 여러 개 쌓아올린 듯한"[47] 서양풍의 아파트에 방을 빌린다.[48] 원래 그의 목적은 불륜 상대와의 밀회 장소를 확보하는 것이었지만, 결국 그는 그 방을 애인에게도 알리지 않고 혼자서 점유하기로 결정한다. 처음부터 이 남자는 어머니나 아내까지 '여인숙의 옆방 손님'처럼 느꼈고 그녀들의 시선으로부터 도망쳐서 후미진 방에 틀어박히는 성향을 지닌 사람으로 설정되어 있다. 그가 새로운 방에 들인 것은 '연모하는 여자', '사랑하는 마을', '좋아하는 산들'의 사진이었다. 그는 그것들을 벽에 장식하고 흡족해 한다. 그것들은 말하자면 가공의 창, 직접적으로 호감이 가는 장소로 연결된 창인 것이다.

하지만 이 방에는 또 하나의 기묘한 창이 열려 있다. "정사각형 다다미 4척 반의 천장 정중앙에 네모나게 낸 삼 척三尺 정도의 창문이다. 그것은 지붕 천장에 한 칸 정도 사각 깔때기를 거꾸로 둔 형태의 깊이로, 위로 갈수록 좁아져서 결국 그 끝에尖端에 일 척尺 정도 크기의 유리가 끼어 있다."[49] 이 방이 천창을 렌즈로 삼아 카메라 옵스큐라의 형태를 띠고 있는 것은 분명하다. 실제 그는 이 방을 암실처럼 "전구를 빨간 것으로 바꿔서, 산에서 찍어온 여자의 필름 원판 전부를 종이에 새긴다든지"[50], 환등처럼 벽을 향해서 영사해 보는 등의 행위를 한다. 남자는 방 전체와 천창이 "하늘을 향해서 위로 바라보게 놓은 환등기계 같다"고 말한다. "그로 미루어 보면, 방 안의 내 자신, 책장, 이불, 벽에 붙은 다수의 사진이 한 폭의 그림으로 다가오고 있다."[51] 여기서 독실은 그의 머리, 그 자체의 비유가 된다. 그는 거기서 유폐되어 단지 공상을 허공에 투사해 보는 것밖에 할 수 없다. 원래부터 이 남자는 "이 세상에 오로지 자신의 소유물로서 기쁨을 얻을 수 있는 것은 내 '생각' 즉 나의 꿈 다시 말해 내 사랑 이외에, 아무것도 없다"[52]고 느끼는 인간이었다. 그는 세계로부터 분리되어 몽상을 넓은 하늘에 비추는 머리만이 존재하는 인간인 것이다.

독실이 몽상을 위한 공간이 된 것은 그곳이 어느새 외부로부터 폐쇄되어 외부로부터 어떠한 직접적인 영향도 받지 않기 때문이다. 그 때문에 어떠한 과격한 사상이나 철저한 도착도, 정말로 위험한 행위라고 보지 않고, 오히려 취미의 문제로 호기심의 대상이 되어 버린다. 막 확립된 사적 영역(프라이버시)은 즉시 이상한 관심의 대상이 되었고, 지진 이후 소위 '에로 그로 넌센스'[53]의 시대가 시작된다.

『꿈꾸는 방』의 화자가 자신을 영사기에 투영했다면, 에도가와 란포의 『다락방의 산책자』(1925)의 주인공은 스스로 사진기가 되어 버린다.

물론 구조적으로는 양자는 동일한데, 영사기가 두뇌 속의 생각을 확대해서 외부에 비치는 것에 비해서 카메라는 영상을 사각의 프레임으로 축소해서 수집한다. 주인공 고다鄕田는 술과 여자를 시작으로 모든 유희에 질려 버린 독신자이다. 그가 흥미를 가지고 있는 것은 엽기적인 에피소드나, 여장하고 아사쿠라에 나가서는 남자들에게 아슬아슬하게 장난을 치는 시시한 악취미뿐이다. 그런 그였지만, 새롭게 이사 간 독실 형식의 하숙집 벽장에서 다락방에 올라가는 방법을 발견한 순간, 그는 훔쳐보기의 즐거움에 탐닉하게 된다. 여기에도 프라이버시에 대한 호기심이 존재한다. 그렇다 하더라도, 다락방에서 타인의 방을 엿본다는 이 쾌락은 그다지 진기한 것에 대한 욕망에 근거하고 있다고는 할 수 없다. 과연 그곳에는 "과격한 반자본주의 논의를 내뱉는 회사원"이 봉급 인상 명령에 고마워한다든지, 대담해 보이는 운동선수가 여자에게는 겁쟁이라든지 등의 이면의 얼굴이 있기는 하다. 하지만 그리한 것들은 일부러 훔쳐보지 않더라도 충분히 짐작할 수 있는 것이다. "그 밑에서 특별한 사건이 일어나지 않아도, 누구도 엿보는 사람이 없다고 믿고서 자신의 본성을 드러내는 인간이란 존재를 관찰하는 것만으로도, 충분히 재미있는 일이다"[54]라고 하듯이, 그는 훔쳐본다는 일 자체에 매력을 느끼고 있다. 결국 그의 욕망을 자극하는 것은 타인의 생활을 시선을 통해서 수집한다는 행위 그 자체인 것이다. 본래 특별할 것도 없는 개개인의 생활이 독실이라는 프레임에 가둬지는 것으로서 은밀한 생활이 시작된다. 마치 『꿈꾸는 방』의 화지가 맘에 드는 영상을 벽에 장식하며 즐겼던 것처럼, 고다는 복수의 타인의 생활을 감상한다. 이로써 사생활은 한 장의 타블로tableaux, 또는 규

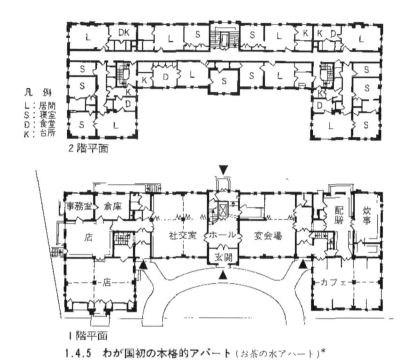

2階平面

凡例
L：居間
S：寝室
D：食堂
K：台所

1階平面

事務室　倉庫　　　　　　　　　　配膳　炊事

店　　　　　社交室　ホール　宴会場

店　　　　　　玄関　　　　　　　　カフェ

1.4.5 わが国初の本格的アパート (お茶の水アパート)*

일본 초기의 아파트, 오차노미즈 문화 아파트의 평면도
L:거실, S:침실, D:식당, K:부엌

격화된 기성품이 된다. 그리고 그의 배회의 궤적은 일방향의 통로처럼 진행된다. "동영관東榮館 건물은 하숙집으로는 흔하다. 중앙에 뜰을 에워싸고 그 둘레에 상자모양으로 방이 늘어서 있는 듯한 모양새를 하고 있기에, 다락방도 쭉 그 형태로 연결되어 있어서 막힌 데라고는 존재하지 않는다. 자신의 방 천장 뒤편에서 출발해서 한 바퀴 쭉 돌면, 다시 원래 자신의 방으로 되돌아오게 되어 있다."[55] 즉, 그는 쇼윈도를 눈요기하면서 긴자를 산책하는 산책자, 또는 정해진 순서에 따라 작품을 조망하는 미술관의 감상자와 같다. 벤야민은 "기본적인 것은 상품으로의 감정이입이 교환가치 그 자체로의 감정이입인 것. 산책자는 이러한 감정이입의 달인인 것이다"[56]라고 말한다. 다시 말해, 어느 방과도 교환 가능하다는 사실이 각 방에 대한 물신주의를 피어나게 하는 것이다.

고다郷田가 사생활을 훔쳐보고 싶어 안달이 나는 것은 타인이 이해불가능하다고 느껴지기 때문이다. 그러나 그것은 타인이 자신과 다르기 때문이 아니다. 반대로 자신과 같은 인간이기 때문인 것이다. 그들은 서로 비슷한 방 안에서 크게 다르지 않은 생활을 영위하고 있다. 같은 계층에 속하고 격차가 없는 생활양식을 공유하고 있다. 그 이전까지 아직 농후하게 남아 있던 지역·신분·직업·사회적 역할에 의한 차이가 균질화되면서 그 경계가 모호하게 되었다. 하지만 그 때문에 고다에게 이웃은 이른바 창이 없는 독실이 된다. 그는 그 벽에 구멍을 뚫고 엿보는 것으로 불안을 가라앉히고자 한다. 그는 저편에 기괴한 광경이 있다고 믿고 있지만, 그 생각이 자신을 가장 기괴한 괴물로 만든다는 것을 깨닫지 못한다.

탐정소설의 근저에는 이웃에 대한 상호불신이 있다. 그들은 심리적으로도 공간적으로도, 일찍이 없던 가까움 속에서 머물고 있다. 그렇기 때문에 서로 비가시적인 존재가 되고, 그로 인해서 가장 이해하기 어려운 사람이 가장 가까운 가족이나 연인이 된다.

란포의 다른 소설 『애벌레』(1929)[57]의 주인공 도키코에게는 남편의 신체야말로 닫힌 방과 같은 것이다. 그녀의 남편은 육군 중위였지만 전쟁에서 사지를 잃어버리게 된다. 그뿐만이 아니라 얼굴 전체가 부상당해 코도 입도 뭉개져 형태를 지니고 있지 않다. 그는 말하는 것도 표정으로 자신의 의지를 전달하는 것도 불가능하다. 심지어 귀도 들리지 않는다. 그는 '거대한 황색 애벌레', 또는 도키코의 속마음을 빌리자면 '기형적인 고깃덩어리'에 불과한 것이다.

하지만 도키코를 괴롭히는 것은, 이런 이상한 모습이나 불구자의 아내로서 여생을 이어 가지 않으면 안 된다는 전망만이 아니다. 외부와의 연결 회로를 잃어버린 남편이 무엇을 생각하고 있는지를 모른다는 점이 두려운 것이다. 그녀는 남편의 존재를 확인할 길이 그것밖에 없는 것처럼 거친 성행위에 탐닉한다. 하지만 그것으로 상대방을 이해하게 될 리가 없다. 오히려 점점 더 상대방을 모르게 된다.

"또 생각하고 있군요."
시선 이외에는, 어떤 의지를 표명할 기관도 갖지 않은 한 인간이 가만히 한곳만을 응시하고 있는 모습은 이런 한밤중에는 잠시 그녀에게 섬뜩한 느낌을 주었다. 어차피 둔해진 머리라고 생각하면서도, 이렇게 극단적인 불구자의 머릿속에는 그녀와는 다른 세계가 펼쳐지고 있는 것일지도 모른다. 그는 지금 그 별세계를 여기저기 떠돌고 있을지도 모른다고 생각하자, 소름이 돋았다.[58]

이 시선이 야기하는 불안에 자극받아서, 도키코는 남편에게 달려든다. 그리고 자신의 손가락으로 마지막으로 남아 있던 남편의 눈을 찔러 버린다.

란포가 자주 그려 냈던 것은 성性 이외의 모든 유대를 잃어버려 지금 막 붕괴될 것 같은 남녀의 모습이다. 그나 그녀는 적어도 한편으론 자신들이 부부인 것을 믿고 있지만, 그것은 환상에 지나지 않는다. 그러나 자신들이 부부이고 가족이라는 근거 없는 '감정'의 기초밖에 지니지 않은 이상 '집'이 아닌 근대의 '가정'은, 벌거벗은 '성'性은, 언제라도 신기루처럼 사라질 가능성을 품고 있다. 다니자키 준이치로의 『치인痴人의 사랑』 (1924)은 이른바 새롭게 나타나고 있는 증상에 대한 사례 보고였다. 그러나 다니자키나 란포만이 아니라 무로 사이세이59도 어떤 의미에서는 그들 이상으로 음산한 가정의 지옥도를 그리고 있었다.

사이세이의 『향로香爐를 훔치다』(1920)에서 아내는 남편이 밖에서 여자를 만나고 있다는 것을 직감한다. 구체적인 증거가 있을 리 없다. 모든 것은 그녀가 예민한 신경으로 감지한 것뿐이다. 집에서 일을 하는 조각가인 남편은 긴장을 풀기 위해서, 또는 일에서의 울적함을 해소하기 위해서 가끔 훌쩍 집을 나간다. 아내는 오늘도 다른 여자 곁으로 갔을 거라고 생각하면서 아무 말도 못하고, 단지 멍한 상태가 돼서 남편을 배웅한다. 남편 역시 그런 아내의 모습에 신경을 곤두세운다. 눈에 드러나지 않는 그런 모습이, 책망하는 것처럼 느껴진다. 무언의 상태가 두렵게 느껴지게 된다.

여자는 나날이 여위어 갈 뿐, 그 어떤 때에도 아무 소리도 내지 않았다. 가만히 장지를 올린다든지, 고양이처럼 부드러운 발걸음으로 다다미 위를 미끄러지듯 걸어간다든지, 깊이 잠들어 있는 것처럼 벽장과 미닫이 문 사이에 들어가 앉아서, 언제까지고 침묵하고 있다든지, 무언가 세탁을 하면서 대야 옆에 착 들러붙어 있다든지, 그런 아내의 행동은 물처럼 소리도 없이 어딘가에 존재하는 발 없는 생물처럼 보였다.60

머지않아 아내는 남편이 밖에 외출하려 한다는 생각만으로 먼저 현관에서 남편의 모자를 들고 "소리 없는 물*처럼" 서 있게 된다. 아내의 신경에는 기묘한 육감이란 것이 있어서, 알 턱이 없는 유실물까지 바로 그 자리에서 소재를 밝혀낸다. 그뿐만이 아니라 아내는 밖에 나가 있는 남편의 환각까지 본다. 아내에게는 보이지 않던 남편의 웃는 얼굴, 다정하게 여자와 어울리고 있는 모습, 귓갓길의 남자의 모습이 "지금 어느 거리를 통해서 가볼까?"라고 말하는 부분까지 포함해서 또렷이 그녀의 눈앞에 떠오른다. "희한하게도 여자가 오랫동안 벽이나 장지를 바라보고 있으면, 머릿속이 명확해졌다. 그러면서 언제나 어떤 형체 같은 것을 장지나 벽 밖에 투영하는 것이 일상이었다. 그것이 점차 습관처럼 되어 남자가 집만 비우면 벽 뒤편에(실제로 그곳은 이웃과 경계가 되는 벽이었다) 또 하나의 방이 있어서 전등이 밝게 달려 있고 환한 빛을 발하고 있는 것까지 명료하게 눈에 들어오는 것이었다."[61] 이러한 환상의 '방'에서 남편은 애인과 희롱하고 있다. 이것이 아내의 공상에 지나지 않는 것인지 아닌지는 확실히 알 수 없다. 단지 한 가지 확실한 것은 여기에서도 영사기처럼 아내의 상상이 벽에 투사되고 있다는 점이다.

　　사이세이가 묘사하고 있는 것은 서로가 정념의 그물에 사로잡혀서 꼼짝할 수 없게 된 남녀의 모습이다. 다니자키의 『치인의 사랑』에서의 조지와 나오미처럼 처음부터 즉물적 욕구밖에 가지고 있지 않다면 오히려 편할 것이다. 조지는 원래부터 나오미를 성의 대상으로만 보았고 나오미에게 조지는 풍요로운 생활을 위한 발판에 불과했다. 한편 『향로를 훔치다』의 남녀는 이와는 다르다. 서로가 비가시적인 존재이면서 서로에 대해

무관심할 수가 없다. 아내는 남편을 무정하다 느끼고, 남편은 아내를 섬뜩하다고 생각한다. 남편은 자신이 아내에게 있어서 불투명하게 되어 버렸다는 것, 아내가 자신의 마음을 헤아리고 있다는 것을 알면서 오히려 아내의 마음 씀씀이를 두려워하고, 점점 아내를 이해할 수 없게 된다. 두 사람 사이에 결핍되어 있는 것은 벌거벗은 상태의 '성'^性이라는 한마디 단어다. 두 사람의 심리는 이 한 단어를 우회해서 그 주위를 돌고 있다. 남편은 마음이 울적해질 때 애인의 거처에 향로를 가지고 가서 그 안을 바라본다. 뚜껑 뒷면에는 남녀가 껴안고 있는 춘화가 그려져 있고, 그러한 "뒤엉켜 있는 두 마리의 하얀 물고기처럼 미끈미끈한 모습"을 보면서 남편은 자신의 정기를 회복한다. 어느 날 그는 실수로 그 뚜껑을 소매 속에 넣은 채 집으로 돌아가 버린다. 아내는 또 다시 초자연적인 능력으로 그것을 알아차리고, 억지로 남편으로부터 그 뚜껑을 빼앗아 한눈에 그것을 알아본 순간 원숭이 같은 웃음소리를 내며 발광한다…….

다이쇼 시기의 작가들에게 있어, 가정은 자주 이렇게 미세한 신경전이 일어나는 장소로 묘사된다. 집 내부에는 일찍이 없던 농밀하고 생생한 정념이 자욱하다. 사람들은 그곳에서 고립된 채 몸을 밀착하고, 혹은 몸을 밀착하고 있었기 때문에 비로소, 오히려 상대방의 얼굴이 존재하지 않는다는 것에 당혹스러워한다. 그것은 가정이 사회에서 분리되고, 외부를 지니지 않은 구심적인 공간이 되었기 때문이다. 본래 그것은 합리적으로 편성되고, 빛이 가득 찬 투명한 공간으로 존재할 예정이었다. 아니, 거실에서의 걱정 없는 단란함과 침실에서의 시샘은 모순되지 않는다. 밝게 웃는 심연에 어두운 집착이 들러붙어 있는 경우도 있다. 어느 쪽이든, 사

고이데 나라시게, ⟨N의 가족⟩, 1919

람들은 가정이라는 닫힌 유토피아를 꿈꾸면서 꿈의 기반이 자신들의 감정이나 욕망에 불과하지 않다는 것, 결국 자기 자신으로 자신을 지탱하지 않으면 안 된다는 것을 깨닫고 있었던 것이다.

화가인 고이데 나라시게[62]의 1919년 작품으로 ⟨N의 가족⟩이라는 그림이 있다. 후에 ⟨모자를 쓴 자화상⟩(1924)에서는 하얀 마로 만든 슈트 suit라는, 중산계급을 상징하는 의상 costume을 몸에 걸친 나라시게지만, ⟨N의 가족⟩에서는 마치 한구석에 마련된 서양실처럼 전통 옷에 중절모라는 어울리지 않는 모습을 하고 있다. 옆에는 아직 10대인 아내와 어린 아들이 있다. 아내는 무언가를 억누르고 있는 듯이 머리를 숙이고 있고,

아들은 큰 머리를 세우고 있다. 그리고 32세의 젊은 가장은 이것이 자신의 가족이고 가정이라고 선언하는 양 가만히 화면 쪽을 바라보고 있다. 거기에 아이러니한 모습이 아주 없지는 않다.

화가의 아틀리에를 무대로, 과일이 담긴 주발과 천으로 댄 배경 사이에서 세 명이 비좁게 공간을 차지하고 있다. 아니, 원래부터 프레임 자체가 너무 작아서(배경 상부에 있는 화가의 자화상은 시선에서 잘려 있다) 그 장소에 꽉 눌러 담긴 것처럼 보인다. 화면에는 몇 개의 천들이 흘러넘치고 있다. 전경의 하얀 피륙으로 만든 부부의 옷이나 나라시게의 모자 등, 모든 것에 두툼하게 주름이 잡혀 있어 생각지 않게 손을 뻗어 만져 보고 싶어진다. 홀바인의 화집조차 표면에 세세하게 보풀이 일어나 있는 것처럼 보인다. 이곳은 심하게 촉각적인 공간인 것이다. 담배에서 피어오르는 냄새가 자욱하게 낀, 연하게 흐린 따뜻한 공간.

이 공간에 흐르고 있는 것은 불안도, 긍지도 아니며 잡히지 않는 어떤 농후한 감정이다. 두껍게 발린 무거운 마티에르(재질감)가 그러한 감정을 물질적으로 떠받치고 있다. 물론 이 캔버스에는 어떤 위기나 파탄의 징후도 묘사되어 있지 않고, 전기적으로 봐도 나라시게는 평범하고 평온한 가정생활을 했다고 한다. 하지만 아무리 평안한 가정이었다고 해도 그것을 가능하게 하는 것은 혈연도 제도도 아니며, 어떤 폐쇄된 공간에서 몸을 맞대고, 서로의 체온이나 체취를 거의 무자각적으로 수용하는 것, 결국 인연을 믿는 것, 자신들은 한 가족이라고 자명한 사실처럼 믿는 것뿐이라고, 이 한 장의 그림이 말하고 있는 듯하다.

열거하는 것, 수집하는 것

　　라캉파 문화이론가인 조안 콥젝[63]은 탐정소설이 등장한 시대가 마침 부르주아 혁명을 경험한 나라들이 '수數'의 홍수에 휩쓸린 시기와 일치한다고 서술한다. 1830년에서 1848년에 걸쳐 – 에드거 앨런 포의 『모르그가의 살인사건』은 1841년 작품이다 – 인쇄된 탐정소설의 수가 기하급수적으로 증대했다는 것이다. 이는 서구 여러 나라가 피통치민을 대략적인 양으로서가 아니라, '수數'로서 파악하기 시작했다는 것을 의미한다. 즉 국민은 처음부터, 일방적으로 '열거되는 것'으로서 탄생했다.

> 관료제는 이렇게 숫자를 둘러싸고, 그것들을 세고, 비교·대조하고, 분석하기 위해서 발전되었다. 그렇다고는 하지만, 관료제가 다루고 있는 것은 그냥 숫자가 아니다. 애초에 취급되고 있던 것은 사람이고, 그들의 행복과 안녕인 것이다. 근대 국가의 안녕은 이제는 국민의 생활 상태에 깊게 연결되고, 숫자에 대한 관심은 근대국가 국민의 생활에 대한 관심의 일부인 것이다.……통계는 근대국가를 거대한 보험 사회로 만들었다.[64]

　　이러한 지적은 일본에도 꼭 들어맞는다. 잡지 『신청년』이 창간된 1920년은 제1회 국세조사國勢調査가 행해진 해였다. 정부는 국세조사라는 단어를 도로에 쓴다든지, 소리꾼을 거리에 나와 홍보하게 하는 것으로 대대적인 선전을 했다고 한다. 이것을 기회로 관청에 의한 각종 조사가 연달아 실시되고, 갑작스런 조사 러쉬에 대한 위화감은 소에다 아젠보[65]

의 〈조사 민요〉調査節 − "조사 조사가 굉장히 유행한다"라는 가사 − 를 유행시키기도 했다.

물론 '수'數의 전제專制는 각종 조사에만 머물지 않는다. 선거야말로 국민의 의사를 '열거하는' 것에 다름 아니기 때문이다. 열거하는 것이란 대상을 동일 단위로 분할하는 것이다. 수(자연수) 자체가, 하나라는 기원(요소)을 가산했을 때 얻을 수 있는 집합이고,[66] 결국은 하나, 하나, 하나⋯⋯라는 연쇄인 것이다. 국민은 하나라는 단위에 봉합되고, 분할되어 세어진다. 무기명 투표는 사람들을 서로 떼어 내고, 이른바 불투과적인 밀실에 감금한다. 익명인 채 국정에 참가하고자 하는 선거민은 관계를 잃어버리고 밀실에 틀어박힌 개인이고, 거리 시위의 넘치는 군중과 밀실에 틀어박힌 개인은 동전의 앞뒷면에 불과하다. 란포의 '다락방의 산책자'라는 표제는 산보와 칩거가 함께 표현된 탁월한 제목이라 말할 수 있을 것이다.

각설하고 『다락방의 산책자』의 주인공이 사생활의 수집가였다는 것을 상기하자. 그는 집 밖에 나가지 않고 자신의 사생활에 틀어박힌 채로 타인의 생활을 엿보고자 한다. 마찬가지로 『꿈꾸는 방』의 화자도 사진의 형태로 풍경을 수집하는 취미를 갖고 있었다. 그들은 수집할 수 없는 것에는 흥미가 없다. 현실의 아내나 이웃처럼, 수집도 소유도 불가능한 것들은 왜인지 애매하고 종잡을 수 없고, 멀게 느껴지는 것이다. 여기에 존재하는 것은 열거하는 것, 수집하는 것, 범위를 정하고 분류하는 것만이 대상을 존재하게 한다는 신념이다. 결국, 열거하는 것도 기록하는 것도 불가능한 것, 체계의 내부에 위치할 수 없는 것은 단순히 비가시적인 것이다. 국민이란 국세조사의 대상이 되는 인간인 것이다. 국토는 토지대장의 어느 한 쪽에 존재하는 것이다. 게다가 열거하는 것은 어떤 종류의 폭력이기도 하다. 마치 식민지에 의한 토지조사가 권리 관계에서 배제된 다수의 유랑민을 생겨나게 한 것처럼 말이다. 여기에서도 인정사정없이 작동하는 것은 분절화와 형식화의 메커니즘이다.

탐정 또한 '열거하는 것'의 전문가expert이다. 그는 용의자, 알리바이, 버려진 극장의 티켓이나 소매에서 떨어진 작은 단추를 하나하나 열거한다. "탐정소설에서 존재하는 것이란 지각되는 것이 아니다. 존재한다는 것이란 기록되는 것이다."(콥젝)[67] 리얼리즘(자연주의) 소설의 리얼리티가 상호주관적인 '자연스러움'에 기초하고 있다면, 탐정소설의 리얼리티는 조사와 기록에 의거한다. 도저히 일어나지 않을 것 같은 사건(이상한 동기나 부자연스러운 트릭)이어도, 증거에 부합한다면 그것은 '리얼'이 된다. 동시에 이것은, 우리가 평상시에 의지하고 있는 '진실'은 더 이상 신용할 수 없다는 감각으로 뒷받침되고 있다. 옆으로 이사온 남자는 살인마일지 모르고, 아내는 매주 다른 남자와 잠자리를 같이 할지도 모른다는 그런 이유에서이다.

사적인 조사관인 탐정이 활약하는 장소가 되는 밀실과 거리는 고현학의 야외연구fieldwork의 무대이기도 했다. 곤 와지로가 기록에 대한 욕망에 사로잡혀 있었다는 것은 명백하다. 그가 통계학과 메모장을 지니고, 긴자나 아사쿠사로 발을 옮겼나 싶으면, 또 금세 학생 하숙집이나 중산계급의 집 안으로 들어간다. 도쿄의 고지대에 사는 신혼부부의 침실에 있는 화장대 좌우의 서랍에는 무엇이 들어 있을까? "거울, 미용 기기, 향유, 솜" 그 옆의 서랍에서는 "빗, 핀, 백합, 가루분, 분첩, 연지, 파밀

バミール 68, 빗 보관함." 그는 어떤 개인이 소유하는 물품을 전부 조사하는 것으로서 그 인간의 특징을 뚜렷하게 이해할 수 있다고 했다. 결국엔 취미나 기호에 따라서 모아 둔 물건들이 개인의 인격을 나타내는 것으로 파악되고, 감상되는 것이다. 사람은 그 사상이나 신조, 계층이나 사회적 역할로 정의되는 것이 아니다. 개인이 지닌 개인성을 나타내는 것은 그나 그녀가 가지고 있는 물건들의 집합인 것이다.

그렇다고 해서, 그도 역시 탐정의 일원이었다고 말한다면, 너무 멀리 가 버리게 된다. 곤 와지로는 탐정처럼, 열거한 사물들을 단일한 해답을 지시하는 로드맵road map으로 배치할 수는 없었고, 그 사물들을 속성이나 경험적 실재가 벗겨진 균질한 수로 환원하는 것도 불가능했기 때문이다. 변화하는 존재, 순간적인ephemeral 존재에 대한 과잉된 감수성은 그를 통계학의 영역에서 밀어내 버렸다. 고현학은 열거에 대한 부단한 욕망으로 인해 끊임없이 새로운 범주를 만들어 내고 무수한 세분화 끝에 체계를 자멸시킨다. 그리하여, 곤 와지로는 허우적거리는 사물의 다양성을 '수'數라는 형식에 얽매어 사라지게 하는 것에는 항상 실패하였다. 이것이 그의 '채집'이 단순한 통계 내기가 아닌 이유, 늘 스케치 ─ 어디까지나 사진 촬영이 아니라 ─ 를 하지 않으면 안 되었던 이유였다. 순수한 기록을 위해서라면 오히려 사진 쪽이 학적 엄밀성이라는 관점에서도 더 어울렸을 것이다. 사진이 대상을 현실의 여러 관계에서 분리하고, 동일한 프레임 속에 새겨서 수집하기 위한 수단이라면, 스케치는 대상을 소유하는 것이 아니라 모방하는 것이다.(보들레르, 『현대생활의 화가』) 곤 와지로의 재빠른 손놀림은 대상이 되는 것 그 자체가 아니라, 그것을 사용하는 인간의 행

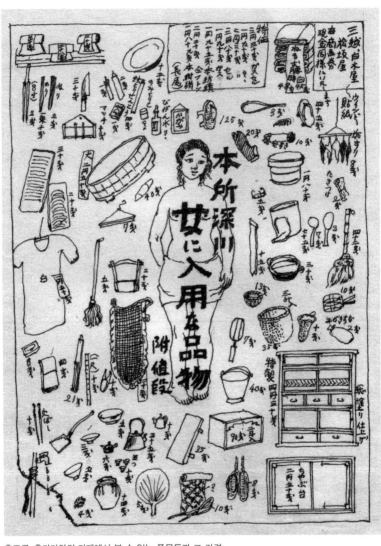

혼조쿠, 후카가와의 가게에서 볼 수 있는 품목들과 그 가격
(곤 와지로 컬렉션, 공학원 대학 도서관 소장)

위를 포착한다. 그리고 큰 빗자루, 큰 짐수레, 파라는 물건들은 프레임도 계층 관계도 지니지 않은 채, 동일한 하얀 평면 위에서 자유자재로 도약한다. 그것들을 분류하는 것이 불가능한 이유는, 여기서 인식되고 있는 것이 사물과 인간 간의 관계, 그것들이 매번 사용되는 방식이기 때문이다. 여기서는 아직 교환가치가 사용가치를 능가하고 있지 않다. 그것들은 아직 완전히 '상품'이 되지 않았기 때문이다.

축척에도 종류에도 무관심하게 모든 것을 받아들이는 곤 와지로의 스케치북의 하얀 종이. 언뜻 그렇게 생각하기 쉽지만, 그와 달리 곤 와지로의 스케치북은 모든 것을 등가로 진열해 버리는 쇼윈도도, 마켓도 아니다. 그 하얀 바탕에 무수한 빛깔들을 가져오지 않으면 안 되는 것이다. 하얀 종이는 각각의 사물이 들어간 복수의 언어, 복수의 공간이 부상했다가 사라져 버리는 혼성적인 '장소'였고, 결국은 그것이야말로 곤 와지로가 만난 도시, 현대 생활이다.

그가 잔해 속에서 소생한 부락에서 보고 얻은 것도 사람들의 무정형amorphe한 생활의 한순간, 한순간을 건물이 불규칙하게 반영하고 있는 모습이었다. 생활이 통제도 고정도 불가능한 한, 건물도 생성과 소멸을 반복하며 유동할 수밖에 없다. 이것이 국가의 기념비적인 건축에 종사했던 메이지 건축가와 곤 와지로의 다른 점임은 물론이며, 특권적인 건축가의 디자인이 그 사용자/주인의 욕망을 표상(대표)할 수 있다고 생각한 분리파들과도 다른 점이다. 분리파의 표현주의가 표상/대행 시스템인 데모크라시에 적합했다면, 곤 와지로는 그것의 숨은 비판자였던 것이다.

한편, 상품이라는 관점에서 보면 란포의 경우는 조금 양의적이다. 왜냐하면, 란포의 물신주의는 이른바 상품 퇴장자의 그것이었기 때문이다. 그때 망각되는 것은 교환이라는 경제적 차원이다. 란포의 등장인물들은 마치 인색한 수집가collector처럼 상품을 유통 과정에서 떼어 내고 자신의 신체 주변에 친밀하고 쓸모없는 것으로 전시한다. 괴인 이십면상怪人二十面相이라는 도적이나 파노라마 섬의 창설자, 또는 사모하는 여자의 시체를 꼭 껴안는 『벌레』(1929)의 주인공까지, 그들은 미녀나 사체, 재산과 보물이라는, 자신들이 욕망하는 페티시를 사적인 영역의 매우 깊은 곳에 간직한 채 그대로 죽음을 맞이한다. 란포의 작품은 그러한 페티시를 진열한 가설 흥행장이다. 물론 그것의 보다 부르주아적인 형태는 이미 죽어 버린 것만을 모으는 박물관이다.

여기서 란포의 작품에 등장하는 렌즈라는 장치에 주목해 보자. 란포는 『다락방의 산책자』에서는 주인공을 살아 있는 카메라로 설정하였는데, 『오시에와 여행하는 남자』[69](1929)에서는 엿보고 있던 남자가 갑자기 렌즈에 빨려 들어가 판자 그림의 일부로 변화한다. 말하자면 촬영자였던 사람이 피사체로서 은판 위에 각인되어 버리는 것이다.

렌즈라는 존재가 양의적인 것은 그것이 타인의 비밀을 폭로하는 매우 탐정소설적인 장치임과 동시에, 사적 영역의 회복을 준비하는 퇴행적 매체이기 때문이다. 망원경은 시각의 본질에 존재하는 촉각 불가능성을 강조함과 동시에, 대상을 바로 내 앞까지 끌어당겨 그 대상을 만지고 싶다는 욕망을 극한까지 나아가게 한다. 『오시에와 여행하는 남자』의 주인공은 아사쿠사의 12층에서 망원경으로 관음보살의 경내를 조망하다가, 어떤 아름다운 아가씨를 발견한다. 남자가 아무리 그녀를 찾아도 그 아가씨와 결코 마주칠 일은 없다. 왜냐하면 그녀가 실은 인간이 아니며 경내에 장식된 인형에 불과하기 때문이다. 남자가 고작 작품에 불과한 인형에 사랑을 느끼는 것은 렌즈의 폐쇄된 시각 속에서 인형이 단순한 물건이 아니라, 사적인 욕망의 영역에서 살아 숨 쉬는 물신(페티시)으로 변모했기 때문이다. 렌즈는 사물을 상품의 연결고리에서 분리한다. 여기서 보이는 것은 역시 사물의 유통 과정에서의 두드러짐이다. 하지만 렌즈의 배율을 올려서 어느 정도 대상과의 거리를 좁혔다고 해서 그녀에게 직접적으로 다가갈 수 있는 것은 아니다. 그 때문에 그가 그녀와 함께하려면 렌즈 자체를 폐기하는 것, 즉 그가 보는 것에서 보이는 것으로 망원경의 내부에 들어가는 방법뿐이다. 그의 동생이 망원경을 거꾸로 하여 형을 바라보며, "아마도 형님이 뒷걸음질 치고 있는 거 겠죠. 잠깐 사이에 작게 되어서, 일 척 정도의 인형 같이 귀여운 모습이 되어 버렸네요. 그리고 그 모습이 휙 하고 허공에 비춰졌나 하고 보면, 순식간에 어둠 속으로 사라져 버렸습니다"[70]라고 말한다. 그 자신이 하나의 페티시로 모습을 변화하는 것이고, 이후엔 동생이 소중한 애완물로 그 둘을 지니고 다니는 것이다.

란포라는 가설 흥행장에는 종종 에도 시기의 유물이란 형태로 나타나는, 유년기의 망각되었던 욕망이 충만해 있다. 그것은 긴 세월 동안 방치되었던 유년 시절의 방, 억압되었던 리비도에서 유래하는, 친밀함과 공포의 양의적인 형상이 가득히 담긴, 바로크적 '분더카머(경이의 방)'이다. 여기에는 근대화와 서구화에 의해서 배제된 그로테스크한 형상이, 논리와 수에 포섭되는 것을 거부한 채, 은밀하고 어두운 삶을 영위하고 있다. 그리고 그 방향을 고집한 란포가 점점 탐정소설에서 벗어난 것은 필연적이었다고 말할 수 있다.

거울의 세계 — 쇼와[昭和]

란포가 다이쇼 시기의 문화에 잔존해 있던 과거의 환영으로 빠져들었다면, 지진 이후 급속하게 확대된 소비문화에 민감하게 반응했던 작가로 가와바타 야스나리를 들 수 있다. 그의 작품에는 다이쇼에서 쇼와로의 이행을 느끼게 하는 것이 있다. 같은 아사쿠사를 무대로 해도 란포의 흥미를 끄는 것은 "검술 곡예, 기름 장수의 홍보, 돌로 구운 고구마, 문신가게의 영감"[71]인 것에 비해, 가와바타의 관심은 새롭게 흥행하는 소녀 리뷰[revue]였다. 란포가 특정 대상의 죽음에 이르기까지 하는 집착을 주제로 하는 것에 비해, 가와바타의 인물들은 애착은 가져도 집착은 하지 않는 것을 특징으로 한다. 가와바타가 묘사하는 것은 모든 것이 상품이 된 세계에서의 신경질적인 연애이다.

이미 1880년대에 니체는 근대성[modernité]의 특징에 대해 이렇게 쓰고 있다. "감수성의 형언하기 어려운 민감 …… 조각조각난 인상 이전보다도 더 심한 충만, ─ 음식물·문학·신문·양식·취미·풍경의 세계시민주의. …… 인상은 서로 잊혀져 버린다. 사람은 무언가를 안으로 받아들이고, 심각하게 해석하는 것을, 무언가를 '소화하는' 것을, 본능적으로 경계한다."[72] 여기서 벤야민이 말하는 산만한 지각, 기분 전환으로서의 향수가 생겨난다. 고바야시 히데오는 이러한 점을 잘 이해하고 있었다. 그는

1932년에 발표한 「현대문학의 불안」에서 이렇게 지적하고 있다.

옛날 사람은 풍경을 통해서 꿈을 꿔 왔다. 눈앞에 있는 의연한 산과 강
에 싫증 나서 마음속 풍경을 멋대로 변경해 왔다. 오늘날에는 그 변경
된 풍경이 눈앞에 펼쳐진다. 우리들도 예전 사람들처럼 가만히 앉아 풍
경을 조망하고 있다. 기묘한 일은, 우리가 아마 옛날 사람보다 오래 앉아
있지만, 앉아 있는 의자가 1초에 백 미터 비율로 달리고 있다는 점이다.
창밖의 풍경 역시 현실과 다르지 않지만, 사람은 꿈을 꾸면 동일한 심리
상태를 만들지 않고서 어디에 이렇게 이상한 모습으로 바뀐 현실을 견
딜 수 있는 기술이 있을까? 그러한 기술은 없다. 그렇기 때문에 그는 틀
림없이 꿈을 꾸고 있는 것이다.[73]

이 말은 파사주passage에서의 경험을 '꿈'으로서 파악하는 또 한 명의
보들레리안, 발터 벤야민의 인식과 지극히 닮아 있다. 벤야민에 의하면,
현대 생활은 무수한 우발적 감각 자극들로 가득 차 있고, 산책이란 그러
한 자극을 계속해서 편력하는 것에 불과하다. 그러한 체험은 인격적인 힘
에 의해 결코 자기의 '경험'으로 통합되지 않으며, 사람은 어디까지나 고유
의 역사를 결여한 특성 없는 얄팍한 존재로 머물러 있는 것이다. 그때 삶
이란 맥락을 잃어버린 하나의 꿈, 쾌락과 매혹으로 가득 찬 것이지만, 목
적도 끝도 나타내지 않는 단편적인 꿈의 직물에 불과하다.

다이쇼 시기의 작가들은 닫힌 작은 공간에 틀어박힘으로써, 현실 사
회에서는 장소를 가지지 않는 아련한 몽상을 고수하고자 했다. 무샤노코

지나 아리시마 다케오가 현실에서 노력했던 유토피아는 사토 하루오의 『아름다운 마을』(1920)처럼 어두운 머릿속에서 굴절되어, 아름다운 환상으로 어둠의 스크린에 투사된다. 하지만 10년이 채 지나지 않아서 이 밀실은 삐걱거리기 시작해 틈새에서 역사의 강풍이 불어온다. 한편으로 왕성함을 자랑하는 자본주의가 생산한 상품의 무한한 연쇄가 있고, 다른 한편으로 그 몰락을 부르는 맑스주의의 발흥이 있다. '나'는 이미, 사회로부터도 역사로부터도 분리된 사생활의 영역을 유지하는 것이 불가능하다.

니체는 앞서 말한 문장에서 현대인은 "너희들의 본성을 '거울'이라 한다"고 서술했다. 가와바타의 전기소설 작품들에서 하얀 스크린은 차가운 거울 면으로 바뀐다. 하지만 이 거울은 충실한 모상模像을 비추기 위한 것이 아니다. 이것은 끝없는 이미지의 흐름을 마음 내키는 대로 흘려보내, 나를 무수한 상들로 산란시켜 버리기 위한 것이다. "삼면에 거울이 있다면, 잊어버려서, 나라는 것은 아무 것도 아니게 되어 버리겠죠, 분명히."[74]

단편 「수정환상」은 쇼와 6년(1931)에 『개조』에 발표된다. 그 작품에는 일관된 스토리라 할 만한 것이 없다. 이야기는 침실에 놓인 삼면거울 앞에 앉아 있는 여주인공의, 의식의 흐름이라 불릴 만한 모놀로그로 구성되어 있다. 발생학자인 남편과의 대화나 소녀 시절의 단편적인 기억, 성性이나 생식과 관련된 연상이 대부분 어떤 관계도 없이 나열되어 있다.

부인은 거울 속 그녀가 소녀처럼 수줍어하는 모습을 봤다. 그녀는 소녀였다. 그 소녀는 생각했다. '선생을 미소 짓게 했던 그 소녀는 정말로 좋은 아이였어. 산부인과 의사였던 그녀의 아버지의 진료실. 수술대 위의 하얀 에나멜 도료. 배를 위로 한 매우 큰 개구리. 진료실의 문. 손잡이의 하얀 에나멜 도료. 하얀 에나멜 손잡이가 달린 문의 방 안에는 비밀이 있다. 지금도 난 그렇게 느낀다. 에나멜 도료의 세면기. 하얀 에나멜 손잡이를 손을 내밀어 잡아 보려고 하자, 그녀는 갑자기 망설이게 된다. 몇 개의, 그리고 여기저기에 있는 방문. 하얀 커튼. 여학교 수학여행 아침, 하얀 에나멜 세면기에서 얼굴을 씻는 동급생을 봤을 때, 갑자기 나는 남자처럼 그 애를 사랑하고 싶어졌다. 이발사. 어린 그녀를 의자에서 재우고, 얼굴을 면도 받으면서, 가만히 올려다본, 그의 하얀 피부. 타올. 우리들이 수영하고 있던 강변을 선생님이 지나쳤던 일 따윈, 존재하지 않았다.[75]

전전戰前 시기의 가와바타가 당대의 도시 풍속에 밀착한 작가 중 하나였다는 점은 틀림없다. 「수정환상」에서 '삼면거울'도 당시 독자에게는 우선 모던한 라이프스타일을 의미하는 것으로 비춰졌을 것이다. "다이쇼 말기에서 쇼와 초기에 걸쳐, 카메라의 대중화와 함께 거울의 수요도 급증하고 있다. 여성이 사용하는 경대는 다이쇼 중기에는 소형이었지만 다이쇼 말기부터 점차 대형화된다. 에나멜을 바른, 약간은 서양풍의 꼬마 경대도 이 시기에 오사카에서 발명되었다. 콤팩트도 다이쇼 10년(1921), 미국에서 수입되어 화장품 회사가 하얀 분粉과 세트로 대대적으로 판매한다. 개인용 거울만이 아니라 여관이 경대를 객실에 두기 시작한 것도 이때쯤부터였다. 게다가 목욕탕, 이발소, 미용실뿐만 아니라 새로운 건물의 세면장에는 거울을 비치하게 되었다."[76] '백화점'에 막 도착한 '서양풍의 화장대'에 처음으로 비춰졌던 것이 역시 당시엔 희귀했던 '온실풍의 거울 지붕'이었던 것처럼 여기에는 당시의 최첨단 유행이 교묘하게 새겨져 있었다. 개인을 위한 친밀한 공간은 이미 '상품'에 의해 메워지고 있었다. 그러나 마찬가지로 중요한 것은 이 시대가 감각에 있어서 시각의 우위가 확립되었던 시기였다는 점이다. 사진, 영화, 광고, 전등 등에 둘러싸여 사람들은 단편적으로 시각에 의한 상들의 수집으로서 세계를 인식했다. 물론 란포도, 다니자키도, 이 단편적인 시각에 의한 상이 지닌 매력에 충실한 작가들이었다. 하지만 그들이 아직 특권적인 영상, 일상적인 생활 깊은 곳에 감춰져 있던, 성적으로 금지 당했던 이미지로의 욕망에 홀렸던 것에 비해, 가와바타가 제시하는 이미지군에는 어떠한 위계hierarchy도, 금기taboo도 없다. 확실히 가와바타의 작품에도 무수한 이미지의 물신주의가 넘쳐흐르고 있다. 하지만 그것들은 끊임없이 변모하고 계속해서 자신들을 바꾸는 끝없는 교환과정을 살고 있다.

부인은 정면에 위치한 거울 속에서, 그녀의 뺨에 물든 아름다운 장밋빛을 봤다. (청결하게 하얗고 넓은 이발소. 거기에 매니큐어 테이블. 동물의 새하얀 이빨 같은 피부의 아가씨에게 손톱 정리를 받고 있는 산부인과 의사)를 떠올리자, 부인은 얼굴이 따뜻해지는 행복에 흥거워졌다. (투명한 물속에 비친, 아름다운 소년의 둔부. 소년은 개구리처럼 수영하고 있다.) 남편이 방을 나와 나갔다. (여러분, 버릇이 없네요. 여자아이도 남자아이도 함께 벌거벗고 헤엄치고 있다니, 라고 강가를 지나가던 학교 선생님이 말한다. 아름다운 소년이 헤엄쳐 강가에 닿자, 둔부가 햇빛에 빛나면서, 풀잎 사이로 우두커니 서서, 그래도 선생님 저희들은 옷을 입고

있지 않으니까, 누가 남자고 누가 여자인지 전혀 알 수 없습니다.)[77]

이 이미지들은 등가적이며, 결코 응고시켜 진열장에 나열되지 않는다. 오히려 이미지는 주체라는 공허한 장소를 급행열차처럼 통과하고 있다. 벤야민은 도시의 수집가에 관해서 이렇게 말하고 있다. "근본적으로 수집가는 한 편의 꿈의 생활을 살고 있다고 말할 수 있다. 이렇게 말할 수 있는 것은 꿈속에서도, 지각과 체험의 리듬이 변화하고 모든 것이 ─ 언뜻 보기에 지극히 무난한 것조차 ─ 우리에게 일어나고, 우리를 기습하기 때문이다."[78] 거울 앞의 부인도 역시 '꿈의 생활'을 살고 있지만, 가와바타적인 '수집가'는 사실, 물건을 소유하지도 사용하지도 않는 수집가이다. 물건을 소비한다는 것, 사용한다는 것에는, 사물을 스스로의 삶에 불가결한 일부로서 인식하고 그것을 통해서 자기를 부양한다는 의미가 포함되어 있다. 그것은 대상을 고갈시켜 버리는 위험과 함께, 애착이나 이별의 안타까움이란 관념과 연결되어 있다. (물론 란포는 이러한 파괴까지 섭렵한 망상의 거장이다.) 그러나 가와바타의 페티시에 이러한 사용가치는 처음부터 부여되지 않았다. 그곳에서는 교환가치가 보다 우위를 차지하고 있고 개개의 이미지는 순간적으로 교체되어 간다. 가와바타의 등장인물들은 항상 '접촉하는 것'에 대한 두려움에 떨고 있는 듯 보인다. 욕망의 대상인 여성들은 창녀(게이샤)이든지, 그것에 맞는 자질을 갖추고 있지만, 이는 창녀가 어수선한 성교 후에 곧 사라져 버리는 상품이기 때문이다. 그리고 그러한 접촉의 기피는 특별히 대인관계에 한정된 것이 아니며 모든 사물에 적용된다. 또 인물도 금세 교환되는 이미지의 단편에 불과한 것이다. "남편은 하품과 함께, 떨어진 양말을 질질 끌면서, 침실로 갔다. 부인은 좀 전까지 미동도 하지 않고 거울 속의 남편과 대화하고 있었다는 것을 깨닫자, 문득, 머금은 미소를 거울 속에 남기고 일어섰다."[79] 남편이 거울 속 영상인 한, 수많은 다른 이미지들과 남편의 모습이 등가라는 것을 비웃는 여자도, 역시 거울의 포로 중 한 명에 불과한 것이다. 거울에 반영된 남편밖에 보지 못하는 여자 자신이, 거울 속에 남겨진 하나의 상인 것이다.

마씨모 카치아리[80]는 20세기 건축에서 빠질 수 없는 소재가 된 거울이, 개인적인 사물에 애착을 가지고 사유하는 문화를 공격하기 위한 무기였다고 가정하고 있다. "(거울) 문화의 본질적인 입장은 이 사물(수집된 것들)들을 자아에게 양도 불가능한 것으로 만드는 장소가 존재한다는 설에 반대하는 것이다. …… 모든 소유를 제시하고, 생산하고, 현시顯示하는 것에 의해서, 거울은 소유가 시장 속에서 화폐로서만 존재하기를 바란다."[81] 모더니즘 건축은 돌로 만든 벽 대신에 거울의 바깥 벽curtain wall을 차용하는 것으로, 비밀스런 장소였던 사적 공간private space을 직접적으로, 상쾌하게 공중의 눈에 띄게 하였다. 털이 긴 부드러운 매트나, 마음 편히 몸을 감싸는 소파는, 메탈 프레임의 기능적인 의자로 대체되고, 아르누보풍 곡선의 가구 대신에 몬드리안풍 직선의 리듬이 지배한다. "소유에 대한 유리 문화의 비판은 오로지 유통과 교환의 관점에 준하여 행해지고", "보편적인 투명성 하에, 모든 것은 등가적인 것으로 간주된다. 유리의 투명성은 온갖 내부의 것을 알몸으로 만들고, 통행인의 등가성으로 그것을 인도"하는 것이다.[82]

가와바타에게 있어서 유리라는 존재가 갖는 의미도, 이미 외부와 내부라는 분할이 성립되지 않고 모든 것은 유리에 반영된 이미지의 연쇄에 불과하다는 것을, 유리가 명확하게 한다는 점이다. 그렇기 때문에, 가와바타에게 있어서는 창조차도 한 장의 거울 외엔 아무것도 아니다. 『설국』(1935) 서두에서 주인공인 시마무라가 바라보는 기차의 창은 건너편에 앉아 있는 남녀의 모습을 비춘다. "문득 손가락으로 창유리에 선을 긋자, 거기에 여자의 한쪽 눈이 명확히 드러났다. 그는 놀라서 소리를 낼 뻔했다. 그러나 그것은 그가 마음을 딴 데 신경 썼기 때문이었고 정신을 차리고 보니 아무것도 아니었다. 단지 저쪽 좌석에 앉아 있는 여자가 비친 것이었다. 밖은 땅거미가 깔려 있고, 기차 안은 전등이 켜져 있었다. 그로 인해 창유리가 거울로 변한 것이다. 그렇다고는 하나, 스팀의 열기로 유리가 모두 수증기로 인해 뿌옇게 변해서, 손가락으로 닦기 전까지 그 거울은 존재하지 않았던 것이다."[83] 하지만 이 거울은 "영화의 이중인화[84]처럼" 차 밖의 풍경이 소리 없이 흘러나오는 스크린이기도 했다. 눈에 보이는 상을 반영한다기보다는 자신과는 관련이 없는 이미지의 무대인 것이다.

「수정환상」에 있어서도 물론, 거울은 눈에 보이는 모습만이 아니라 무수한 이미지를 반영한다. 벤야민은 주관의 내부에서 일어나는 이미지의 이러한 변천 – 주체 자신의 분주한 변신metamorphoze – 의 일례로서 플로베르의 일기를 끌고 온다. "오늘, 예를 들어, 남성이고 여성인, 양성의 연인인 내가, 가을의 오후 황색 잎 밑을 지나며, 말을 타고 숲을 산책했지만, 나는 말이며, 나무의 잎사귀이며, 바람이자, 사람들이 말하는 말이며, 사랑에 빠진 눈꺼풀을 반쯤 감은 붉은 태양이었다……."[85] 「수정환상」의

'나' 또한, 남성과 여성의 구분에 있어서는 무성이고, ('우리들은 옷을 입고 있지 않기 때문에, 누가 남자고 누가 여자인지 전혀 알 수 없습니다.') 무엇도 낳지 않고, 무엇으로부터도 태어나지 않는다는 의미에서 생식을 알지 못한다. ('꿀벌의 수컷은 수정하지 않는 알로부터 태어난다고 한다.')[86] 「수정환상」 안에서는 수태의 이미지가 반복해서 공격되고 부서진다. 남편은 아내의 임신을 바라고 있지만, 아내는 왠지 이상한 격렬함으로 '임신'이란 관념 그 자체를 집요하게 부정한다. 물론 『금수』禽獸(1935)를 시작으로 가와바타의 여러 작품에서 임신과 출산이란 행위는 어떤 종류의 불길함으로 이야기되고 있지만, 「수정환상」에서 이것이 두드러지는 것은 여기서 각각의 이미지가 이른바 내력을 지니지 않고, 생산되는 것도 없는 즉자적인 존재로 나타나고 있기 때문이다.

　맑스에 의하면 상품 물신주의는 상품이, 그 본래적 가치의 원천인 인간 노동을, 추상된 존재로서, 마치 그 자체로 생명을 지니고 있는 듯한 자율적인 존재로서 보이게 할 때 생겨난다고 한다. 그것은 상품을 생산하는 여러 사회적 관계에 대한 부인否認, 노동의 주체로서의 인간에 대한 부인否認이다. 가와바타적 세계란 바로 이러한 상품 물신주의의 세계에 다름 아니다. 가와바타의 작품에서 이미지의 매력은 그것이 고립된, 다른 것과는 관계가 없는 존재로서 드러나고 있다는 점에 있지만, 이는 그 자체로 상품의 특성이기도 하다. 예를 들어 한 명의 여성은 개별적인 이력이 거의 전무한 몇 개의 감각적인 상의 연속으로 그려지고 있다.

　가와바타의 거울은 현실의 생산관계를 망각시킨 채, 무수한 이미지＝상품이 활보하는 반짝임에 가득 찬 표층인 것이다. 이 점에서 가와바타는 동지인 요코미쓰 리이치와 불가피하게 구별된다. 요코미쓰가 작품에서 사회관계를 배제할 수 없었던 것은 그가 일생 동안 작품 제작의 주체로서 데미우르고스적 작가상에 매료돼 있었기 때문이다. 요코미쓰가 소재에 있어서도 작품의 구조에 있어서도 '노동'이라는 인간의 의도적인 행위를 결코 손에서 놓지 못했던 것에 비해, 가와바타의 여러 이미지들은 상품의 그런 눈부심이 결정적인 형태로, 평탄한 광채를 띠고 있다. 이미지가 고립된 상품으로 있고 서로 연관성을 잃어버렸다는 것은, 거꾸로 어떤 이미지(상품)는 항상 상대적 가치 형태로서 다른 이미지(상품)에 의해 표상되지 않으면 안 된다는 것을 의미한다. 상품은 그 가치를 다른 상품에게 증명하지 않으면 안 되기 때문이다. 즉, 다른 상품과 교환되는 것으로 증명하지 않으면 안 되기 때문이다. 그렇기 때문에 가와바타적 인물이 이미지, 또는 인물과 만나는 것은, 다른 이미지나 인물의 기억을 불러일으키는 계기에 불과한 것이고 ─『설국』의 '나'에게 있어 고마코와 요코의 거울과도 같은 대칭 관계도 그러한 것이다 ─ 그것을 극한으로 몰고 간 상태가 「수정환상」의 에크리튀르^{écriture}라고 말할 수 있을 것이다. 맑스가 말하는 이른바 확대된 가치형태(아마포 20엘레＝상의 한 벌, 또는＝차 10봉투, 또는＝커피 40봉투, 또는＝밀 1쿼터……)와 비슷하다.

『비인간적인 사랑』[87]

일단 한번 1920년대의 '닫힌 방'으로 돌아가 보도록 하자. 에도가와 란포의 작품을 특징짓는 것은 두 개의 공간으로 구성된 연극적 모델이다. 첫 번째 공간은 문자 그대로 밀실이고, 그곳에는 지각이 없는 것들(인형, 시체, 또는 '애벌레' 등)과 사물에 미친 듯이 열광하는 인물이 있다. 하지만 이 최초의 무대는 타자의 시선에 의해 유지되지 않으면 안 된다. 즉 거기에서 일어나는 일을 엿보거나 몰래 엿듣는 인간이 필요하고, 그(녀)가 이야기 전체의 화자이다. 그 때문에 절시자瘤視者=화자는 자신이 본 것을 생생하게 독자에게 그려낸다는 의미에서 역시 연극적 인물인 것이다. 그(녀)의 역할은 독자의 외설적인 시선에 자신의 신체를 바치는 것, 그들이 원하는 대로 이야기를 말하는 것이다.

1926년에 쓰인 『비인간적인 사랑』은 이러한 구조를 완벽하게 갖춘 작품으로, 란포의 대표적인 걸작이 되었다. 화자는, 밤마다 창고에 숨어들어 가서 선조로부터 전해 내려온 인형을 꼭 껴안고 있는 자신의 남편에 대한 이야기를 한다. 사물에 홀린 남자는 란포 작품의 전형적인 등장인물인데, 사물 역시 별도의 밀실을 이룬다고 할 수 있다. 이렇게 말하는 이유는 사물, 즉 인형의 내면은 보이지 않고, 인형에게 구애하고 인형을 껴안아도 인형은 결코 구애자에게 반응하지 않기 때문이다. 그렇다고 해서 절시자까지 사랑하는 사람의 이러한 반복이라 생각할 수는 없다. 남편과 부인 사이에는 결정적인 비대칭성이 있다. 남편이 자신의 욕망의 무대에 틀어박혀서, 이른바 하나의 타블로tableaux의 일부가 되어 버린 것에 대해서, 아내는 그 광경을 목격하는 위치에 서 있다. 남편은 자신이 무엇을 하고 있는지 모르지만, 아내는 자신의 행위를 명확하게 의식하고 있다.

우선은 아내가 어떻게, 인형을 갈기갈기 찢어 버림으로써 남편을 자살에 이르게 할 수밖에 없었는지를 생각해 보자. 아내가 어째서 남편을 온당한 수단으로 처리하지 못하고, 책망할 수밖에 없었는지를 말이다. 인형을 향한 극단적인 파괴 충동은 인형은 결국 그녀 자신이 아니었던가라는 생각으로 돌출된다. 즉 인형은 그녀가 띠어야 했던 모습(그녀는 아무것도 모르는 채 남편에게 사랑받는 인형이 되고 싶었다)이고, 인형의 파괴는 아내의 상징적 자살이라고 해석된다. 아내가 세상 물정에 어두운 온실 속의 화초였던 것이나, 결혼한 후에도 소중하게 취급받고 있었다는 것도, 그러한 추측을 뒷받침할 수 있다.

그러나 그렇게 생각하면 그녀의 어조 어딘가에서 느껴지는 의기양양한 울림을 이해할 수 없게 된다. 이 작품의 매력은 '나'라는 화자의 유려하고 훌륭한 이야기에 있다. '고백담'이라는 형식을 취하고 있는 이러한 수다스러움은 그녀가 지금까지도 반복해서 이야기를 말하면서 이야기를 잘 다듬어 왔다는 느낌을 준다. 이는 가부키의 잡담 같은 것으로, 화자의 에로틱한 신체를 강조하는 연극적인 이야기이다. 그리고 거기에서 생겨나는 것은 그녀가 자살미수의 실패자 따위가 아니며, ─ 만약 참회하는 척을 하고 있다 해도 ─ 복수에 성공한 승리자라는 감각이다.

물론 언문일치言文一致 이후의 근대문학은 이러한 화자의 상연성上演性을 억압하고, 무인칭의 이야기를 세련해 왔다. 예를 들어 그 정점인 시가 나오야[88]의 이야기는, 화자 = '나'라는 투명한 현전성이라는 허구를 만들어 낸다. 시가는 일본 문학계의 데카르트이고, 그의 말이 나타내는 것은 코기토와 그 의식에 비친 세계의 부정하기 어려운 자명성이었다. 시가는 세계 내부의 사건이나 여러 가지 일들에 관해서 이야기하고 있는 것이 아니다. 시가는 '나와 세계가 지금 이곳에 현존하고 있다는 사실만을 제시하며, 그것이 읽고 있는 독자의 의식과 일치될 때 그 무엇과 비교될 수 없는 리얼리티가 생겨난다. 그러나 란포는 이와는 다르다. 란포는 이야기 자체를 의식하게 하고, 화자가 자신의 체험이 지닌 기구함, 무시무시함을 강조하면 할수록 그것은 고혹적이긴 해도 의심스러운 것이 된다. 이는 이야기의 주관성을 과장되게 제시하는 아쿠타가와 류노스케의 『덤불 속』(1922) 같은 작품과도 다른 것이다. 아쿠타가와의 의도가, 서로 다른 주관 간의 융화를 애매하게 믿었던 백화파를 빈정거리는 것이었다고 해도, 결국 그는 타인의 의식은 알 수 없다는 허약한 아이러니를 표명한 것에 불과하다. 하지만 란포의 경우에는 이야기가 지닌 극단적인 주관성이야말로 묘사되는 광경의 생생함을 유지하고 있다. 이야기에 의심을 품는다든지 얼굴로 지적받을 필요도 없다. 청자는 처음부터 그것을 알고 있기 때문이다. 즉 현실성(리얼리티)의 기준이 사실이나 진실과의 일치에서 욕망과의 일치로 전화하고 있는 것이다.

『비인간적인 사랑』의 화자가 체험을 말하는 것으로써 자신의 욕망을 재상영하고 있다는 점에 유의하자. 그리고 그 시대가 대중 미디어의 보급에 의해 가십과 스캔들이 대중의 활동 근원이 된 시대였던 것을 상기하자. 란포가 그 시대의 인간상을 대표하는 것은 그가 애독자에게 다양한 가십 — 낮부터 창고에 틀어박혀, 촛불에 의지하여 집필한다는 — 으로 설명되는 작가였기 때문이 아니라, 그의 이야기는 늘, 숨겨진 사적 세계를 폭로하는 스캔들의 구조를 모방하고 있기 때문이다. 스캔들을 사랑하는 대중을 움직이는 것은 질투인 것이다. 질투는 질투의 대상으로 변하고 싶다는 욕망에 불과한 것이 아니다. 그들은 유명인, 즉 자신과는 무관한 쾌락을 방대하게 향유하고 있다고 생각되는 인간이 곤경에 처해 우는 소리를 내는 모습을 보고 싶은 것이다. 대중은 어둠 속에서 그 모습을 드러내지 않는다. 직접 자신이 규탄자로서 자신의 존재를 밝힌다든지, 이야기의 주인공으로 전환하는 것은 대중의 방식이 아니다. 대중은 안전한 관람석에서 타락의 드라마를 그저 즐기고 싶어 한다.

『비인간적인 사랑』의 아내도 독자처럼 남편이 마음을 고쳐먹거나 자신이 행복해지기를 기다리지 않으며, 남편의 파멸을 기다리고 있다. 이것이 그녀가 인형을 갈기갈기 찢어 버린 이유이다. 마음먹고 행한 잔혹하고 처참한 죽음이 그녀의 바람인 것이다. 남편과 인형의 '정사'情死가 왠지 부자연스러운 느낌을 독자에게 주지 않고, 오히려 당연한 것으로서 독자에게 받아들여지는 것은 원래 그것이 화자(더 나아가서는 독자)의 욕망의 시나리오이기 때문이다. 그렇지만 그녀를 스캔들에 군침을 흘리는 대중과 동일시하는 것만으로는 부족하다. 그것만으로는 그녀의 관음을 향한 욕망, 남편의 밀회를 며칠 밤을 계속해서 감시하는 그녀의 집요함을 설명할 수 없다. 대중과 다르게 그녀는 무대에 개입한다. 부도덕적인 장면을 중단하기 위해서가 아니라 드라마의 줄거리를 끝까지 밀고 나가기 위해서이다. 그렇게 그녀는 남편의 극을 자신의 것으로 만든다. 이 개입을 불륜의 장소를 급습하려는 아내들이나 저널리즘의 행위와 혼동해서는 안 될 것이다. 중요한 것은, '나 자신'이, 남편이 창고에서 나온 후에 남편 몰래 숨어들어 가는 행위를 한다는 점이다. 아내는 남편과 끝까지 시선을 교환하지 않는다. 아내와 남편은 같은 '장소'에 함께 있지 않았다. 왜냐하면 남편이 인형과 사랑하는 장면, 어디까지나 아내의 시선 속에서 지속되지 않으면 안 되고, 그녀가 직접 그곳에 들어가면 안 되기 때문이다. 여기에 사회적인 현상인 스캔들과 이 이야기의 근본적인 차이가 있다. 즉 남편이 상연하고 있는 욕망의 극은 그것만으로는 자율적이 될 수 없고, 아내의 시선 내부에 있기 때문에 매혹적인 것이다. 남편은 그것을 모르고 있지만 그의 욕망은 아내의 시선을 위해 드러난 극을 구성한다. 그리고 아내의 목적은 남편의 추태를 멈추게 하는 것이 아니라 그의 욕망을 유지시키고 있는 핵심 – 인형 – 을 파괴하는 것에 있다.

만약 그녀가 남편 앞에 모습을 나타냈다면 어땠을까? 남편은 위장결혼을 포기하고 그녀와 연을 끊거나 가능한 한 남들에게 체면을 살리기 위해서 허울뿐인 결혼을 유지할 것이다. 작품의 효과 면에서는 어떤가? 독자는 그 장면을 화려하고 관능적인 두루마기 그림으로서가 아니라, 시니컬하고 해학적인 이야기로서 읽을 것이다. 꼴불견인 쩔쩔매는 남편의 모습, 히스테릭하게 소리치는 아내, 아무렇게나 내팽개쳐진 일본 인형, 다이쇼 말기의 피규어 애호가의 이야기. 어느 쪽이든 거기에서 생겨나는 것은 지루한 안티클라이맥스임에 틀림없다. 인형이 매혹적으로 있을 수 있었던 것은 남편이 그것에 열중해 있었기 때문이라기보다, 장면 전체가 화자의 환상극으로 구성되어 있었기 때문이다. 그렇기 때문에, 그녀는 '자기 자신'을 그 광경에서 엄밀하게 배제해 두지 않으면 안 되었던 것이다. 아내가 그 장면 속에 들어온 순간, 그것은 더 이상 환상의 광경이 아닌 지루한 일상생활, 화자가 거기서 생활하고 행동하는, 말과 상징적 규칙으로 짜여 있는, '현실'이란 그물망의 일부로 변해 버릴 것이다. 즉, 엿보는 사람과 엿보기를 당하는 사람, 양자의 욕망을 사라지게 만드는 것이다. 환상을 유지하는 것은 화자가 그 장면에 등장하지 않으면서 그 광경을 바라보는 형태로 개입하고 있다는 사실이다.

그러면 왜 남편의 욕망이 아내에게도 욕망의 극이 되는 것일까? 그 답은 하나밖에 없다. 화자는 그 장면 바깥에 있지만, 이미 그 장면 속에 기입되고 있기 때문이다. 어디에 기입되는 것일까? 남편이 누군가 자신을 바라보고 있다는 것 ─ 정확하게는 도청당하고 있다는 것 ─ 을 깨닫지 못하고, 결코 화자의 눈을 바라보려고 하지 않는다는 사실 위에 기입되고 있다. 그것은 다른 말로 표현하면, 돌아보려고 하지 않는 남편의 뒷모습에 기입되는 것이다. 사르트르는 시선의 변증법으로서 자기와 타자의 존재를 기술했다. 내가 혼자서 걸을 때, 나는 내 시선의 주인이며, 나 자신의 지각에 의해 세계를 구성하고 있다. 그런데 거기서 타인이 나타나 나를 본다. 그때 나는 보여지는 대상, 지각의 객체, 세계의 일부로 수축되어 버린다. 그렇기 때문에, 나와 타인은 시선을 통해서 정복을 위한 투쟁을 전개하게 된다. 그러나 이 경우는 다르다. 환상으로서의 남편의 모습과 '나'를 분리하고, 남편과 나를 다른 평면 위에 위치시킴으로써, '내'가 남편을 보고 있으면서, 남편은 '나'의 존재를 모른다는 비대칭성이 생긴다. 그리고 남편의 뒷모습은, 남편의 욕망의 극장에 벌어진 구멍, 그가 부재하고 있다는 것을 나타내는 유일한 것이다. 절시라는 행위는 타자를 뒤에서 범하는 것이다. 다시 말해, 남편의 뒷모습에 빙의되어, 남편의 욕망을 훔치고 화자의 욕망의 극으로 변화시키는 것이다.

물론, 뒷모습이라는 것은 자신의 지각 영역의 지평선을 이루고 있다. 누구도, 거울 앞에 서 있어도, 자신의 후두부만은 볼 수가 없다.[89] 그러나 주체의 뒤쪽은 주체의 지각에 속하지 않음에도 불구하고, 그것의 존재에 대해 의심을 하는 사람은 없을 것이다. 이는 주체의 지각과 존재를 어느 정도 일치시킬 것인가라는 문제이며, 칸트가 데카르트의 코기토에서 발견했던 균열, '사유한다'와 '존재한다' 사이의 간극과 같은 것이다. '사유한다'는 그 자체로 직접 '존재한다'를 함의하지 않는다.[90] 메를로-뽕띠는 이것을 지각의 문제로 바꿔 놓았다. "나에게는, 자기 자신이 자신의 탄생이나 자신의 죽음의 주체라는 의식이 없는 것과 마찬가지로, 자기 자신이 자신의 감각의 진정한 주체라는 의식도 없다. …… 시각·청각·촉각은 나의 인격적 = 인칭적인 생활에 앞서는 것이고, 그것에 대해 이방인인 것이다."[91] 만약 주체가 순수한 지각의 자리이고, 그 존재를 함의하고 있지 않다면, 나는 내가 소유하는 지각상과 자각된 물체, 그리고 지각하는 나 자체를 구별할 수 없게 된다. 왜냐하면 나와 내 신체도 지각된 것이기 때문에, 지각한다는 순수하게 비물질적인 기능을 제외하면, 내 존재와 물질도 모든 지각상 = 이미지의 단일성으로 수렴되기 때문이다. 이러한 방향으로 과감하게 논의를 진전시킨 사람이 베르그손인데, 그는 모든 것이 이마쥬l'image [92]라고 선언했다.[93] 베르그손에게 있어서 의식은 잔물결처럼 전파해 가는 이마쥬에 열린 간극, 또는 이마쥬가 순간적으로 행위로 변환되는 과정process에서의 차질, 정체에 다름 아니다. 그렇기 때문에 막힘없이 진행되는 행동은 대부분 무의식에서 이루어지는 것이다. 하지만 베르그손의 진리를 선택하지 않은 사람들은 주체가 지각만이 아니라,

'존재'도 함께 지니고 있다고 생각할 수밖에 없다. 그에 따라 우선 나다운 것이 존재하고, 그것에 상응해서 세계의 여러 대상이 출현한다고 생각한다. 하지만, 동시에 그것은 주체의 존재가 지각에서 배제되고 있다는 것, 즉 주체는 자신이 '있다'는 것을 실제로는 알지도, 확인할 수도 없다는 것 – 바로 자신의 뒷모습처럼 – 을 나타내고 있다. 결국 주체는 스스로의 존재를 놓치기 때문에, 존재하고 있는 것처럼 행동하는 것이 가능하다.

『비인간적인 사랑』의 화자는 남편이라는 주체의 존재가 사라져 가는 장소에 스스로를 기입한다. 이것은 그녀 자신의 주체로서의 존재 방식, 신체 이미지가 전일성全一性을 결여하고 있고 – 이는 남편이 주는 사랑의 소실에 의해 발밑의 지면이 갑자기 사라지는 듯한 감각으로서 받아들여지고, 그와 함께 남편의 목소리도 '기계장치'처럼 생기를 결여한 것이 된다 – 그 결여를 메우지 않으면 안 되기 때문이다. 욕망의 타블로에 기입되는 것을 멈출 수 없는 것은, 보기의 결핍에 의해 주체가 완전한 존재를 획득 가능했을 성적인 단편과, 그녀에게 존재를 되돌려 주는 것이다. 그렇기 때문에 그녀는 엿보기를 멈출 수 없는 것이다.

여기서 신체 이미지로서의 인형에 관해 언급해 보자. 어린이들은 인형을 가지고 논다. 인형에는 두 종류가 있다. 하나는 바비 인형이나 봉제 인형 같은 것, 즉 통합된 신체를 구비한, 소꿉놀이나 가정의 수호신으로 두기 위해 사용되는 인형이다. 이들의 특징은 의상을 갈아입히는 것이 가능해도, 형상 자체는 변형되지 않는 것이다. 소꿉놀이나 옷 갈아입히는 놀이가 나타내듯이, 이러한 인형에 대한 시선은 반드시 상징적인 네트워크의 어딘가에 매달려 위치하고 있다. 같은 인형이 엄마가 되었다가 딸이 되었다가 하는 식으로 역할이 변할 수는 있지만, 그럴 때에도 어떤 사회적인 역할을 짊어진다는 것 자체는 변함이 없다. 봉제인형이 재차 어떤 '이름'으로 호명된다든지, 가족의 일원으로서 취급받는 것도 같은 일이다. 하지만 또 다른 하나, 애초부터 해체-재구성되기 위해 만들어진 인형도 있다. 프라모델이나 초합금, 변형 로봇 등이다. 이런 것들의 대부분은 실제 금속으로 만들어져 있지만, 소재 때문이 아니라 해체-재구성이라는 가능성을 갖기 때문에, 기계-인형이라 불릴 수 있다. 이것들은 인간과의 동형성에서 오는 애니미즘적인 생명감을 지니지 않고, 생명이 없는 기계 장치로서 움직인다. 이것들은 무수한 단편적인 부품으로 구성되어 있다. E.T.A 호프만이나 에드거 앨런 포의 시대부터, 괴기 소설가의 흥미를 끌어왔던 것은 오히려 이러한 기계인형 쪽이었다.

　어린이들이 인형을 좋아하는 것은 그들이 자신의 신체 이미지를 시행착오를 통해 구성해 내지 않으면 안 되기 때문이다. 그런데 애초부터 전자가 여자아이의 것, 후자가 남자아이의 것으로 취급된 것은 성차[性差]에 따른 신체 이미지로의 접근approach의 차이가 관여하고 있기 때문이다. 후자의 경우, 인형은 일정한 형태를 지니지 않으며 끊임없는 변형 과정 속에 있다. 프로이트가 말하는 것처럼 그것은 "꿈 언어의 표현과 대칭된 대응물"이자 "꿈 언어는 곧잘 생식기 상징의 이중화 또는 다중화에 의해 거세를 표현한다." 중요한 것은 여기서 프로이트가 언어라는 단어를 쓰고 있다는 점이다. 프로이트가 염두에 두고 있는 것은 호프만의 『모래 사나이』(1817)에 등장하는 인형이고, 이는 명확하게 후자의 계열에 속한다. 프로이트가 언어를 - 이는 무의식의 것이기도 하지만 - 단편화된 말의 연결과 치환에 의해 작동하는 기계와 같은 것, 결코 주체의 의도대로 기능하지 않는다는 의미에서 무인칭적인 기계machine라 사고하고 있다는 것을 떠올리면 이것은 매우 흥미롭다. 결국 기계인형이란 언어화된 인형을 말한다. 그것이 재차 해체되고 변형되는 것은 애초부터 언어의 작용이 그러한 것이기 때문임이 분명하다. 하지만 그렇기 때문에, 기계인형은 첫 번째 계열의 인형과는 다른 의미에서 인간의 신체 이미지와 닮은 모습을 하고 있다. 여기서는 호프만으로부터 영감inspiration을 얻은 한스 벨머의 저명한 구체球體 관절 인형을 살펴보자.94 초현실주의자인 벨머는 당연한 것처럼 이미지를 언어로서 파악하고, 신체도 언어적 분절화로서 작업한다. 신체는 환유적 조작을 거치는 것으로 신체의 일부가 이상한 형태로 접합된 악몽 같은 인형이 된다. 하지만 여기서 주목할 점은 그것이 이형異形적 신체의 형상인 것과 상관없이, 그것이 유례가 드문 전체성, 에로티시즘을 담아 내고 있다는 것이다. 만인에게 호소하는 시상은 대부분 대중적인 인기를 획득할 수 있는 것이다. 벨머의 인형이 시체를 떠올리게 한다면, 그것은 숭고화된 시체, 즉 불사不死의 신체일 것이다. 그 불멸함은 유기적인 생명, 균형을 취한 신체의 아름다움이라는 관념과는 아무런 관계도 없다. 그것들은 대개 사지의 어느 부분이 결핍되어 있고, 쓸모없는 다리가 결합 되어 있기도 하다. 관절 구체에 의해 살아 있는 신체로는 불가능한 포즈를 취하고 있는 이 인형은 바로 그 토막 난 각 부분 간의 삐걱거림과 어긋남을 통해서, 르네상스 이후 균형을 취한 신체관이 표출할 수 없는 신체의 불멸함을 살짝 엿보게 한다. 또 이는 언어–신체가 동시에 언어 이상의 것, 단지 그 균열에 의해서만 드러나는 불사의 존재를 간직하고 있음을 나타낸다. 그것은 인간의 신체가 지닌 취약함을 강조해 마지 않는 스플래터 같은 엽기 취미의 대극점에 있다. 파리의 앙드레 브르통[95] 등이 벨머를 발견하고 미칠 듯이 기뻐한 것에는 이유가 없는 것이 아니 다. 벨머는 초현실주의의 프로그램, 즉 이미 안정된 의미 작용을 지니지 못한 언어의 왜곡된 결합에 의해 '초현실'을 현현시킨다는 계획의 나무랄 데 없는 구체적인 예로 생각되기 때문이다.

『비인간적인 사랑』의 화자가 남편이 열렬히 사랑하는 인형을 갈가 리 찢어 버리고 '눈도 코도 입도 알아볼 수 없게 뭉개 버렸을' 때, 그녀는 오히려 이러한 불멸성을 드러나게 한 것이 틀림없다. 실제로, 이 이야기의 마지막을 장식하는 것은 파괴되었을 터인 인형이 남편의 피가 발린 채로 방긋하고 미소 짓고 있다는 서술이다. 그 장면에서 견고한 신체가 의기양 양해 하고 있는 것이다. 불쌍한 남편과는 다르게, 인형은 파괴되는 것으 로 오히려 삶을 연장한다. 그러니 이것이야말로 그녀가 인형에 빙의되었 다는 것이 아니고 무엇이겠는가.

욕망의 방

란포에게 있어서도 거울이란 중요한 모티브였다. 원래 란포나 무로 사이세이는, 남녀의 의심이나 욕망이 서로 반사되고 있는 거울 면 같은 장소topos로서, 가정 내부를 형상화하였다. 란포가 『거울지옥』(1926)에 서 제시하는 것은 공간의 전부를 문자 그대로 거울로 메우고자 한 남자의 이야기이다. 주인공인 '그'는 어린아이일 때부터 "물건의 모습을 비추는 것, 예를 들어 유리라든지, 렌즈라든지, 거울이라든지 하는 것에, 이상한 기호를 지니고 있었다"[96]고 한다. 성장해 가면서 그는 점점 환등 기계나 확대경에 몰두하기 시작해 부모가 죽고 남긴 막대한 유산을 상속받는 것을 기회로, 실험실에 틀어박혀서 기묘한 광학 실험에 심취하게 된다. 여기서 화자가 친구인 '그'의 탐닉을, '여자라는 것에 흥미를 품기 시작'한 결과로, 즉 '욕정'에 의한 것으로 생각하는 것은 매우 흥미롭다. 그[친구]는 분명 망원경을 저택에 설치해서, 눈 아래 있는 집들의 실내를 훔쳐보는 행위를 한다. 그리고 그 외에도 현미경으로 벌레를 확대해서 본다거나, 환등을 사용하여 빨간 입술이나 하얀 이빨, 동굴 같은 콧구멍을 방가득히 비춰 본다. 그러나 이러한 것들이 반드시 성적인 것으로는 생각되지 않는다.

그의 기벽은 점점 심화되어 간다. 그는 사방에 전부 거울을 붙인 방을 만들어, 그 안에 촛불 하나를 가지고 들어가 홀로 긴 시간을 지내게 된다. "방 전체가 오목거울, 볼록거울, 물결 모양 거울, 통 모양 거울의 홍수이다. 그 중앙에서 미쳐 날뛰는 그의 모습은, 마치 거대하게, 또는 매우 작게, 가늘고 길게, 혹은 납작하게, 또는 구부러지게, 또는 몸통만이, 혹은 목 밑에 목이 연결되고, 하나의 얼굴에 눈이 네 개가 달리고, 입술이 상하로 끝없이 연장되고, 또는 축소되는 그러한 형태가 서로 반복하고, 교착해서, 어지럽고 어수선한 모습으로 마치 광인의 환상 같다."[97] 그는 거듭해서 거울에 비친 복수의 시각상을 수집하고 있다. 그러나 그가 소유하는 것은 더 이상 외적인 대상의 이미지가 아니다. 그것은 어디까지나 여러 조각으로 찢긴 자기 자신의 신체의 상인 것이다. 그가 때로는 애인과 그곳에 틀어박혀서 거울에 포위되어 온갖 추한 짓을 다 한다고 해도, 그것은 단순히 외설적인 모습을 영상에 담아 성적인 흥분을 일으키기 위한 것이라고는 생각할 수 없다. 그는 거울 속으로 떨어진다. 이미지로 변한 거울이라는 공간에 빠진 것이다. 이제는 명확한 윤곽도 경계도 결여되어 유동하는 자기 자신으로 점점 가라앉아 가는 것이다. 확실히 나르시시즘이다. 이는 자신을 추하게 일그러뜨리는 나르시시즘이다. 하지만, 이제 우리는 그가 무엇을 하고자 하는지를 쉽게 이해할 수 있다. 그는 『비인간적인 사랑』에서는 분리되어 있던, 사랑하는 사람과 엿보는 사람을 한 몸으로 받아들이고자 하고 있는 것이다. 그때 인형에 직접 닿는 것과 그 모습을 비밀스럽게 바라보는 것은 하나가 된다. 이미지는 직접 그의 가슴에 안기게 된다.

그는 끝이 없는 반영/반성reflection에 의해 주체를 무한화시킨다. 단지 그 무한화는 확대가 동시에 수축이 되고, 복제가 동시에 소멸인 것과 같다. 주체는 어떠한 형태도 지니지 않은 것, 어디까지나 자기 자신을 반영하는 것에 의해서 분열과 융합을 동시에 이어 가는 것이 된다.

화자는 이것을 '정욕'情欲이라 부른다. 확실히 이러한 공간은 욕망에 의해 메워지고, 욕망이 가득 차서 넘친다고 할 정도이다. 하지만 그는 여성이나 그 외의 '무언가'를 욕망하고 있는 것이 아니다. 욕망 그것에 직접 접촉하고, 욕망 그 자체로 되고자 하고 있다. 즉, 주체가 생성하는 현장에 내리고자 하는 것이다. 물론 그 귀결은 죽음이든지, 그렇지 않으면 적어도 정신착란일 것이다. 마침내 거울 속에서 기어 나온 그는 "마치 죽은 사람의 얼굴처럼, 얼굴 전체 근육이 늘어져 버리고, 들쑤셔 놓은 듯이 엉클어진 머리카락, 충혈되어 있으면서 이상하게 얼빠진 눈, 그리고 칠칠치 못하게 입을 벌리고 웃고 있는 모습"[98]으로 바뀌어 있다.

마지막으로 그가 들어간 것은, 외벽에 수은을 바르고 내벽을 전부 거울로 한 '허공의 유리구슬'이었다. 안에서 문을 닫아 버리면, 밖에서 문을 여는 부분은 없다. 밖에서 보면 천을 한 면에 붙인 삼 척 정도의 구조물에 지나지 않는 것이지만, 안쪽에 있으면 무한의 확산을 지닌 심연이 된다. 이는 '오목거울에 의해 둘러싸인 소우주'이지, '우리들이 사는 이 세계'의 일부는 아니다. 철저하게 외부를 결여한 내부, 그것만으로 완전히 자율적이고, 단지 욕망의 고동만이 여러 겹으로 메아리치고 있는 공간이 되는 것이다. 이 시대의 '닫힌 방'은 여기서 완벽한 이미지를 발견한다.

이처럼 주체와 객체가 분리되지 않는 욕망으로의 퇴행을, 화자는 '그'의 미에 대한 탐닉이었다고도 서술하고 있다. 즉, 그것은 예술적인 창조행위로서 인식되고 있다. 그러한 사유는 다니자키와도 공통되는 것이다. 다니자키의 『금색의 죽음』은 1914년에 발표되어 란포에게 『파노라마 섬 기담奇談』(1926)의 영감을 준 작품이지만, 이 이야기는 『거울지옥』과도 매우 닮아 있다. 주인공인 오카무라岡村는 상속받은 막대한 재산을 아낌없이 탕진하고 자신의 '예술'을 추구하고자 하는 남자이다. 화자는 "예로부터 그토록 성실하게, 그토록 일관되게 자신의 예술을 위해서 정진한 사람은 없었다고 말해도 좋겠지요. …… 그의 예술은 환영과 같이 나타나서, 그의 죽음과 함께 이 지상에서 사라져 버렸습니다"[99]라고 말한다. 그리고 그의 '예술'이란 역시 현실 사회에서 고립된 또 다른 세상에 미의 소우주를 만들고자 한 시도임이 틀림없다.

　오카무라와 화자는 학창 시절부터 예술에 관해서 논의를 주고받았는데, 오카무라는 미란 '강렬한 자극'이라고 주장했다. 미는 '생각하는 것'이 아니다. "무엇이든 명확하게 자기 앞에서 실현되어, 눈으로 본다든지, 손으로 잡는다든지, 귀로 듣는다든지 하는 것이 가능한 아름다움이 아니라면"[100] 승낙할 수 없고, 직접적인 감각 인상으로서 '전광등 불빛에 쏘이는 것 같은 격렬한 미감을 체험하지 않으면' 직성이 풀리지 않는다. 그리고 예술이 '성욕의 발현'이자 '생리적 또는 관능적 쾌감의 일종'인 이상, 최고의 미는 인간의 신체 그 자체라고 단정하고, "예술은 우선 자기의 육체를 아름답게 하는 것에서 시작된다"고 주장한다. 하지만 처음엔 주락과 방탕에만 정력을 쏟고 있었던 오카무라는 재산을 자유롭게 쓸 수 있게 된 것을 계기로, "시도, 그림도, 조각도 아닌", "그런 답답한 것보다도 보다 단적인 그리고 보다 대규모의" 미의 왕국을 이룩하겠다고 선언한다. 그는 하코네箱根 산중에 있는 분지 이만 평을 사들여서 대규모 토목공사를 진행하고, 호수를 파고, 언덕을 쌓고, 분수를 만들고, 수목을 배치해서 꽃을 만발하게 하려고 전형적으로 회화적인picturesque 정원을 만들기 시작한다. 후미의 물은 하천이 되어 정원의 내부를 완만하게 돌고, 때로는 우뚝 치솟은 기암 사이를 누비며 폭포로 바뀐다. 여기저기 공작, 타조 등 진귀한 금수들을 풀어놓고, 그 위를 멀리 바라보면, 중국풍의 누각, 알람브라 궁전, 바티칸 사원, 파르테논 신전이 햇빛에 빛나고 있는 형상이다. 현재의 테마파크 같은 경관이지만, 이는 반드시 현실에서 벗어난 공상만은 아니었다. 실제로 이 작품이 발표되고 몇 년 후에 교외 주택지를 조성하고 있던 쓰쓰미 야스지로[101]가 하코네箱根와 가루이자와軽井沢의 토지를 매입해서 유원지로 만들기 위해 개발에 박차를 가하고 있었다. 물론 오카무라의 정원은 중산층 계급만을 위한 관광지가 아니었다. 그것은 선택된 미적 엘리트를 위한, 최종적으로는 자기 한 명을 위한 인공 낙원이다. 그러나 오카무라는, 정원은 자신의 예술을 창작하기 위한 도구에 지나지 않았다고 말한다. 본래 오카무라가 생각했던 것은 모든 인종이 동원되어 동서고금의 회화와 조각을 모방하는 것, 그리고 나아가 거기서 환락의 파티를 여는 것이다. "나는 해변에 잠시 멈춰 서서 건너편을 바라보다가, 그곳에서 말로 표현하기 어려운 성스러움을 지닌, 미녀 입상을 발견하였다. 주위가 초록색 잎사귀로 덮여 있어 동굴처럼 되어 있는 약 3미터 정도의 낭떠러지 벽에, 미녀는 등을 기댄 채, 양팔로 왼쪽 어깨에 병을 받치고 서 있었던 것이다.……'저것은 오귀스트의 〈샘〉 그림을 모방한 것이다'/오카무라 군이 그렇게 말하는 소리가 끝나기도 전에 미녀는 홀연 애교 있는 큰 눈망울을 깜빡거리며, 입술 가장자리에 미세한 미소를 띠었다."[102] 여기서는 조르조네의 비너스, 크라나흐의 님프 등 다양한 작품에서 뽑아낸 인물이 현실에서 육체를 지니고 재현되고 있다. 광대한 욕실에서는 인어로 분한 미녀들이 수영하면서 환영의 인사를 올리고, 보티첼리의 남녀가 키스를 주고받는다. 이들은 과거 예술의 모상임과 동시에, 원본 이상으로 살아 숨 쉬고 있다. 하지만 이것들 또한 오카무라 자신의 신체에 대한 반영임을 놓쳐서는 안 된다. 원래부터 그는 자신의 신체야말로 최대의 미라고 느끼고 있었고, 그것을 만화경처럼 산란시키고자 한 것이다. 사실, 살아 있는 여신들이 올라탄 켄타우로스 상은 어느 것이나 '일상적인 오카무라 군의 우는 모습, 웃는 모습, 화내는 모습을 닮은 '용모'로 만들어져 있다. 즉 그 또한 자신이 지배하는 소우주에서 자기 이외의 존재를 완전하게 말살한다.

'지옥의 호수'라는 이름의 장소에서 방문자는 살아 있는 신체를 다리처럼 밟고서 건너편 강가로 건넌다. 이렇게 키치이면서 그로테스크한 쾌락의 정원은 오히려 몽마^{夢魔}적인 답답함을 느끼게 한다. 화자가 체류한 지 10일이 지났을 때, 연일 이어지는 주연 끝에 오카무라는 몹시 취해서 미쳐 날뛴 후 죽는다. 그때 그가 전신에 바르고 있던 금박은 이러한 호흡 곤란을 상징하고 있었는지도 모른다. 이 공간에는 욕망이 포화상태이다. 그것은 거울의 구체가 만들어낸 심연과 동질의 것이라 할 수 있다. 모든 욕구가 순식간에 충족되고, 생리와 관능의 '강렬한 자극'이 인정사정없이 주체를 몰아세울 때, 쾌락과 고통은 같은 것이 되고, 주체는 능동성을 잃어버려서 향락의 바다에서 허우적거릴 뿐이다. 내적인 충동과 쾌락의 팽창은 주체가 자유롭게 행위하기 위한 확장을 빼앗아 버린다. 사람은 대상을 소유하고 소비하는 것보다는, 사물의 실재에 흡수되고 미래도 과거도 없는 것의 물질성 안에서 마비되는 것이다.

『거울지옥』에서의 욕망의 체험은 그것이 거울에 의한 것임에도 불구하고, 시각적이라기보다 오히려 촉각적인 경험으로서 쓰여 있다. 다니자키도 욕망의 말로를 묘사하고자 할 때, 그가 얼마든지 자유자재로 구사하는 것이 가능했던 화려한 시각 묘사로부터 거리를 두고, 촉각으로 전환한다. 이 점이 더욱 인상 깊게 나타나고 있는 작품은 1918년의 『버들탕 사건』일 것이다. 이 작품은 오로지 '미끈거림'이라는, 피부에 직접 달라붙는 감각 인상의 표현만을 위해서 기술되어 있다. 소설은 화자가 방문한 지인의 변호사 사무소로, 흥분한 젊은 남자가 뛰어드는 장면으로 시작한다. 청년은 자신이 현재 곤란에 처해 있다고 고백하고, 처를 죽여 버렸을지도 모른다고 말한다. 그의 말에 따르면, 인기 없는 화가인 청년은 신경쇠약으로, 원예가인 아내를 매우 사랑하고 있음에도 불구하고 그녀를 괴롭히게 된다. 아내도 히스테릭하게 되고, 외도를 암시하는 듯한 행동을 하게 된다. 둘 사이에는 폭력 사태가 끊임없이 반복된다. 이야기가 여기서 끝이라면, 이 이야기 또한 가정에서의 신경전을 묘사하는 이야기 중 하나에 불과했을 것이다. 하지만 다니자키의 진면목이 드러나는 것은 청년이 어느 날 아내를 구타하여 쓰러뜨린 채로 집을 뛰쳐나와, 지나가는 길에 있는 목욕탕에 들어가는 장면부터이다. 묘사는 목욕탕 한 면에 자욱이 낀 몽롱한 수증기에서 시작된다. 그 안에는 나체의 손님들이 어렴풋한 모습으로 북적대고 있다. 탕은 타액처럼 미지근하고, 때의 냄새가 꾸물꾸물하게 코를 찌른다. "욕조의 테두리도, 그 바닥도 그리고 그곳에 채워져 있는 탕도, 모든 것이 미끈미끈하게 입안에 넣고 핥는 것처럼 끈적거리고 있다."[103] 여기서 청년은 자신이 "선천적으로 미끈미끈한 물질에 닿는 것을 매우 좋아했다"고 말한다. "저는 어린 시절부터 몹시도 곤약이 좋았습니다만, 그 이유는 꼭 맛이 좋았기 때문은 아니었습니다. 저는 곤약을 입에 넣지 않고 그냥 손으로 느끼고 보는 것만으로도 또는 단순히 그 말랑말랑하게 움직이는 상태를 보는 것만으로도, 어떤 쾌감을 느꼈습니다. 그 이래로 우무가시리, 조청, 튜브식 치약, 뱀, 수은, 민달팽이, 마를 갈아 만든 국, 살이 오른 여성의 육체 — 그것들은 모두, 입에 들어갈 수 있는 것인지, 어떤지, 모두 다 한결같이 저의 쾌감을 도발하지 않고는 못 배기게 만들었던 것입니다."[104] 다니자키는 집요하게 이런 촉감에 매료되고 있다. "그 밤도, 그 불결하게 미끈미끈한 탕에 잠겨서 미끈미끈한 욕조 바닥에 발을 대고 있는 것이 오히려 일종의 쾌감을 상기시켰던 것입니다. 그러다 점점 자신의 몸까지 묘하게 미끈미끈해지고, 제 주변의 익숙한 사람들의 피부까지도, 모두 그 미끈거리는 탕처럼 미끈미끈하게 빛나고 있는 것처럼 생각되고, 왠지 조금 만져 보고 싶은 마음이 들었습니다. 그러자 그렇게 생각한 순간에 제 다리 뒤쪽에 무언지 모르겠지만 바닷속 흐물거리는 김 같이 걸쭉하고, 장어처럼 꿈틀꿈틀거리고, 한층 더 진하게 미끈한 물체를 밟은 것 같았습니다."[105](강조는 원문) 그는 자신의 정강이에 휘감겨 있는 물체가 여성의 머리카락이 아니었나 하고 깨닫는다. 물론 그가 밟은 것은 죽은 아내의 사체이다. 청년은 불안감을 느끼면서도 발뒤꿈치로 몇 번이고 그 사체를 밟아 본다. 그는 확실히 쾌감을 느끼고 있었던 것이다.

『버들탕 사건』이 다니자키의 초기작 중에서 특별히 뛰어난 작품이라고 말할 수 없을지 모른다. 『금색의 죽음』도 다니자키 자신이 가장 싫어했던 작품으로, 그것이 사후 전집에 수록되었던 것은 미시마 유키오[106]의 강력한 추천이 있었기 때문이라고 한다. 그러나 그 작품들은 다니자키에게 있어서 원초적인 욕망의 공간이 어떤 것이었는지를 명료하게 보여준다.

다이쇼 시기에 이루어진 도시 공간의 재편성은 본래 기능에 따라 분리된 공간들을 다시 그 기능에 따라 결합한 것이다. 사회적인 네트워크, 즉 교환·노동·권력이 만들어낸 상징적 질서 내부에 분절화된 각각의 주체를 위치시키기 위한 것이었다. 하지만 다이쇼 시기의 작가들이 발견한 것은 개인적인 영역이 완성되고, 밖을 향한 문이 소리를 내며 닫힌 순간에, 사적인 자유와 공상이, 사회에서 실현되지 않았던 가능성이, 소생한다는 점이었다. 본래 극히 작은 공간이었던 독실이, 끝이 없는 확장으로 역전되었다. 그곳에서만은 혁명도 유토피아의 건설도 가능하게 된다. 이 점이 중요한 것은 프라이버시로의 저항만이 사회적인 속성이나 관계로 환원되지 않는 신체의 무한성을 확보하기 때문이다. 하지만 다니자키나 란포는 거기서 더 나아가서, 몽상이 아닌 욕망의 차원을 개시했다. 몽상가들이 독실 벽에 투사한 이미지가, 현실로부터 배제되었다는 의미에서 역접적으로 사회 전체와의 관계를 유지하고 있었다는 것에 대해서, 다니자키 등이 말하고 있는 것은, 단지 욕망의 차원만이 '리얼'이라는 판단이다. 모든 사회관계야말로 환영에 지나지 않는다는 것이다. 사회라는 것은 존재하지 않는다. 이 육체, 이 충동, 이 욕망의 고동만이 중요한 과제이고, '나'의 현실을 구성하고 있는 것이다. 이 때문에, 그들이 마주치는 것은 어디까지나 자기 자신이다. 다만 그러한 '나'란 이미 내장 같이 번들번들 반짝이는 검붉은 속살의 고기로 변화되어 있다. 그럼에도 불구하고, 이는 고기가 되었기 때문에 무한인 것이다. 물론, 그 대상은 사회적인, 또는 신체적인 파멸이다. 그보다 죽음이야말로, 사적인 향락의 최고 형태가 된다.

다만 다니자키에 관해서는 한 가지 더 추가로 언급할 필요가 있다. 이미 알고 있듯이, 다니자키는 대지진을 기점으로 관서 지역으로 이주하여 그곳에서 작풍의 전환을 꾀한다. 그 이전에 그는 『금색의 죽음』의 주인공이 항상 말하듯이 답답함이 없는 '단적인', '전광등 불빛에 쏘이는 듯한 격렬한 미적 감각'을 신봉하고 있는 듯이 보였다. 거기서 구사되고 있는 것이 야하고 화려한 이미지의 순간성이고, 끈적끈적하게 살갗에 닿는 듯한 촉감의 직접성이다. 성적인 대상과 순간적인 성관계를 맺는 것, 대상을 소유하고 하나가 되는 것을 추구하고 있다. 하지만 동시에 그는 그것이 지닌 함정도 알고 있었다. 욕망과 직접 접촉하는 것이 질식을 불러오기 때문만은 아니다. 욕망이 대상에 도달하고 그곳에서 힘을 다한 후, 남겨진 것 – 요컨대, 언어 – 은, 언제나 쾌락의 절반은 익살맞고, 절반은 끔찍한 껍질에 불과하다는 사실일 뿐이기 때문이다. 오히려 그의 작품이 성공한 것은 『벨벳의 꿈』(1919)이나 『인어의 슬픔』(1917)에서 주체와 욕망의 대상이 두꺼운 유리로 가로막혀 있는 것처럼, 욕망이 불완전하게 끝나는 때이다. 욕망은 언제나 대상과의 간극 바로 그 자체이기 때문이다. 관서 지역으로 이주한 이후, 다니자키는 욕망으로부터 몸을 지키는 것, 욕망을 어디까지나 지연시키고, 그 지연을 쾌락으로 만드는 것을 선택한다. 그것은 직접성에서 간접성으로의 전환이다. 눈부신 빛에서 그림자로 가라앉는 모호한 형태로 전환하는 것. 순간적으로 부여되는 선정적인 이미지에서, 대상을 만지작거리는 맹인의 손가락 끝으로의 전환. 그것은 간단명료한 에도 말씨에서 느긋한 관서 사투리로의 전환이기도 하고, 완만하게 파도치는 듯한 에크리튀르로의 변화이기도 하다. 다니자키는 장편 소설을 본분으로 하는 작가로 변신한다. 이는 엽기와 환상으로부터의 이탈을 의미한다. 그는 그렇게 해서, 자기 자신의 마조히즘을 완성하는 것이다.

3장

기술^{techne}의 무한 운동

제3장의 대상은 '민예운동'(民芸運動)의 창시자 야나기 무네요시이다. 기예(氣銳)한 종교 연구가로 출발한 야나기는 조선 도자기와 모쿠지키(木喰)불상에서 받은 충격으로 개인주의적인 예술관을 버리고, 이름도 없는 민중의 생성력이 가장 풍부하고 뛰어난 미를 만들어 낸다고 주장했다. 그는 이른바 미적 아나키즘에서의 자아=의식과 단절했다고 할 수 있다. 그는 익명의 집합적 주체(직인들)로부터 자연의 능산성이 용솟음쳐 솟아난다고 생각했다. 그는 개인의 의식이라는 매개를 거치지 않고 직접 자연의 산출력에 접속하기를 시도했다. 그것은 전통적으로 만드는 방식, 전근대적인 생산양식으로, 개인이 스스로를 해체해 버리는 것을 통해 가능하다고 생각되었다. 이 장에서는 야나기의 이러한 발상을 하이데거와 비교하면서, 반근대주의 자체가 지극히 근대적인 것이 아닌가라는 문제에 대해 논할 것이다.

야나기 무네요시 (柳宗悅,1889~1961) 미학자, 종교 사상가. 학습원 재학 중에 잡지『백화』창간에 참가. 초기에는 서양 미술을 소개하면서 종교적 관점에서 윌리엄 블레이크 등을 논했는데, 1920년대 중반부터 이름도 없는 일상적인 도구의 아름다움에 눈을 떠서, 그것들을 민예품이라 부른다. 민예운동을 조직하여, 민중 공예의 수집과 소개에 전념했다. 소박한 것, 무개성적인 것, 자연적인 것을 존중하는 야나기의 민예 이론은 공예계, 도예계에 큰 영향을 끼쳤다.

'민중적 공예'의 탄생

야나기 무네요시의 '민예운동'의 계기는 1914년 조선 공예와의 만남, 그리고 1924년에 우연히 발견한 에도 시대의 포교승 모쿠지키木喰 대사의 불교 조각과의 해후이다.

야나기는 본디 종교 연구자로서 출발하여, 당시 유행이었던 심령술이나 윌리엄 블레이크 등을 연구한 후, 위 두 개의 만남을 통해 각지의 향토적 공예의 수집에 이끌리게 되었다. 얼마 후 그는 전부터 알고 지내던 도예가 가와이 간지로[1]나 하마다 쇼지[2]와 함께 「일본 민예 미술관 설립 취지문」을 배포하여, 민예(민중적 공예)운동을 개시한다. 이 시기가 – 발표는 1926년 – 급박한 위기로 인해 일본의 국방 체제의 정비가 진행되었던 기간에 해당하고, 운동이 융성한 것이 1930년대였기 때문에, 민예운동은 자주 당시의 내셔널리즘의 문화적 표현으로서 비판되기도 했다.[3]

그러나 여기서는 야나기 무네요시의 노동관을 검토하고 싶다. 야나기의 노동관은 당시 주류였던 맑스주의적인 노동관과는 명확하게 이질적인 것이기 때문이다. 잡지 『백화』의 동인이기도 했던 야나기의 궤적은 천재숭배, 개인주의, 서양 지향이라는 자못 전형적인 백화파적 사고가 결정적인 전환을 경험하지 않은 채, 익명성·집단성·전통의 찬양으로 변화해 갔다는 의미에서도 드문 사례이다. 하지만 그것은 고립된 것이 아니었다. 미와 노동을 연결하여 노동이야말로 미적인 것이고, 미는 노동에 의해 생겨난다고 사고하는 태도는 미야자와 겐지[4]에게도 엿볼 수 있듯이, 다이쇼에서 쇼와에 걸친 사상의 주조主潮였다. 그러한 사상은 잃어버린(그렇게 설정된) 공동체를 수십 명에서 수백 명의 소규모 단위로 회복하는 것을 목표로 삼았다. 그러나 그 사상가들 대부분이 아나키즘이나 생디칼리즘[5]의 퇴조와 함께 사라진 것에 비해서, 야나기 무네요시는 사회와 경제를 사상抽象하고 미적 수준level을 고집하는 것을 통해 전후까지 사상적 영위를 지속했다. 그리고 좌절한 아나키스트나 농본주의자가 공동성의 회복이라는 숭고한 사명을, 전쟁을 수행하는 국가의 손에 적극적으로 맡겼을 때, 야나기는 거기로부터 일정한 거리를 둘 수 있었다.

야나기 무네요시가 맑스주의자에 관해서 어떠한 인상을 가지고 있었는가는 분명하지 않다. 그렇다 하더라도, 그가 당대의 공산주의의 발흥을 눈으로 보면서, 완전히 무관심하게 있을 수 있었다고 생각하는 것은 오히려 어색하다. 그러나 그의 발상의 기점은 '민중'이라는 단어 하나가 팽배하게 표면에 나타나면서 아직 맑스주의에 통합되지 않았던 다이쇼 중기라 할 수 있다. 이 시대에 민족도 계급도 아닌 '민중'이란 단어가 지니고 있던 매력을 현재 상상하는 것은 불가능하고, 불과 수십 년 후에조차도 어려워진 상황이었다. 민중이라는 말은 애매하고 다의적이지만, 그렇기 때문에 그것은 그칠 줄 모르는 에너지를 연상케 했다. 백화파나 민중시파의 다양한 언사를 가능하게 한 것은 자신들이 이런 원자로 같은 어떤 것과 직결되어 있다는 의식이었다. 다이쇼 시기 지식인들의 사명은 이러한 민중을 대변하고, 그들을 의식의 영역으로 끌어올리는 것에 있었기에 그런 의미에서 데모크라시의 풍조와 하나가 되고, 사회의 변혁보다도 사회의 확장을 주장하는 것이 가능했다. 1916년에는 혼마 히사오[6]의 논문을 계기로 '민중예술론'에 대해서 학계에서 많은 논의가 이뤄졌다.

오스기 사카에는 민중이 "예술에서 경시되고 있는"[7] 것을 비판했고, 야마모토 가나에의 농민 미술 운동이나 쓰치다 교손[8] 등의 자유 대학 운동이 시작되었다.

이조 추초(李朝秋草) 문면종지(文面取壺)

어쩌면 야나기의 눈에는, 맑스주의의 혁명운동은 미적 차원을 결여하고 있다는 점에서 구제할 길 없는 근대주의로 비췄을 것이다. 그것이 민중을 풍요롭게 했다고 해도, '행복한 생활'을 주지 않는다. (하지만 뒤에서 기술하듯이, 야나기의 미학도 명확하게 근대주의적이다.) 야나기가 추구했던 것은 민중 생활의 세부적인 면이 아름다운 것으로 넘쳐흐르게 되는 것이고, 그가 그 영향을 부정한다고 해도, 그의 사상은 명확하게 윌리엄 모리스[9]의 사상과 친근성을 지니고 있다.

야나기 무네요시가 이 시대에 깊게 기인해 있었다는 점은 다이쇼 말기 미술계의 '일본 회귀'日本 回歸 풍조와의 관련성을 보아도 분명하다. 당시 와쓰지 데쓰로[10]나 다니자키 준이치로 같은 대표적인 사상가와 예술가들 사이에서 '일본회귀'라 불리는 조류가 유행하고 있었다. 그것은 한마디로 말하면, 문화적 고층古層에 대한 주목이라고도 할 수 있고, 메이지에 확립한 일본 미의 정전canon에 반대해서, 그곳에서 탈락된 미를 추구하는 것이었다. 오히려 그것은 '국수'적 미학에 대한 반항이었다. 시가 나오야는 1923년 교토로 거처를 옮겨 불당이나 박물관을 순회하기 시작했다. 서양화가로서는 이미 명성의 정점에 있던 기시다 류세이도 교토에서 '도미^{海鯛}선생'으로 불리며, 초기 육필 우키요에[11]나 송원 시대의 화조화^{花鳥畵}에 열중하였다. 르누와르에게 사사받은 후 귀국하여 긴 시간 동안 침체되어 있던 우메하라 류자부로[12]도 다와라야 소타쓰[13]나 모모야마 미술을 수학해서 화풍을 변화시켜, 이후 쇼와 시대 화단의 대가가 된다.

고바야시 슌스케는, 우메하라의 이러한 일본 미술의 발견에 대해서 다음과 같이 기술하고 있다.

처음에 소타쓰를 시작으로, 우메하라가 참조한 초기 육필 우키요에나 오쓰에[14], 또는 다이가[15], 뎃사이[16] 등은 모두 페놀로사[17]나 오카쿠라 덴신[18]에 의해 형성된 메이지기의 '일본 미술사'에서는 중시되지 않았던 것들뿐이었다. 야나기 무네요시풍으로 말하면, 그것들은 모두 '어중간한 것'이었다. 그러나 그 때문에 그것들은 '대단히 일본적인 것'으로 간주되었다고 할 수 있다. 우메하라가 우키요에나 모모야마 미술을 참조했던 것은 다이쇼 말에서 쇼와 초기에 걸친 기시다 류세이나 다나카 기사쿠[19]에 의한 우키요에 연구나, 호소카와 모리타쓰[20]에 의한 하쿠인[21]의 '발견', 야나기 무네요시에 의한 오쓰에나 모쿠지키의 '발견'과 평행선상에 있다. 야지마 아라타[22]도 지적하고 있듯이, 이렇게 다이쇼 이후에 재평가된 고미술의 대부분은 '후기인상파'적인 표현주의라는 관점에서 발견되고 있다.[23]

인용문에서 기술하고 있듯이, 이러한 일본 회귀에는 잡지 『백화』가

선도한 후기인상파의 수용
이 선행했다. 백화파와 그
주변 인물들은 고흐나 고갱
등의 후기인상파를 자기[自己],
자아[自我]의 개성적인 표현에
걸맞은 양식으로 받아들였
는데, 그 수용이 종료된 단
계에서 일본에서의 순수한
감정 표현이 탐색되는 것이
다. 오히려, 그것은 고갱이
고답적인 유럽 = 프랑스 미
학으로부터의 해방을 추구
해서 타히티로 향했던 것과
닮아 있다. 일본의 화가들
은 서양에도 일본에도 귀속

모쿠지키(木喰) 불상 '지장보살상'(地蔵菩薩像)

되지 않는 표현을 찾아서 근세의 민중예술에까지 이르게 되었다.

오카자키 겐지로[24]와 마쓰우라 히사오[25]는 이러한 회귀를 형식(장
르)에 의한 규정성에서 이탈하고자 한 시도로서 고찰하고 있다.[26] 예를
들어 페놀로사에 의해 창설된 '일본화'[日本畵]는 묘사 대상의 선택이나 캔버
스·화구[畵具] 등도 포함해서 가노파[27] 등의 전통적인 회화 기법에 의거해서
서양적 – 다시 말해 보편적 – 인 회화 형식에서 자율적인 미술 장르를 성립
시키고자 했다. 그곳에는 입체감의 부재나 색채의 빈약함이라는, 서양 미

우메하라 류자부로, 〈대나무 창문의 나체 부인〉, 1935

학에서는 부정적인 것으로 취급받는 요소가 거꾸로 장르의 특성으로서 그 특이성을 보증하는 것이 된다. 그러나 이것은 동시에, 화가가 언제나 그 장르 규칙에 구속된다는 것을 의미한다. 화가는 일본화에 걸맞은 소재만을, 게다가 그것에 걸맞은 양식으로만 그릴 수밖에 없다. 메이지의 일본화가 안고 있었던 문제는 현대에 걸맞은 화제畵題, 기술을 들여오려 해도, 그것이 즉시 부자연스러운 한때의 인기로 보이게 된다는 갈등이었다.

비슷한 상황은 일본의 서양화가 세계에도 존재했다. 서양화의 경우, 서양적인 기법과 일본적인 소재와의 어긋남이 문제가 된다. 유학파 화가들이 일본에서 작품을 제작할 경우, 그들이 서양화의 기법을 완벽하게 마스터하고 있으면 있을수록, 그 작품이 서양을 모방하고 있고 일본의 현실 풍경에서 벗어나 있다는 감각을 부여한다. 그 결과 작품이 드러내는 것이 기술의 전시뿐이라는 인상을 관람하는 사람에게 준다. 이 문제가 통렬하게 의식되었던 것이 '회화의 약속' 논쟁이고, 다카무라 고타로의 '녹색 태양'론이었다.

어느 경우에서도 장르가 요청하는 회화 기법·형식이 작가에 선행하고, 작가의 표현을 제약하고 있다. 하지만 다이쇼 시기의 화가들은 자기

의 '표현', 감정·감각의 표출에 형
식이 봉사하는 것을 추구했고,
그러기 위해서는 기법이 융통성
있게 자유자재로 구사되지 않으
면 안 되었다. 우메하라 류자부
로나 야스이 소타로가 발명한
것은 그러한 의미에서 일본화된
서양화인 것이다. 기법은 자유자
재로 변형되고, 이미 서양적 규
범에서 일탈되어 있다. 그들 앞
에는 기시다 류세이가 있고, 또

야스이 소타로, 〈칭정〉(金蓉), 1934

무라야마 카이타[28]나 요로즈 데쓰고로가 아카데미즘의 규범을 끊고 생
활 감정의 물질성을 표현하고자 하였다. '일본 회귀'가 탐구하고 있던 것
은 오히려 서양과 일본의 형식의 차이를 극복하지 않는 양식이고, 직접
민중의 생활에 밀착해 있고자 한 서투르고 소박한 primitive 형식이다. 회귀
가 오히려 서양 지향의 유행을 따르는 예술가들에게 떠맡겨진 것은 우연
이 아니다. 일본인이 서양화를 그린다는 데 있어서, 형식의 우유성偶有性으
로 고생을 할 수밖에 없었던 그들에게, 지식이나 기술과는 관련이 없는,
일상의 행위로부터 자연스럽게 발생해온 것처럼 보이는 (무)형식은 매력
적이었다.

그러나 이러한 것이 일본 특유의 현상이라고 할 수는 없다. 민중적이
고 무의식적이라고도 말할 수 있는 표현 형식의 착안은 유럽에서도 거의

같은 시대에 생겨나고 있었기 때문이다. 표현주의나 초현실주의는 프리미티브primitive 예술에서 반복되고 있었고 많은 것을 섭취하고 있었다. 애초에 그들은, 의식의 근저에서 꿈틀거리고 있는, 형태로 되지 않은 정동에 대한 관심과, 여러 형식 간의 차이를 어떤 식으로 통과해 가느냐의 문제에 대한 관심을 공통적으로 갖고 있었다.

물론 야나기 무네요시도 이러한 문맥 속에 위치한다. 그때까지 평가되지 않았던 일상용 잡기를 수집하면서, 야나기가 발견한 것은 작품의 제작과 일상적인 생활이 아주 조금의 틈도 없이 서로 겹쳐져 있는 듯한 창조 본연의 자세였다. 거기에서 민중의 순수한 감정 표출이 찬양되며, 동시에 표현의 주체는 해체되어 버리고, 제작은 이른바 초현실주의적인 자동기술Automatism에 근접한다. 야나기의 생각으로는 무명의 직공이 생활을 위해서 무심히 대량의 작품을 제작하는 과정에 주관이나 의도가 들어갈 여지가 없다. 그때 '자연스러운' 아름다움이 나타난다. 야나기는 개별 작품 그 자체보다도, 거기에 투시되는 듯한 생산 양식, 소박하면서 건강하다고 생각되는 일상생활에서 미를 발견했다. 독창보다도 모방, 창조보다도 반복, 고유성보다도 연속성에 가치가 있다고 여겼다. 이렇게 작품은 자연의 무한한 생성과 동일시된다.

나는 똑같은 말을 지금 바라보고 있는 한 장의 접시에 관해서도 말할 수 있다. 그것은 허름하고 '서툴다'고 천대받는 물건에 지나지 않는다. 고급스런 모습도 없고, 화려한 꾸밈도 없다. 만드는 사람도 무엇을 만들까, 어떻게 완성할까, 자세하게는 모른다. 신도가 염불을 입버릇처럼 몇 번이고 읊는 것처럼, 그는 몇 번이고 몇 번이고 같은 녹로 위에 같은 형태를 돌리고 있는 것이다. 그렇게 같은 모양을 그리고, 항상 똑같이 유약을 반복해서 바르고 있다. 미가 무엇인지, 도예란 무엇인지. 어째서 그에게 그러한 것을 아는 지혜가 있는 것일까? 하지만, 전부를 모른다고 해도, 그의 손은 빠르게 움직이고 있다. 염불은 이미 사람의 목소리가 아닌 부처의 소리라는 말이 있지만, 도공의 손도 이미 그의 손이 아닌 자연의 손이라고 할 수 있지 않을까?[29]

'자연'과 '예술 작품의 근원'

야나기는 불교로의 무심無心한 귀의帰依에서 "자연히 그릇에서는 미가 솟아나고 있다"[30]라고 말한다. 물론, 이렇게 생성을 중시하는 것이 마루야마 마사오[31]가 말한 일본적 '자연'으로 스스로를 추락시키는 몰입이라고 단정 짓는 것은 가능하다. 그것에 관해서는 뒤에서 서술할 것이다. 하지만 생성과 제작의 동일시가 다른 문화권에서도 자주 보인다는 사실을 망각해서는 안 될 것이다. 이에 대해 아감벤은 이렇게 말한다.

플라톤은 『향연』에서 '포이에시스'라는 말의 풍부한 근원적 울림이 어떠한 것인지를 서술하고 있다. 즉, '어떤 사물을 비존재에서 존재로 이끄는 것이 가능한 모든 원인이 포이에시스이다.' 무언가가 생–산된다, 즉 은폐와 비존재에서 존재라는 빛으로 이끌릴 때, 포이에시스가 생–산 produzione이 되고, 시가 생겨나는 것이다. 이러한 넓은 의미의 어원에서 모든 기예 – '아르테'라는 말을 사용한 것(예술)만으로 한정된 것이 아니다 – 는 시이고, 현존으로의 생–산이다. 또 물건을 생산하는 직인의 활동도 포이에시스이다. 그리고 자연(피시스) 또한 그 안에서 모든 것이 자발적으로 현존으로 초래되는 한에서 포이에시스의 특징을 갖추고 있는 것이다.[32]

자연(피시스)도, 인간에 의한 생산활동도, '어떤 사물을 비존재에서 존재로 이끈다'는 의미에서 같은 포이에시스이다. 단지 자연의 생성과 다르게, 외부의 원인을 필요로 하는 것, 즉 '기술'(테크네)에 의해 만들어지는 것이 있다. 그러나 테크네는 직인의 활동에서도 예술가의 창조에서도 동등하게 작동하고 있는 것이다. 이러한 생각은 야나기에게 있어서도 바람직한 것이었음에 틀림없다.

생각건대, 개인적 천재들은 자신의 재능 위에 서서 작업을 완성합니다. 이에 반해 범용한 사람들은 자기의 역량에 의지하는 작가가 아니라, 주어진 재료를 순수하게 받아들이고, 자기 자신에게 맡기지 않고 습관적으로 몸에 밴 방식에 의지하여 망설임 없이 목적도 없이, 단지 만드는 것에 불과합니다. 그러므로 이것을 '타력적'他力的인 제작 방식이라 불러도 좋겠지요. 이리하여 모든 작업이 타력에 의해 원활하고 순수하게 자연으로 태어나는 것입니다.[33]

여기서 말하는 '타력'他力이란 이른바 피시스의 생성력을 신뢰하는 것이다. 그러나 그럴 때에도, 아니 그때야말로 '테크네'(습관적으로 몸에 밴 제작 방식)가 필요하게 된다. 그 때문에 전통 기술의 쇠퇴는 피시스의 생성력을 막는 것, 게다가 자연 그 자체를 잃어버리는 것을 의미한다. "하지만 운 좋게도, 전통은 거대한 타력이 되어, 그들을 깊숙이 수호하고 계십니다."[34] 이렇게 야나기에게, 생산＝제작은 자연의 자율적인 행위와 같은 의미를 지닌 것이 된다.

고대 그리스 등을 끌어온 것은 바로 하이데거 ― 야나기와 동년 생으로 엄밀한 의미에서의 동시대인 ― 와의 친근성을 지적하기 위해서이다. '인위'보다도 '자연'의 생성에서 미적인 의미를 찾아내는 발상은 20세기 전반에 행해진 근대 주체 비판 속에서 자주 보이는 것이었다.

1935년, 대학 총장직을 사임하고 실의에 찬 하이데거가 행한 강연은 후에 '예술 작품의 근원'이라는 제목으로 논문집 『숲길』에 수록된다. 여기서 하이데거는 고흐가 그린 신발 한 짝을 앞에 두고서 이렇게 서술한다.

신발이란 도구의 너덜너덜해진 내측의 어두운 개구부開口部로부터 노동의 쓰라린 고생이 우뚝 솟아 있다. 신발이라는 도구의 튼튼하고 견고한 무게와는, 거친 바람이 지나간 밭의 저 멀리까지 뻗친, 항상 곧은 두렁을 가로지르고 있는 느긋한 걸음의 인내가 포개어진다. 가죽 위에는 토지의 습기와 깊이가 머물러 있다. 구두창 밑에는 저물어 가는 석양을 빠져나가고 있는 들길의 쓸쓸함이 떠돌고 있다. 신발이라는 도구 안에서 동요하고 있는 것은 대지의 과묵한 부름이고, 숙성된 곡물을 대지가 살며시 주는 것이며, 겨울의 황폐해진 휴경지에 대한 대지의 설명할 수 없

반 고흐, 〈신발〉, 1886

는 자기 거부이다. 이러한 도구를 관통하고 있는 것은 푸념을 늘어놓지 않고 빵의 확보를 걱정하는 것이고, 곤란까지도 벗어난, 말로는 설명할 수 없는 기쁨이자, 출산이 가까워질 때의 떨림이며, 죽음이 임박할 때의 전율인 것이다.[35]

한 짝의 신발은 마치 홀로그램처럼, 그 내부에 무수한 영상과, 감정에 물든 일상의 조촐한 광경을 담아 두고 있다. 그곳에 들어갈 때, 하루 하루 반복되는 생활의 빛과 그림자가, 농장 주변에 펼쳐지는 풍경이, 농촌 여인의 뼈에 사무치는 기쁨과 슬픔이, 환상처럼 눈앞에 펼쳐지는 것이다. 야나기 무네요시가 한 장의 접시로부터 노동자들의 무심한 생활을 간파한 것처럼, 하이데거는 한 짝의 신발에서 농촌의 광경을 전개해 보인다. 작품은 하나의 '세계', 사람들이 그 안에서 살고 죽어 가는 듯한 광경을 상기시키는 것이 된다. 신발이라는 "도구는 대지^{Erde}에 귀속되고, 농촌 여인의 세계^{Welt} 안에서 유지된다."[36]

본래 하이데거에게는 합리화되고 물상화된 세계, 즉 존재를 망각하여 존재자만으로 구성된 세계를 극복하고자 하는 모티브가 있었다. 그의 스승인 후설^{Husserl} 또한, 사회적 의미에 가려져 버린 의식 대상을 현상학적으로 환원하는 것으로 '생활 세계'를 끄집어내고자 했다. 이들은 생동하는 근원적인 세계를 회복하고자 하는 지향에 있어서 표현주의와도 공통점을 지닌다.

이것을 가장 명료하게 나타낸 것이 그리스 신전에 관한 하이데거의 서술이다. 그는 신전이 건축이란 물질적인 형식이나 이미지를 통해서 비가시적인 영역(신)을 표시하지도 않고, 그것을 모방하지도 않는다고 생각한다. 오히려, 그것은 하나의 성스러운 구역을 '영역 확정'하는 것이다. 그에 따라서 가능한 것이 하이데거가 '세계'라고 부르는 것, 즉 현존재가 그 내부에 '살고 있는' 존재의 다양한 표현과 그 '세계'를 지탱하는 '대지'였다. 그리스의 갈라진 암반 위에 세워진 신전은 신전 그 자체의 존재에 의해, 신전이 출현하고 있는 공간, 여러 힘들이 싸우고 장난치는 상태를 받아들인다. "이 건축 작품은 사나운 광풍에 견디고, 그리하여 비로소 광풍 그 자체의 위력에 대해서 나타낸다. 암석의 광택과 광휘란, 그저 태양의 은혜에 의한 것으로밖에 보이지 않지만 사실은, 그 자체가 낮의 밝기, 하늘의 넓이, 밤의 어둠을 시작으로 빛나고-나타내는 것으로 이끈다. 이처럼 확연히 우뚝 솟은 것은 대기라는 눈에 보이지 않는 공간이 보이도록 한다."[37] "신전神殿 작품은 그곳에 서 있으면서, 하나의 세계를 개시하고, 동시에 그 세계를 대지 위에 일으킨다."[38] 작품은 세계의 내부에 있고 그 일부를 이루는 것이 아니라, 반대로 세계가 개시된 기점이 된다. 그런 의미에서 작품은 어떤 공동체를 창설하는 행위와 같다.

물론 하이데거와 야나기 사이에는 몇 개의 중요한 차이가 있다. 첫 번째로, 야나기가 도구(용구)와 예술 사이의 구분을 폐기한 것에 비해서, 하이데거는 그 차이를 견지하고 있다. 왜냐하면, 도구는 결국 인간의 현세적인 '배려'의 체계에 속하는 것에 지나지 않지만, 예술은 일상에서는 망각된 '민족의 역사적 현존재'를 드러내기 때문이다. 두 번째로, 하이데거는 '작품'에 관해서 말하지만, 야나기에게 있어서는 고립된 작품이라는 단위는 성립하지 않는다. 그 때문에 야나기의 세계에서는 한나 아렌트가 말한 의미에서의 '시작'이 소실되어 있다.[39] 작품의 제작은 이미 일회적인 창조가 아니라, 무한한 반복의 일례로서 파악되고, 그곳에서는 시작도 끝도 없다. 더 나아가 야나기의 세계에서는 죽음이 결핍되어 있다. 야나기의 세계가 기묘하게 단조로운 세계로 느껴지는 것은 사물이 죽음이라는 강렬한 광원에 의해서 부여된 음영을 결여하고 있기 때문이다. 야나기는 공예품의 제작 연쇄가 '미의 정토淨土'로서의 세계를 출현시키고 있다고 생각하지만, 이는 문자 그대로, 죽음과 역사를 잃어버린 영원한 '지금'이자, 끝없는 과거가 여기에 현전하고 유구한 미래가 씨앗처럼 내포되어 있는 현재에 다름 아니다. '미의 정토'는 끝없는 장래에, 또는 시공을 초월한 어딘가에 존재하는 것이 아니다. 그것은 지금 여기에, 하나의 도구, 그것의 표현이라는 형태를 지니고 단번에 생성되는 것이다.[40]

이러한 '미의 정토'의 현재성, 현세적 성격은 그에게 그 실현을 촉구했다. 미를 현성現成하는 공예품 제작이 협동 행위인 한에서, 그것은 필연적으로 직인 길드라는 커뮤니티의 창조를 필요로 한다. "우리들은 미의 실현을 위해서 올바른 사회를 요구한다. 사회조직에 대한 문제를 제거하고 공예를 사고하는 것은 무의미한 반성에 불과하다. …… 사회성이야말로 공예의 중요한 성질이다."[41] "뛰어난 대부분의 모든 작품은 한 사람의 작품이 아닌 합작이다. 힘없는 민중이 모든 것을 혼자서 짊어질 수밖에 없다면, 어떤 열매를 이뤄낼 수 있을까. 좋은 작품의 배후에는 좋은 결합을 찾을 수 있다."[42]

하이데거는, 진리가 그 본질을 발휘하는 방법으로서 예술 작품 이외에 "국가 건설의 행위"가 있다고 명확히 말하고 있다. 야나기는 하이데거처럼 미를 쉽게 국가나 민족과 연결 짓지 않지만, 그의 미학에도 커뮤니티의 창설은 내재해 있다. 양자에게 있어서, 작품이란 피시스 생성의 표현이자, 거기에서 하나의 세계, 하나의 공동체, 다른 생활 방식이 그려지는 것 같은 무언가였다.

하이데거가 농촌 여인의 신발 한 짝에서 개인의 생활양식을 상상하는 것이 가능했던 것은 그가 『존재와 시간』(1927) 속에서 기술한 '도구 연관'이란 사고방식과 관계되어 있다. 도구는, 쇠망치가 못을, 못이 나무판자를, 나무판자는 박히는 기둥을 전제로 있는 것처럼, 상호 밀접하게 연결되어 있기 때문에, 한 짝의 신발은, 밟고 지탱할 수 있는 대지를, 대지는 그곳에 싹트는 밀을, 또는 씨를 뿌리는 농촌 여인의 튼튼한 팔을 전제로 하듯이, 그물처럼 펼쳐지는 연관(연상)이 가능하게 된다.

하이데거의 서술에서, 한 짝의 신발에서 읽히는 농촌 여인의 생활은 그 자체로 미적＝시적인 것으로 격상된다. 거기에는 개별 물체를 너머 인간의 생활양식이 그 자체로 미적인 현상이 된다는 발상이 존재한다. 덧붙여 말한다면, 사람들의 생활이 구성하는 커뮤니티, 심지어는 국가야말로, 그 어떠한 예술보다도 포괄적인 하나의 '작품'이 된다는 신념이 감춰져 있다.

야나기의 경우에도, 용도의 미는 단순히 눈으로 보았을 때 아름다운, 만져서 기분 좋은 것만이 아니라, 개별 용구가 물에 녹는 것처럼 매끄럽게 일상의 도구 연관 속으로 해소돼 버리는 것을 가리키고 있는 것이 분명하다. 마치 개개의 공인들이 흔적도 없이 기술의 실천과 전승 속에서 그 모습을 감춰 버리는 것처럼 말이다. 그로써 미적인 대상으로서의 작품은 사라지고, 생활 그 자체가 실천적인 예술로서 일어난다. 사회는 미적인 작품이 되는 것이다. 미는 거리를 두고 감상하는 것이 아니다. 그것은 아름다운 도구들에 의해 조직된 생활로 일상을 살아가는 것이 된다.

'전승적 가치'

야나기 무네요시는 민예운동과 병행해서, '다도'茶道에 대한 비판을 여러 차례 행했다. 거기서 그가 부정한 것은 다도를 즐기는 사람들의 권위주의나 전통에 대한 의존이었다. 센노 리큐[43]처럼 초기에 다도를 즐겼던 사람들은 조선의 이름 없는 도공의 그릇을 생활 속에 가져와서 실제로 사용하였다. "하지만 그들의 감상이 훌륭했던 이유는 무엇이었나……그것은 그들이 전적으로 사물을 그대로 바라보고, 사물이 그들에게 그대로 보였다는 점에 있다." "그들은 작가의 서명에 의지했던 것이 아니다. 명성에 의지한 것도 아니고, 누구의 작품인가를 밝힌 것도 아니다.…… 사물을 그대로 보는 것이었다. 사물과 눈 사이를 방해하는 것은 없었다. 그냥 바로 바라보는 것이었다."[44] 하지만 타락한 현대의 다도인들은 고명한 작가의 서명이나 명성을 중요시 여겨, 고가의 그릇을 갖추고자 한다. 그들은 미와의 직접적인 접촉을 등한시하고, 그 결과 다도는 개인의 생활과는 관계가 없는 고급스런 유흥, 부르주아의 취미가 된다.

이러한 비판은 어떤 의미에서 지극히 이해하기 쉽다. 왜냐하면 그것은 전형적인 근대 미학의 관점에서 딜성되는 것이기 때문이다. 야나기가 의거한 것은 미적인 가치가 지식이나 유래와 관련되지 않고 작품에 내재하며, 미적인 가치를 투명한 눈으로 단번에 직관할 수 있다고 하는 형식이다. 하지만 야나기의 다도 비판의 의미를 확인하기 위해서는 오히려 보다 넓게 '골동품'의 세계로 눈을 돌리는 것이 좋다.

서양에서는 르네상스 이래 '예술' 개념이 자율적인 영향을 받아, 학문 분과로서의 '미학'이나, 미술관을 시작으로 하는 사회적 제도가, '미' 개념의 독립성을 자명한 것으로 만들어 왔다. 20세기의 전위 미술도 이러한 경향에 대한 내재적 극복으로서 생겨난 것이라 해도 과언은 아니다. 그러나 일본의 경우, 서양에서 유래한 '예술'과 전근대적인 옛 제도를 끌어온 골동품의 세계가 거의 접촉 없이 공존해 왔다. 곧 이는 오래된 물건 전반을 취급하는 애매한 영역으로서의 골동품이 거의 이론화되어 오지 않았다는 것을 의미한다. 관제官製 아카데미즘이나 미학자들이 공개적으로 골동품에 관심을 가지는 일은 없었다. 그곳은 어디까지나 저속한 장사꾼과 애호자들이 사는 칙칙한 세계라고 생각되었다.

고다 로한[45]의 「골동품」骨董(1936)이라는 제목의 글이 있다. 수필과도 역사와도 연결되지 않는 기묘한 텍스트이지만, 거기서 그는 센노 리큐를 일본의 '취미'를 진보시킨 "하늘에서 내린 재능"이라 높이 평가하면서, 한편으론 그를 연금술사라 부르며 그는 불환지폐不換紙幣를 발행한 것과 같은 사람이라고 말한다. 요컨대, 저명한 골동품이라는 것은 '가치'를 갖고 있는 것으로 유통되고 있지만, 실은 금gold과 같이 그 가치를 뒷받침하는 증거를 가지고 있지 않다. 그 가치를 지탱하고 있는 것은 센노 리큐 같은 유명인의 권위이며, 누구든지 그 물건을 존중하고 있기 때문에 좋은 물건이라고 생각될 뿐이라고 고다는 주장한다.

고바야시 히데오는 전시戰時에 골동품 매매로 생계를 유지하고 있었다는 일화가 돌 정도로 골동품 애호가였다. 그도 「진가」眞贋라는 에세이에 어떤 일화를 적고 있다. 어느 골동품 가게의 주인이 젊은 시절, 사발 그릇에 홀딱 반하여 많은 돈을 써서 그것을 구입했다고 한다. 그랬더니 그것을 본 선배가 "이런 가짜에 속아서"라고 질타했다. 주변에서는 모두 아니라고 하지만, 본인에게는 아무래도 좋은 물건이라고만 생각이 되어서 그는 괴로움에 빠진다. 참으로 이상한 것은 그 다음에 이어지는 문장이다. "잠들지 않는 밤이 밝아서, 망연히 참새의 지저귐을 듣고 있자니,

찻잔은 좋은 거다, 나라는 인간이 신용이 없을 뿐이라는 생각이 문득 떠올라, 갑자기 안심이 들어 푹 잠에 들었다고 한다. 그에게 신용이 생김에 따라서, 그가 가진 찻잔이 아름다워졌다는 것은 말할 필요도 없다."[46] 골동품을 취급하는 인간의 신용에 의해서 골동품의 아름다움은 더하거나 덜하게 된다. 이는 매우 기묘한 일이다. 평범한 작품도 센노 리큐의 손을 거치면 명품이 된다고 말하는 것과 같이, 아름다움이란 것도 환상, 세상의 평판에 이끌린 생각에 불과하다고 말하는 것 같다. 그러나 고바야시의 단언은 보다 간결하다. "그러면 미는 신용인가? 그렇다." 물론 이 '신용'이란 단어에는 경제적 함의가 숨어 있다.

그렇다면 로한 같은 작가들은 골동품의 가치가 사기라고 말하고 있는 것일까. 물론 그렇지 않다. 그들은 골동품의 가치는 대인 관계를 포함하고 있으며, 그것 없이는 성립하지 않는다고 생각한다. 가치의 신용을 안정시킬 수 있는 것은, 사실, 개인에 의한 근거 없는 단정뿐이다. 미를 외적인 규칙에 근거해서 결정하는 것의 불가능성은 칸트 이후의 미학이 안은 아포리아[aporia]이고, 근대 비평은 여기서 성립한다. 고바야시 히데오가 골동품에 빠져든 것도, 골동품 감정이라는 것에서 비평의 원형을 간파했기 때문임이 틀림없다.

근대 이후, 미적 가치는 개인의 내면에서 주관적으로 느껴지는 것이라고 생각되었다. 그것은 개별의 인격적·역사적 관계에서 분리되어서 만인에게 타당한 것으로서 추상화된 것이다. 라파엘로나 세잔느 같은 역사적으로 증명된 명작[masterpiece]은 누구나 이해해야 하고, 이해하지 못하는 것은 그저 감상자의 감성이 연마되어 있지 않기 때문이라고 생각할 때,

미는 만인 보편의 가치로 간주된다.

실제로는 복수의 미적 판단이 일치한다고 단정 지을 수 없을 뿐 아니라, 판단 사이의 투쟁은 필연적이기까지 하다. 판단이 서로 분산되어 버리는 것은 문자 그대로 제각기 다른 고립된 주관에 의해 판단이 행사될 수밖에 없기 때문이다. 그러나 그와 동시에 그 판단들이 언젠가는 일치할 것이라는 보편성에 대한 신념이 유지되지 않으면 안 된다. 이는 칸트가 개인적인 기호(취미)와 미적 판단을 구분하는 기준이기도 하다. 이것은 또한 근대 자본주의의 확립에 대응된다. 왜냐하면 이것을 물품의 가치에 대해서 다시 말하면, 다수의 개별적 매매가 그 총합, 시장 메커니즘에 의해, 단일의 한계치("하나의 물건에 하나의 가치")로 수렴되어 갈 것이라는 이념과 상동적相同的이기 때문이다.

이에 대해서 작품이 통과한 관계network, 유통한 과정process이 미를 산출한다고 생각하는 '골동'적인 가치는, 시장이 아직 경합되어 있지 않고, '사회에 삽입되어'(칼 폴라니)[47] 있던 단계에 상응한다고 생각할 수 있다. 거기서 작품은 가치가 내재된 화폐가 아니라, 그보다는 복수의 고유한 이름과 밀접한 관계를 갖는 신용 증서나 환어음과 닮아 있다. 작가의 서명이나 제문題文이란 것은 마치 어음의 이서裏書와 같은 것이다. 그러나 로한 등이 경제적인 메타포를 선택한 것에는 그 이상의 의미가 있다.

우선 첫 번째로, '골동'적인 가치는 항상 유통·교환과 밀접한 관계를 가진다. 화폐가 늘 지불에 사용됨으로써(수취됨으로써) 가치를 유지하는 것처럼, 작품도 관계network 속에 던져져, 사람들의 눈에 띌(화제가 될) 필요가 있다.[48] 미술관이나 복제 기술 이전, 즉 공공의 범위가 성립되기 전의 사회에서는 작품이 널리 알려지기 위해서 그것들을 소장하고 있는 유력 인사의 인맥network에 접촉access하지 않으면 안 되었다. 센노 리큐나 혼아미 고에쓰[49] 같은 '예능인'의 역할은 그러한 인맥의 결절점이 되는 것, 적극적으로 인맥을 조직하는 것에 다름 아니었다. 또, 그와 동시에 사람들의 취미나 감각을 조직하는 것이 그들의 역할이었다.[50]

두 번째로 교환과 매개가 작품의 본질적인 일부인 이상, 작품과 사회를 명확하게 분리하는 것은 불가능하다. 구체적으로는 회화의 여백에 쓰인 제문題文, 소유자의 인장이란 것도 명확히 작품의 외부라고 단언할 수 없다. 근대적 관점에서는 감상자가 멋대로 작품에 손을 댄다는 것이 이상하게 느껴지지만, 골동품의 세계에서는 오히려 매개의 흔적, '신용'의 축적으로서 선호된다.

게다가 작품이 매개되는 경우에는 현실의 금전 교환도 함께 이루어졌다고 생각해도 좋을 것이다. 근대에서는 일반적으로 매매 가격과 미적인 가치는 권리상 서로 다른 차원의 것이라고 여겨진다. 우리들은 완전히 자율적이고, 순수한 감상을 위해서 특화된 작품에 익숙해져 있지만, 골동품은 본질적으로 소유욕과 깊은 관계를 맺고 있고, 거듭 말하자면 성적인 본능에까지 어딘가에 이어져 있을지도 모른다. 고바야시 히데오는 골동품을 낙으로 삼지만, 골동품이 주색보다 고급스런 것이라 믿는 것은 우습다고 갈파하고 있다. 근대 예술은 미에서 그러한 세속적이고 신체적인 이익·관심interest을 추상해서, 미를 순수한 주관 내부의 문제로 만듦으로써 역으로 보편적인 가치를 실현시키고자 했다.

근대의 작품은 원리상, 그것이 어떤 순간에 어떤 개인에 의해 창조되었다고 하는 사실, 그 기원적 외상에 직면하여 일대일$^{face\,to\,face}$의 관계를 맺기를 요청했다. 작품을 보는 것이란 그 순간에 참여하고 그 창조를 재인식하는 것, 그것을 주관 내부에서 재연하는 것이다. 따라서 이는 현실의 시공이나 사회관계에서 분리된 무시간적이며 초월론적인 경험이 된다.[51] 이와 비교해서 '골동'적인 작품은 작품이 전승되어온 경로, 그 과정^{process} 내부에서의 변용을 중시한다. 거기서는 '작품' 개념이 완전히 자율적인 것이 아니고, 기원도 종종 애매하다.(센노 리큐는 이름도 없는 그릇의 가치를 '발견'한 것인가, '발명'한 것인가?)

이러한 미적 가치의 본연의 모습을 '전승적 가치'라 부르고 싶다. 우리들의 가설은 이런 전승적 가치가 중세의 미적 이념의 형성에 관여하고 있는 것은 아닌가, 라는 것이다. 골동품은 결국 그 뼈대에 불과하다. 그것의 시초는 "손가락이 달을 가리킬 때, 어리석은 사람은 손가락만을 본다"는 선적禪的인 전달이었던 것일지도 모른다. 여기에 존재하는 것은 순수한 지시 작용과 그 전달뿐이고, 지시 대상이나 알려진 관념에 갇히는 것은 오히려 잘못된 오해를 의미한다.

전승적 가치는 개인적인 관계와 시간의 레벨을 필연적으로 내포하고 있다. 왜냐하면 작품이 전승되어온 경로, 그 내부에서 축적되어온 미적 판단이 가치를 구성하고 있기 때문이다. 동일한 작품에도 경로가 달라진다면 그 가치 또한 변할지도 모른다. 작품을 바라볼 때, 사람은 거기에 관련된 역사적 일화, 말하자면 '기억'을 함께 음미하고 있다. 작품은 주관에 속하지 않는 기억을 촉발하기 위한 장치인 것이다.

그렇지만 전승적 가치에는 반드시 위작이 출현한다. 위작이란 것은 의도적이든지 비의도적이든지 전달의 경로에 실수가 섞여 드는 것을 의미한다. 그것은 가짜 계보, 가짜 역사를 날조한다. 위작은 작품의 필연적인 분신이면서, 경로가 끊임없이 분기해 가는 그물망이고 누구도 그것을 정확히 조사할 수 없다는 사실에서 유래한다. 위작과 원작의 차이를 동질적인 가치의 양적인 적고 많음으로 생각해서는 안 된다.

이러한 순수한 전승, 다시 말해 전달 그 자체의 전달이라는 형태는 종종 선종禪宗의 전달에서 보이는 것이다. 전승적 가치관의 형성을 생각할 때, 선종 및 그것과 혼동되는 렌카[52]나 다도茶道의 존재를 배제할 수는 없을 것이다. 초기의 다도인들이 구태여 무명의 그릇을 채택한 것은, 그 무명의 그릇이 가치를 고정시키지 않으며 오히려 무명의 그릇의 가치는 요동하고 있다고 생각했고, 이를 적극적으로 긍정하기 위해서는 아니었을까. 두 번째로 다도나 렌카가 최종적으로 지향하고 있는 것은 '작품'보다는 '경험'인 것이다. 물질로서의 찻잔이나 종이 위에 남겨진 글귀句는 그 부수물에 불과하다.

'이름'의 부정과 야나기 미학의 귀결

야나기 무네요시로 돌아가자.

이렇게 생각하면 야나기가 부정한 것이 전승적인 가치의 본연의 모습이었다는 것을 이해할 수 있다. 모든 선입관을 제거하고 작품을 사심 없이 보라고 주장할 때, 야나기는 분명한 근대 미학의 입장에서 말하는 것이다. 야나기는 역사 속에서 권위화되어 온 '이름'을 부정하고, 일관되게 '무명성'·'익명성'을 찬양했다.

이미 언급했듯이, 야나기 미학의 특징은 그 무시간성에 있다. 그의 독창성은 근대 미학의 중요한 범주인 '직관'을 마루야마 마사오가 일본 문화의 고층이라 부른 영원의 '현재'와 결합했다는 점에 있다. 하지만 본래 이 둘은 서로 다른 것이며, 그 결과 야나기의 미학은 이 둘을, 순간적 판단을 행사하는 '눈'과 반복에 의해 작품을 만들어 가는 무시간적인 '손'으로 분열시켜 버린다. 작품의 가치를 보증하는 것은 야나기 무네요시라는 특권적인 '감정가'이고, 도는 그 추종자에 불과하다. 이에 비해서, '손'의 방식은 무명(인 것을 강제당하는) 도공들이 떠맡는 것이 된다.

만일을 위해 말해 두자면, 나는 마루야마가 말하는 것처럼 '일본 문화'를 은연중에 관통하고 있는 '고층'이 있다고 주장하고 싶은 것이 아니다. 일본 속에서 자연이라는 고층을 발견해 내는 시야를 야나기 무네요시가 정확히 체현했고, 거기에서 미적인 정토＝풍토를 만들어 냈다는 것이다. 그것은 서로 모방하고 서로 해석하는 민예품의 네트워크로서의 풍토이다. 하이데거에 관해서도 유사하게 말할 수 있다. 하이데거는 작품의 내용이 아니라 그림을 보고 있는 자기 자신을 언어로 표현하고 있다. 다시 말해, 해석학의 요청에 충실히 따르면서, 주체 자신의 해석의 지평에 관해서 자기 언급을 하고 있는 것이다. 하이데거는 "작품이 존재한다는 것이란, 하나의 세계를 구성하는 것^{aufstellen}을 의미한다"고 말한다.[53] 물론 '구성한다는 것'은 나와 작품 '사이'에서 일어난다. 야나기나 하이데거에게 미는 작품의 내부가 아니라, 작품에 삽입되는 감정, 작품에서 뽑아내는 언어의 연속에 있다. 야나기의 정토란, 끊임없이 반복되고, 서로 모방하는 도구들이 만들어 내는 지평, 늘 형태^{Gestalt}가 요동하고, 모양이 땅으로 용해해 가는 변용의 과정, 그 속에 있고, 야나기의 언어 또한 비단처럼 매끄럽게 그 지평으로 침몰해 간다.

야나기의 미의 이론은 전후 시기에 이르러 최종적인 형상을 갖는다. 그러나 그것은 모두 전전 시기에 착상했던 것이고, 야나기는 놀라울 정도의 일관성을 가지고 자신의 사상을 추구해 왔다. 그것은 미의 완전한 자동화였다. 작품을 만드는 주체는 이미 존재하지 않고, 봄에 수목이 자연적으로 싹을 틔우듯이 아름다운 것이 마음대로 아름다운 것을 산출해 낸다. 인간이, 잠재력이 발현되는 토지-자연이라는 표면에 떠오르는 물거품 같은 것에 불과해져 버렸다는 점을 나타내고 있다. 인간은 어디까지나 공허하고 희박한 그러한 '주체'로서 생성하는 자연의 현현에 완전히 자신을 비어내 버린다. 아니 테크네야말로 '주체'를 사로잡고, '주체'를 무수히 분열하는 신체 동작의 연쇄로 해체해 버리는 것이라 해도 좋을 것이다. 그릇을 만들 때, 나의 팔은 녹로의 움직임에 맞춰서 멋대로 움직일 뿐이고, 붓을 휘두를 때, 그 붓은 자유자재로 종이 위를 미끄러져 갈 뿐이다.

상식적으로는 그리는 손이 있어 그림을 그린다고 말하지만, 진실은 그렇지 않고, 그리는 사실이 그리고 있는 것입니다. 요컨대 네 자신으로부터 그림이 그림을 진행해 나간다고도 할까요? 흔히 승려가 "염불이 염불한다"고 하듯이, 주전자 그림의 경우에도 마찬가지로, 일이 일을 해버리는

것입니다.[54]

그 때문에 인간은 필요하지 않다. 단지 서로 교류하는 기술의 자기 전개만이 있고, 인간은 그곳에서 일시적인 대리인으로서 나타났다가 사라져 간다. 그리고 만드는 것도 만들어지는 것도 순간의 덧없는 형태에 불과하다는 것이 명확해졌을 때, 피시스의 힘인 미타彌陀[55]의 칭호 — 결국은 한결같이 자기를 수행하는 완결된 프로그램 — 의 집요한 낮은 울림이 들려온다. 하지만 진실로 놀랄 만한 것은 야나기의 비전vision의 아름다움이나 그리움이 아니라, 기묘하게도 이것이 어쩐지 흔한 기지既知의 광경으로 보인다는 것이다.

현재의 인류에게 주어진 자본주의라는 '자연' — 그러나 그것은 말할 것도 없이 역사적인 것에 불과하다 — 이 추진하는 테크놀로지의 자기 전개에 우리들은 이의 없이 편입되고 있다. 그 내부에서는 개개의 동기나 행위나 욕망도 기술의 전개를 위한 하나의 계기에 지나지 않는다. 테크네가 테크네한다. 테크네가 끝없이 자기를 반복하는 것이다.

4장

셀룰로이드 속 혁명

다이쇼 시기에서 쇼와 시기에 걸친 일본의 사회 변동은 사실 식민지와 제국주의의 확장에 깊게 연동되어 있었다. 당대의 작가 중에서 이 점을 가장 민감하게 느끼고 이 점에 대해 직접적으로 기술하고자 한 사람이 요코미쓰 리이치이다. 하지만 같은 시기 그의 작품 『상하이』는 당시의 정치적·경제적 상황의 다큐멘터리이지만, 작품 속에 묘사된 모든 것이, 당대의 상황을 있는 그대로 나타내면서도, 표층적인 이미지로만 나타내고 있다는 역설을 동반하고 있다. 이것은 그가 집필 시 의지했던 것이 '영화'라는 신흥 표상 생산 장치였다는 사실과 무관하지 않다. 이 장에서는, 몇 개의 영화 이론을 보조선으로 사용하면서, 요코미쓰의 작품에 영화적 특성이 어떠한 효과를 불러왔는지를 분석한다.

요코미쓰 리이치 (橫光利一, 1898~1947) 작가. 시가 나오야(志賀直哉)의 영향을 받아 사소설풍의 스타일로 출발했지만, 『머리 또는 배』 등 속도감이 있는 참신한 표현을 많이 사용한 작품으로 주목을 받아 가와바타 야스나리와 함께 신감각파의 중심 인물이 된다. 1930년 무렵에 『기계』, 『상하이』 같은 대표작을 잇따라 발표하지만, 그 후 장편소설 『여수』(旅愁)를 미완으로 남겨 놓고 사망했다.

요코미쓰의 『상하이』

　　현재 중화인민공화국이 된 지역의 근대사에서 상하이라는 도시는 늘 특권적인 지위를 점해 왔다. 군사적·경제적 요충지이기 때문만이 아니라, 중국 대륙에서 제일가는 근대 도시로서, 대륙 전체를 동요시키는 정치적 동란은 늘 이 도시를 발화점으로 번졌기 때문이다. 천두슈[1]의 중국 공산당 결성에서부터, 야오원위안[2]이 희곡 『해서파관』海瑞罷官을 비판하여 문화대혁명의 발단이 되었던 일에 이르기까지 주목할 만한 사례들은 부족하지 않다. 그러나 그중에서도 특별히 언급해야 할 것은 1919년의 5·4운동과 1925년의 5·30사건일 것이다. 두 사건 모두 자연발생적인 대중운동으로서 반식민지 투쟁의 전개와 민족national 정체성의 형성에 더없이 큰 역할을 하였다. 물론 이 대규모 민중 반란은 중국에 대한 일본의 관점에도 일정한 동요를 불러일으켰다.

　　1929년 잡지 『개조』에 등장한 요코미쓰 리이치의 『상하이』도, 그 나름대로 5·30사건의 이 같은 영향impact을 소화하고자 집필하였던 것이라 생각할 수 있다. 구체적인 계기는 1928년 상하이 방문에서 받은 인상이었던 것은 확실하다. 그러나 요코미쓰는 이 특이한 도시의 표정에서, 하나의 도시를 넘어서 중국과 일본, 게다가 동양과 서양의 상극이라는 문제를 감지한 것으로 보인다.

　　그런데 이 시기에 중국 대륙의 주민이 일반적으로 국가 없는 민족으로 인식되었다는 점을 상기해 볼 필요가 있다. 16세기 이후의 식민지주의는, 적어도 아시아 지역에서는, 오스만과 무굴이라는 전근대적인 '제국의 영향권하에 놓였던 영토를 열강의 여러 나라가 서서히 나눠 갖는 다는 형태를 취했다. 그 과정에서 그때까지 강대한 권력을 자랑하던 '제국'은 이른바 '아시아적 정체'의 대명사로서 '국가' 이전의 존재로 간주되었다. 일본 또한 메이지 유신을 계기로 청왕조에 종속되었던 입장에서 벗어나서, 근대국가로서의 장비裝備를 갖춰 갔다는 것은 주지하는 바와 같다. 그에 비해서 중국 대륙에는 1911년 쑨원의 신해혁명에 의해 중화민국이 성립되었다고는 하지만, 영토라는 관점에서나 제도라는 관점에서나 아직 국가로서의 통치를 개시했다고는 말하기 어려웠다. 그럭저럭 본격적인 통치가 시작된 것은 장제스의 북벌이 완료된 1928년이지만, 그때까지도 아직 국가 기반은 취약해서, 일본을 시작으로 하는 열강의 진출이 끊이지 않았다. 그 때문에 아직 국가로서의 주체화를 이루지 못하고 열강을 중심으로 한 국제사회에 참가할 권리가 없는 국가로, 틀이 덜잡힌 지역으로 – 모멸을 동반해서 – 취급되었던 것이다. 말할 필요도 없이 이는 주권을 인정받지 못한 채 열강들의 방자한 착취에 시달린다는 것을 의미했다.

요코미쓰의 관점에서도 상하이는 국가라는 틀을 결여한 채 날뛰고 유동하는 민중이었다. 아니, 국가를 결여하고 있다기보다는 단일한 국가가 지배를 관철할 수 없는 상황에서 여러 열강 국가로부터의 권력이, 게다가 갑자기 일어난 코뮤니즘이나 노골적인 자본주의의 역동이, 민중을 관통하고 갈라놓는 모습이었다.

그곳에서 부상한 것은 당대의 도시 계획이 억압하고자 했던 도시의 신체 그 자체였다. 무정형amorphe의 액체 상태인 신체. 다시 말해 그것은 도시라는 '암'＾인 것이다. 근대적 도시 계획의 효시인 조르주 외젠 오스만[3]에 의한 파리 시가의 대폭적인 개조는 파리 코뮌 당시의 민중 봉기가 재현되는 것을 두려워해서 실행된 것이었다. 중일전쟁 개시 후의 일본도 상하이 점령 이후 '대 상하이＾＾ 도시계획'을 책정하는데, 이 또한 5·4운동과 5·30사건이라는 반일 도시 봉기의 기억을 봉인하기 위한 장대함과 치밀함 위에 세워진 것이었다. 이러한 시대에 '상하이'로 향한 지배와 관리의 시선과 비교할 때, 어디까지나 도시의 기억에 침잠하고, 도시 내부의 수맥으로 헤치고 들어가고자 했던 요코미쓰의 영위는 두드러져 보인다. 거기에는 종횡무진으로 둘러쳐진 샛강이 있고, 흘러내리는 진흙처럼 요동하는 군중의 모습이 있다. 강의 수면에는 주검이나 오물이 떠다니고, 거리에는 행상인이나 매춘부 들이 여유롭게 손님을 끌고 있다. 그리고 격분한 민중은 격류처럼 이 거리를 뛰고 있다.

하지만 요코미쓰의 상하이가 생생하고도 난잡한 활기로 얼마나 가득 차 있든, 동시에 그것은 허상인 것이다. 요코미쓰가 묘사하는 도시의 신체는 언제나 거울 속의 상이기 때문이다.

5·30사건의 발단은 1925년 5월 15일에 일본계 방적 공장인 나이가이멘＾＾ 주식회사에서 일어난 발포 사건이다. 이때 나이가이멘 회사에서는 2월부터 시작한 상하이에서의 대규모 시위 – 일본계 방적 회사로 불똥이 튀고 있었다 – 에 대한 대항책으로서 공장 측에 의한 공장폐쇄lockout가 일어나고 있던 중이었다. 총격을 받은 것도, 항의를 위해서 부지에서 밀어닥친 노동자 집단이었다. 일곱 명이 중상을 입고 한 명이 사살된 것에 대해 다음날 16일부터 학생들을 중심으로 상하이의 각 계층에 의한 폭넓

은 항의 행동이 전개되었고, 시내는 갑자기 긴박한 공기에 둘러싸였다. 5월 28일, 중국공산당은 대규모 가두 데모를 일으킬 방침으로 30일을 실행일로 결정했다. 28일 당일 체포된 학생의 석방을 요구하며 공동 조계[4] 내부의 경찰서에 밀어닥친 군중을 향해서 경찰대가 총격을 가해, 13인의 사망자가 발생했다. 이런 참극에 대해서 노동자·학생·상공업자는 총파업general strike에 돌입했다. 이후, 열강 각국은 육군 부대를 투입하여 조계租界 내에서는 처참한 시가전이 전개되는 한편, 항의 운동은 중국 각지로 파급되어 총 참가자는 1천 2백만 명에 달했다고 한다.

마에다 아이[5]는 요코미쓰의 글이 "사건의 책임을 가능한 한 회피하고자 하는 나이가이멘 회사의 논리"를 모조리 받아들인 것, 즉 일본에 유리하게 세세히 손을 쓰고 있다는 점을 지적하고 있지만,[6] 대체로 요코미쓰는 사실에 충실하게 『상하이』의 이야기를 구성했다고 해도 좋을 것이다. 5·30사건은 계급이나 지역을 넘어 널리, 중국 민중들의 내셔널리즘의 각성을 가져왔다. 이 투쟁을 이끈 것이 상하이 총공회이고, 그곳에 침투해 있던 중국공산당이었다고는 해도, 운동의 추이가 가져온 것은 맑스주의를 향한 지지 이상으로, 민족의식의 고양과 민족자본의 융흥이었다. 이러한 점이 『상하이』 속에서도 주인공인 산키參木가 중국인 코뮤니스트 활동가인 방추란芳秋蘭에게 "그러나 그것은 당신들이 중국에 새로운 자본주의를 세우게 되는 것과 같지 않습니까?"라고 말하는 형태로 지적되고 있다. 결국 공산당이 실행하고 있듯이 "외국 회사의 생산 능력을 압도한다"면, "그만큼 중국의 자본주의가 발전하는 것이 틀림없다"라는 것이다.[7] 게다가 등장인물 중 하나인 고야甲谷가 말하는 '공산운동'이란 것은 실은

'국수주의 운동'이고 '말레이나 타이, 버마'의 화교들은 중국 반제국주의 투쟁에 자금을 대는 것으로 (머지않아 동남아시아에서도 민족주의가 고양하게 될 것이므로) 자신들의 권익을 위험하게 만드는 것이다. 이러한 지적을 감안한다면, 요코미쓰는 그의 마오쩌둥주의적 관점에서 상당히 정확하게, 전후 실현되는 아시아 여러 나라들의 독립까지도 예견하고 있었다고 할 수 있다.

그러나 요코미쓰가 바라보는 5·30사건은 국가 없는 민족이 국가를 재탈환한다고 하는, 중화인민공화국의 성립으로 정점에 이르는 '건국'신화로서의 역사에 용이하게 접속할 수 있는 것이 아니었다. 오히려 그가 집요하게 강조한 것은, 하나의 사건이 얼핏 보기에 전혀 관련 없는 듯한 사건을 일으킨다고 하는 비논리의 논리였다. 그것은 이른바 '합리성'의 논리와는 다른, 몽타주의 논리라고도 말할 수 있을 것이다. 그리고 이는 자본의 논리이기도 한 것이다.

항구로부터 동화銅貨가 지방으로 유출되었다. 항구의 은화銀貨 가격이 하락했다. 브로커의 마차 무리는 영국과 일본 은행 사이를 동분서주하였다. 금의 시세가 동과 은 위로 급등하였다. 산키의 펜은 파운드의 환산으로 닳기 시작했다. ─ 그는 다카시게高重의 소개로 동양 면화 회사의 영업부서에 들어올 수 있었다. 그의 옆에는 포르투갈 사람인 타이피스트가 맨체스터 시장에서 온 보고문을 타이핑하고 있었다. 게시판상에서는, 강풍으로 인해, 쌀과 면화 시세가 오르기 시작했다. 리버풀의 면화 시장이 봄베이삿타 시장에 의해 유지되었다. 그리고 캇챠칸데와 테지만

데의 소시장이 삿타 시장을 유지하고 있었다. — 산키의 영업부에선, 인도의 두 면화 소시장의 강약을 주시하는 것이 최대의 임무였다. 어디서부터 면화를 사야 할 것인가? 이 원료 문제의 해결은 회사의 생산량에 매우 큰 영향을 끼칠 것이다. 그리고 누구도 그 존재를 인정하지 않는 캇챠칸데와 테지만데의 소시장이 돌연히, 은밀히 부는 회오리처럼 시장의 면화 시세를 혼란스럽게 하는 일이 번번이 있었다.[8]

상하이는 세계 여러 자본이, 외부인은 쉽게 접근할 수 없는 연관성을 가지고 서로 착종錯綜하는 무대이다. 또 5·30사건이라는 '혁명'은 정치적인 사건이 불가결한 인과의 연쇄에 따라 거리의 폭발과 함께 잇따라 일어난 과정이다. 그것과 관련이 없다고는 말할 수 없지만, 사태의 추이를 '합리적으로' 예측할 수도 없다. 내적인 일관성을 간파할 수 있는 것은 사후적인 시선뿐이다. 요코미쓰는 반대로 그 비연속성을 전경화하고 있다. 결국, 요코미쓰가 발견한 것은 이러한 착란하는 신체로서의 상하이였다. 미친 도시의 미친 '혁명.' 우리들은 그것을, '셀룰로이드 속 혁명'이라 칭할 것이다. 르 코르뷔지에[9] 등의 모더니즘이 도시를 합리성에 기초한 기계machine로 바라보았다면, 요코미쓰의 모더니티는 그것과는 전혀 다른 기계, 다시 말해 '영화' 속에 도시를 봉인하고자 한 지점에 있었다.

스펙타클 도시

산키가 오래된 술을 서로 기우릴 쯤 되자, 요리는 반 이상 남아 있었다. 테이블 위에는 황어의 말랑말랑한 입이나 귀 같이 생긴 목이버섯이 젓가락도 대지 않은 채 남아 있었다. 내장을 다 빼낸 집오리, 돼지의 콩팥, 벌꿀 속에 잠긴 새끼 쥐, 사과 튀김에 용안龍眼(인도가 원산지로 동남아, 열대 아메리카에 분포한 열매)국, 청게, 가리비 ― 산키는 뿌연 비취 같은 집오리 알에 상아 젓가락을 꽂으며, 작은 소리로 일본 노래를 불러 보았다.[10]

중국인 친일파는 수옥에 갇혀서, 짐승처럼 저잣거리를 질질 끌려 다녔다. 누군지 모를 수형당한 목들이 전주마다 걸려 있고, 코부터 먼저 썩고 있었다.[11]

요코미쓰의 『상하이』에서는 이렇게, 범람하는 음식이나 썩고 있는 잘린 목이라는 음란하고 그로테스크한 이미지들이 집요하게 자주 나타난다.

리피트 미즈타 세이지[12]는 그로테스크라는 개념의 '탄생'과 '재발견'이, 르네상스와 1930년대라는 근대국가 성립기와 임계기臨界期에 각각 대응된다는 점을 지적하고 있다. 원래 그로테스크라는 것은 1480년에 발굴된 네로 황제의 궁전을 덮고 있던 장식 문양에 부여된 말에서 유래하며, 한편, 예를 들어 바티칸에 의한 라블레 이론은 1940년이 되어 탈고되었다.[13]

한편에서 보면 모더니즘의 실험도, 균질적인 국가라는 신화에 의거한 투명한 '국어'國語에 대한 이의를 품고 있었다. 그로테스크한 대상이 지닌 기묘함bizarre과 기이함이, 고전적 표상 형식에서 퇴락하고 일탈해 가는 형태의 번성·과잉함을 기원으로 지닌 것이라면, 당시 상하이처럼 국가의 틀을 벗어나 흘러넘쳤던 '제국'적 상황을 묘사할 때, 모더니즘과 그로테스크가 결합하는 것은 이치의 필연이라고도 말할 수 있는 자연스런 것이었다.

그러나 그러한 그로테스크는 그대로 오리엔탈리즘으로도 이행한다. 이것은 『상하이』에 한정되지 않는다. 무라마쓰 쇼후[14]의 『마도』魔都(1924), 요시유키 에이스케[15]의 『상하이의 프라이베이트private』(1932), 가네코 미쓰하루[16]의 『해골 잔』(1971) 등 – 쇼와 초년 시기를 기원으로 하는 – 일련의 '상하이 이야기'가 대체로 오리엔탈리즘, 있는 그대로 이야기하면 이국의 번화가에 발을 들여놓은 관광객다운 시선을 공유하고 있다는 것은 틀림없는 사실이다.

도시의 신체는 마치 파멸과 연결되어 있는 독부毒婦처럼, 역겨우면서도 매혹적인, 그로테스크이면서 아브젝트abject한 대상으로서 기술되고 있다. 요코미쓰에게 있어서도 그러한 아브젝시옹abjection은 성을 파는 오스기お杉나 올가, 아름다운 혁명가 방추란 같은 여성들 속에 투영되고 있다. 그런데 마쓰바라 이와고로[17]의 『가장 어두운 도쿄』(1893)라는 텍스트를 상기할 것까지도 없이, 근대의 시작부터 도시로 향한 그러한 시선은 언제나 오리엔탈리즘적인 욕망을 잠재하고 있었다. 빈민이나 슬럼, 범죄라는, 도시에 축적된 여러 모순에 시선을 빼앗기게 되면 그것은, 언제나 마음을 동요시켜 사로잡고 놓지 않는 불길하면서 요염한 이미지로서 나타난다.

하지만 도시는 어느새 그러한 욕망조차 자신의 것으로 만들어 버린다. 상하이는 욕망의 대상이 될 뿐만 아니라, 사람들의 욕망을 붙잡고, 그 욕망에 맞게 성장해 왔다. 그러한 꺼림칙함을 포함해서, 상하이는 이제 막 서양의 시선에 의해 태어나기 시작한 꿈의 도시였다. 1920년대에서 1930년대를 걸쳐, 상하이는 정치적·경제적 중추로서의 기능은 일단 차치하고, 우선은 사람들에게 극동에 위치한 소비와 환락의 도시였다. 최신 유행 패션과 재즈, 검열을 피한 영화의 아슬아슬한 장면, 벼락부자와 서양인, 성적인 향락과 처참한 범죄가 시가지에 범람했다. 사람들의 욕망과 악몽이야말로, 자본의 주요한 투하 대상, 증식 수단이 되었다. 욕망은 조직되고 스펙타클화되어서 상품으로 바뀌었다. 후기 자본주의를 선취한 이러한 도시의 모습을 앞에 두고, 요코미쓰는 불가사의할 정도로 순순히 그 이미지의 모습에 물들어 가는 듯이 보인다.

반사된 이미지의 도시, 상하이. 다시 말해, 도시 자신의 이미지 생산을 주요한 산업의 하나로 삼는 도시이다. 그때, 아르데코art déco 스타일로 장식된 카바레, 카지노나 댄스홀이라는, 화려한 표층의 배후에 꿈틀거리는 비참한 중국의 하층 노동자나 아편 중독자의 모습조차, 과혹한 현실의 단편이라는 현상status은 그대로, 도시의 없어서는 안 될 허구의 일부가 된다. 상하이는 '상하이'라는 도시를 연기하는 것으로 스스로의 빛나는 반영이 되었다. 즉, 모든 것은 이미지로 환원된다.

영화와 연필

사실 요코미쓰에게는 『상하이』를 고스란히 예고하고 응축하고 있는 듯한 짧은 글이 존재한다. 그가 상하이를 방문했던 때의 일을 회상한 「전쟁과 평화」가 바로 그것이다. 요코미쓰는 어떤 영화관 ─ 상하이는 아시아 유수의 영화 회사와 스타와 관객을 거느린 영화 도시이기도 하였다 ─ 의 홀에서, 인파에 둘러싸인 채 서 있었다.

각국 사람들의 언어의 소용돌이가 나를 중심으로 휘몰아쳐서는 웃음소리 속으로 빨려 들어가게 한다. 그 언어들은 전후좌우의 각각의 그룹에서 연기처럼 올라와서는 어느새 다시는 돌아오지 않았지만, 그 대부분 언어의 의미가 통하지 않는 일단의 밀집한 내체内體가 발하는 소리를, 나는 그때 수첩에 길게 적어 두었다. 그것은 물론 동시에 일어난 말이 아니라, 내가 움직이는 연필 끝으로 적어 가고 있는 소리에 지나지 않지만, 그 기괴한 무기물의 군생이라고도 말할 수 있는 음향의 고저와 강약은 어쩌면 시장 시세에서 물가의 고저와도 같은 확실한 양립을 지니고 끊임없이 사람들의 운명을 계속 결정하고 있음이 틀림없고, 게다가 남편들의 그룹은 남편들의 언어 때문에 속박되어 있으면서 서로 친해짐과 괴롭힘을 반복한다. 그리고 그들을 속박하는 언어의 고리는 점차로 다른 언어의 고리를 서로 침해하면서 그 위에 하나의 거대한 고리를 만들고, 어느 시대인가 공통적인 하나의 고리가 되어 힘을 소실할 것이다.[18]

"일단의 밀집한 내체^{內體}"의 웅성거림이 "기괴한 무기물의 군생"이 되어, 시세의 "물가의 고저"와 결합한다. 복수의 집단이 "남편들의 언어 때문에 속박"되면서도 "서로 친근함과 괴롭힘을 반복한다." 이것이 요코미쓰가 본 상하이의 축소판이다. 그리고 무엇보다도 시선을 끄는 것은, 영화와 움직이는 연필의 끝이라는 두 종류의 기술 장치가 상하이를 이야기하는 짧은 텍스트 속에서도 지우기 힘든 각인으로서 기술되어 있는 것이다. 이미지와 언어. 지각의 현재성과 언어의 선형성. 이 두 개의 서로 다른 매체^{media}를 어떤 식으로 접합하고, 전환시킬 것인지, 요코미쓰는 여기에서 모든 시도를 행하고 있다.

『상하이』에서 도시에 나타나는 수많은 이미지는 자주 필름이나 거울상의 비유로서 이야기되고 있다. 예를 들어, 산키에게 방추란은 어디까지나 스크린 위에서 어른거리는 영상이었다.

산키는 계단 중간에서 이 중국 부인의 섬세한 고민을 접하게 된 것이 기쁘게 느껴졌다. 계단 옆에 걸린 거울 위에는 층계마다 떠오르는 방추란의 미소가 필름처럼 그를 응시하며 바뀌고 있었다. 그러자 문득 산키는 다카시게가 한 말을 떠올렸다.……
"그 여자도, 언젠가 누군가에게 살해당할 테니까 두고 봐라."
필름이 뚝 끊기며, 요염한 방추란의 미소가 사라지자, 백목련이 빽빽한 계단 위에서 녹색의 사기로 된 난간이 나타났다.[19]

마찬가지로, 히스테리 상태의 올가에게 안긴 산키는 "거울 면에 짜내어져 길게" 되고, 두 사람의 육체는 실재와 거울에 비친 상의 장난에 휩쓸려, "신음 소리를 내면서, 몽롱하게 뒤섞여" 버린다. 그 결과 "두 사람은 지금은 누가 누구인지 알지 못하는 유리처럼 멍한 상태"이다.[20] 즉, 현실과 이미지가 상호 교환하기 때문에, 서로를 분간하는 것은 이미 불가능하다.

인간의 신체조차 스크린이 되지 않을 리가 없다. 산키가 헤매는 러시아 망명인의 나체쇼는 "삼면에 박힌 거울 면의 저쪽"에서 "무수한 피부의 공장"이 될 뿐만이 아니라, 기름을 바른 "중국인"支那人의 머리 표피에 반사되어 "무화과가 가득한 화원"으로 변모한다.[21]

특히 혁명이 시작되고부터, 상하이는 문자 그대로 '전도'転倒된 영상의 도시로서 나타난다. 경찰대의 시위 군중을 향한 발포라는 결정적인 현장에서 산키가 목격한 것은 재차 거울상으로 변한 신체의 무리였다.

> 산키는 상점의 움푹 파인 입구에 끼인 채, 수평으로 높게 열린 머리 위의 회전창밖에는 아무것도 볼 수가 없다. 그 창유리에는 난동하는 군중이 모두 거꾸로 비춰 있었다. 그것은 하늘을 잃어버린 해저와도 같았다. 무수한 머리가 어깨 밑에 있고, 어깨가 발밑에 있었다. 그들은 지금이라도 추락할 것 같은 기괴한 형태로 매달린 삿갓을 이루면서, 흘러가서는 되돌아오고, 되돌아와서는 도는 해초처럼 흔들리고 있었다.[22]

카니발carnival적이라고 부르기에는 어딘가 음울한 '거꾸로 선 세계'의 이 이미지는, 고야가 산키에게 "이 거리까지 지금은 거꾸로 되어 있다"고

한 말을 이어 가고 있다. 미야코^{宮子}도 그것에 응답하듯이, "나, 전부터 하늘과 땅이 뒤집힌 것 같은 기분이 들어서"라고 산키에게 말한다.

마지막으로 요코미쓰는 고전적인 오버랩^{overlap} 기법조차 잊지는 않았다. 끝에 다다라서, 투명하게 된 산키의 신체는 배후에 있는 풍경을 내비친다. 물론 영화라면, 연결 부분 등에서 자주 보는 장면에 불과하다.

그러나 그의 단멸하는 감상이 점차 도랑의 물가를 따라서 사그라져 가자, 갑자기 아침부터 아직 빵 한 입밖에 먹지 않은 공복이 오스기를 대신해서 엄습해 왔다. 그는 몸에 힘이 소진되고 체중이 줄어 투명해지는 것을 느꼈다. 뼈가 없어진 신체 속에 앞뒤의 풍경이 뒤죽박죽 뒤섞였다.[23]

하지만 이러한 개별적 정경을 넘어서 오히려 『상하이』의 특성은 단편화된 복수의 이미지를 거의 무매개로 연결하고 있다는 점에 있다. 사실, 광분하는 군중에 대한 묘사가 연상시키는 것은 다른 문학 작품보다도 에이젠슈타인[24]이나 지가 베르토프[25] 등 초기 무성 영화 작가에 의한, 몽타주^{montage}를 많이 사용한 다이나믹한 군중 장면^{mob scene}이다.

원래부터 요코미쓰는 당대의 영화와 깊은 관계를 맺고 있었다. 1920년대 초반, 마키노 쇼조[26]가 설립한 영화사에서 시대극 등을 감독했던 기누가사 데이노스케[27]는 1926년 독립을 계기로, 『태양』^{日輪}의 영화화 때문에 일면식이 있던 요코미쓰에게 상담을 받는다. 지금까지 없던 신선한 영화를 찍고 싶다는 기누가사의 희망을 들은 요코미쓰는 가와바타 야스나리, 가타오카 뎃페이[28], 이케타니 신사부로[29], 기시다 구니오[30] 등 신감각

파 동인들을 모아, 시나리오 작성에 힘쓴다. 시나리오는 가와바타를 중심으로 집필되어, 이윽고 〈신감각 영화 연맹〉이 제작한, "지금까지의 일본 영화 연극의 그 어떤 흐름에도 속하지 않는 전위 영화"인 〈미친 한 페이지〉狂った一頁(1926)가 탄생한다. 이 제목도 처음에 〈미쳐 버린 한 페이지〉狂える一頁였던 것을 요코미쓰의 지적으로 개정한 것이라고 한다. 그 후에도 기누가사는 1928년에 제작한 〈십자로〉十字路를 가지고 유럽을 돌면서, 에이젠슈타인, 푸도프킨[31] 등 당시 거장들과 교류했을 뿐만 아니라, 〈십자로〉는 "국제적 평가를 거둔 최초의 일본 영화가 되었다"고 할 수 있다.[32]

데이비드 보드웰[33]에 의하면, 1920년대 중반 이후 일본 영화에 플랑보와이양flamboyant('불꽃처럼 화려한'이라는 의미) 양식이라고 불릴 법한 개정석인 스타일이 확립된다. 이 양식의 특징은 급격하게 거친 카메라 이동이나 한 장면을 초 단위의 쇼트shot로 나누는 것, 기본이 되는 마스터 쇼트master shot로 되돌아가지 않고 롱 쇼트long shot, 클로즈 쇼트close shot, 미디엄 쇼트medium shot 등을 어지럽게 연속시키는 점 등에 있다. 즉 한마디로 말하면, 편집 기법의 과잉 활용에 의한 시각적 효과의 추구이다.[34] 한편, 하스미 시게히코[35]나 후지이 진시[36]는 그것을 일본뿐만이 아닌 세계적인 추세로 위치시킨다. 그리고 1930년대의 토키talkie화(음성의 도입)에 따라서, 이러한 극단적인 기법이 배척되기 시작했다고 한다. 영화는 보다 '자연스럽게' 있는 것이 요구되고, 기법은 서사론적인 효율성에 봉사하게 되었다. 동시에 토키화에 필요한 자본의 집중은 실험적인 영화 제작을 행하던 중소 프로덕션들의 존립을 불가능하게 했다. 그리고 영화는 "이야기를 매개하는 투명한 표상 시스템으로서 자기를 규정하기에 이른다."[37]

이때 영화가 억압한 것을 버스터 키튼[38]이 체현하였던 무상無償의 운동성이나, 쇼트의 자유로운 연쇄에 의한 영상의 기계성이라 부를 수도 있을 것이다. 영화는 이미지의 물질성 대신 익명의 관객들을 조직할 수 있는 '의미'(이야기)를 선택하는 것으로 되어, 파시즘 시대에도 적응이 가능했던 대중오락으로서의 자신의 지위를 부동의 것으로 만들었다.

전위영화로서 〈미친 한 페이지〉는 당시의 과격한 실험적 기법들을 사용했다. 요코미쓰의 『상하이』도 무성영화 말기의 이러한 마니에리즘[39]에 호응하는 것이었다. 실제로 『상하이』의 정경 묘사의 대부분은 그대로 영화 시나리오 형식으로 바꿔 쓸 수 있다. 무성영화의 화면을 염두에 둔 한에서, 그런 문체도 조금도 이상하게 생각되지 않는다. 그럼 실제로 해보도록 하자. 다만, 한 행을 원쇼트one shot로 해서, 괄호 속에 카메라에 대한 지시를 써넣을 수 있도록 한다.

(롱 쇼트) 진흙 속에서 떠오르는 기중기의 무리가,

(미디엄 쇼트) 녹슬어 버린 이빨을 드러낸 채 쉬고 있다.

(미디엄 쇼트) 층층이 쌓인 목재.

(미디엄 쇼트) 허물어진 돌담

(클로즈 쇼트) 선적 화물에서 흘러나온 푸성귀 잎 더미들

(미디엄 쇼트) 뱃전이 썩어 터진 작은 배에는

(클로즈 쇼트) 하얀 곰팡이가 피부처럼 자라나 있다.

(카메라, 천천히 대상으로 다가간다) 선채의 뼈대에 괴여 움직이지 않는 거품 속에서 아기의 시체가 한쪽 다리를 들고 떠오르고 있다.

(롱 쇼트／하늘／앙각) 그리고, 달은

(미디엄 쇼트／달빛에 비춰진 불결한 거리) 마치, 티끌 속에서 자란 달처럼

(미디엄 쇼트／수중에 비친 달빛／카메라 팬pan 이동) 생기를 잃어버리고 도처에 뒹굴거리고 있다.

(자막) Pouco tempo somente De Pressa de cima abaixo[40]

(이동촬영) 포르투갈 수병이 비뚤어진 모자를 쓰고, 고향의 노래를 부르며 지나가고 있다.

(미디엄 쇼트／올려다보는 오스기) 오스기는

(롱 쇼트／하늘) 달을 바라보자

(클로즈 쇼트／어두운 곳에서 드러나는 오스기의 하얀 얼굴) 달처럼 되었다.

(클로즈 쇼트／도랑) 도랑을 바라보자

(미디엄 쇼트／눌어붙어 그림자가 된 오스기의 몸／부감) 도랑처럼 되었다.[41]

이러한 기법의 추구는 인물을 토막 낸 물질＝이미지로서 파악하고 싶다는 욕망을 나타내고 있다. 조금 전 열거한 인용 부분에서 오스기는 일자리를 얻은 터키탕에서 해고당하고, 도망쳐 온 산키의 집에서 고야에게 강간당한 끝에 거리를 헤매고 있었다. 그녀의 신체가 달이 되고 도랑이 될 때, 그곳에서 드러나는 것은 계급적이고 젠더적인 알력에 의해 한 여인이 거듭 찢기는 것이다.

영화가 문학이나 회화라는 선행 장르와 다른 점은 집단적인 제작에 의한 작업이라는 것이다. 거기에는 이른바 복수의 욕망이 교착한다. 요코미쓰는 정치적 사회 공간, 경제적 사회 공간, 성적 사회 공간 등 여러 사회 공간이 서로 삐걱거리면서 무수한 이미지를 생산해 가는 모습을 상하이로 간파했기에, 그것을 영화처럼 구축하고자 한 것이다. 그것은 상하이의 '현실'을 모방(표상)하는 것은 아니었다. 벤야민은 "카메라맨에 의한 이미지는 조각조각 토막 난 것이고, 그 이미지의 여러 부분들은, 뒤에 존재하는 새로운 법칙에 따라 모아진다"고 말한다.[42] 영화가 현실을 충실히 재현하지 않는 것과 같이, 요코미쓰는 혁명적 동란 속에 있기에 미친 듯이 작동하는 도시를 '조각조각 토막 난 것으로서' 수집하고, 그것을 '새로운 법칙'에 근거해서 구성하고자 했다.

군중, 기계, 아나키

『상하이』에서 최초의 본격적인 군중 장면은 다음과 같이 쓰여 있다.

산키는 동요하는 여공 속에서 날뛰는 한 장정을 보았다. 그는 하얀 삼각 깃발을 흔들면서, 기계 속에 톱 롤러를 던져 넣었다. 인도 경관은 그 장정 등 뒤로 뛰어들더니 터번이 벗겨지고 옆으로 넘어졌다. 우르르 몰려나온 여공들은 출구를 노리고 밀어붙였다. 두 방향의 좁은 입구에는 북적대는 여공들이 서로 할퀴고 있다. 전구는 파열하면서 하나하나씩 꺼져 갔다. 복도에서 불타고 있는 방바닥에 떨어진 솜들의 빛이, 깨진 창으로 전등을 대신하여 쏟아져 들어왔다. 롤러 받침대는 격투하는 군중들에 둘러싸인 채 번쩍거리며 깜빡였다. 산키는 복도의 창에서 다카시게의 모습을 찾아보았다. 거대한 그림자가 교착하는 줄무늬 속에서 사람들의 비명이 터져 나오기 시작했다. 목화솜 덩어리는 난동 부리는 머리 위를 떠돌아다녔다. 길이 측정기가, 누군가 던진 돌멩이에 맞아서 유리를 토해 냈다. 방적기carding machine의 바늘 천이 찢어지자 무리가 휘둘러 대는 주머니 안에서 바늘이 떨어졌다. 여공들의 비명은 추락하듯이 높아졌다. 우왕좌왕하는 머리와 머리가 바늘 속에서 충돌했다. 분무기에서 흘러나오는 안개는 술렁대는 사람들의 흐름대로 종잡을 수 없이 흐르고 있었다.

복도로 도망쳐 나온 여공들은 앞에서 타오르는 솜들의 불길을 보고 반대로 산키가 있는 쪽으로 우르르 몰려왔다. 밀어내는 무리와 되돌아오는 무리가 서로 부딪쳤다. 그러자 그 혼란스런 여공들의 소용돌이 속에서 그는 갑자기 튀어나온 방추란의 얼굴을 봤다.⋯⋯산키는 서로 부딪치는 여공들의 머리 냄새 속에서 이러저리 밀리기 시작했다. 그는 흔들리면서 방추란의 흔적을 찾았다. 그녀는 비명 때문에 눈이 치켜 올라간 주위의 얼굴 속에서 나타나고 사라지면서 소리 지르고 있었다. 그는 그를 둘러싼 소용돌이의 중심을 그녀 쪽으로 가깝게 하려고 안달했다. 불은 목화솜에서 복도의 지붕으로 퍼져 갔다. 빠져나갈 길을 잃어버린 여공들은 비상구의 철문에 이르렀다. 하지만, 문은 한 무리의 사람들을 팅겨 내더니, 더욱이 불길이 번진 지붕 쪽으로 흔들어 돌려보냈다. 산키는 이미 자기 자신의 위험을 느꼈다. 그는 이 소용돌이 속에서 도망쳐 장내의 폭도 속으로 뛰어들고자 했다. 그러나 그의 양 손을 밀어붙이는 어깨 틈으로부터 빼낼 수 없었다. 등 뒤에서 신음소리가 들릴 때 마다 그의 머리는 날카롭게 울리기 시작했다. 땀을 머금은 얇은 옷이 끈적거린 채 서로 빨아들였다. 그는 다시 방추란을 찾아보았다. 이리저리 휘둘리는 여공들의 긴 머리카락의 파도 위에 꽂힌 꽃들이 미친 듯이 소용돌이치고 있었다. 불길로 빛나는 귀고리들이 배를 뒤집어 끓어오르는 물고기처럼 끓어올랐다.[43]

한 번 읽고 곧바로 느낀 것은 군중의 기계적인 운동과 영화적인 몽타주가 연동되고 있다는 것이다. 파열하는 전구, 깜빡이는 받침대, 쏟아지는 바늘, 추란의 얼굴이라는 이미지가 기관총처럼 연달아서 발사되고 그것에 의해 군중이 술렁거리고 동요하면서 도망치는 인상이 한층 강조되고 있다. 극히 짧은 쇼트를 연속해서 이어 가면서, 주인공 – 다시 말해, 이 경우에는 산키 – 의 의식의 혼란스러움을 다시 덧그리는 영화적 기법이 그대로 사용되고 있는 것처럼 보인다. 더 자세히 살펴보면, 영화적 기법이 사용되고 있는 것을 추가로 확인할 수 있다. 말할 것도 없이 몽타주의 요점은 동일 계열의 복수의 영상을 규칙적으로 다른 종류의 영상에 삽입하는 것이다. 서로 다른 영상을 연결하는 것만으로는 관객은 스토리도 시간의 경과도 이해할 수 없을 것이기 때문이다. 예를 들어, 유명 영화 감독인 에이젠슈타인의 〈전함 포템킨〉에 나오는 오데사 계단 장면에서, 계단을 빠르게 내려오는 민중의 모습 사이사이에, 그 발들에 밟히는 소년과 비명 지르는 어머니의 클로즈 업close up이 삽입됨으로써, 관객의 극적 긴장감suspense이 클라이맥스climax를 향해서 고양되는 것이다. 위 인용문에서는 점점 넓게 타오르는 불길의 영상이 리듬을 형성하는 동일 계열의 이미지로서 반복되고 규칙적으로 삽입된다. "복도에서 불타고 있는 방바닥에 떨어진 솜들의 빛이, 깨진 창으로 전등을 대신하여 쏟아져 들어왔다", "앞에서 타오르는 솜들의 불길을 보고", "불은 목화솜에서 복도의 지붕으로 퍼져 갔다", "불길로 빛나는 귀고리들." 게다가 (이것도 영화에서는 일반적인 기법이지만) 형태나 운동이 유사한 이미지도 일정한 리듬을 지니고서 반복된다. 예를 들어 파열의 이미지. "전구는 파열하면서 하나하나씩 꺼져 갔다", "거대한 그림자가 교착하는 줄무늬 속에서 사람들의 비명이 터져 나오기 시작했다", "길이 측정기가, 누군가 던진 돌멩이에 맞아서 유리를 토해 냈다." 또는 회전의 이미지. "목화솜 덩어리는 난동 부리는 머리 위를 떠돌아다녔다", "휘둘러 대는 주머니 안에서 바늘이 떨어졌다", "혼란스런 여공들의 소용돌이", "이리저리 휘둘리는 여공들의 긴 머리카락의 파도 위에 꽂힌 꽃들이 미친 듯이 소용돌이치고 있었다" 그 외에도, 깜빡이는 빛(전구, 깨진 창으로 보이는 불길, 빛나는 귀고리)이나 반짝이는 길고 가는 것들의 무리(쏟아지는 바늘, 배를 뒤집어 끓어오르는 물고기)라는 이미지 계열들을 지적할 수 있을지도 모른다. 게다가 마지막 부분의 빛나는 귀고리들 = 배를 뒤집어 끓어오르는 물고기가 군중의 움직임 자체가 지닌 이미지와 겹치고 있는 것도 간과할 수 없다.

　이러한 묘사는 군중을, 연달아 다른 이미지가 거듭되어 가고 흔들리는, 영상의 그림자와 같은 것으로 만들어 버린다. 군중은 그저 분자적 운동만을 반복할 뿐이다. 『상하이』에 나타나고 있는 군중을 "노동자의 분노나 체취하고 어떤 관계도 없는"(오다기리 히데오)[44] 물리적 운동으로 환원해 버리는 경향을 요코미쓰의 반동성으로서 비판한 시대도 있었지만, 요코미쓰가 그리고자 한 것은 바로 군중의 이러한 기계성, 즉 동일성을 결여한 물질적인 현상에 다름 아니다.

한편 이러한 군중의 존재에 대해서, 이름을 지닌 인물들은 마치 고정되고 한정된 자기동일성 안에 갇혀 있는 듯이 보인다. 인물들－특히 남자들－은 기업이나 국가, 민족이라는 조직, 요컨대 자신이 일단 사회적으로 등록된 장소에서 도망치는 것 따위는 생각할 수도 없다. 그들은 언제나 일본인이고 미국인이고 황인종이며 AEG[45], GE[46], 마즈다 램프[47]의 사원이었다. 그들은 늘 국가와 기업의 대리자인 것이다. 그것과는 대조적으로 여자들은 끊임없이 그러한 사회적인 공간에서 유통된다. 그녀들은 화폐처럼 남자들에 의해 소유되고 교환되는 존재이기 때문이다. 오류秋柳는 중국인 부호, 전석산錢石山의 첩이고, 미야코는 "프랑스인, 독일인, 영국인, 중국인 그리고 미국인"[48] 등 다섯 명의 애인 사이에서 자신의 몸값을 올리고 있다. 오스기는 오류秋柳가 경영하고 있는 터키탕에서 쫓겨난 후, 매춘부로서 문자 그대로, 매일 밤 서로 다른 국적의 남자들에게 몸을 팔 뿐이다. 러시아 망명인 올가에 이르면 그녀는, 야마구치의 애인이 되기 전에 경마 중독에 빠진 키무라라는 남자에 의해 빚 담보로 경마장에 팔렸던 경험을 갖고 있다.

남자들이 규정된 입장에서 소속된 조직의 이익을 최대화하고자 치열한 투쟁을 계속 하는 동안, 여자들은 자신이 내기에 걸린 판돈인 것을 알면서도 어떻게든 이 게임을 이용해서 살아남으려 한다. 여자들 사이에서는 유일하게 방추란만이 남자에게 상품이 되는 것을 거부하고 미래의 공산 중국이라는, 도래할 공동체를 위해서 몸을 바치고자 한다. 그런 의미에서 『상하이』라는 체계 속에서 방추란은 절반은 여성이 아니다. 실제로 마지막에 모습을 나타냈을 때, 그 훌륭한 남장 차림 때문에 산키는 그녀를 알아볼 수조차 없었다.

물론, 주인공인 산키도 남자 중에서는 유일하게, 변장하여 상하이의 거리를 배회한다. 그것은 그가 다른 남자들과 다르게, 자신이 소속된 공동체에 심각한 위화감을 느끼고 있다는 사실과 대응할 것이다. 그리고 그의 변장은 젠더의 경계를 넘기 위한 것이 아니라, '중국 옷'을 입고 중국인으로 위장하기 위해 행해진다. 즉 우선은 거리에서의 안전을 확보하기 위함이라고는 하나, 일본이라는 내셔널리티로부터 도망을 꾀하고 있는 것이다. 그러나 그의 이러한 시도는 너무나도 철저하지 못하다. 의상을 바꿨다고 해도, 그 안의 피부가 일본인이란 것을 주장하고 있기 때문이다. "그는 영토가 철보다도 견고하게, 자신의 신체 안을 관통하고 있다는 것을 느끼지 않을 수가 없었다."[49] "하지만, 외부 세계가 그를 일본인으로 강제하고 있다는 것에 그의 육체는 반발할 수가 없다. 마음이 싸우는 것이 아니라, 피부가 외부 세계와 싸우지 않으면 안 되는 것이다."[50] 지울 수 없는 문신처럼 산키의 피부에는 지정학적인 지도가 각인되어 있다. 스크린처럼 내셔널리티가 투영되어 있다.

그렇기 때문에 익명의 군중과 이름을 지닌 등장인물이라는 두 계열을 서로 다른 '신체'의 존재 방식으로 정의할 수 있다. 후자가 어떻게든 하나의 전체성을 유지하고 세속적인 욕망이나 야심으로 움직이고 있는 신체라면, 전자는 애초에 동일성이나 전체성을 결여한 신체인 것이다. 그들은 일관된 이론이나 목표에 따라 행동하고 있지 않을 뿐만 아니라, 처음부터 도시라는 배경과도 명확히 분리되어 있지 않다. 즉 반복되고 묘사되어 『상하이』라는 작품을 특징짓고 있고, 노점에 널려 있는 돼지 머리나 닭 그리고 달걀, 거리의 오물이나 쓰레기, 진창이나 기름이 떠 있는 물웅덩이라는 도시의 살결texture과 계속 이어지고 있는 것이며, 그로 인해 거리를 가득 메웠나 싶으면 금세 다시 도시의 얼룩 속으로 스며들어 사라져 버린다. 그것은 이른바 형태Gestalt의 붕괴와도 비유할 수 있다.

이름을 지닌 인물들 속에서 산키 혼자만 다른 것은 그만이 자신의 신체에 위화감을 느끼고, 자신의 욕망에 대해 확신을 가지고 있지 않다는 점이다. 친구인 고야나 다카시게 같은 다른 남자들이 돈이나 여자라는 대상을 손에 넣는 것에 주저하지 않는 것에 비해, 산키는 애초 자신이 무엇을 원하고 있는지를 결정할 수가 없다. 그는 교코嬌子와 오스기, 방추란이라는 세 명의 여자 사이를 헤맬 뿐이고, 산키라는 이름조차 실은 세 개의 마음氣을 지닌 남자의 익살일지도 모른다고 생각될 정도이다.

산키는 자신의 신체의 통합성과 신체를 관통하여 들어오는 국가의 지배력에 불편함을 느끼고 있는 남자이다. 그는 자신의 직장에 익숙해지지 못하고, 자신의 연정조차 신용하지 못하고 있다. 그렇다면, 그에게 반복해서 엄습하는 죽음 충동은 자신의 신체의 유기적 통합을 던져 버리고, 군중 안으로 빠져들고 싶다는 욕망이 아닐까.

도시의 볼거리^{attraction}

　　신체를 통합된 전체가 아니라 오히려 단절되고 단편화된 기계로 바라보는 관점은 20세기 초반의 아방가르드 조류 안에서는 드문 것이 아니다. 프세볼로드 메이에르홀트[51]의 생역학[52]의 시도나 마르셀 뒤샹[53]의 〈계단을 내려오는 누드〉(1912) 등은 그 좋은 예가 될 것이다. 이러한 공학적인 시선이 당대의 지각을 둘러싼 기술의 진전 ― 보다 구체적으로 말하면, 경험된 지각의 보존 방법이 기호에서 복제 기술로 변한 것 ― 으로 바뀌고 있는 것은 틀림없다. 메어리 앤 도앤[54]이 말하듯이 "축음기와 영화의 발명 이전에, 글로 쓰인 텍스트나 악보는 유럽의 경우 시간을 보존하는 유일한 방법"이었던 것이다. 그것들은 "상징 체계로서 에크리튀르에 의심할 여지없이 의거하고 있고, 기계적 복제 기술의 여러 형태가 지닌 명백한 충만성, 현전성, 빈틈없는 연속성으로부터는 소외되어 있"[55]다. 이미지는 영화(와 그것에 선행하는 조트로프[56] 등의 광학장치)에 의해 비로소 시간 내부에 놓이게 되었다. 지각된 신체와 신체에 의한 지각이라는 쌍방과, 시간과의 관계가 새롭게 문제시되었다.

　　그러나 영화의 역설은 생생하게 움직이는 이미지의 현전성, 빈틈없는 연속성이 실제로는 단속성의 효과라는 점에 있다. 필름이란 결국 정지한 영상의 집합에 불과하기 때문이다. 이것이 영화의 초기 단계에 의식되지 않았을 리가 없었다. 여기서는 영화사 연구에서 초기 영화(영화가 탄생하고부터 약 10년 동안의 영화)의 특징으로 파악되고 있는 '어트랙션'attraction이라는 개념에 주목해 보자.

톰 거닝[57]은 '어트랙션 영화'란 관객의 흥미를 끌어당기는 자극적인 '정경'의 제시 그 자체를 목적으로 한 영화라고 말하고 있다. 현재 관객을 익숙한 스타나 화려한 사랑 이야기로 매혹하기 이전에, 단지 이미지가 눈앞에 있다는 것만으로도 사람들을 감탄시킬 수 있었다. 그것은 여자의 에로틱한 속옷 차림이라든지, 카메라를 향해서 권총을 발사하는 강도가 있다든지, 또는 그저 기차가 이곳을 향해서 달려온다든지 하는 것이지만, 당시의 관객은 다만 그것만으로 시각적 호기심을 자극받아 만족했다는 것이다. "스스로 만족한 서사 세계를 스크린 위에 창조하고자 하는 관심의 이와 같은 결여는 초기 영화의 상영 방식에도 반영되어 있었다.……가장 극단적인 예는 헤일즈 투어[58]일 것이다. 이는 1906년 이전에 영화를 전문적으로 상영한 최대 극장 연결망chain이었다. 움직이는 탈 것(보통은 열차)에서 찍힌 이야기 없는 광경을 영사하는 것만이 아니라, 극장 그 자체가 객차처럼 마련되어 있었다. 티켓을 파는 차장이 있고 바퀴의 덜컹거리는 소리나 공기 제동장치의 치칙거리는 소리를 모방한 음향효과도 준비되어 있었다."[59]

거닝은 창조된 서사 세계보다 충격shock이나 놀람을 우선시한 이런 영화는 정통 연극의 전통보다도 야외 시장의 볼거리와 통한다고 말한다. 그리고 이후의 극영화가 가정이나 연인들의 내막을 엿본다는 의미에서 '절시증적'窃視症的이라면, 이런 초기 영화들은 오히려 '노출증'적인 것이라 말한다. 그곳에서는 실사이건, 배우가 연기한 것이건, 잔혹한 처형 장면이나 여자의 나체가 이의 없이 관객 앞에 내보여지고 있기 때문이다.

이러한 영화의 어트랙션적 성격에 열광적으로 이끌렸던 사람들이

1910년대에서 1920년대의 전위 예술가들이었다. '이미지를 나타낸다'는 것의 경이성에 반응한 작가들로는 필리뽀 마리네티[60]나 페르낭 레제[61] 등이 있다. 레제의 실험적인 영화 〈기계적 발레〉(1924)는 신체의 단편이나 기하학적 형태의 출현과 소실(즉 보이는 것과 보이지 않는 것)의 기계적 리듬만이 영화 전체에서 다뤄지고 있는 모범적인 예이다. 또는 〈안달루시아의 개〉(1926)의 유명한 첫 장면도 관객의 '신경'에 직접적인 충격을 선사하는 어트랙션 지향의 표현이라 볼 수 있을 것이다.

세르게이 에이젠슈타인 또한 그러한 예술가 중 한 명이다. 그는 〈전함 포템킨〉(1925)에서 결실을 맺은 자신의 몽타주 이론을 아직 연극에 관계되어 있던 1923년 단계에서 '어트랙션attraction 몽타주'라고 부르고 있다. '어트랙션'attraction이란 그의 정의에 의하면 "연극 속에 있는 모든 공격적 요소"이고, "총합 안에서 적절한 순서로 일정한 정서적 충격을 만들어내는"[62] 요소를 말한다.

에이젠슈타인의 적enemy은 당시 러시아 영화를 뒤덮고 있던 중후한 심리극풍의 스타일이었고 그는 그러한 것들에 서커스나 아크로바틱 같은 신체 운동과, 리드미컬하게 연결된 몽타주로 응답하고자 했다. 일반 연극, 영화는 배우의 신체가 표출되는 내면의 정동에 관객을 동일화시키고자 한다. 이를 위해 에이젠슈타인은 물체의 운동이 일으키는 직접적인 '자극'을 사용한다. 실제로 그는 객석 밑에서 폭죽을 터뜨리기까지 했던 것이다. 어트랙션 영화는 리얼리즘 연극이 전제하고 있는 고전적인 개인상을 해체하는 것이고, 게다가 그것은 표상의 레벨에서 — 즉, 스크린 위에서만 — 완결되는 것이 아니라, 오히려 관객의 신체에 대한 이미지의 작용에 의해 행해지는 것이다.

　이후의 이론 전개에서 그는 어트랙션을 명확한 표상(배우의 신체)보다도 미세한 레벨, 예를 들어 스크린을 스쳐 가는 안개나 의상의 광택의 수준으로까지 떨어뜨렸다. 그러한 요소들은 보통 지각되지 않고, 지각된다고 해도 곧바로 망각되어 버린다. 즉 그것들은 화면에서는 어디까지나 '비非지배적인dominant 정보'이지만, 사람들이 의식하지 않는 동안에 신경에 자극을 부여하고 있다. 그는 이것을 '베토벤의 고전주의'와는 다른 드뷔시나 스크라빈의 '배음'倍音에 비유하고 있다. 다시 말해 의식을 매개로 하지 않고 작용하는 복수의 자극의 총합적 효과가 그가 생각하는 어트랙션 몽타주인 것이다.

　에이젠슈타인은 어트랙션 몽타주의 예로 파리의 그랑기뇰[63] 극장을 들고 있다. 그랑기뇰 극장은 외설스러운데다가 잔혹한 상연물로 알려진 인형 연극 극장이고, 그곳에서 상연작의 성공은 실신한 사람의 숫자로 가늠되었다고도 한다.

　이제 요코미쓰로 되돌아가 보면, 그의 『상하이』도 그랑기뇰적인 잔혹함과 에로스로 흘러넘치고 있다는 것을 깨닫는다. 예를 들어서 길모퉁이에 효수당해 부패한 머리가 있다거나, 노상에 굴러다니는 시체라는 이미지, 알몸으로 매달리는 미야코나 오스기가 강간당하는 광경이 그렇다. 거기에는 가와바타 야스나리가 아사쿠사를 바라본 시선과도 공통점을 가진 시선이 존재하며, 도시의 난잡하고 스펙타클적인 광경에 대한 지향이 있다. 앞에서도 여러 차례 말했듯이, 요코미쓰에게 있어 상하이는 에로스와 그로테스크가 넘치는 스펙타클 도시인 것이다.

하지만 한편으로 요코미쓰는 멜로드라마적인 '사랑' 이야기로, 원근법을 결여한 그러한 세세한 부분들의 범람을 제한하고자 한다. "헤이안 시기의 용사 같은 얼굴"을 한 "흰 살결"의 미남자와 아름다운 여자들의 사랑 이야기, 서로 원하고 있는 남녀의 만남과 엇갈림의 비극. 이야기만을 더듬어 간다면, 『상하이』라는 작품의 주요 라인은 그러한 고리타분한 멜로드라마이고, 그것은 "순수문학이자 대중소설"[64]을 지향한 요코미쓰에게 있어서는 어떻게 해서라도 갖춰야만 하는 것이다. 혁명가인 방추란조차 무대에서 내려온 레뷰[65]걸revue girl처럼 보이는 것도 이상하지 않다.

이것은 영화가 걸어간 길이기도 하다. 영화에서도 직접적인 이야기로서는 미남 미녀의 슬픈 사랑이나 화려한 애정 생활을 묘사하는 것이 선택되었고, 어트랙션적인 자극은 단지 그것을 위한 첨가물로서 이용되고 있기 때문이다. 그것은 이미지가 눈앞에 현전하고 있다는 것, '보이는 것'의 경이로움이 아니라, 현실 세계의 재현과 모방으로 즉위하는 것이다.

하지만 우리들이 이 영화는 '리얼리티'가 있다고 말할 때, 그것은 도대체 무엇을 의미하는 것일까? 영화가 현실을 재현하는 것처럼 느낄 때, 거기에는 어떠한 심적 기제가 작용하고 있는 것일까?

라캉 학파 문화비평가 조안 콥젝은 영화에서 '현실감'은 영상이 (우리가 일상 세계에서 대면하는) 그 대응물과 어디까지 합치하는가와 관계가 없다고 말한다. "현실감은 이미 이미지가 현실의 지시 대상에 어느 정도 닮아 있는가로 결정할 수 없고, 이미지가 관객에게 있어 타당한가 아닌가로 회귀하게 되었다. 바꿔 말하자면, 주체가 자기와 자신의 세계를 완전하면서도 충분히 표상하는 것으로서 이미지를 받아들이는 것에 의해 현실감이 생겨난다. 결국 주체는 자신이 충분히 스크린 위에 반영된 것으로 만족하는 것이다."[66] 영화란 우리들의 상상계가 현실화한 매체라 이야기해도 좋을 것이다. 즉 스크린에 영사된, 본래 토막이 나서 서로 관계가 없을 수밖에 없는 부분적인 영상의 빠른 흐름을 우리가, 현기증을 느끼지 않고 항상 한 편의 필름으로 바라보고 수용하는 것은, 우리가 거기에 스스로의 - 신체의 - 통일성을 투영하고 있기 때문임이 틀림없다. 영화관에서 느끼는 매혹이란 자신이 하나의 신체로서 생생하게 존재하고 있는 것을 보증하는 데서 오는 기쁨인 것이다. 서사는 그러한 기능을 강화하는 기둥이다.

어트랙션 몽타주란 화면상의 이미지를 고통이나 자극을 통해서 직접 관객의 신체 감각과 간단히 결부시켜 버리는 이러한 전일감을, 동요하게 만들고자 하는 시도이다. 이린 교란성은 본래부터 영화에 내재하고 있던 것이다. 필름의 화면과 화면 사이에는 반드시 조그마한 김은 소멸이 삽입되어 있다.

영화라는 신체

그러나 우리들이 신체의 통일성을 본질적으로 파악할 수 없고, 그것이 문자 그대로 상상적인 것으로밖에 존재하지 않는 이상, 한 편의 영화도 뭔가 가 중간에 개입되면 금세 무질서한 영상의 묶음으로 산란해 버린다. 탄생 이래 현재에 이르기까지 부지런히 쌓아올려 온(특히 할리우드에서 비약적으로 발달한) 영화의 화법이란 즉각적으로 이 위험성을 억압하고, 망각하기 위한 정교한 기술 이외에 아무 것도 아니었다. 물론 그것은 사람이 일상적으로 인지하는 '현실'과는 조금도 닮지 않았고, 오히려 영화 이외의 그 무엇과도 유사하지 않은 것만이 '리얼리티'로서 받아들여지는 것과 같다. 하지만 그러한 기술은 기억과 영상을 조작하고, 가공하는 것으로 역설적으로 그와 같은 인공성을 드러낸다. 앞에서 언급한 어트랙션 영화란 확실히 그러한 위기를 드러내는 순간이었다. 그리고 요코미쓰가 영화에 이끌렸던 것도 영화가 그와 같은 주체의 혼란과 붕괴를 내포하고 있기 때문은 아니었을까?

산키는 끊임없이 자신이 누구인가에 따라서 주체라는 것을 강요받고 국가에 내속되어 있다고 느끼지 않고는 견딜 수 없다. 그 힘은 그를 '죽음'으로까지 이끌고 가는 것이었다. "그는 자신을 자살로 모는 모국의 동력을 느낌과 동시에 자신이 자살하는 것인지 자살을 강요받고 있는지를 생각했다. 그러나 어째서 이처럼 자신의 생활이 가는 구석구석마다 어두운 것일까? 그는 자신이 생각하는 것이 자신이 자신으로 생각하고 있는 것이 아니라 자기가 모국을 위해서 생각되고 있다고 스스로 느꼈다. 이제 그는 그 자신으로 생각하고 싶다. 그것은 무엇도 생각하지 않는 것이다. 그가 그를 죽이는 것."[67] 그런 산키 앞에 나타난 것은 어떤 얼굴도, 주체성도 지니지 않은 군중의 모습이다. 군중은 "총검과 금속의 흐름 속에서 개성을 잃어버리고, 그 잃어버린 것을 위해서 더욱 더 팽창하면서 사납게 변한다."[68] 군중이 나타내고 있는 것은 그 어떤 통합도 잃어

버리고 조각조각 찢긴 채 운동하는 신체이다. "눈앞의 소용돌이의 한구석이 함몰되었다. 인파가 그 움푹 들어간 공간으로 우르르 무너져 넘어졌다. 새로운 소용돌이의 폭우가 거세지기 시작했다. 뛰어오른 신체가 등 속으로 미끄러져 들어왔다. 일어난 등 위로 등이 떨어졌다."[69] 이 군중에 휩쓸리는 순간에 산키조차도 순식간에 '턱'이나 '팔' 그리고 '다리'로 갈기갈기 찢긴 신체의 일부로 해체되어 버렸다. "그는 머리를 차였다. 신체가 진동하는 사람들 틈을 노려 가라앉고 있었다. 그는 추란을 꼭 껴안았다. 팔이 다리에 걸렸다. 신발이 겨드랑이 사이에 박혔다."[70] 요코미쓰의 영화적 수법은 늘 이러한 해체의 순간을 지향하고 있다. 산키라는 주체도 상하이의 심층으로 빠져드는 것에 의해, 확실히 이런 영화＝군중으로 침식되어 간다. 영화가 중요한 것은 그것이 주체가 사실 토막 난 신체에 불과하다는 것을 상기시켜 주기 때문이다. 우리가 늘 발견하는 통일성은 보는(읽는) 행위를 통해서 행사되는 지각 ─ 반응계로서의 신체의 사후적인 효과인 것이다. 그러나 우리가 언제나 한 편의 영화를 발견하는 것처럼 주체성은 반드시 회귀한다. 주체는 불가능함에도 불구하고 우리는 항상 이미 그것을 '살아 버리고' 있다. 마찬가지로 내셔널리즘도, 그것이 단순한 관념이 아니며 사람을 주체로서 정립하고 조직하는 것인 한해서, 필연적으로 인간을 파악하고 피부에 기입된 사실로서 자신이 자신인 근거를 구성할 것이다. 산키가 느끼고 있던 고통은 그러한 것에 기인했다. "영토가 철보다 견고하게 자신의 신체 안을 관통하고 있다", "외부 세계가 그를 일본인으로 강제하고 있다는 것에 그의 육체는 반발할 수가 없다"는 것은 틀림없이 그러한 사태를 가리키고 드러내는 것이다.

그 때문에 '군중'이 의미하는 것은 우리에게 있어서 가장 본래적인 체험으로서의 주체의 소실 — 즉 '죽음', '자신이 자신을 죽이는 것' — 인 동시에, 그 불가능성이다. 하지만 요코미쓰가 격렬하게 매혹되고, 그리고 아마도 속수무책으로 두려워한 것은 이러한 군중이었다. 그는 그곳에서 미친 도시의 결정적인 은유를, 적어도 그 미친 도시의 밑부분으로 열린, 헤아릴 수 없는 무정부 상태anarchy를 간파한 것이었다. 하지만 이러한 무정부 상태야말로 근대사회가 그 시작부터 아무리해도 뿌리칠 수 없었던 망령, 거울 내부에 스쳐 가는 영상과도 닮은 분신double은 아니었을까. 그곳에서는 주체가 동요되고, 국가조차 위험한 환영으로 느껴진다. 일본의 경우, 그것은 대역 사건이나 쌀 소동이라는 정치적 소란이나 관동대지진의 체험이라는 형태로서 분출되고, 일순간 그 모습을 시야에 드러내고서는 사라져 버린 것이었다. 아니, 자세히 한 곳을 집중해서 바라본다면, 그것은 끊임없이 도시를 마모시키는 미세한 것들의 형상 안에서 언제나 파악되고 있던 것이라 말할 수 있을 것이다. 그러한 것을 나타내고 있는 여러 작품이나 사조의 흔적을 우리는 정성껏 더듬어 찾아야 한다.

5장

의식의 형이상학

다이쇼 시기에서 쇼와 시기에 걸쳐서 일어난 다양한 사상들의 여러 조류(농본주의, 문화주의, 유토피아주의, 사회주의 등)를 모두 한 몸으로 받아들이면서도, 그것들과는 전혀 다른 색다른 시공간을 연 작가가 미야자와 겐지이다. 미야자와 또한 노동과 예술의 결합을 꿈꾸고, 일하는 농민들에 의한 자율적인 공동체(community)를 구상한 예술가였다. 그러나 그의 특이성은 세계의 기저로서의 '의식'에 대한 주목에 있다. 미야자와에게 독립한 객관적 세계라는 것은 있을 수 없고, 세계는 모두 의식과 불가분한 것이었다. 그 때문에 사회 변혁의 구상은 종교적 실천과 작품의 제작이라는 의식상의 실험과 하나가 되었던 것이다. 이 장에서는 그의 시와 동화에서 나타난 미야자와의 독특한 사유 구조를 분석한다.(미야자와 겐지의 작품은 미발표이거나 집필 년도가 불명확한 경우가 많기 때문에 이 장에서는 간행 년도를 기입하지 않는 것을 원칙으로 했다.)

미야자와 겐지 (宮沢賢治,1896~1933) 시인. 동화작가. 고향 이와테현 하나마키시에 자리를 잡고 다수의 시, 동화를 집필했지만, 생전에 발표된 것은 극히 일부에 불과하다. 농학교 교사 시기, 학생들을 지도하여 자신이 만든 연극을 상연했고, 〈라스 지인 협회〉를 결성해서 주위의 청년들과 문화운동을 행하였지만, 눈에 띄는 성과를 올린 것 없이 37세의 나이로 유명을 달리함.

폭력의 예감

다이쇼 말기의 연표를 보고 어떤 종류의 시대적 암흑을 연상하지 않는 것이 가능할까. 예를 들어, 그때에는 징후적인 책들이 잇따라 발간되었다. 1920년 곤도 세이쿄[1]의 『자치본의』自治本義, 1923년 기타 잇키[2]의 『일본개조법안』日本改造法案, 1925년 이시와라 간지[3]의 『세계최종전론』世界最終戦論 등. 모두 눈에 띄지 않는 구름의 한 조각에 불과했지만, 수년 후 거대한 적란운으로 성장한다. 천둥이 울리기 시작한다. 해가 저물어 간다. 천둥의 울림과 분노.

갑자기 저편에서 바람이 불어오자 일대의 검은 풀 이삭은 파도치고 내 옷깃 사이로 그 차가운 바람이 온몸을 감쌌습니다.(『폴라노 광장』)[4]

기타카미 분지北上盆地의 가을 서경이라면 어울릴 이러한 인상을 역사적인 풍경을 서술하는 데 적용하면 과한 문학적 수사가 된다. 한 시대 – 라는 것이 있음으로서 –, 그것은 결코 '폭풍의 전조'와 같은 단순한 문구phrase로 회수될 수 있을 리가 없다.

하지만 미야자와 겐지의 작품은 이러한 풍경에 희한할 정도로 잘 들어맞는다. 날카롭게 날이 선, 폭풍에 대한 예감이다. 시인은, 유년기에 받은 외상에 얽매인 화산국火山局 직원 구스코 부도리에게 부탁해서, 희미한 지각 변동도 놓칠 수 없다고, 작은 지진계를 준비하고 다녔다. 생전에 간행된 두 개뿐인 작품집 『봄과 아수라』, 『주문 많은 요릿집』은 1924년도에 동시 발간되었다. 〈국주회〉国柱会 입회와 〈라스 지인 협회〉 설립은 각각 1920년과 1926년에 일어난 일이다.

겐지의 작품에는 폭력의 예감이 느닷없이 불어오는 순간이 있다. 때때로 그것은 지극히 사적인, 시인의 죽음을 향한 지향을 은유하고, 때로는 혁명이나 반란이라는 현실의 역사적 동란을 멀리 내다본다. 그러한 죽음의 분위기는 이야기나 시구의 매끄러운 살결 위에 불룩하게 나타난, 한층 말랑한 물집 같은 부분으로서 존재하며,『다네야먀가하라』種山ヶ原에서, 소년의 꿈속에서 "하얀 거품을 잔뜩 토하고" 죽어 버린 산사나이,『오츠벨과 코끼리』의 경우에는 자본가 오츠벨의 몸을 덮치는 "후들후들"거리는 기묘한 떨림이나, 피폐한 하얀 코끼리가 무표정하게 내려다볼 때의 "붉은 용의 눈"이 그것이다.

그리고 빈사 상태의 병자에게만 보이는 파란 하늘. 나는 내 안구에 무너져 내리는 이 세계의 뒷면에 달라붙은 작은 벌레다.

눈을 뜨면 사월의 바람이
유리 하늘에서 흩어져 오고,
단풍은 어린 붉은 싹을
창가 한가득 펼치고 있다.
어제 저녁부터 피는 멈출 기미가 없고
모두 나를 바라보고 있다.[5]

겐지는 『법화경』法華経에의 귀의와 종말에 대한 희구希求를 기타 잇키,

이시와라 간지 등과, 농촌으로의 동정을 곤도 세이쿄와 공유한다. 환시幻
視와 원리에 대한 과한 몰입, 약자에 대한 전면적인 동일화, 테러로 단숨
에 도약하는 구상력, 이것이 위의 네 명에게 공통되는 자질이다. 이러한
초국가주의의 거인들이 이윽고 다가오는 폭풍의 부화도구孵化器였다면, 겐
지는 그런 징조를 가득 품고 불안한 듯 몸을 떠는 한 그루의 버들 같아
보인다. 돌풍이 마침내 휘몰아치기 시작한 그때, 겐지는 피를 "벌컥벌컥"6
토하면서 죽어 갔다. 그는 그 폭풍 속에서 그 무엇도 아니었고, 어떠한 소
임도 남기지 않았다.

그리고 당연한 것이지만, 머지않아 물집이 터져 투명한 액체가 스며
나올 때가 온다. 그중 가장 격렬한 표현은 역시 『오츠벨과 코끼리』 속에
있다. 하얀 코끼리의 곤경을 안 동료들이 격앙되어 뛰쳐나가는 부분 "자,
모두, 폭풍처럼 숲 속을 울면서 빠져나와, 쿠와와앙, 쿠와와앙, 들판 쪽으
로 달려갔다. 이놈 저놈 모두 미쳐 버렸다. 작은 나무 따위는 뿌리째 뽑
아 버리고, 덤불이나 무엇이든 엉망진창이다. 쿠왕 쿠왕 쿠왕 쿠왕, 불꽃
같이 들판 속으로 뛰어들었다"7라는 질주감과 궤멸감을 보자. 이 텍스트
에서 나타나는 속도감은 통쾌할 정도로 압도적이고, 독자의 신체 리듬을
활성화시켜, 전율적인 해방의 약속을 순간적으로 제시한다. 이렇게 별안
간 범람하는 폭력의 탁류濁流에 의해 오츠벨은 오두막집과 함께 "꾸깃꾸
깃 짓밟혀" 버릴 뿐만 아니라, 익명의 화자는 "오츠벨, 나도 말하려고
했지만, 사라져 버렸어요"라고 단정 짓는다. 오츠벨은 죽음이라는 마지막
흔적조차 나타내지 못하고 이 이야기 세계로부터 완전히 말소되어 버리
는 것이다. 여기에는 돌발적인 폭력이 지닌 순수한 열락悦樂만이 충만해

있다.

　물론 코끼리들의 폭동으로 하나의 '혁명' 이미지를 간파해 내는 것은 피할 수 없다. 겐지의 작품에는 『카이로 단장』이나 『나메토코 산의 곰』을 시작으로, 도시적인 것과 농촌적인 것, 학식이 있는 사람과 무학인 사람, 교활한 사람과 어수룩한 사람이라는 형태로 반복되는 착취-피착취 관계가 묘사되어 있다. 이러한 비대칭적인 관계는 그 궁극으로서 먹고-먹힌다는 '업보'業의 표상으로 수렴되어 가는 경향을 띠지만, 동시에 이러한 것은 사회적인 관계이고 한편 겐지 자신이 "아무튼 나는 이 고향에서는 재벌로 불리는 사람, 사회적 피고의 핏줄로 이어져 있기 때문에"(서간 번호 421, 친구 기후 세이이치別名：母木光 앞)[8]라는 의식을 명료히 껴안고 있는 이상, 여기에 계급투쟁을 투사하지 않는 것은 부자연스럽다.[9]

　겐지의 작품에서 착취자와 피착취자 간의 갈등은 자주 이야기를 구동하는 동인으로서 기능한다. 상실된 태초의 균형balance을 회복하는 것, 빈자나 동물들에게 가해진 부정을 속죄하는 것은 이하토브[10]의 이야기 세계 전체에 부과된 사명이고, 대부분 겐지의 동화 작품에서 근원적인 존재 이유이다. 그것은 때로는 장대cosmic한 폭력이 되어 발현한다. 코끼리들의 봉기가 매우 놀라운 일례이다.

　하지만 겐지와 맑스주의 사상과의 거리를 측정하는 것이 우리들의 주제는 아니다. 마찬가지로 전시戰時에 그의 작품이 어떻게 읽혔는가, 라는 것으로부터 겐지가 오랫동안 살아 있었다면 있었을지도 모를 초국가주의와의 공명을 묻는 것도 여기서의 과제가 아니다. 확실히 〈국주회〉가 "일본 건국의 본래 의의인 도의道義적 세계 통일"이라는 극우적 관념을 내

세우는 흔해빠진 망상적 종교 결사 단체였고, 겐지 또한 자신이 출정 중인 친구에게 "만리장성에 일장기가 휘날린다든지, 북경을 남쪽에서 코앞을 거리에서 바라보며 전군全軍 교만하지 않고 물처럼 아주 고요하게 대기하고 있는 것은 저희들이 아주 어린 시절부터, 몇 번이고 어딘가에서 본 그림처럼 생각되어(서간 번호 484a, 이토 요조 앞)"[11]라고 쓴 적도 있는 이상, 확실히 그가 서 있는 위치는 위험한 것임이 틀림없다. 그 자신이 언급하고 있는 것처럼 이러한 미숙한 '공상'은 겐지가 현실의 군사·정치 과정에 흑백사진 같은 것으로서, 다시 말해서 유아적인 그림 기억으로의 퇴행에 의해서만 응답할 수밖에 없다는 것을 드러내고 있다. 진정한 형이상학자였던 겐지는 시의 경우만 제외하고, 지나치게 성실할 정도 성실히 '통속 도덕'[12]에 얽매인 하나의 평범한 생활인, 즉 일본인에 지나지 않았다. 결국 마지막에 남는 것은 빠른 걸음으로 사라진 사람의 흔적 같은 것, 겐지라는 한 생존의 애처로움이다.

무언가를 행하기에 겐지는 실제로 너무 빨리 죽은 것이다. "현상의 총체적인 변혁을 지향한 혁명운동"[13]이란 것은 하시가와 분소[14]의 초국가주의에 대한 정의이지만, 이 말이 지닌 글자 그대로의 의미라면, 겐지도 형이상학적인 혁명에 몸을 던졌다고 말해도 좋을 것이다. 그의 저작과 실천 모두가 이러한 우주의 '총체적인 변혁'을 지향한 지점으로부터 탄생한 소산이란 점은 틀림없기 때문이다. 다만 그것은 지방의 편협한 생활권과, "나의 삼천대천세계"[15](서간 번호 76, 호사카 가나이 앞)[16]라는 극도로 괴리된 양극에서만 이루어졌다. 그러나 그에게 이 두 세계는 하나의 같은 세계 — 즉, '쓰는' 것 — 의 안과 밖에 불과했던 것이다.

겐지와 다이쇼 시기의 유토피아주의 간의 관련성에 대해서 서술할 생각은 없다. 그것은 이미 자명한 것이기 때문이다. 아나키즘과 맑스주의, 휴머니즘과 농본주의, 코스모폴리터니즘, 생디칼리즘, 종교열과 문화 취미라는 당대의 중요한 여러 조류가 모두 겐지의 사상에 흘러들어 갔고, 그럼에도 불구하고 어느 쪽으로도 환원될 수 없다는 점에서 겐지는 특이하다.

대수롭지 않은 모멸이나 무시를 겪으면서도, 착실히 인간관계를 쌓고, 사람들을 교화해 가고자 한 지향은 겐지의 후반생의 주조음主調音이었다. 그는 자신의 능력을 지역의 좁은 생활권에 한정하는 것을 마다하지 않았다. 『주문 많은 요릿집』을 출간한 후, 겐지는 중앙시단中央詩壇과는 의례적인 교류밖에 하지 않았다.

나카이 히사오[17]는 일본 농촌에 토대를 두고 있는 니노미야 손토쿠[18]를 모델로 한 듯한 '통속 도덕'(야스마루 요시오)[19]은, 기본적으로는 미세한 개선을 거듭해 가는 '재건의 논리'라 주장한다.[20] 이렇게 약자를 배려하고, 사람의 조화를 중시하면서 솔선하여 과할 정도로 성실하게 공동체를 세워 가는 실천 윤리는 에도 말기 농촌의 황폐함을 재건하는 데는 훌륭한 힘을 발휘했지만, 막부 말기의 동란에는 거의 무력했다. 원래 이것은 공동체의 안정과 폐쇄성을 전제로 경제적 붕괴에 저항하고자 한 것인데, 사태의 급격한 변화는 염두에 두지 않았다. "이러한 형식의 노력은 문제의 모순을 내포한 측면을 첨예하게 의식한 다음에, 그것을 조정, 지양, 또는 포기하는 것이 아니라, 완전히라고 말해도 좋을 정도로 그러한 측면을 부인하고, 무거운 책임을 한 몸으로 떠맡고, 노력을 배가해서,

게다가 철저하게 비약이 없는 연속적인 노력을 쌓아 가는 것이다."[21] 병상에서도 농민의 요구에 응해 이천 장의 비료 설계서를 썼다는 겐지가, 그러한 심성ethos의 소유자였다는 것은 의심할 여지가 없다. 하지만 그의 작품 속에서는 그것과는 상반되는 듯한, 보다 어두운 빛을 지닌 종말에 대한 예감이 얼굴을 드러낸다. 그것은 나카이의 말을 빌리자면 '사회 개혁'의 논리에 상응하며, "가장 미미한 징후, 가장 현실성과 먼 가능성을, 가장 가까이에, 강렬한 현전감을 가지고서"[22] 환각을 바라보는 것이다. 겐지의 현세에 대한 자상한 배려, 현실의 인간관계와 노동 행위를 미적으로 상승시키고자 한 자세는 겐지의 예술의 외면적인 가상假象을 이루고 있다. 그리고 그러한 가상은 그가 몸을 바쳐서, 그의 신체를 남김없이 태운 근원적인 변혁을 감싸고 있다. 그것은 그의 작품의 가장 비교秘敎적인 중핵으로 행해지고 있다. 다시 말해 '의식'의 장, 흔들리는 불꽃의 영역에서.

메르헨[23], 세계가 변모할 때

노발리스[24]는 "절대적으로 기적적인 통합이 종종 메르헨의 주축 ─ 또는 목적이 되고 있다"[25](강조는 원문)고 썼다. 이것은 겐지의 메르헨에 관해서도 들어맞는다. 모든 진정한 메르헨이 그러한 것처럼, 그 우주는 굳게 닫혀 있고, 그 경제성economy은 순환적이다. 이야기의 친밀한intime 분위기는 그것이 자신이 모르는 장소가 아니라 다정하고 정겨운 영역의 이야기임을 알린다. 추상과 예감이 기본 형식mode이고 사건은 언제나 신선하고 정겹다. 그런 세계에 무서운 일들이 존재하지 않을 리가 없다. 그뿐만 아니라 고통이나 비탄, 부정이나 불평등이 넘쳐흐르고 있고, 폭력조차도 결여되어 있지 않다. 요다카는 죽는다. 까마귀 함대는 산 까마귀를 살육한다. 메르헨의 근원적인 주제를 구성하는 것은, 비애가 아픔이 그러한 가식 없는 순수한 통절함으로써 구제를 예감하는 것만이 아니라, 부정과 아픔의 진정한 속죄이기 때문이다.

우주적 질서^{cosmos}가, 눈에 띄지 않는 출입구 바로 건너편까지 다가오고 있다는 것. 이것이 메르헨의 다정함·정겨움의 비밀이다. 그렇기 때문에, 겐지의 작품이 자주 성스런 왕의 통치에 암묵적으로 동의하고 있는 것은 당연한 것이다. 평등이 왕을 요구한다. "어쩌면 왕은 언제나 진정한 공화국과 함께 등장하고, 공화국은 진정한 왕과 함께 성립한 것이다"[26](노발리스)

『고양이 사무소』에서는 다소 비근한 형태로 존재했던 그러한 통치는 『쌍둥이 별』에서는 보이지 않는 신성한 왕으로 나타나고, 추락한 별들을 들어 올려서 글자 그대로 천공의 균형을 회복한다. 『카이로 단장』의 경우, 악랄한 자본가인 참개구리에 의해 가련한 청개구리들에 대한 착취가 정점에 달한 순간 그들을 구하는 '왕의 새로운 분부'가 "꾸아아아아아아아"라는 기묘한 나팔 소리와 함께 울려 퍼진다. 그런 질서는 어머님의 병을 즉시 치료해 버리는 "한 낟알의 장미 씨앗"이라는 아담한 모습으로 나타나거나, 그와 반대로 "위조지폐 사용자"를 순식간에 죽여 버리는 무서운 독약인 경우도 있다.(『잘 듣는 약과 대단한 약』)

다만 이러한 질서가 보다 높은 수준의 원리 앞에서는 즉시 그 지위를 양보하는 것도 약속되어 있다. 그 원리는 단순히, 만물의 균형이나 조응, 정의의 배분을 관리하는 것은 아니다. 그것은 보다 절대적인 세계의 현현, 어쩌면 세계 그 자체의 소멸을 의미한다. 세계는 '나'와 함께 작은 먼지가 되어 흩어지는 것이다. 『네 갈래의 백합』에서 왕은 어느 성자의 도착을 앞에 두고 기쁨에 차서 떨고 있지만, 그 성자의 도래는 텍스트 안에서 지평선에 "갑자기 무지개처럼 떠오르는" 미미한 빛으로밖에 묘사되어 있지 않다.

『십력＋力의 금강석』은 메르헨으로서 시작해서, 세계의 총체적 변용을 이야기하고 끝맺는다. 왕의 어린 아들은 대신의 아들과 함께 무지개의 근원이라고 하는 루비 접시를 찾으러 떠난다. 무지개를 따라잡을 수는 없지만, 두 사람은 숲 속에서 안개에 휩쓸려 다른 종류의 영역으로 들어서게 된다. 왕자들은 "또르륵 또르륵 퐁당퐁당"이라는, 물방울 떨어지는 소리를 표현하는 노래에 이끌리면서, 더욱 안으로 들어간다. 그들을 적시는 것은 이슬비, 흠뻑 적은 의복, 피부를 따라 흐르는 물방울의 은밀한 현전이다. 그런데 이것이 느닷없이 일변한다. 모자에 붙어 있던 금속의 "벌새"가 날아다니기 시작한 것을 먼저 알고 있었던 양, 비는 그쳐서 "다이아몬드나 토파즈나 사파이어"로 변했다. 그뿐만이 아니라 대지의 화초까지 진기한 돌이 되어 있다. "그 보석으로 된 비는 풀밭에 떨어져 쨍그랑쨍그랑 울렸습니다. 그것은 울렸던 것입니다. 린다우의 꽃은 조각난 천하석amazon stone과 바스러진 천하석으로 이루어지고 그 잎은 매끄러운 규공작석chrysocolla으로 만들어져 있었습니다."[27] 그들은 광석 지대, 무생물 지대를 통과하는 것으로 근원적인 변용과 마주칠 수 있었다. 하지만 이것조차도 아직 전조에 불과하다. 돌이 된 화초는 차링차링, 차리링이란 딱딱한 마찰음을 내면서 지금도 '십력$^{+力}$의 금강석'이 오지 않는 것을 한탄한다. 그런 식물＝광물들은 '십력$^{+力}$의 금강석'을 찬미하고, 그 부재를 슬퍼하며, 그 도래의 기억으로 전율한다. 그 순간, "벌새가 끼이익 하고 등의 강철 뼈도 튄 것인가, 라고 생각할 만한 비명을 지르고"[28] ― 날카로운 금속음은 겐지 작품에서는 항상 결정적인 변화의 징후이다 ― 십력$^{+力}$의 금강석이 강림한다. 하지만 그것은 동시에 풀이 풀이고 꽃잎이 꽃잎인 것 같은 통상적인 세계로의 회귀이기도 하다. 다시 말해, 최후의 변용은 모든 것이 전부 그대로 원래 세계인 것으로 나타나고, 텍스트 내부에 그 장면을 지니지 않는 것이다. 세계 변용담은 있을 수 없는 '저편'을 지향하고 있는 것이며, 아슬아슬하게 그 임계로 도약하는 것이다.

'순수경험'의 시학

겐지의 작품 세계에서 살아 있는 것들은 세계의 종말 또는 구제를 깊숙이 갈망하고 있다. 그것은 단순한 정의의 실현 따위가 아니다. 오히려 세계 그 자체의 해체인 것이다.

그러나 그 순간에 변용하는 '세계'란 무엇인가. 여기에 존재하는, 색다르게 격렬하며 생생한 절박감이란 무엇인가.

통상, 우리는 '세계'의 일거적^{一擧的} 지각을 지니지 않고, 그러므로 우리가 원래 '세계'의 전체인 것을 알지 못한다. 우리가 손에 얻을 수 있는 것은 사소한 일상적 '경험'의 조각뿐이고, 그것의 무한한 연쇄성을 꿈꾸는 것으로 우리는 '세계'의 어렴풋한 윤곽을 상상할 수 있을 뿐이다. 그러므로 우리들은 망막茫漠한 세계 내부에서 자신의 신체가 지닌 능동성, 자유의지라는 것이 가능하다고 믿고 있다. 세계는 나의 현존에 상관없이 부동이며, 자신은 그 내부에 깃들어 있다고 느끼고 있다.

하지만 미야자와 겐지의 경우는 다르다. 겐지에게는 자기의식과 세계 사이의 빈틈이 없다.

예를 들어 내가 옆으로 누워 파란 하늘을 바라보고 있다고 하자. "눈을 뜨면 사월의 바람이 / 유리 하늘로부터 무너져 내려오고," 그때 일반적으로는 '내'가 바깥 세계의 색깔이나 빛을 지각하고 있고, 보다 상세하게 말하면, 외부에 있는 빛과 같은 물리적 실재가 지각 기관에 의해 변환되어, 머리 안에 심상으로서 상이 맺힌다고 생각되고 있다. 하지만 내가 세계를 '보고 있다'고 할 때, 그 심상으로서의 '하늘'空을 나의 내부에서 보고 있는 것은 누구인가? 그것이 뇌의 신경 작용이 만들어낸 것이라면, 또다시 뇌 속에서 그 이미지를 보는 주체가 요청하고 있는 것은 아닌가. 이러한 주관의 무한 퇴행을 회피하기 위해서는 지각 이미지가 의식 내부에서 'represent'(재현전)되는 것이 아니라, 순수한 'present'(현전) 그 자체로 존재한다고 생각할 필요가 있다. 내가 하늘을 보고 있는(표상하고 있는) 것이 아니다. 내 의식이란 이 하늘이 파랗다는 것이다. 내가 하늘이고, 파랗게 있는 것이다. 내가 눈을 감으면, 이러한 하늘, 파랑은 틀림없이 소멸된다. 그것은 일단 세계가 끝나는 것, 그리고 내가 하나의 죽음을 벗어나는 것이라고 말하는 것처럼.

철학자 나가이 히토시[29]는 '세계'가 항상, 내가 지각하는 이러한 세계에 불과하다는 사실을 '개벽'이란 말로 표현한다. 객관적인 세계는 이런 단적인 사실성 위에 성립되는 것에 지나지 않지만, 언어는 그 객관적인 세계밖에 기술할 수 없다.[30] 그런 시작에 있어서, 세계의 표현은 내 자신일 수밖에 없지만, 이것은 이른바 실재와 그 서술을 본래는 구별할 수 없음을 의미한다. 미리 언급해 둔다면, 우리들은 언어를 일거에 부여받는 (언어 습득의 과정은 망각되기 때문에) 것에 의해, 세계와 나라는 서로 대칭되는 둘을 안정시키는 것이지만, 겐지는 이 언어의 발생의 경우로 다시 돌아가서 나와 세계의 동일성, 기술과 실재의 등가성을 회복하고 나아가서는 세계를 언어를 부여하는 원초적 타자(어머니의 유방)로 되돌린다.

겐지의 일관된 관심은 '나'의 탄생이란 불가사의함에 있다. 그가 생애에 걸쳐 의식 = 존재 = 주체의 수수께끼에 경이로움을 느끼고 있었다는 것을 나타내는 증거는 일일이 헤아릴 수 없다. 24세 때 작성한 편지의 "당신 따위 원래 시작부터 없었던 것입니다. 하지만 또한 존재하기도 합니다", "이윽고 저희들이 일체의 표현을 자기 안으로 포장하는 것이 가능하게 된다면"[31]이라는 말이나 1925년 미야자와 세이로쿠[32] 앞으로 보낸 편지에서 "만약 바람이나 빛 속에서 자신을 잊고 세계가 자신의 정원이 되며 또는 황홀함으로서 은하계 전체를 자기 혼자라고 느낄 때는 즐겁지 않으십니까?"[33]나, 『시 노트』 속의 "필경 나란 나 자신이 / 나로서 느끼는 전자계의 어떤 계통을 말하는 것이다"[34], 그리고 병상에서 기록한 "그리고 나는 얼마 있지 않아 죽겠지 / 나라고 하는 것은 도대체 무엇인가 / 몇 번이고 다시 생각하고 닥치는 대로 읽어 / 그렇게도 듣고 배워도 / 결국 아직 명확하지 않다"[35]라는 시가詩歌까지. 물론, 겐지의 시적 여행의 선언 manifest이며, 인식론적 도전인 「봄과 아수라 서序」의 머리 부분도 "나란 현상은 / 가정된 유기교류전등有機交流電燈의 / 하나의 파란 조명입니다 / (모든 투명한 유령의 복합체)"[36]라는 특별한 단언으로 시작한다.

나는 세계의 극히 작은 일부가 아니라, 세계를 성립시키며, 세계를 가능하게 하는 '개벽' 그 자체로 있기 때문에, 그곳에는 능동과 수동의 구별도 거의 없고, 이미 내가 하늘을 보고 있는 것인지, 하늘의 파란색이 안구에 무너져 내린 것인지 알 수 없다. 나란 이처럼 시각(지각)의 일거적 도래, 그 술렁임과 동요의 별명이고, 의식과 세계는 구별되지 않는다. 그 때문에, 나의 죽음과 탄생이 그대로 세계의 몰락 또는 구제와 등가가 된다. 세계의 종말은 단순한 관념 따위가 아니라, 나의 죽음으로서 나타나는 실존적인 공포와 황홀 그 자체가 된다.

그러나 이런 내가 존재하는 것에 대한 놀라움은 그대로 "세계라는 현상의 기적"[37](미타 무네스케)[38]에 대한 감수성과 하나가 되고 있다. 그 둘은 겐지에게 있어서는 같은 것이기 때문이다.

그보다도 이런 조급한 심상의 점멸로
빠르고 빠른 여러 윤회 속에서
고이와이小岩井의 아름다운 들장미나 목장의 표본이
어떻게든 확실히 잇따라 일어난다는 것이
얼마나 신선한 기적일까.[39]

겐지의 눈에 비치는 풍경은 그대로 '심상'의 연결 고리로서 주관과 실재를 함께 제시하는 것이 된다. 이는 윌리엄 제임스[40]의 '순수경험' 또는 베르그손이 말하는 '이마쥬'와 닮아 있다. 제임스에 의하면 경험(삶의 지각 데이터)은 의미나 인칭 이전의 무한소의 점이며, 이러한 무수의 점을 사후적으로 조직하는 것에 의해서, 각각의 사고나 판단을 관리하는 자기의식과 외적인 실재라는 두 개의 계열이 생겨난다. 베르그손도 이마쥬가 정신계에 속하는지 외부에 속하는지는 가짜 질문이기 때문에 피하고 이 세계에는 이마쥬밖에 존재하지 않는다고 주장한다. 뇌를 포함하여 내 신체는 모두 이마쥬인 것이다.[41]

겐지는 이러한 지각이 나로서 현전하는 장으로 '의식'의 '지금 여기'의 기록에 집중했다. 겐지가 말하는 '멘탈 스케치'가 이러한 나(로서)의 심상을 기술하기 위해서 요청된 방법인 것이다. 물론 그것은 논리적인 필연이라기보다는 아무리 해도 그렇게밖에 느낄 수 없는 어떤 것이었다. 주로 『봄과 아수라』에 수록된 시들은 통상적인 시 작품들에서처럼 현실에서 자유로운 시적 세계의 구축을 지향하고 있지 않다. 아니, 『영결永訣의 아침』 같은 희귀한 완성도를 자랑하는 작품이 나타내는 것처럼, 그것들은 확증된 완결성을 가지고는 있지만, 동시에 겐지라는 하나의 의식이 느낀 구체적인 날짜를 지닌 경험의 기록이라는 성격을 유지하고 있다. 겐지의 시 작품은 특정 시공간, 특정 순간의 단편화된 기록document이다. 이러한 점은 겐지 자신이 명확하게 밝히고 있다. 누구나 인용하는 「봄과 아수라 서序」를 보자.

이것들은 22개월의

과거라고 느끼는 방향에서

종이와 무기질 잉크로

(모두 나와 함께 점멸하고

모두가 동시에 느끼는 것)

지금까지 유지되었던

빛과 어둠을 한바탕 늘어놓은

있는 그대로의 심상 스케치입니다.[42]

겐지는 같은 '서' 안에서 이 시집에 기록된 것들이 "필경 마음의 한 풍경"이고, "기록된 그대로의 경치"라 강조하고 있다. 또는 1924년에 이와나미 시게오[43] 앞으로 보낸 편지에서 "6, 7년 전부터 역사나 그 데이터, 우리들이 느끼는 것 이외의 공간 같은 것에 관해서 어쩐지 이상한 느낌이 들어서" 참을 수 없게 되고, 이후의 '공부'를 위해서 "각각의 마음가짐을 있는 그대로 과학적으로 기재해 두었습니다"[44]라고 한다. 그는 이미 20대 초반인 1918년 ─ 앞의 편지에 말한 "6, 7년 전"에 들어맞게 ─ 에 "모든 것은 내가 존재하는 듯이 전개해 간다"라는(정신병의 발발을 의심해 볼 수 있다) 단상을 남기고 있다. "훌륭히도 훌륭하게도 전개해 간다. 토양의 성질 조사, 병역, 숯불구이, 하얀 하늘 등"[45] 지각되었던 외적 현상과 마음 의식은 분리되지 않고, 그는 바깥 세계-의식 연속체 ─ '나라는 현상' ─ 를 이른바, '현상학적'으로 기술하고자 시도한다. 따라서 『봄과 아수라』에 수록된 시집들이 '과학적'인 것이고, "이것들은 모두 도저히 시라 할 수 없습니다"[46]라고 그가 주장하는 것은 이상한 일이 아니다. 그것들은 '기회가 있을 때마다' 받아 적어 둔 '그저 굵고 단단한 심상의 스케치'이며, '어떤 심리학적인 작업 준비'가 되는 것이다.(프로이트 이전의 연합심리학이 자기 관찰을 기본적인 기법으로서 의식의 관찰과 기술에 집중하고, 관념의 연합 가능성을 '정신'으로 간주한 것을 생각하면, 그의 '심리학적인 작업'이란 자부는 결코 무지에서 온 산물이 아니다. 희대의 독서가였던 그는 당대의 심리학 동향에도 그 나름대로 능통했던 것으로 보인다.)

겐지의 시 작품이 예술적인 완성을 목적으로 하고 있지 않은 것은 그것이 원래 '예술가'의 야심이 아니라, 나라는 수수께끼를 과학적으로 해명하고 싶다는 동기로 시작되었기 때문이다. 물론, 겐지에게 있어 예술과 과학은 대립하는 것이 아니라 해도 말이다.

겐지는 산과 들을 넓게 활보하면서, 자신의 머리에 끈으로 매단 샤프 연필로 수첩에 맹렬한 속도로 시의 초고를 적었다고 한다. 하지만 그런 시 원문은 곧 시간축 위에서의 변모로 던져진다.

겐지의, 이상하다고 해도 좋을 원고 교정 과정 전체가 명확해진 것은 1970년대에 행해진 교본 전집 편찬을 위한 철저한 텍스트 비평 때문이었다. 편찬자 중 한 명인, 아마자와 다이지로[47]는 이를 '작품 개념의 해체'라 불렀다. 겐지의 수백 편에 이르는 시와 동화는 수십 년에 걸쳐 끊임없이 작업이 가해져서, 때로는 부분만이 추출되어 다른 작품과 엮이고, 때로는 분열되어 복수의 작품으로 독립한다. 겐지는 있을 법한 이상理想의 '작품'을 향해서 퇴고를 거듭하는 형태로만 작업한 것이 아니다. 분명히 한 번은 '완성'된 적이 있는 작품, 출판된 작품조차도, 모티브나 이미지의 일부가 소거·변환되어, 구어에서 문어로의 전환이 이루어진다거나 하는 일이 있을 수 있다. 결국은 겐지의 삶이 지속되는 한, 작품은 무한한 변화 과정 속에 있다. 작품은 윤회·환생한다.

겐지에게 있어서 '나'와 세계, 의식과 현상은 동일한 것이었다. 의식은 시간이고, "풍경이나 모두와 함께 / 바쁘게 바쁘게 점멸하면서"(「봄과 아수라 서序」) 켜져 있는 조명이었다. '기록이나 역사 또는 지구의 역사'라는 과학적 지식조차 "(인과의 시공간적 제약 아래에서) 우리들이 느끼고 있는 것에 지나지" 않고, 시공간, 다시 말해 경험의 구성 작용이 다르다면, 완전히 동등한 과학적 엄밀함으로 지금과는 다른 인식이 성립한다. 때문에 "아마도 앞으로 2천 년이 더 지난 즈음에는 / 상당히 다른 지질학이 유용되어"(「봄과 아수라 서序」, 강조는 인용자) 대기권 상층에서 화석이 발굴될지도 모르는 것이다.

겐지는 의식이 경험으로부터 구성되는 과정을 모방하듯이, 초고를 고쳐 쓴다. 그것은 어떤 도달점을 향해서 이루어지는 것이 아니라 그 자체가 의식의 부단한 '생성'의 정확한 모방인 것이다.

그러나 물론 이것뿐만이 아니다. 겐지는 시 작품과는 별도의 중요한 창작 영역으로서 동화를 가지고 있다. 동화는 시 작품의 반응판이다. 여기서 중요한 것은 직접성·현전성에서 구전·간접화법으로의 이행이다. 아마자와 다이지로가 지적하듯이, 겐지의 시 작품이 현실에서 허구가 일어나는 곳으로 재빨리 옮겨가고 언어=시가 발생하는 순간을 붙잡으려 하고 있다면, 동화에서는 자주 우타모노가타리[48] 형식마저 취해서, 시가의 발생 자체가 허구화되어 이야기된다. 비인칭 언어의 표현에서 이야기를 통한 '사건'의 상연으로 말이다.

이야기와 바람

여기서 겐지의 시 작품과 동화 간의 차이를 명확히 해 두자.

우선 겐지에게 있어 동화의 창작도 의식 내부에서 나타난 심상의 기록, 심상 스케치라는 의미를 가진다는 것은 주목할 가치가 있다. 그는 동화집 『주문 많은 요릿집』을 위해 쓴 광고문 속에서 동화도 시와 똑같이 "저자의 심상 속에 이러한 광경을 지니고 실재한" "실로 작자의 심상 스케치의 일부"[49]라고 기술하고 있다. 물론 이는 동화집 서장의 다음 부분과 대응된다.

정말로 떡갈나무 숲의 파란 저녁놀을 혼자서 걸어간다든지, 11월의 산바람 속에서 떨면서 서 있든지 하면, 더 이상 아무래도 그런 기분이 들어 어쩔 수 없는 것입니다. 정말로 더 이상 아무래도 이런 것이 있는 듯해서 참을 수 없다는 것을 저는 그대로 쓰기까지 한 것입니다.[50]

"아무래도 그런 기분이 들어 어쩔 수 없다", "이런 것이 있는 듯해서 참을 수 없다" − 완만하면서 매력적인 리듬을 타면서도 '정말로' '정말로 더 이상'이라고 다그치고 있는 필자의 절박감을 간파해 내길 바란다. 누가 뭐래도 전달하지 않고는 직성이 풀리지 않는 이러한 기분의 고조는

「봄과 아수라 서^序」 안에서 "다만 확실히 기록된 이러한 경치들은 / 기록된 그 자체 그대로의 경치로"라는 반복과 공통되며, 둘 다 의식 속에서 이의가 없고 언어＝심상이 기록된 그대로의 형태로 나타나 버리는 불가피성을 호소하고 있다.

하지만 동화집의 경우 쓰인 것은 이미 '기록된 그 자체로'라는 실재성을 갖고 있지 않다. 오히려 절박감은 "있는 듯해서 참을 수 없다", "그런 기분이 들어 어쩔 수 없다"(강조는 인용자)라는 허구에의 견인 의식으로 전환되고 있다. 단적으로 말해서 그것들은 있었을지 모르는 것, 있을 수 있었을지도 모르는 것으로, 다시 말해 지금 여기에는 현존하지 않는다. 이야기되는 서사는 현실 그 자체의 기록이기보다도 화자의 의식에 빙의되어 언제나 떨어지지 않는 정령 같은 것으로서 파악되고 있다.

아마자와 다이지로는 "겐지의 시가 현실로부터의 허구 성립의 현장에서 시종 벗어날 수 없는 것에 비해 겐지의 동화에서 그러한 성립 지점은 지평의 저편에 잠겨 보이지 않거나, 또는 『사슴 춤의 시작』, 『빙하 쥐의 털가죽』처럼 그 성립 지점도 허구화하는 등 어느 쪽이든 허구가 이른바 편재하고 있다"[51]고 서술한다. 시가 언어의 발생을 그 '현장'에서 파악하는 것을 노리고 있는 것에 비해 동화 작품에서는 종종 '노래'의 발생 자체가 허구화되고, 서사로서 새롭게 이야기되고 있는 것이다.

하지만 무언가가 '이야기된다', '새롭게 이야기된다'라는 것은 어떤 것인 걸까? 물론 그것은 기억을 떠올리는 것과 같다. 이야기되는 것은 항상 과거에 있었던 (것으로 취급되는) 사건이고, 이야기의 순간은 항상 현재 시간에 다름 아니기 때문이다. 정확하게는 그러한 사건을 체험한 것이

나라면 기억을 떠올린다고 말하고, 타인이라면 전해 듣는다고 말한다. 그런데 동화이면서 시가 아닌 것, 즉 여기서 결정적인 형태로 도입된 것은 바로 이런 기억을 떠올림 / 전해 들음이라는 수준임이 분명하다.

지금까지도 자주 지적된 것처럼 겐지의 동화의 특권적인 '시작'은 바람과 함께 일어난다. 바람이야말로 이야기의 기원이 될 수 없는 기원이고, 화자에게 언어를 불어넣는 것이다.

이런 이야기는 매우 추운 북쪽 지방에서 조각조각 바람에 실려온 것입니다. 얼음이 매월 여러 가지 과자 형태를 하고 있을 정도로 추운 북쪽 지방에서 날아온 것입니다.(『빙하 쥐의 털가죽』 서두)[52]

그때 서쪽의 반짝거리는 곱슬구름 사이로 저녁놀은 붉게 비스듬히 이끼 낀 들판에 내리쬐고, 참억새는 모두 하얀 불처럼 흔들리며 빛났습니다. 저희들이 지쳐서 그곳에서 잠이 들자, 쏴쏴 불고 있던 바람이 점점 사람 목소리처럼 들려, 곧바로 그것은 지금 기타카미 산 쪽이나 들판에서 행해지고 있는 사슴 춤의 진정한 정신을 이야기했습니다.(『사슴 춤의 시작』 서두)[53]

"쏴쏴 불고 있던 바람이 점점 사람 목소리처럼 들려"라는 환청 체험은 겐지에게 있어 결코 드문 일이 아니었을 것이다. 시인은 반복해서 자기와 세계가 상호 침투하여 사고와 풍경의 구별이 불가능해진 감각을 이야기하기 때문이다. "저쪽에 안개에 젖어 있는 / 버섯 형태의 작은 숲이 있겠지 / 저쪽 어딘가에 / 나의 생각이 / 대단히 빨리 흘러가서 / 모두 / 녹아들고 있는 것이다'(『숲과 사상』)[54] 그러나 동화에서는 그것이 명확히 세계의 '이야기를 시작하는' 경험으로서 의식되고 있다.

이러한 모티브는 『사할린과 8월』에서 훨씬 확대된다. '농림학교의 조수'인 '나'는 바람으로부터 "무슨 일로 여기에 왔니, 무언가 알아보려고 왔니, 무언가 알아보려고 왔니"라고 몇 번이고 몇 번이고 질문을 받는다. '내'가 무언가를 대답하려고 해도, 그것 또한 바람이 '한 단어씩 조각조각으로' 가지고 가 버린다는 독립된 에피소드들로 되어 있다. '나'는 바람들이 말을 너덜너덜해진 지도처럼 '서로 이어 붙이고 있는 것을' 본다. 혹은 파도가 말을 거는 동안에 '바람의 조각조각난 이야기'를 "바람이 나에게 이야기한 것인지 내가 바람에게 이야기한 것인지 아직은 전혀 알지 못합니다"[55]와 같은 상황이 되어 버린다. 바람에게 질문 받은 것, 바람에게 대답하는 것이 언어를 만들고 이야기를 시작하게 하는 원형적인 지표로 되어 있는 것이다.

그렇다면, 「주문 많은 요릿집 서序」에서 보이는 "이런 나의 이야기는 모두 숲이나 들장미나 철도 노선 등이나, 무지개나 달빛으로부터 받은 것입니다"[56]라는 유명한 구절도 단순히 어린이를 위한 수사가 아닌 것이다. 물론, 이 이야기의 기원은 여러 가지로 변화한다. 『늑대 숲과 소쿠리 숲, 도둑 숲』에서는 '나에게 이야기를 자랑하며 들려 주는 것은 숲 공터의 커다란 바위이고, 『깊은 숲 속』에서는 나이 든 올빼미, 『황색 토마토』의 경우에는 박제 벌새이다. 어떤 경우에도 독자가 지금 읽고 있는 이야기는 상기想起의 상기想起이고 화자에게 직접 귀속되는 것이 아니다.

'상기'想起의 극장 — 대기권 오페라

이것에 응해서, 시 작품에서 심적 이미지(심상)로 항상 아지랑이처럼 흔들리고 있던 대상이 동화에서는 명료한 인물과 줄거리를 획득하여 생생히 약동하기 시작한다. 심상은 이미 하늘을 떠다니는 구름처럼 그저 흘러가기만 하는 것이 아니다. 하지만 이러한 동일성과 개별화 또한 상기 想起를 통해서만 가능하게 된 것은 아닐까. 타넬리가 타넬리이고, 가돌프가 가돌프로 있기 위해서는 그들이 기억 속에 위치하여 상기 작용의 대상이 될 필요가 있었던 것은 아니었을까.

겐지의 동화 작품에 나타나는 사람이나 동물들은 모두 광대이고 배우다. 배우란 글자 그대로 역할, 개체동일성, 재인식 가능성을 짊어진 신체를 말한다. 때문에 같은 심상 스케치라도 하나의 전환이 있고, 시 작품 안에서, 의식의 현상학적 기술에서 이야기로의 전치가 가능하게 된 것은 여러 현상들이 광대라는 형태를 취해서 응축되고, 단일한 반응을 지닌 대상이 탄생하기 때문이다. 세계는 기록해야 할 것에서 이야기되어야(상기되어야) 할 것으로 변화한다.

인식된 대상의 동일성이 의식에 의한 '재인식'을 전제로 한다면, 그 동일성에는 이미 상기 想起의 차원이 포함되어 있다. 그것은 단순하게 과거에 있던 특정 시점의 대상A와 현재의 대상A'의 동일성을 확인하는 것이 아니다. 그렇지 않고, 과거의 복수 複數의 이미지 바다로 반복하여 접속 access하는 것에 의해 대상의 상이 "조금씩, 응축하는 구름처럼 모습을 나타낸다."(베르그손, 『물질과 기억』)

그의 시 작품에서 심상 스케치 방법이 이야기의 '지금 여기', 즉 의식의 현전성을 지향하고 있는 것과 대조적으로 동화에서 언어의 기원은 화자의 바깥쪽에 그리고 현재의 저편으로 정립된다. 확실히, 이야기는 지금이 순간에 시작되지 않으면 안 된다.(그렇지 않으면 언제고 이야기는 시작되지 않는다.) 하지만 그것은 그 언젠가의 과거의 반복이고 이미 어딘가에서 이야기된 사항의 재연이 될 것이다. 겐지가 말하는 이야기는 본질적으로 재현전/상연이고, 겐지의 동화는 하나의 극장인 것이다.

하지만, 정말이지 매우 기묘한 극장이다. 왜냐하면, 그곳에서는 연기하는 것(현상)과 무대(의식의 장), 그리고 관객(관찰자)이 완전히 하나로 겹쳐져 있기 때문이다.

1923년 즈음에 쓰인 것으로 추정되는 『편지 스케치 4』는 겨우 3쪽정도이지만, 여동생 토시의 죽음이란 비통한 사건을 직접적으로 고백하는 『영결의 아침』과도 비견될 만한 중요한 작품이다. 주요한 인물은 춘세와 포세이다. 춘세와 포세는 『쌍둥이 별』에서는 천상의 음악＝질서 안에장소를 부여받고 영원히 곡조를 연주하고 있던 쌍둥이 동자였다. 하지만거울에 비친 상과 같은 이 쌍생아는 이곳에서는 무참히 찢겨져 버린다. "그런데 포세는 11월경, 갑자기 병에 걸렸습니다. 어머니도 심히 걱정하시고 계십니다. 춘세가 가보니, 포세의 작은 입술은 파랗게 되어, 눈만 크게뜨고 눈물을 그렁거렸습니다."[57] 춘세는 "진눈깨비를 갖다 줄까?"라고 말하고 '총알처럼' 앞으로 뛰어갔습니다. 하지만 숟가락으로 진눈깨비를 먹이자 "포세는 맛있게 세 숟가락만 먹고 갑자기 느른해지더니 숨을 쉬지않게 되었습니다."[58]

이 자체가 현실 속 여동생의 죽음의 반복이고, 또한 『영결의 아침』의 또 다른 재현이지만, 거기에 매우 흥미로운 것은 이 이야기가 전달된 형식이다. 이러한 것을 포함해서 『편지 스케치』라는 제목이 붙은 네 개의 작품은 본래는 제목이 없는 채로 인쇄되어 익명으로 보내지든지, 겐지가 몸담았던 농촌학교의 나막신 상자에 삽입된 형태로 배포되었다고 한다. 이는 분명히 기고 행위이다. 바람에서 이야기를 받는다는 행위를 현실 생활 속에서도 반복하고자 한 것이기 때문이다. 이런 것은 작품 서두에서도 언급되고 있다.

저는 어떤 분으로부터 이야기를 들어서, 이 편지를 인쇄하여 당신들에게 전달합니다. 포세가 정말로 어떻게 되었는지 알고 계신 분은 없습니까? 춘세가 밥을 다 먹지 않고 매일 생각하고 있을 뿐입니다.(『편지 스케치 4』, 서두)[59]

우선 이 '어떤 분'이 종교적인 초월자인 것은 확실하다. 이야기는 자포자기한 춘세가 "연녹색의 작은 개구리"를 돌로 짓누른 후, 그의 꿈속에 포세가 나타나서 "형은 어째서 내 파란 꼬까옷을 찢었어?"라고 호소하는 애절한 일화를 이야기한다. 춘세는 놀라서 다시 묻는다. 포세는, 다시 말해, 죽어 버린 여동생 토시는 지금 어디에 있나, 라고 묻는 것이다. 하지만 그 직후에, 이야기는 갑자기 '어떤 분'에서 '나'에게로의 회유로 전환한다.

그렇지만 나에게 이 편지를 언급한 사람이 이야기하고 있었습니다. "춘세가 포세를 찾는 것은 쓸데없는 짓이다. 왜냐하면 어떤 아이라도, 또한 밭에서 일하고 있는 사람도, 기차 안에서 사과를 먹고 있는 사람도, 그리고 노래하는 새나 노래하지 않는 새, 파랗거나 검은 모든 물고기들, 모든 짐승들, 모든 벌레도, 모두, 모두, 예전부터 서로 형제였기 때문에.……" 그 다음에 그 사람은 또한 이렇게 말했습니다. "춘세는 착한 아이다. 자, 너는 춘세나 포세 그리고 모두를 위해서 포세를 찾는 편지를 쓰는 것이 옳다." 그곳에서 저는 지금 이 편지를 당신에게 보내는 것입니다.(『편지 스케치 4』, 종결부)[60]

그러면, 춘세, '어떤 분', '나'라는 삼자 관계는 어떠한 것일까? 말할 필요도 없이, 모두 겐지의 분신임이 틀림없다. 그러나 살아 있는 겐지라는 현실 존재는 세 개로 나뉘어 서로 자율적으로 되어 버렸다. 춘세는 여동생의 죽음에 직면한 과거의 겐지라는 가면이고, '어떤 분'은 언어의 기원, 세계의 법^{dharma}, 이야기의 근원적인 발화자일 것이다. 그리고 화자인 '나'(편지를 배포해 돌리는 현실의 겐지)는 현재에 속하면서 그것을 이야기하는 존재, 기록하면서 전달하는 자, 관중이면서 재현자이다. 그 때문에 다음과 같은 세 개의 쌍이 성립된다. 이야기 인물-발화자-기록자, 또는 이름 불리는 자-이름 짓는 자-그것을 듣는 자. 이는 겐지의 동화들에서 원형적인 트리오이다. 물론 '발화자'는 지나가는 바람을 시작으로 하여 화초나 수목의 술렁임, 바다의 함성, 번쩍이는 빛의 투명함이나 광채로 변화한다. 요약해서 말하면, 이러한 '발화자', '이름 짓는 자'는 잠재성의 영역에서 개체를 조작하며, 개체화된 역동의 장으로서의 의식의 장=세계이다. 한편, 개체화된 것은 바로, 대상 인물이나 여러 현상이고, 그것들을 듣고 인지하는 것이 기록자이기도 한 화자이다. 그리고 이런 삼자 관계가 '나라고 하는 현상'으로 불리고, 상기想起 작용을 통해 언어를 발생시키고 형태를 만들어 가는 동적인 과정 그 자체인 것이다.

이런 의미에서 겐지의 동화는 극장인 것이다. 무대는 의식, 그곳에서 춤추는 것은 현상, 관객이 되는 것은 통상 자아라고 일컫는 주관성이다. 인물들(동물이나 식물)은 끊임없이 변화해 가는 여러 현상에 부여된 한 순간의 일시적인 모습에 지나지 않는다. 이러한 것은 겐지의 동화들에 있어서, 어째서 주요한 등장인물의 이름이 자주 고쳐지고 그와 동시에 이야기 자체도 윤회해 가는 것인지를 설명해 준다. 이름은 아무런 구체적인 실재나 개체의 본질을 지시하고 있지 않으며, 한 회 한 회의 상연을 위해서 맞춰진 '역할명', 무대가 끝나면 벗어던질 의상 같은 것 이상이 아니기 때문이다.

아마도 겐지 자신이 가출과 다름없이 상경해서 〈국주회〉의 봉사활동에 가담하면서, 열병 같은 창작열에 휩싸여 방대한 동화 원고를 계속해서 쓰고 있을 때, 스스로의 상념에서 무수한 이미지나 리듬이 끓어오르듯이 솟아오르고 금세 몇 명의 등장인물로 응고되는 것을 목격했을 것이다. 물론, 그러한 여러 모티브는 이전의 시 작품이나 초기 동화에서도 일관되며, 무엇보다도 그의 유년기 신체가 갖는 고유의 율동이 각인되어 있다. 그런 의미에서 이러한 것들은 시인에게 미지의 것은 아니었을까. 하지만 동시에 그 자신은 그런 광적인 자연의 유출의 목격자에 지나지 않았던 것이다. 겐지에게 가능했던 것은 그저, "아무래도 그런 기분이 들어 참을 수 없다"는 허구의 도래를 적어 두는 것뿐이었다. 시인은 이후에도 다음과 같이 쓰지 않는가.

환상이 저편에서 들어닥치는 때는
이미 인간이 파괴된 때이다.[61]

시 작품에서도 마찬가지이지만, 겐지의 창작 행위를 일관되게 관통하는 것은 과거나 미래도 포함한 이 세계의 생성을 기록하고자 한 의지이다. 이 '세계'는 우리가 평상시에 말하는 안정된 물리적 실재의 세계가 아니다. 시인이 본 것은 이미 의식과 같은 뜻을 지니며, 때문에 그것은 의식의 생성, 언어의 발생 그 자체와 동화되고, 그 분자상의 힘의 장, 빛과 율동의 경쟁과 하나가 된 것을 의미한다. 이는 농작업도 포함한 모든 노동을 포섭하는 것이긴 하지만, 그 지고의 형태는 '쓰는 것'이다. 겐지 자신조차 겐지의 삶의 주역이 아니다. 결코 길지는 않았던 그 삶의 진정한 주역은 무수한 언어와 이야기를 흘려보내는 자연=의식 그 자체이다.

자연, 또는 사물의 언어

벤야민은 "만약 자연에게 언어가 부여된다면 모든 자연은 탄식하기 시작할 것이다"[62]라고 쓰고 있다. 바로 광석 화초가 '십력十力의 금강석'의 부재를 한탄하는 것처럼 ……. "그것은 우선, 자연은 언어 그 자체에 대해 탄식할 것임을 의미한다. 말할 수 없다는 것, 이는 자연의 커다란 고뇌이다."[63] 겐지의 작품 속 수목이나 동물들은 언어를 가지고, 극히 당연하게 아무렇지 않게 서로 소통한다. 『사슴 춤의 시작』 같은 인간과 동물의 교류담은 그 언어가 반드시 '노래'에 의해서 매개되어 나온다는 것을 가르쳐 준다. 바람이 불어서 나무나 풀, 그리고 숲이 소리를 낼 때, 그것은 웅성거림이 되고 의성어가 되어 이윽고 '노래'가 된다. 바람이 사물들에게 언어를 부여하는 것이다.

벤야민이 말하는 것처럼, '인간 일반의 삶과 언어'가 '이런 자연을 구원하기 위해서' 있는 것이라면, 확실히 겐지는 인간의 언어를 자연에게 되돌려 주고 있다. 그러나 수목이나 동물이 극히 자연스럽게 언어를 머금는 것이 가능한 것은 겐지의 작품 세계에서는 자연이 원래부터 언어가 있었고 모든 등장인물이 토지와 풍경의 유출émanation(아마자와 다이지로)이기 때문임이 틀림없다. 겐지의 작품 풍토에서는 보통의 들판이나 꽃들조차 "불가사의한 신호를 번쩍이는 하늘에 보내고"[64] 있고, 빛과 웅성임과 율동으로 이루어져 있다. 이후에 다시 언급하겠지만 그러한 것들은 본질적으로 언어＝음식물인 것이다.

모든 존재자가 언어를 가지고, 서로 소통하고 있다는 것, 이는 다른 표현을 사용하자면, 겐지 작품에는 '타자'가 존재하지 않는다는 것이다. 무슨 말일까.

들뢰즈는 '타자'를 '지각적인 장field의 구조'라고 말한다. "타자는 내 지각의 장field의 대상이 아니고, 나를 지각하는 주관도 아니다." 타자의 존재는 그보다도 근본적인 부분에서 내 지각을 규정하고 있다.

당연한 것이지만, 우리들은 타자의 의식 안의 지각이나 감정을 직접 감수할 수 없다. 그렇기 때문에 '타자'인 것이다. 가능한 것은 단지 상대가 지금은 무엇을 느끼고 있는지를 상상해 보는 것뿐이다.

공포를 느끼고 있는 누군가의 '얼굴'이 나의 시야에 들어왔다고 해보자. 그것이 의미하는 바는 다음과 같다. (1) '누군가'가 공포를 느끼고 있다. 그 누군가는 큰 위기에 직면해 있다. (2) 나는 공포를 느끼고 있지 않다. 내 앞에는 위험한 대상은 보이지 않는다. (3) 다음 순간, 나는 큰 위험에 직면할지도 모른다. 시야 외부에 무언가가 존재하고 있을지도 모르기 때문이다. "내가 아직 떨고 있지 않을 때에는 나를 떨게 하는 세계의 가능성을 등록해 두는 것, 반대로, 이러한 내가 실제로 바로 그 세계에 의해 위협을 당할 때는 날 안심시키는 세계의 가능성을 등록해 두는 것."[65]

'타자'의 존재 역할은 내가 지금 지각하고 있는 세계에, 아직 아무것도 적히지 않은 여백, 변화의 가능성을 남기는 것이다. 내가 지금 보고 있는 세계는 완벽한 것이 아닐지도 모른다. 왜냐하면, 언제 다른 인간이 나타나서 세계의 다른 측면을 지적할지도 모르기 때문이다. 환시나 착각을 잘못이라며 바로 잡는 것도 타자에 의한 부정의 가능성이다. 타자는 내 세계를 다의적이고 불투명한 것으로 만든다. 타자는 내 세계가 여러 가지 가능성을 가지고 자라나는 과정을 지탱한다.

타자의 부재에 있어서는 의식과 대상은 하나가 되어 버린다고 들뢰즈는 말하고 있다. 그것은 바로 겐지의 세계를 말하는 것이다. 이미 나와 세계, 나와 타자를 구별하는 것은 불가능하기 때문에, 타인의 슬픔은 나의 직접적인 슬픔으로, 타인의 기쁨은 신체를 떨게 하는 내 자신의 환희가 된다.

통상의 의미에서 '의인화'란 것은 동물들에게서 인간을 발견하고, 동물들에게 자신과 동등한 '내면'을 투사하여 바라보는 것 그 이상은 아니다. '내면'이란 것은 해석 가능성, 결국 아직 내 것이 되지 않았지만, 언젠가는 내 것이 될지도 모르는 무언가로 나에게 행동의 지침을 부여하는 것이다. 겐지에게 있는 것은 '의인화'가 아니다. 오히려 사람과 동물이 언어를 통하여 서로 소통할 때, 사람은 동물의 '내면', 가능 세계를 해석하고 확대하려 하지 않는다.

겐지의 등장인물이 어떻게 서로 소통하고 있는지를 확인하기 위해서, 『산 사나이의 4월』의 한 장면을 보도록 하자. 등장하는 것은 초목이나 동물이 아닌 '중국인'인 약팔이와 산 사나이지만, 그 어느 쪽도 인간이라고 하기에는 반걸음 정도 부족하고 반 정도는 자연에 속한 마술적인 존재이다. 여기서 산 사나이는 약팔이의 속임수에 의해 육신환六神丸이란 약으로 축소되어 약팔이의 등에 맨 행랑 속에 갇혀 버린다.

"소리 너무 커. 조용히 있는 게 좋아."

산 사나이는 좀 전부터 중국인이 너무나도 얄미웠기 때문에, 이럴 때는 다시 한 번 확 질러 버렸습니다.

"뭐라고. 뭐라 지껄이는 거냐? 도둑놈 자식이. 네 녀석은 마을에 도착하면 내가 바로 이 중국인은 수상한 녀석이라고 알릴 것이다. 자 어때?"

중국인은 밖에서 조용히 있었습니다. 실로 잠깐 동안, 쥐 죽은 듯이 있었습니다. 산 사나이는 중국인이 양손을 가슴에 대고 울고 있는 건가라고도 생각했습니다. 그러는 동안, 지금까지 고개나 숲 속에서 짐을 내리고 무언가 깊게 생각에 빠진 듯했던 중국인은 이러한 것을 전부 누군가에게 들은 것인가 따위를 생각했습니다. 산 사나이는 모두 시원스레 해소되어 지금 말한 것은 거짓말이야, 라고 말하려 했더니, 밖의 중국인이 슬픔이 묻어나는 소리로 말했습니다.

"그거, 너무 동정 없어. 나 장사 못해. 나 밥 먹고 싶어. 나 죽어. 그거 너무나 동정 없어." 산 사나이는 이미 중국인이 너무나도 가엾게 여겨져, 자신의 몸 따위는 어떤지와 상관없이, 육십 전 벌어 여관에 가서, 중국인이 정어리 머리나 야채 국을 먹게 해줘야겠다고 생각하며 대답했습니다.[66]

산 사나이의 끝없는 친절함(내 몸 따위는, ~해 줘야겠다)은 그가 중국인이 약팔이라는 사실을 일거에 알아 버린 것, 상대와 자신의 비애를 이미 구별할 수 없게 된 것에서 유래한다. 통상 타자와의 관계에서 일어나는 것은 이해, 의논, 합의라는 여러 가지 계약적 절차이다. 타자의 분노나 비애를 감수할 수는 없지만, 그것이 나의 가능 세계로서 등록되는 한, 그것은 '이해'되고, 토의나 비판에 근거해서, 어떤 합의 조건을 모색할 수 있다.[67] 하지만, 산 사나이는 약팔이의 입장을 배려했을 리도, 이해했을 리도 없다. 때문에 이 직후 산 사나이가 돌연 본래의 모습으로 돌아와서, 약팔이의 '장사'를 파산시켜도 그것이 변심이나 배반이 아닌 것이다.

산 사나이에게 있어 약팔이가 '타자'가 아닌 것처럼, 겐지의 작품에서 화초나 짐승도 서로, 또는 인간과 전면적으로 소통하고 있다.

일반적으로 '타자'의 존재로 인해 사람은 자기 스스로 무서워하는 것 없이, '공포'라는 감정을 인지할 수 있다. 이는 세계와 나의 분리 효과, 타자라는 가능 세계를 해석 가능성으로 등록하는 효과이다. 하지만 겐지의 작품에서는 그러한 것이 있을 수 없다. 거기에서 무언가가 울고, 웃고, 불안을 기억할 때, 풍경 그 자신이 웅성이고 뛰어오르고 함께 진동하기 때문이다.

이미 시에 관해 논하면서 기술해온 것처럼, 겐지의 에크리튀르에는 세계와 의식 간의 틈이 존재하지 않는다. 나는 세계 속의 작은 일부로서 또는 세계를 인지하고 구성하는 주관으로서 있는 것이 아니라, '언어'(의 발생)에서 세계와 나는 소용돌이치고, 한꺼번에 메워진다. 절대적인 현전성인 것이다.

동화에서도 기본은 변함없다. 『매그놀리아의 나무』에서 아무도 없는 황야를 걷는 스님, 료안諒安은 바람이 다음과 같이 속삭이는 것을 듣는다.

(이것이 너의 세계인 거야. 너에게 정확히 알맞은 세계야. 그보다도 더 중요한 사실은 이게 네 안의 경치인 거야.)
누군가가 또는 료안諒安 자신이 귀 근처에서 몇 번이고 이와 같이 외치고 있었습니다.[68]

타자가 존재하는 지각의 장이 이른바 기포가 있거나 금이 나 있는 반투명 창과 같은 것이라면, 겐지가 타자를 잃어버리는 것에 의해 획득하는 것은 압도적인 청명함이다. 세계는 투명하며 왜곡이 없고, 순수하여 일의적인 것으로서 나타난다.

겐지 작품이 지닌 문체의 화려한 이미지성, 시각적인 선명함과 강렬함, 즉 사물에 의미를 부여하는 지점이나 그 이면에 의미가 없고 모든 것이 한여름의 빛과 함께 관찰되는 것 같이 선명한 윤곽인 이유가 바로 여기에 있다. 하지만 절대적 현전이라는 형태의 표상 양태는 언제든지 절대적 소실의 가능성을 불러들일 것이다. 타자로서 이러한 '세계'에 잠재성으로 가둬진 복수의 가능 세계·변이는 그곳에서 추방된 결과, 글자 그대로 또 다른 '세계'로 동일한 시공간 속에서 병존한다.

> 그 차가운 도라지 색 깊은 곳에서 빛나고 있는 공간을, 한 사람의 하늘이 날고 있는 것을 나는 보았습니다.
> (드디어 섞여 들었다, 사람 세계의 첼러 고원의 공간에서 하늘의 공간으로 갑자기 섞여 들었다.) 나는 가슴이 두근거리면서 이렇게 생각했습니다.[69]

"이 녀석은 역시 이상해. 하늘의 공간은 내 감각 바로 옆에 있는 것 같군"[70]이라고 환시자는 중얼거린다. 변화는 세계 내부에서 국소화되지 않고, 이처럼 전혀 다른 세계의 방문으로서 나타나거나, 그렇지 않으면 『젊은 고다마』의 경우처럼 세계 총체의 액상화, 환상에의 발산으로 도래한다.

겐지 세계에서 타자가 없다는 것은 이 세계가 절대적으로 고독하다는 것이다. 그러나 그것은 무수한 소리와 망령, 속삭임과 형상으로 가득 찬 고독이다. 겐지의 동화에서는 불안, 예감, 환희나 비애라는 복수의 정동이 차례대로 방문한다. 그러나 그러한 것은 이윽고 주체에 속하고, 주관에서 세계로 투사되는 것이 아니다. 정동은 글자 그대로 바람과 같이 세계를 스쳐 간다. 바람과 같이 세계를 웅성거리게 만드는 것이다.

이름의 해체

겐지 작품이 지닌 매력의 큰 원천은 화려하다고 할 수 있을 정도의 의성어 사용과 개성적인 이름들이다. 시인이 묘사하는 자연은 언제나 다채로운 의성어로 채색된다. 하늘은 "똑똑 빛나면서 휘날리고"[71], 햇살은 "실쭉샐쭉하게"[72] 보는 사람의 눈으로 스며든다. 바람은 "휘익 휙휙"[73] 하고 거칠게 분다. 그리고 의성어는 어느 새 '노래'로 변화하고, 이것 또한 겐지의 동화 작품들의 큰 특징인 '이야기 속 노래'를 자연스럽게 끌어들인다. "휘익 휙휙 휙휙 휙 / 파란 호두도 날려 버리자 / 신 모과도 날려 버리자."[74]

의성어는 여러 현상, 자연이라는 백색 소음white noise 속에서 서서히 특정의 리듬·율동·규칙성이 자발적으로 추출되는 것을 나타내고 있다. 이는 언어의 원기原基가 된다. 한편, 이름은 의성어 근처에 있음으로써 사물이 마침내 구체화된 것을 알린다. 때문에 동화 속의 고유한 이름은 때로는 의성어로 해체되어 버린다. 펜넨넨넨넨 네네무라는 이름은 거의 절반은 의성어로 되어 있다. 동화의 등장인물이 자주 과한 운율성·음악성을 지니는 것은 그것이 원래 자연이 발하는 언어로서의 의성어에 기원을 두고 있기 때문이다. 『떡갈나무 숲의 밤』의 경우, 농부 세이사쿠가 그럭저럭 떡갈나무 대왕의 '손님'이 될 수 있었던 것은 떡갈나무들에게 "세라세라세이사쿠, 세라세라바아"라고 위협을 받은 후 "헤라헤라헤라세이사쿠, 헤라헤라, 바바아"라고 노여움으로 응했기 때문이다.[75] 여기에서도 고유명사는 율동 속에서 동요하며, 자연 속으로 녹아들기 시작한다. 이러한 방식으로 주체의 위기를 벗어나는 것에 의해서만 세이사쿠는 자연과 만날 수 있었다.

『나메토코산의 곰』에서는 고주로라는 이름을 지닌 존재가 아직 고유성이나 동일성을 지니지 않은 곰들과 대치한다. "고주로는 침착하게 딱, 나무를 방패로 하여 일어서면서 곰의 반달무늬를 겨냥해 탕하고 쏘았다. 그러자 숲까지 까악 하고 비명을 질렀고 곰은 털썩 쓰러져 검붉은 피를 콸콸 토하고 코를 쿵쿵거리며 죽어 버린 것이었다."[76] 곰의 죽음은 단지 한 마리 개체로서의 죽음이 아니다. 무명의 곰과 숲은 아직 명확히 분리되지 않고, 그 때문에 그의 죽음에 이르러 "숲까지 까악 하고"(강조 부분 인용자 표기) 존재론적 메아리를 울린 것이다.

겐지의 작품에서 이름은 지극히 당연하게도, 새롭게 바뀌어 간다. 펜넨넨넨넨 네네무가 구스코 부도리가 되고, '젊은 고다마'가 호로타이 타넬리가 되는 것처럼 작품 내에서 변화하는 것만이 아니다. 『사이카치 연못』은 다음과 같이 시작한다. "사이카치 연못이라면 정말로 흥미롭다./슷코라면 매일 간다./슷코는 슌이치이지만, 모두들 항상 슷코라 부른다. 그렇다고 해도, 슷코는 조금도 화내지 않는다. 때문에 모두들 항상 슷코 슷코라 부른다."[77](강조는 원문) '슌이치'라는 이름은 깜짝할 사이에 '슷코'로 바뀌고, 게다가 반복의 리듬을 지니고, 머지않아 "비는 주룩 주룩 잣코잣코, 바람은 슈우슈우 슷코 슷코"[78](강조는 원문)라는 주문 같은 수수께끼 노래를 결정적인 모습으로 불러들이고 있다.

때문에 겐지의 동화에서 '이름'은 동일한 대상을 지시하는 고정된 지표라기보다는 자연에서 출발한 복수의 리듬·색채·음성·이미지가 응축된 구름 같은 것이라고 생각하는 편이 옳다. 겐지에게 이름은 자주, 언어가 되기 전의 광훈halation에 둘러싸여 있다.

'먹는 것'과 '먹히는 것'

그러나 내가 세계와 등가이고, 의식이 그대로 현상이라 해도 현실에는 내가 일개의 '고기'라는 것, 다른 생물을 죽이고 먹는 것으로 생존하고 있다는 사실은 부정할 수 없이 남는다.

생애에 걸쳐서, 겐지의 가장 뿌리 깊은 혐오감, 공포가 '먹는 것' 그리고 '먹히는 것'과 관계되어 있다는 것은 확실하다. 1918년도에 호사카 가나이 앞으로 쓴 편지를 보자. 겐지가 21세 때, 여름의 일이다. "나는 봄부터 생물의 몸을 먹는 것을 그만두었습니다. 하지만 전날 '사회'와 '연결'을 '취하는' 주문에 걸려 참치 회를 몇 점 먹었습니다. 또한 일본식 찜 요리를 숟가락으로 휘적거렸습니다. 내가 먹은 생선이 만약 내 등 뒤에어 나를 바라보고 있다면 뭐라고 생각할까요."[79](강조는 원문) 그 후, "또한 만약 내가 생선이고 나도 잡혀 먹히고, 내 아버지도 먹히고, 내 어머니도 먹히고 내 여동생도 먹히고 있다고 합시다. 나는 사람들의 뒤에서 바라보고 있습니다." "나는 생전에 생선이었던 적이 있어 잡혀 먹혔던 것이 틀림없습니다"라는 말이 이어진다.

누군가가 뒤에서 자신을 바라보고 있다는 것은 겐지에게 있어 언제나 뿌리 깊은 불안을 야기시키는 표상이다. 뒤에서 바라보는 존재는 먹히는 존재인 동시에 나를 먹는 존재이다. 나리오카 농림 고등학교 시절, 겐지는 이미 이렇게 쓰고 있다. "검은 것이 내 등 뒤에 계속 서 있거나 또는 가만히 움직이거나 합니다. 머리나 배가 불룩하게 부어 기어 다니는 파란 뱀이 있습니다. 뱀에게는 검은 발이 생겼습니다. 검은 발은 꿈처럼 움직입니다. 이것은 용입니다. 내 이마는 물린 것 같습니다."[80](강조는 인용자) 먹는 것에서 먹히는 것으로의 전환. 겐지의 '먹는다'라는 행위에는 항상 이러한 역전이 내재해 있다. 아마 타자의 생명을 빼앗는 것에서 '먹는 일'은 단순히 악하다는 것만이 아니라, '먹힌다'라는 존재론적 공포를 일으키기 때문에 타자의 신체를 먹는 것이 기피된다.

겐지가 동화 작가로서 출발할 즈음 '먹는 것'에 대한 강박obsession은 그의 작품들에서 커다란 역할을 한다. 그의 초기 동화에는 먹고-먹히는 것에 대한 불쾌함과 공포가 검은 그림자로 반드시 나타나고 있다.

『거미와 민달팽이와 너구리』의 세계는 극도의 기아가 퍼져 있는 상황에서 시작되고 있다.[81] 거미, 민달팽이, 너구리 삼자의 존재 기반은 모두 예외 없이, 타자를 먹기 위해 애써 간계를 부리는 것이다. 그 의도가 성공해서 거만하게 비대해짐에 따라 그들은, 결국 "부패해서 끈적끈적하게" 되거나 "새까맣게 타 죽어"[82] 버린다.

어둡고 비참한 그늘로 가득한 이런 작품과는 대조적인 『쌍둥이 별』의 경우에도 순진무구한 동자 춘세와 포세는 바다 밑에서 하마터면 고래에게 '뻐금뻐금' 삼켜 버릴 뻔한다. 고래는 두 사람을 맑은 천계에서 끌고 나와 바다 밑으로 떨어뜨린 '혜성'의 정확한 반복이자, 그런 의미에서 그들은 이미 한 번 혜성에게 삼켜진 적이 있다고도 할 수 있다.

『조개불』에서는 선행을 하여 보석 '조개불'을 손에 넣은 아기 토끼 호모이가 결국 그것을 잃어버리게 되는 것은, 여우가 내민 '네모난 빵'을 식욕에 져서 받아 버리기 때문이다. 호모이가 부정한 수단으로 손에 넣은 네모난 빵을 가족들이 서로 받아 가는 과정이 호모이의 순수함innocence의 소실과 대응된다.

타인의 몸을 먹는 일은 우선은 악행이자 죄이다. 겐지가 종교적인 틀frame로 인식한 '이 세계'의 괴로움에 가득 찬 성격이란 확실히, 먹고—먹힌다는 연쇄에 다름 아니다. 이는 한편으로 비유기적인 광물이나 별님에 대한 편애가 되고 다른 한편으로는 살이 아닌 빛이나 곡물, 나아가서는 농사에 대한 강한 사색을 낳는다. 별이 되고자 하는 요다카(쏙독새)의 죽음의 결의는 한 마리의 투구벌레를 생각지 않게 먹어 버린 것에서 시작된다.

요다카가 마음껏 날을 때는 하늘이 마치 두 개로 갈라진 것처럼 느껴졌습니다. 투구벌레 한 마리가 요다카의 목구멍으로 들어가서 몹시 긁었습니다. 요다카는 바로 그 투구벌레는 삼켜 버렸습니다만, 그때 왜인지 등골이 오싹한 느낌이 들었습니다.

구름은 이미 검게 변했고, 동쪽만 산불이 빨갛게 번져서 무섭게 느껴졌습니다. 요다카는 가슴이 메는 것처럼 느끼면서 다시 하늘로 날아올랐습니다.…….

(아아, 투구벌레나 수많은 벌레가 매일 밤 나로 인해 죽는구나. 그리고 하나뿐인 내가 다음번엔 매에게 죽임을 당하겠지. 그것이 얼마나 괴로운 일인지. 아아, 괴롭구나, 괴로워. 나는 이젠 벌레를 먹지 않고 굶어 죽도록 하자. 아니 그 전에 이미 매가 날 죽이겠지. 아니, 그 전에 나는 저 멀고 먼 하늘 저편으로 날아가 버리자.)[83]

여기에서도 벌레들을 죽이는 것이 '단지 하나뿐인 내'가 죽는 것과 하나가 되고 있다. 요다카가 가르는 하늘의 검은 구름 아래, 단지 한구석만이 붉게 물들고 있다는 숨 막히는 꿈같은 광경은 『토신土神과 여우』의 다음과 같은 부분과 은밀히 호응하고 있다. 토신이 갑작스런 질투의 격정에 휩쓸려서 연적인 여우에게 달려들어 죽여 버리는 장면의 정점이 그것이다.

토신은 마치 그 근처 안의 풀이 하얀 불이 되어 타고 있는 것처럼 느꼈습니다. 파랗게 빛나고 있던 하늘조차 갑자기 횅하게 껌껌한 구멍이 되어 그 밑에는 붉은 불꽃이 버젓이 소리를 내며 타고 있다고 느낀 것입니다.[84]

'휑하게' 된 검은 덮개^{canopy}, 그 밑에 지옥처럼 불타고 있는 불꽃. 이 것이 바로 요다카에게 먹힌 투구벌레가 본 광경, 즉 삼켜진 것의 측면에 서 본 입속 내부의 모습이 아니고 무엇일까.

먹는 것과 먹히는 것은 하나이고, 이 세계의 근원적인 업보이다. 그 러나 그렇기 때문이야말로, 역으로 자신의 신체를 타자의 식사를 위해서 내미는 것은 매우 숭고한 행위가 된다. 이런 점에서 겐지에게서 일련의 자 타카(본생) 설화가 탄생한다. 『편지 1』에서는 독의 힘으로 어떠한 것도 한숨에 죽일 수 있는 강대한 용이 살생하지 않는다는 맹세를 하고, 가만 히 사냥꾼에게 껍질이 벗겨진다. 지면에 옆으로 누워 있자 이번에는 구더 기가 들끓어서 용의 몸을 먹으려 한다. 그러나 용은 '진정한 길'을 떠올리 고 괴로움을 견디며 죽는다. "죽어서 용은 천상에 태어나서 후에는 세계 에서 가장 위대한 사람, 석가님이 되어 모두에게 최고의 행복을 주었습 니다."[85] 이 용은 사냥꾼이 사라진 후, "껍질이 없는 붉은 살을 드러낸 채" 땅에 드러눕는다. 이렇게 검붉게 번들번들 빛나는 육신, 형태도 없이 드 러내져, 이윽고 강렬하게 썩은 내를 풍기는 이러한 '육신'이야말로 겐지가 혐오한 '먹는 것'의 상징적인 이미지이다. 그러므로 용은 이런 '육신'으로부 터의 이탈에 의해 "세계 안의 모든 곳을 채울" 수 있었던 것이고, 겐지 본 인 또한 나를 '투명한 유령의 복합체'로 만들어 스스로의 신체적 존재로 부터 비상을 시도했다.

겐지의 '멘탈 스케치', 다시 말해 의식에게 부여된 표상을 일거에 세 계와 나 그 자체로 전환하는 방법은 '육'^肉적 존재인 것에 대한 깊은 혐오 감에서 시작되었다. 결국 정액과 자궁과의 결합에서 형태를 이루고, 종양처럼 확장되는 것을 부인하는 데서 태어나고 있다. 하지만 그러한 일이 가능할 것인가. 음식을 먹어서 똥을 싸고, 타인과 교미해서 아이를 배는 것에서 도망칠 수 있는 것일까.

겐지는 21세에 아버지를 향해서 다음과 같은 문장을 남겼다. 그 이면에는 징병검사 연기 문제로 인한 부자의 대립이 있었다. 아버지 세이지로는 겐지가 징병을 연기하고 연구과정을 계속하길 바랐고, 겐지는 규칙대로 검사를 받고 싶다고 주장했다. 겐지는 일부러 '도살장'에 가서 소가 도살당하는 모습을 보고 왔다고 말한다. 물론, 전장에서 전사하는 자신을 환시로 보기 위해서다.

> 전쟁이나 병은, 학교도 집도 산도 눈도 모두, 균등한 일심의 현상입니다. 전쟁에 나가서 사람을 죽인다는 것도 죽이는 사람도 죽는 사람도 모두 동일하게 법성法性 안에 있습니다. 기시법성기멸시법성멸起是法性起滅是法性滅 과도 같은 것, 만약 (어제도 도살장에 가서 보았습니다) 소가 머리가 갈리고, 입이 찢어져서 괴로워한다고 해도, 소는 원래 조금도 번민함이 없이 쾌락도 없이 또한 빛나고 또한 사라져 저는 매우 불가사의함을 느끼고 있습니다.(서간 번호 46)[86]

겐지는 전쟁도, 그곳에서 죽이고 죽는 것도, 심리 내부의 현상에 불과하다고 말한다. 도살되는 ─ 물론 먹히기 때문에 ─ 소에게조차, 느끼는 고뇌는 나의 현상이고, 또한 소 자신의 현상이며, 모두 있는 그대로 존재하고, 결국은 아무 것도 아닌 것이라 한다. 여기에는 외상적인 광경을, 윤회

하는 현상의 바다 속으로 해소시켜 필사적으로 순화시키고자 하는, 공포에 멈춰 선 겐지의 모습이 있다. 그러나 그렇게 함으로써 외상적 광경은 오히려 무한한 의식의 거울상 속으로 회귀할 것이다. 목구멍에서 분출되는 피, 거품 물고, 뒤집혀진 안구의 흰자위는 무제한으로 증식하고, 나라는 현상의 시계를 가득 메워 점멸하면서 압도할 것이다.[87] 그가 본 것은 단지 도살당하는 소가 아닌 자기 자신의 출산 광경인 것이다. 번민하고 괴로워하며, 비명을 지르고, 출혈하고 있는 것은 자기 자신이며 내 모친이다. 나는 이렇게 탄생했다. 그렇다면 도대체 어떻게 하면 좋을까.

빛과 율동

나란 무엇인가, 나의 '발생'이란 무엇인가. 이런 물음에 빠져 있으면 사람은 분명 '육신'의 한가운데로 이끌려 들어간다. 나의 '기원'에 있는 것은 항상 어둑한 곳에서 서로 성교하고 있는 일그러진 육체의 뒤얽힘이고, 점막 안에서의 수정이며, 양수가 터짐과 함께 찾아오는 출산이다. 나는 일개의 '고깃덩어리'인 것이다. 하지만 나의 탄생은 그러한 인과 선상에서 해소되는 것이 아니다. 나는 미끈미끈한 피투성이가 되어 태어난 것이 아니다. 세속적인 의미로는 그러하다고 해도, 나는 육신과 피의 연쇄로 끝나버린 것이 아니다. 우리들 안의 직관은 확실히 그렇게 알리고 있다. 이것은 도대체 무슨 뜻인가.

『타넬리는 확실히 항상 씹고 있었던 것 같다』와 그보다 앞서 발표되었던 『젊은 고다마』라는 작품을 보자. 나는 어떻게 탄생한 것인가, 여기에서 생식의 사실성이나 정치적 열광이나 인간으로서의 안녕이라는 범용한 해답을 사전에 파기한다면, 이 질문에 해답 따위는 존재하지 않고, 아마 행복도 잃을 것이다. 하지만 만약 혼신의 힘으로 던진 질문이 무수한 들판과 산등성이를 통과해서 그대로 메아리가 되어 되돌아온다면 그것 역시 하나의 해답이 될 것이다. 『빛의 맨발』은 이런 질문에 답이 되지 않는 답을 준다. 그곳에서는 마침내 우주가 구제되어 세계는 눈의 깜빡거림보다 재빠르게 종언하며 나는 끝없이 투명한 하얀 색 빛 속에 발산되어 버리기 때문에 물음은 그 역할을 다하고 공허하게 되어 몰아와 수용 속에서 망각된다. 다른 한편, 『타넬리는 확실히 항상 씹고 있었던 것 같다』에서는 질문은 질문의 기원으로 되돌려져서, 그 해답은 나는 나이고, 내가 아닌 것이며, 나는 죽음이자, 탄생이라는 것이다. 그리고 지금도 탄생한다는 것이다. 이런 끝없이 일그러진 걸작에서 세계가 끊임없이 변용되어 멈출 곳이 없다는 것은 한없이 무서운 일이며, 이것은 역시 '먹는 것'과 깊게 관련되어 있다.

타넬리는 어린 아이이고, 모친의 곁에서 등나무 덩굴을 때리고 있다. 모친은 졸참나무 열매를 찧고 있지만, 이는 대표적인 구황식물이고 타넬리의 주변이 이미 심각한 기근에 닥쳐 있다는 것을 비밀스럽게 암시하고 있다.[88] 이 작품의 기저에 있는 정동이 되는, 신비하고 왠지 어두운 고양은, 아마도 공동체의 이러한 전적인 위기로 싹트고 있다고 할 수 있다. 그럼에도 타넬리는 전혀 개의치 않고 봄의 분위기에 매혹되어 바깥 들판으로 달리기 시작한다. 그 다음 타넬리가 경험한 수십 분 – 또는 수 시간일지도 모르는, 시각은 어린 아이의 꿈의 시제로 용해되어 버려 시간을 재는 기능을 다하지 못한다 — 이 이야기 내용을 형성한다.

그런데 외출하려고 "두드렸던 덩굴을 한 다발 쥐고, 입으로 끈적끈적 씹으면서" 출발한 타넬리의 행방을 특징짓는 것은 놀랄 만한 집요함으로 반복되는 씹는 행위와 음식물의 이미지이다. 타넬리는 전방의 "파란 하늘을 조금 먹으려는 듯이 달리고", **중얼중얼**(강조는 원문) 중얼거린다. 덩굴을 뱉어 버린 후에 만난 것은 '소 혓바닥 꽃' 군락으로 타넬리는 꽃 하나하나에 "혀를 내밀어 인사"한다. 느릿느릿 기어온 두꺼비가 말한 것은 "그곳은 모두 복숭아색을 한 목이버섯이다"라는 말이고, "타넬리는 갑자기 무서워져서" 네 그루의 밤나무 밑까지 도망친다.

> 타넬리는 겨우살이 나무에게 무언가를 말하려고 했지만, 너무 달려서, 가슴이 연달아 풀무질하는 것 같아, 아무래도 말을 할 수 없었습니다. 빨리 숨을 모두 뱉어 내고자, 파란 하늘 높이, 후우 하고 외쳐도 나아지지 않았습니다. 등나무 덩굴을 한 움큼 씹어 보아도 아직 나아지지 않았습니다. 그래서 이번엔 훅 하고 뱉어 보니, 마침내 말할 수 있게 되었습니다.
>
> "밤나무 죽었다. 왜 죽었나.
>
> 아이들이 머리를 먹어 버려서 죽었다."
>
> 그러자 위쪽에서 겨우살이 나무가 잠깐 웃는 것 같았습니다.[89]

여기서는 '먹는 것'과 죽음과의 관련성이 이야기되고 있다. 이 주문 같은 말이 밤나무에 휘감긴 겨우살이 나무를 자식에 비유하고 있고, 자식이 부모를 죽였다는 우스개 노래라고 해도, 이런 당돌한 죽음의 등장은 독자를 멈칫하게 한다. 어째서 타넬리는 돌연 기괴한 노래를 부르지 않으면 안 되었던 것일까. 그것은 타넬리 자신도 알 리 없다. 이 노래를 부르기 직전에 두꺼비가 알리는 것은 세계가 복숭아색 불에 휩싸여 있다는 환영vision이다. 이 말은 두꺼비가 지닌 사고思考의 목소리로서 "멀리서 바람이라도 중얼거리듯" 타넬리의 귀에 들려온다. 이는 겐지의 작품에서 자주 등장하는, 사고思考를 자신의 것으로 인식할 수 없게 되어 그것이 타자의 목소리(환청)로서 도래하는 장면이다. "어때, 내 머리 위에는 / 언제부터 이런 / 펄럭펄럭 빨간 불이 있었던 것일까." 『젊은 고다마』에서는 이러한 불꽃이 실은 '따오기 불'이라는 것이 분명하게 밝혀지고 있다. 두꺼비가 확실히 말하고 있듯이, 이런 '따오기 불'은 풍경의 총체를 일변시키는 마력을 지닌다. "따오기 불이다. 따오기 불이다. 이미 하늘은 파랗지 않다. 복숭아색으로 펄럭이는 겨울 하늘로 변해 있는 것이다."[90] (여기에도 '목이버섯' 닮은꼴의 음식 이름이 나오는 것에 유의해 두자.) 하지만 고다마가 복숭아색으로 변해 버린 이런 하늘을 목격하기 위해서는 지금 잠시 기다리지 않으면 안 된다. 들을 뒤덮은 얼레지(물론 식용 꽃)까지도, 막 싹이 튼 잎사귀의 멍을 "하늘도, 땅도, 풀잎 위에도 하나하나 복숭아색 불이 타고 있다"라는 글자로 바꾼다고 해도, 고다마의 눈에는 하늘은 아직 "매끄러운 돌"처럼 파랗다. 타넬리들에게 아직 찾아오지 않은 것은 따오기 본체의 하늘을 가르는 비상이다. 그들은 확실히 이미 모든 것이 어떤 전조가 되고 세계가 근원적으로 흔들리는 영역에 깊게 들어와 있지만, 아직 그 심부까지는 도달하지 않았다. 때문에 날개 안쪽을 복숭아색으로 번쩍번쩍 빛내는 "한 마리의 커다란 하얀 새"가 해를 차단하고 하늘로 날기 시작할 때, 타넬리나 고다마의 가슴이 "술로 가득 찬 것처럼" 되어 숨이 콱 막히는 것은 당연한 일인 것이다. 겐지에게 있어 하얀 새의 비상은 다른 세계의 시작을 알리는 것이다. 여동생 토시의 죽음 직후에 쓰인 다음 시를 보자.

> 한 마리의 커다란 하얀 새가
> 날카롭고 슬프게 울면서
> 촉촉한 아침 햇살을 날고 있다.
> 그것은 내 여동생이다.
> 죽은 내 여동생이다.[91]

고다마는 따오기에게 자신의 불을 나눠 준다고 소리 지르며 따오기의 뒤를 쫓는다. 그리고 결국 뛰어든 그곳에서 전적인 변용 안에 있을 뿐인 자신을 발견한다.

그리고 생각지 않게 눈을 비볐습니다. 그곳은 좀 전에 두꺼비가 중얼거린 것과 완전히 같은 경치였습니다. 펄럭이는 복숭아색의 겨울 하늘에서 하늘이 활짝 펴져 새파랗고 부드러운 풀에 온통, 곳곳마다 괴상하게 붉고 하얀, 얼룩덜룩한 큰 꽃이 피어 있었습니다. 그 저편에는 어두운 나무숲으로 고함소리나 비명이 들려옵니다. 그 검은 나무를 젊은 고다마는 본 적도 들은 적도 없었습니다. 고다마는 두근두근거리는 가슴을 진정시키고 그곳을 보았습니다만 새는 이미 어딘가 가 버렸는지 보이지 않았습니다.[92]

물론 이것은 죽음의 권역이다. 하지만 동시에 '시작'의 장소이기도 하다. 그 후, 타넬리들은 숲에서 "얼굴이 큰 이누가미犬神 같은 것"이 빨간 마노 같은 눈을 두리번거리면서 다가오는 것을 보고 "바람처럼 빛처럼" 도망친다. 이렇게 펄럭거리며 타오르는 복숭아색 불이야말로 끊임없이 동요하고 있는 의식의, 결국은 세계의 생성이란 표상인 것이다.

이렇게 끊임없이 움직이는 의식의 형태는 타넬리가 여행하는 순간에도 "무의식중에 타고 내리기를 반복하는" "작고 투명한 소용돌이 같은 것"으로서, 또는 매끄러운 하늘에서 "팔랑팔랑팔랑팔랑, 그물이 되거나 무늬가 된다고 하는 것"으로서 나타나고 있다.

이것은 겐지 작품에서 반복해서 보이는 것이다.

예를 들어,

'보렴, 하늘을, 인드라의 그물을'

나는 하늘을 보았습니다. 지금은 완전히 파란 하늘로 바뀐 그 천정에서 사방의 창백한 하늘 끝까지 온통 펼쳐진 인드라의 스펙트럼 그물, 그 섬유는 거미보다 촘촘히, 그 조직은 균사보다 치밀하게, 투명하고 맑고 깨끗했으며, 황금으로 되어 있고 또한, 파랗게 수억 개의 섬유가 상호 교차하여 빛나고 흔들거리면서 타고 있습니다.[93]

정말로 하늘의 구석구석 마이너스의 태양이라고도 불릴 것처럼 어둡고, 쪽빛, 황금빛, 녹색이나 잿빛으로 빛나고 하늘에서 떨어진 것처럼, 누구도 두드리지 않는데도 힘껏 울고 있는 수많은 하늘의 북은 울리고 있으면서 조금도 울리지 않았습니다. 나는 그것을 너무도 길게 바라봐서 눈도 어지럽게 되어 비틀거렸습니다.[94]

또는,

하늘은 마치 푸른빛으로 매끈해져서 그 빛은 콕콕 두 사람의 눈에 스며들었습니다. 또한 태양을 보자 그것은 거대한 하늘의 보석처럼 주황빛이나 녹색 빛으로 빛나는 가루를 뿌리고 눈부심으로 눈을 감으면 이번에는 그 검푸른 어둠 속에서 온통 푸르게 빛나 보였던 것입니다.[95]

설탕을 녹였을 때처럼 하늘하늘 떠오르고 있는 거 겠지요. 오오 빛이 피어오르고 피어올라, 꽃 술잔을 범람하고, 끓어오르고 퍼지고 퍼져서 이미 저녁이 대낮이 되었습니다. 저 멀리 사화산에 있는 눈도 그 빛 속에 휩싸여 있습니다. 샘솟습니다. 샘솟습니다. 빛나는 튤립주酒의 향기를 찬양해 주십시오.[96]

이러한 묘사는 대기나 하늘의 상태만을 본 것이 아니다. 겐지에게 있어 세계는 빛과 율동이 그칠 줄 모르는 경쟁이고, 겐지 작품은 이러한 경쟁에 한없이 깊게 침투하고 있다. 이미지와 음의 율동은 모든 자연 묘사,

모든 작품 속의 언어를 들뜨게 해서, 의성어나 '노래'로 변화시키면서, 겐지 특유의 강력한 리듬으로 가득 찬 문체를 형태 짓는다. 이런 율동은 결코 유기적인 것, 다시 말해 심장의 고동이나 사람의 숨소리와 비교 가능한 것이 아니다. 그것은 보다 철저하게 무기無機적, 기계적, 원소적이고, 결국은 별의 반짝임이나 광물의 결정 구조, 번개나 오로라, 눈을 감을 때 시신경이 만들어 내는 패턴, 그리고 무엇보다도 태양의 코로나corona에 속한 것이다. 모든 물체를 관리하는 하늘의 북인 것이다. 이것이야말로 세계이고, 의식의 원기原基이다.

그런데 타넬리는 그의 모험에서 끊임없이 덩굴 씹기를 멈추지 않는다. 이런 음미하는 행위는 오히려 우주적인 율동에 동기화되고 있다. 이는 '먹는 행위' 안에 남겨진 원초적인 욕동의 흔적이고, 그렇게 말할 수 있는 것은 그것이, 통상적인 의미에서의 음식물 섭취, 유기물을 잘게 씹고 삼켜, 자신의 신체에 내재화하는 것이 전혀 아니기 때문이다. 그러나 '먹는 행위'의 근저에는 순수한 반복 행위, 성인에게 나타난다면 증상임이 틀림없는 강박적인 반복이 있는 것이 아닌가. '먹는 행위'의 시초에 있는 것은 어머니=유방을 기계적으로 깨물고, 흡입하고, 자극이 세지면 느닷없이 정지하는 추상적인 리듬인 것은 아닌가. 그때 '먹는 행위'는 무기적인 욕동만이 작동하는 영역인 것이다. 그것이 통상의 '먹는 행위'가 되는 것은 어머니와 내가 분리되고, 어머니가 내게 준 '음식물'을 받아 삼키는 동안에 '공복'이란 감각을 내재화하고, 욕망을 스스로의 능동성으로 통합하고 끝난 것에 불과하다. 그 이전에는, 나는 내가 아니고, '살'이 아니고, 신체조차 아니다. 순수한 자동운동과 비인칭적인 욕망만이 존재하는 영역인 것이다.

겐지의 작품에는 이러한 영역의 기억이 농후하게 잔존하고 있다. 그
것은 빛과 소리의 율동이 되고, 바람이 되고, 햇빛이 된다. 겐지가 이야기
하는 것은 여기서부터 의식이 발생하고, 세계가 탄생하고, 내가 나로 존
재해서 욕망과 욕망의 대상이 쌍생아처럼 태어나는 이야기이다. 그곳에
있는 것은 우리들이 탄생의 순간에 목격한 지금 막 탄생한 세계이고, 언
제나 정겹고, 아름답고 무서운 것이다. 그가 항상 어린이들에게 이야기하
는 것은 어린이가 어른보다 탄생의 현장에 더 가깝기 때문이다. 그가 말
하는 언어 속에는 내가 나로 생성되기 전의 역동이, 세계의 탄생이 살아
숨 쉬고 있는 것이다.

인간이 언어를 획득하기 위해서는 유인원부터 혀의 뿌리인 후두를
수백만 년에 걸쳐서 목구멍 중간까지 눌러 밑으로 내리지 않으면 안 된
다. 게다가 시각과 청각의 연결(상대의 표정 인지와 자신과 타인의 음성
파악)과, 인지, 운동, 사고라는 삼자(바깥 세계 인식과 구강 제어와 의식)
의 연합이 구조화 되지 않으면 안 되었다. 본래 혀·구개부·인두咽頭·식도
라는, 입술에서 폐에 이르는 여러 기관은 호흡과 음식 섭취를 위해 존재
하고, 그중 일부만이 부차적으로 전용되어 외침이나 신음소리(경고와 구
애)를 위해서 이용되고 있는 것에 불과하다. 하지만 겐지에게 있어서는
보통은 상대적으로 독립되어 있는 언어 기능이 언어적인 연산 회로를 누
출해서 음식과 관계된 구순적 욕동과 이어지고, 오히려 외침이나 웃음
이나 삼키는 일에 크게 접근하고 있다. 입 속을 쩝쩝거리는 것, 의미 없는
소리를 내는 것, 뺨을 불룩하게 만든다든지 혀를 날름거리는 것 등은 겐

지의 에크리튀르의 본질적인 일부이다. 그 결과, 그의 언어는 말이 전달이나 설명이나 인지와 연결되어 있다고 믿는 통상의 언어 처리의 입장에서는 당돌하고, 이질적이고, 신선하게 느껴지고 마치 다른 별의 언어가 불시에 도래한 것 같이 받아들여진다. 하지만 그것이 본질적으로 정겨운 것이라 말할 수 있는 것은 그곳에는 원초적이며 유아적인 욕동이 충만해 있기 때문이며, 그들이 보호자, 다시 말해 최초의 성적 대상을 부를 때의 의미 이전의 강렬한 충동력을 가지고 있기 때문이다.

겐지에게 있어서는 먹는 것에 관련된 욕동이 너무나도 강하게 언어와 연결되어 있기 때문에 오히려 현실의 음식물은 피·부패·악취로 가득한 것으로 느낀다. 그곳에서 '먹는 행위'에 대한 심각한 위기가 생겨나지만, 그 대신 겐지는 언어를 먹는다. 빛을 마시고, 하늘을 먹는 겐지가 반복해서 애용하는 언어는 단순한 수사학^{rhetoric}이 아니다. 빛은 물이고, 벌컥벌컥 마실 수 있는 것이자, 세계는 언어이며, 언어는 음식인 것이다.

> 우리들은 빙과류가 먹고 싶을 정도로 참지 못할 것 같지만, 시원하게 지나가는 바람을 먹고, 복숭아색의 아름다운 아침 햇살을 마실 수 있었습니다.(「주문 많은 요릿집 서^序」 서두)

> 하지만 우리들은 이러한 작은 이야기의 몇 토막들이 끝나고, 당신의 깨끗하고 진정한 음식이 되는 것을 얼마나 기다리고 있었는지 모릅니다.(같은 책, 끝 부분)

여기에서 겐지에게 있어 '쓰는 행위'가 무엇이었는지 알 수 있다. 그것은 자기 자신의 신체로서의 세계=언어를 글자 그대로 타자의 음식으로 내미는 것이었다.

6장

'혈통'의 생성

마지막 장에서는 야스다 요주로를 채택했다. 야스다 요주로는 1932년에 창간된 『코기토』와 1935년에 창간된 『일본 낭만파』라는 잡지에 의지하여 적극적으로 풍자(irony) 미학을 제창하면서 '불안의 시대'의 젊은이들을 파악했다. 하지만 그후, 야스다는 전쟁 하의 일본 사회에 즉응하듯이 급속하게, 국수주의의 미적인 관념학자(Ideolog)가 되어 간다. 이번 장의 목적은 야스다의 사상 안에서 미적 아나키즘 모델이 어떻게 변화되어 갔는지를 이해하는 것이다. 그는 자기 창조의 주체가 사회와 역사를 구성해 간다는 모델을 유지하면서, 그 주체의 자리를 개별적 예술가가 아닌 민족으로 이동시켰다. 유일하게 능동적으로 행동하는 것은 민족이어서 개인은 그 계기에 불과하다. 미적 아나키즘이 야스다의 사상 속에서 쇠멸되어 간 과정을 고찰하는 것으로 이 책을 끝맺고자 한다.

야스다 요주로 (保田與重郎, 1910~1981) 나라현 사쿠라이시에 출생. 도쿄 제국 대학 미학과 미술사학과 재학 시절부터 적극적으로 문학과 미술 관련 평론을 발표하면서 인정받았다. 잡지 『일본 낭만파』의 중심 멤버로서 반근대를 주장하여 1930년대 후반의 문학사조에 일익을 담당했다. 활동 초기에는 예로부터 전해 내려온 일본의 전통미를 찬미하는 입장이었는데, 중일전쟁과 함께 국수주의적 경향이 강해졌고, 그러한 이유로 전후에 많은 비난을 받았다.

다시 주조되는 미적 아나키즘

야스다 요주로는 세 번째 저서인 문예평론집 『대관시인^{戴冠詩人}의 일인자』의 서문을, "일본은 지금 미증유의 위대한 시기에 당면해 있다"라는 단언으로 시작한다. 야스다에 의하면 그 위대한 시기란 "전통과 변혁이 공존하면서 동일하게 존재하는 진귀한 순간"이며, 일본이 "옛 조상의 신화"를 "새로운 현전의 실재"로 만드는 시기이다. 쇼와 23년(1938) 9월이라는 탈고 날짜가 나타내는 것처럼, 야스다의 글에 깃든 이상할 정도의 흥분은 1937년 7월에 노구교사건으로 시작된 일본군의 대륙에서의 군사행동, 즉 '지나^{支那}사변'에서 유래한다.

> 어쩌면 이러한 원정과 행군은 일본의 정신과 문화의 역사를 변혁함과 동시에, 세계적인 규모에서 세기의 변혁이 될 것이다. 나는 그것을 희망하고 또한 믿는다. 일본은 오늘날, 역사가 그 장엄한 서정^{抒情}을 전시하고 연주하는 저 광영과 감사의 날에 당면해 있다. 우리는 분위기를 지닌 시대와 마주한 것이다. 그것은 틀림없이 우리의 먼 과거의 선조로부터 전해 내려온 신화의 여명이다.[1]

이러한 것은 광신적인 국가주의자의 격앙된 수사학에 불과한 것일까? 하지만 여기에는 이해하기 힘든 것이 있다. 그것은 야스다가 "선조로부터 전해 내려온 신화"라 부르는 것, "우리의 역사와, 민족이라는 영웅과, 시인들에게 그려진, 일본의 미적 이상^{理想}"[2]이란 무언인가, 라는 문제이다.

"우리는 지금 창조의 원시적 혼돈을 살고 있는 하나의 민족, 하나의 국민을 알고 있다. 우리 민족은 지금 그 행위를 통해서, 우리의 태곳적 위대한 왜인들의 궁전으로부터 전해지고 있다. 그리고 선조에 의해 이야기되었던 일본의 정신, 우리가 이어갈 수 있다고 굳게 믿는 일본의 정신을, 형태로서 지니게 되는 날을 보게 될 것이다."³ 역사 속에서 부단히 전승되어 왔다고 여겨지는 신화란 무엇을 말하는 것일까. 그것은 어째서 노골적인 군사적 제압 – 난징南京 사건은 겨우 8개월 전의 일이다 – 과 이어지는 것일까.

야스다의 작품을 통해 알 수 있는 것은 그의 말에는 현실적인 정치 판단이나 경제적 고려가 조금도 포함되어 있지 않다는 것이다. '국가 생존'이라는 필요를 근거로 호소하는 듯한 논의, 전쟁을 불가피하다고 단정하는 듯한 이른바 현실정치real-politic는 전혀 발견되지 않는다. 그것은 시사적인 문장에서도 마찬가지이다. 간단히 말해서 전쟁은 전적으로, 미적인 범주의 틀 안에서 파악된다. 군사적 행위가 신화와 일치한다고 말하는 것은 전투를 본질적으로 서사시적인 공훈으로 파악하기 때문임이 틀림없다.

야스다의 사고 체계 내부에서 전쟁은, 어떤 살아 있는 전통 – 그가 '혈통'이라 부르는 것 – 의 필연적인 발현 형태로 여겨진다. 하지만 이해하기 힘든 것은 이러한 '전통'이 구체적인 어떤 것의 문화적 형질·특징 따위는 아니라는 것이다. 오히려 그것은 구전되고 갱신되어 왔음에도 내용을 확정하는 것이 불가능한 공허에 다름 아니다. 본래 구전되어야 할 사항은 이런 '전통'을 계속 구전하지 않으면 안 된다는 책무 그 자체이다. 이러한 '혈통'은 일본 문화를 관통하는 영원의 흐름으로 간주되지만, 사실 그것이 누구를 향하는 것인지, 그것이 무엇을 원하고 있는지가 분명치 않다는 의미에서 그것은 순수하고 텅 빈 기원이자 심정인 것이다.

여기서는 우리가 지금까지 연구 대상으로 삼아 왔던 것, 즉 창조하는 미적 아나키즘과의 명료한 공통점이 눈에 띤다. 첫째로, 야스다 요주로에게 있어서도, 세계 안의 행위 – 여기에서는 전쟁 행위 – 는 정신의 유출, 또는 표현이다. 전쟁이 전쟁 이외의 것(정치적 대의나 경제적 이익 등)에 의해 정당화될 필요가 없는 것은 전쟁이 자연스런 발로로 여겨지기 때문이다. 그것은 민족의 자발적인 자기 창조이고, 외부의 목적이나 동인을 필요로 하는 것이 아니다. 두 번째로, 이러한 자기 창조는 우선 미적인 것이다. 전쟁은 노래 만들기나 작품 집필과 같은 형태의 창조 행위이고, 세계를 미적인 창조물로 바꾸고 – 야스다의 말을 빌리자면 – 낭만적 차원을 여는 것이다. 그것은 이른바 세계 자체의 개화인 것이다.

그럼에도 불구하고, 야스다의 사고思考는 우리가 지금까지 다뤄온 아리시마 다케오나 오스기 사카에, 미아자와 겐지 등과는 결정적으로 다르다. 왜냐하면 그들에게 있어 주체 창조의 근거가 되는 것은 '생명[삶]', 단독적으로 일회적인 현재의 나의 '생명[삶]'이기 때문이다. 하지만 야스다에게 있어서는 나의 '생명[삶]'은 문제가 되지 않는다. 창조의 주체는 문화이고, 전통이며, 개인은 이미 창조할 힘과 능력을 잃어버렸으며, 그 대신에 '나'는 공허한 주관성이 되어, 미적으로 장엄한 세계를 돌아다니는 것이다.

이 책은 야스다 요주로로 끝난다. 야스다는 다이쇼 시기부터 쇼와 초기에 걸쳐 나타난, 창조하는 미적 아나키즘의 마지막 한 명이자, 그런 모델을 전혀 다른 존재로 전위轉位시킨 인물이다. 그런 전위의 모습을 확인하는 것이 이 장의 주제이다. 덧붙이자면, 1920년대에서 1930년대에 걸쳐서 일어난 생生의 철학이나 아나키즘은 지금까지 파시즘과 관련된 탐정 조사의 도상에 있어서는 범인이거나 적어도 중대한 공범자로서 지명된 적이 많았다. 그러나 우리는 그것을 따라 미적 아나키즘이, 논리상 필연적으로 초국가주의로 귀결된다는 확신을 내세우려는 것이 아니다. 거기에 그치지 않고, 오히려 양자 간에는 거대한 틈새가 있다고 말하면서, 그곳을 뛰어넘기 위해서는 어떠한 '변형'이 필요한가를 명확하게 할 참이다.

『예술의 한계와 한계의 예술』

야스다 요주로는 1934년에 『예술의 한계와 한계의 예술』에서, 좀 놀라울 정도로 거리낌 없이 사회주의 작가 막심 고리키에 대한 선망의 정을 이야기하고 있다. 거기서 야스다는, 고리키가 현대사회의 비참을 빠짐없이 조망하고 묘사하는 생애를 살았고, 그가 만년에 혁명과 조우함으로써 세계의 전면적인 긍정으로 전환한 작가라고 평가하고 있다. 소재가 되는 것은 전년에 일어난 백해·발트해 운하 완성 기념식전에서 고리키가 행한 연설이다. 백해·발트해 운하는 스탈린이 제1차 5개년 계획의 중점적인 사업으로서 계획한 대규모 토목 공사였으며, 반혁명의 죄로 문책 당한 방대한 수의 죄수들이 투입되었다. 게다가 그것은 노동에 의한 인간 개조 – '소비에트적 인간'으로의 변혁 – 의 역사적 실천으로서 선전되었다. 기념식전에 고리키가 동원된 것도 그러한 국제적인 프로파간다의 일환이었는데, 야스다가 이 같은 배경을 어느 정도까지 인식하고 있었는지는 분명하지 않다.

그러나 원래 야스다의 관심은 그러한 사실 판단이 아니었다. 야스다는 이렇게 설명한다.

여기에 고리키가 쓴 하나의 에세이가 있다. 그것은 바로 「소비에트적 현실」이다. 이 글은 아마도 지금 세기가 달성할 수 있는 최상의 글일 것이다. 새로운 나라에서는 새로운 인간이 생성되고 있다. – 혁명이 인간을 혁명시킬 것인가라고 했던 우리의 생각과 같은 질문을 그는 고려하고 있지 않다. 그는 계속해서 태어나고 있는 아이들에게 눈물겨운 축복과 감동으로 노안을 껌벅인다. 여기서는 자연 지리조차도 변경되었다. 운하의 건설 공사에서 노동하고 있는 사람들은 그들의 인간성조차도 개조되었다. 이윽고 구세대의 것은 전설 속에만 남게 될 것이다. 이러한 환희를 노래하기 위해서 나는 내가 가진 언어만으로는 부족함을 자각했다. 이 사실의 힘을 표현할 수 있는 그 어떠한 언어도 존재하지 않는다![4]

야스다는 '정치적인 혁명이 인간의 성격까지 개조할 수 있는가'라는 분명히 진지한 질문 자체를 피하고 있다. 그것은 야스다의 의도가 사회주의 혁명의 진실이나 유효성을 문제 삼는 것이 아니기 때문이다. 그 대신, 그는 고리키가 표명했던 감격, 이러한 새로운 현실을 자신의 문학 언어로는 감당할 수 없다는 고리키의 말에 공감을 할 뿐이었다. 야스다는 고리키를 "금세기 가장 행복한 사람"[5]이라고까지 부르고 있다. 그 이유는 고리키가 자신의 작품도 포함해서 지금까지의 예술을 버릴 만큼 현실을 긍정할 수 있었기 때문이다. 고리키의 감격이 과연 정당한 것인가 아닌가라는 물음은 처음부터 주의 깊게 배제되고 있다.

야스다에게는 단순히 예술의 운명이라는 것만이 문제로 되고 있다. 예술의 사멸이라는 나카노 시게하루[6]적인 관념이 계승되고 있다.(고교 시절의 야스다 요주로는 프롤레타리아트 문학 운동의 젊은 기수였던 나카노 시게하루를 애독했다) 나카노는 활동 초기에, 예술이 자본주의 시장에서 특이하고 특권적인 '상품성'을 잃어버리고 사람들의 생활에 녹아들어 간 '수레바퀴'처럼 된다는 비전vision을 내세웠다.[7] 그리고 나카노는 프롤레타리아트 문학 운동이 그러한 예술을 지향하는 실천이라고 생각했다.

『예술의 한계와 한계의 예술』에는 다음과 같은 대목이 있다. "그(고리키)는 문학가가 만든 허구보다도, 저 멀리 백해·발트해 운하 건설로 대표되는 현실의 위대한 분위기에 감동하고 있는 것이다. 이러한 감동은 낙차에 의해 일어난 것이 아니라, 현실 긍정 그 자체로의 행복인 것이다."[8] 여기서 '낙차'라는 것은 자아와 현실의 낙차라고 설명된다. "자아와 현실 사이의 낙차가 사라지는 날, 예술은 어디에서 성립될 것인가."[9] 신사회 건설이라는 것, 바로 그 속에서 고리키가 구래의 예술을 더 이상 필요로 하지 않게 된 것에 비해서 "아직 우리들, 작가는 예술을 잃어버리지 않았다."[10] 그 때문에 야스다는 고리키를 부러워했던 것이다.

6년 후, 야스다는『예술의 한계와 한계의 예술』을 언급하면서, 고리키의 '신新문예관'에 '세기의 로맨티시즘'을 느꼈기 때문에 썼던 작품이라고 주를 달고 있다.[11] 그때 야스다는 이미 대륙에서의 병사들을 노래할 수 있었다. 중일전쟁의 발발은 고리키가 운하 앞에서 느꼈던 것과 다르지 않다고 생각되는 어지러움을 야스다에게 주었다. 하지만『예술의 한계와 한계의 예술』의 단계에서는 야스다는 아직 그러한 어지러움을 모르고 있었다. 야스다가 생각하는 일본 문예의 가장 기본적인 감정은 혼탁한 현재를 향해서 내뿜어진 비분강개였고, 세계 속에서 자신이 있을 곳을 발견하지 못하고 유랑하고 있는 비애였기 때문이다. 야스다는 한편으로 "문학은 불만과 의분이 일으키는 양심에만 의존했다"[12]고 주장했고, 다른 한편으로는, 소실과 근거의 부재만을 말하면서 세계를 긍정할 수 없는 자신들을 한탄했다.

1935년 전후, 야스다가 활발히 발표하고 있었던 문예비평을 특징짓는 것은 아이러니·데카당스·니힐리즘이라는 부정적인 용어의 난무였다. 한편으로 이것은 "셰스토프[13]적인 불안", "고향을 잃어버린 문학"(고바야시 히데오)이라는 문단의 유행에 대한 기민한 반응이었다. 그와 동시에, 동인지『코기토』로 등단한 이래 그가 나아갔던 니힐리즘에 휩쓸려 초조해 하고 있다는 것을 나타내는 듯 보였다. 그는 집요하게 자신들은 "청춘을 소실했다"[14]고 말했고, "어떤 사상을 가질 수 있다는 것을 경멸하고 있다"[15]고 했으며, "우리의 시대는 아이러니의 시대이고, 모든 위대한 것, 영광스런 것이 자신들의 고향으로서 아이러니를 생각할 수밖에 없는 날이다"고 주장했다. "우리는 여기에서도 표면적으로는 자연적인 것을 동경하면서, 실제 태도로서는 인공적인 것을 취할 수밖에 없다."[16] 거기에는 과장되게 좌절과 소실을 과시하는 몸짓과 그곳으로부터의 탈출에 대한 꿈 – '자연적인 것'에 대한 동경 – 등이 혼재하고 있다. 그런 의미에서 이러한 것들은 낭만파의 전형적인 수사학이라 해도 좋을 것이다. 이런 양의성이야말로, 낭만[roman]적인 아이러니인 것이다.

'회상'[追想]과 '동경'

와타나베 가즈야스[17]는 뛰어난 실증적 조사 『야스다 요주로 연구』에서, 야스다 요주로가 젊은 시절부터 고전 지식에 해박했던 독자적인 사상가였다는 신화를 훌륭하게 일소해 보였다. 와타나베가 면밀한 절차를 통해서 확인한 사실은 아래와 같다.[18]

(1) 종종 야스다는, 자신의 청년기의 지적 형성이 고도[古都] 나라[奈良]의 풍토와 문화에서 자연스럽게 유래했다는 강한 인상을 독자에게 주지만, 오히려 와쓰지 데쓰로나 쓰치다 교손, 아쿠타가와 류노스케[19], 다니가와 데쓰조[20] 등 다이쇼 문화주의자들의 저작의 영향이 컸다는 것. 그중에서도 와쓰지와 쓰치다의 영향은 결정적이었고, 고교 시절의 습작들은 두 저자의 작품의 표절이라 해도 무방할 '환골탈태'였다.

(2) 또한 그 후에도 그의 평론에서 중심이 되는 아이디어나 발상은 고미야 도요타카[21], 오리쿠치 노부오[22] 등 다른 저작가들로부터 유래한 사실이 발견된다는 것. 게다가 「일본의 다리」(1936)나 『대관시인의 일인

자』(1938) 등 그의 중기를 대표하는 작품들의 모티브가 고교 시절의 습작을 보충·재구성하는 과정에서 형성되었고 선행 사상가의 영향을 내포하고 있다는 것.

(3) 그럼에도 불구하고, 야스다는 그러한 선행자의 이름을 은폐하고, 집요한 와쓰지 비판에서 발견되듯이 한때 자신이 경도되었던 사상가를 점차 공격하는 경향이 있다는 것. 그 때문에 야스다의 사상 형성은 타자의 사상을 폭넓게 수용하면서도, 그 속에서 독자적인 변이를 실현하고자 하는 양가적인ambivalent 행위가 된다.

이러한 사실을 근거로 와타나베는 야스다의 사상이 다른 사상가들의 사고의 단편적 '짜 맞추기'라는 것을 지적하고 있다. 그러나 이는 어떤 의미에서, 야스다가 문단 활동을 시작할 때 즈음 그가 '일본 낭만파'를 기치로 내걸었던 것이 그의 사상적 체질에 적합한 행위였다는 것을 나타낸다. 독일 낭만파야말로 모방과 인용의 아라베스크에 의한 단편화를 자각적인 방법으로서 선언한 최초의 문학 운동이었기 때문이다.[23]

야스다가 초기 사상과 스타일을 확립하는 데 있어서는, 그가 1930년대 전반에 쓴 『다이마富麻 만다라』(1933)를 시작으로 하는 고미술에 관한 일련의 평론들이 중요했다. 이러한 고대 미술 평론은 야스다의 작품군 속에서 문예사와 나란히 주요한 하나의 계열을 이루어 갔다. 그러나 이것들 또한 와쓰지 데쓰로 비판을 기본적인 모티브로 하여 형성된 것이었다. 와타나베에 따르면, 본래 야스다의 고대 미술, 고대 불상 등에 대한 관심에는 와쓰지의 『고찰순례』(1919)를 독서한 경험이 큰 자장을 이루고 있다. 『다이마 만다라』에서 야스다는 다이마 절에 소장되어 있는

『덴표[24] 연실蓮絲 만다라』와 그 유포본인 분키만다라의 시대고증을 문제로 하여, 와쓰지가 유포본에 의거하여 '덴표 정신'을 이야기한 것을 비난한다. 왜냐하면, 야스다의 입장에서는 유포본은 가마쿠라 시대의 작품일 가능성이 높기 때문이다. 그러나 야스다의 목적은 그러한 전문적인 논의가 아니다. "예술이 나타내는 세계란 단순히 소재가 없고, 구성의 논리주의에 의해 분석되는 것이"[25] 아니라, "학술적 연구의 논리가 실패하는 지점에서 예술의 논리가 시작되기"[26] 때문이다. 그리고 "선진미술사가의 의견"도 결국에는 "인상판단에 불과하다"고 단언하고, 양자의 '포에지'poésie의 차이에서 "분키 다이마와 덴표 다이마 두 개가 증명하는 예술은 확실히 서로 다른 것이다"[27]라고 결론짓는다.

야스다는 학술적 고증에 구애된 모습을 보이면서, 동시에 그것과는 모순되는 주관적인 판단을 주장한다. 그러나 이는 와쓰지에 대한 양가적 태도가 전도된 것이다. 본래 와쓰지의 미술 평론은 소재나 기교의 고증으로 기울어지기 이전의 고대 미술학에 대한 안티테제라는 측면을 가지고 있다. 와쓰지가 행했던 것은 선이나 면이라는 양식적 특징에 주목하면서, 그곳에서 시대정신이나 동서의 웅대한 문화적 교류를 회상하는 해석학적 정신사였다. 야스다는 뵐플린[28] 등의 영향도 포함해서 명확하게 그 스타일을 계승하고 있다. 그럼에도 불구하고, 야스다는 그런 주관적인 부분을 철저하게 확대하고자 한다. 하지만 그것은 본래 와쓰지에게 내재해 있던 것이었다.

이어지는 문장에서, 야스다는 예술의 '진실'real이라는 관념을 끄집어낸다. 이 '진실'real은 "시대정신이라든지, 시대 생활이라든지, 시대 분위기라든지, 시대 심정이라든지, 또는 시대의 고뇌와 비극 등등의 말"로 이야기되는 "생각건대, 절절하게 가슴을 때리는 어떤 무언가"[29]이다. 그리고 "내 주제의 전부는 바로 예술의 진실은 어떤 방향에서 파악되어야만 하는가란 문제이다"[30]라고 선언하고 있다. 하지만, 여기에는 그가 말하는 '진실'[real]된 것이 너무나 애매모호하다는 인상은 부정할 수 없다. 야스다는 무언가를 보고 마음이 동요한다면, 그때 틀림없이 과거의 정신과 조우하고 있는 것이라고 말할 뿐이다. 하지만 한편으로 이런 예술을 통해서 이루어진 시대정신과의 조우가 개인적인 감정 이입과 사색에 불과하다는 것도 확실하다.

『다이마 만다라』를 통해 알 수 있는 것은 야스다가 고대 문물을 주제로 한 현학적인 에세이를 계속해서 쓰면서, 과거를 주관화하는 독특한 방법론을 몸에 익히고 있었다는 것이다. 과거의 사람들을 생각하며 다가가고, 그들을 연기해 보인다는 것. 자료가 적고, 그런 만큼 자유로운 상상이 허락되는 고대 문물은 그러한 스타일에 안성맞춤이었다.

야스다는 그 후, 이런 주관적 회상 방법을 일관되게 추진했다. 야스다에게 있어서, 고전과 만나는 것이란 무엇보다 그곳에서 "순수의 소리를 듣는"[31] 체험이다. "우리에게 지금 남겨진 것은 옛날 사람의 감정 표현뿐일지도 모른다. 하지만 어느 날 그것은 내 가슴을 때리고, 또 다른 날에 나는 옛날 사람들이 노래했던 지금의 나로 깊은 사색에 빠진다."[32] 고전에 머물고 있는 옛사람들의 감정을 '순수의 소리'로서 무매개적으로 듣고 파악하는 것, 그리고 그 옛날 "시인의 비애와 함께"하는 것이 "오늘날 시적 정신에 부과되고 있는"[33] 것이다.

옛사람들의 기억을 회상한다는 이 같은 방법론이 완성의 경지에 도달한 것이 대표작 중 하나인 「일본의 다리」일 것이다. 1936년에 발표된 이 에세이에서는 무엇보다도 끝없는 '다리 열거'가 인상적이다. 도카이東海 도선의 차창에서 바라본 '작은 돌다리'의 정경에서 시작되는 그 글은 서양의 다리가 지닌 강하고 견고한 구축성과 일본의 다리가 지닌 무상함·비애감을 대비시키면서, 다리에 얽힌 추억을 끝없이, 지지치 않고 이야기한다. 이 한 편 속에 열거된 '일본의 다리'는 이름이 분명하게 기록된 것만으로도 무려 열아홉 개에 이른다. 그리고 다리마다 관련된 와카和歌나 사이바라34, 모노가타리物語 35가 인용되어, 다리에서 밀려오는 고인에 대한 추억이 절절히 이야기된다. "나는 여기서 역사를 전하기보다도, 미를 이야기하고 싶은 것이다. 일본의 미가 어떠한 형태로 다리로 나타나고, 또한 다리에 의해 고찰되고, 그 다음에는 드러날 것인지, 그러한 일반 생성의 미학이란 문제를 가장 가련하고 애처로운 일본의 것부터 늘어놓아, 오늘날 가장 젊은 일본 사람들에게 호소하고 싶은 것이다."36 이 작품에서는 논의나 구성이라 불리는 것이 거의 발견되지 않는다. 단지 무수한 다리의 이미지만이 오버랩되어 사라져 간다. 결국엔 다리를 읊조리고, 다리를 노래했던 옛사람들에 대한 마음이 지금의 내 회상에서 무한히 반복되는 것이다. 그곳에서 의미나 주장은 지워지고, 단지 아름답고 아련한 일본의 다리가 기억 속에서 흔들리기 시작한다.

야스다는 일본인에게 있어 다리는 길의 끝임과 동시에 '멀리 저편으로 이어진' 것이었다고 한다. "그리고 일본의 다리는 길의 연장이었다. 매우 조용하게 허전하고, 길 끝으로, 물 위를 넘어, 흐름 위를 건너는 것이다. 단지 넘는 다는 것, 그것만을 추억 가득히 만들고자 했다."[37] 여기에서 다리는 현재를 초월하는 회상과 동경의 상징이 된다.

「일본의 다리」의 마지막은 나고야 쇼진精進강의 사이단바시裁断橋의 에피소드로 매듭짓고 있다. 이 다리에는 명문銘文이 새겨져 있고, 그것은 세상을 떠난 아이를 애도하기 위해 그 어미가 다리를 놓았다는 의미였다고 한다. 야스다는 이 명문이야말로 "일본 유일의 뛰어난 다리 문학"이라 하고, "하나의 짧은 명문이 격하게 마음에 와닿아 견딜 수 없었다"[38]고 고백한다. 그것은 반항도 항의도, 과장되게 이야기하는 개성의 외침도 아니다. 그것은 "객관적으로 전달하면, 외부의 힘에 의한 일절의 명령을 초월하고, 문예의 기능을 자연스럽게 믿었던 심정, 심정의 호칭으로서 대단히 가치가 있는 것의 표정과 소리이다."[39]

와타나베 가즈야스는 「일본의 다리」의 경우에도 고교 시절의 습작 『사이단바시 난간법수 명문』裁断橋擬宝珠銘のこと이라는, 그 전신이 되는 원고가 있음을 명확히 하고 있다. 하지만 습작은 개작 과정에서 다리의 인용을 방대하게 늘려서, 기괴한 구성의 「일본의 다리」로 변용했다. 그리하여 아이를 잃어버린 어미의 심정으로 느꼈던 솔직한 감동 대신, 회상이라는 형태mode를 구사하는 주관성이 밀려온다. 거기에서 미적 경험이란 사물이나 언어 안에 머문, 단어로 되지 않았던 감정을 듣고 이해하는 것에 다름 아니다. 그것은 이야기된 것의 내부에서 이야기되지 않은 채 머물러 있는 언어이자, 발화 후 남은 잉여, 이미 죽은 사람의 비애나 무념의 생각인 것이다. 그러나 이는 동시에, 주관이 멋대로 만들어낸 것이기도 하다. 세계와 역사는 회상하는 주관이 자유롭게 골라내어 이은 미적 가상假象

의 만화경이 된다. 실제로 부정되고 주관의 자유로 양도된 것은 세계의 실재성이고 역사의 구조적 성격인 것이다.

헤겔은 『정신현상학』의 「소외된 정신 — 교양」이란 장에서 세계를 지적 조작의 대상으로서 파악하고자 하는 '순수한 통찰'이란 개념을 제시한다. '순수한 통찰'은 모든 사물을 지적이고 미적인 범주(교양) 안에 회수하는 것인데, 사실 이것은 의식 자신의 반영에 다름 아니다. "순수한 통찰에 있어서, 순수사고에서 의식으로의 이행이 정반대의 의미를 지닌다. 대상으로서 존재하는 것은 단지 부정되고 파괴되어 자기自己로 되돌아가는 내용이라는 의미만을 지니고, 자기만이 본래의 대상이다. 바꿔 말하면, 대상은 자기라는 형식을 지닌 경우에만 진정한 대상으로 여겨진다."[40] 이런 생각은 『미학강의』에서는 낭만주의를 다룬 장에서 보다 명확하게 전개되고 있다. 그 장의 내용에 의하면, 내용과 형식의 통일이라는 예술적 이상이 파괴되면, 내용의 구속을 해방시킨 형식은 예술가의 자유로운 주관성이 되어 자유자재로 소재 위를 활주하기 시작한다. 이미 이러한 주관은 어떠한 내용, 어떠한 소재도 자유롭게 미적 가상假象으로서 다룰 수 있다. 모든 것이 예술의 소재가 되고, 게다가 그는 모든 것을 동등하게 미로서 찬미할 수 있다. 소재를 예술로 바꾸는 것은 주관의 힘 이외에는 없기 때문이다.

그러나 이런 주관은 이제는 창조하는 주체가 아니다. 예술가는 스스로를 표현함으로써 세계를 만들어 내는 것이 아니라, 단지 세계의 표면을 망령처럼 떠돌면서 미적인 것을 골라내는 것에 불과하기 때문이다. 「일본의 다리」에서 야스다 요주로가 체현한 것은 이렇게 공허히 관조하는 주관이다. 그는 일본 역사 속의 다리들을 두루 돌아다니면서, 그것에 얽힌 기억을 건져 올린다. 이는 역사를 다루면서도 역사가 없는 세계, 시간과 변화를 완전히 소실한 세계이다. 그 때문에 그는 새로이 역사를 회복하지 않으면 안 되었다.

'혈통'의 생성

1937년쯤부터 야스다 요주로의 문체는 미묘하게 변화한다. 1939년에 출간된 『고토바인』[41]에 수록된 고전 평론에서는 불과 수년 전까지 그를 특징지었던, 애매함과 중얼거림의 제스처로 가득 찬 아포리즘풍의 문체를 볼 수 없다. 시사적인 문장에서는 더욱 힘이 있는, 어떤 의미에서는 강압적인 단언이 눈에 띄게 된다. 그는 초국가주의의 이데올로그ideolog로 변모해 간 것이다.

이러한 변화의 배경에 중일전쟁의 발발이 있었다는 것은 틀림없는 사실이다. 하지만, 그의 변화가 이 같은 외부적 요인에만 기인하는 것으로 볼 수도 없다. 야스다를 바꾼 것은 이야기되어야 할 주제를 마침내 발견했다는 확신, 다시 말해 그가 이전부터 쭉 모색해 왔던 장대한 일본 문화사의 구상이 형태를 갖췄기 때문이라 생각된다. 이러한 일본 문화사는 야스다가 수년 전부터 『오쓰노미코大津皇子 [42]의 모습』이나 『대관시인의 일인자』에서 시도했던 것이지만, 그 작품들에서는 아직 개별적인 시대들에 대한 서술에 머물러 있었고, 고대에서 현대에 이르는 방대한 시간을 아우르지는 못했다. 그러나 야스다는 죠큐[43]의 난의 패배자인 고토바 상황上皇을 중심에 둔다는 착상으로, 아마도 1936년에서 1937년 초 사이의 시기에 급속한 성과를 보았던 것 같다.[44] 이런 역사의 큰 줄기에 의해 그가 그때까지 서술해온 내용들 즉 신과 인간의 교류나 영웅과 시인의 계보, 술지述志의 문학, 후궁後宮 문학과 상문가相聞歌 [45]라는 중요한 모티브들을 총합할 수 있었다. 물론 역사 체계라 해도 그것은 전혀 실증 연구에 의해 뒷받침되지 않았다. 그렇다고 작가나 양식 사이의 영향 관계나 변모를 추적한 것도 아니다. 그것은 통상적인 역사 연구의 틀을 훨씬 뛰어넘고 있었다. 이러한 점은 야스다 본인도 명료하게 자각하고 있었다. "문예상의 혈통·계보라는 사고는 보통의 역사라는 사고와 다르다. 문예상에 있어서는 고문서류를 일절 고전으로서 대우할 수 없는 것이다."[46] 오히려 그것은 일본의 문화사를 중단 없는 하나의 창조적 주체로서 파악하는 것이다.

그러나 그 주체란 무엇인가. 야스다는 그것을 '혈통'이라 부른다. 그리고 그것을 천황기의 핏줄과 농일시한다. 하지만 그렇다고 해서 일본 문화사의 연속성이 피의 실재적 계보에 의해서만 보증되는 것은 아니다. 야스다는 역사의 동일성은 문예의 전통이 구전되고, 계승되는 것으로 가능하게 된다고 생각했다.

여기서 야스다 요주로의 장대하고 화려한 문화사의 구상을 간략히 서술해 보자.

야스다의 고향인 나라奈良의 산간 지역은 일본 예술의 발상지이다. 그는 나라奈良 시대에 신과 인간이 '동전공상'同殿共床, 다시 말해 직접적 소통 관계에 있었다고 생각한다. '동전공상'이라는 표현에는 오리쿠치 노부오의 발상이 그 영향력을 드리우고 있지만, 야스다가 『대관시인의 일인자』에서 내세운 생각이 발전된 것이기도 하다. "신이 노래로 세상을 풍자하거나 도언倒言하는 것처럼 언령言靈이 깃든 노래의 도리는 표현 기술이 아니라, 세계관 그 자체였다. 그것은 신이 인간에게 알리는 언어이고, 또한 인간이 신에게 전달하는 언어였다."[47] 그 당시 시가詩歌는 신과 사람, 천황과 사람들을 잇는 가교였다. 하지만 이런 신화적 시대는 야마토타케루노미코토[48]에 이르러 종언을 고한다. 야스다는 이러한 반역의 기운을 감춘 황자皇子이면서 무인인 야마토타케루에게서 신인합일의 마지막 빛을 발견하고, 그의 노래에서 시대가 지닌 훌륭한 고별의 시가를 듣는다. 야스다가 야마토타케루를 중시하는 것은 그가 영웅과 시인 – 정치적 영위와 미적 창조라고 해도 좋을 – 을 한 몸으로 체현한 상징적 존재이기 때문이다. 이후의 역사는, 이 둘을 결합하는 특권적 고유명사가 나타났다가 물러나는 멸망의 선율을 연주하면서 진행된다.

그런데 야마토타케루가 원정에서 죽은 후에는 나라奈良 시기의 사람이 천황이 되는 시기가 도래한다. 외국 문화(중국, 인도)의 열매를 마음껏 섭취하면서, 고도의 문화적인 성취를 이뤄낸다. 나라 시기를 중심으로 해외와의 문화 교류를 중시하는 것도 야스다 예술관의 특징이다. 여기에서도 와쓰지 데쓰로의 영향이 보이지만, 야스다의 경우 문화는 항상 일국의 영토를 넘어서 확대되고 전파되어 가는 것이라는 발상이 그대로 일본의 군사행동을 정당화하는 데 사용되는 것이다. 분로쿠, 게이초[임진왜란 시기 일본의 연회 시기의 조선 정벌도, 쇼와의 만주국 건설도, 이른바 일본 정신과 문화의 필연적인 유출과 확대에 다름 아닌 것으로 여겨진다.

덴표 봉황 시기를 대표하는 문화 유산은 사찰 건축, 불교 조각, 그리고 만엽집^{万葉集}이지만, 만엽집을 만들어낸 나라 시기의 가인 사회에서 두 개의 가풍·정신이 분기하게 된다. 하나는 야마베노 아카히토[49]로 대표되는 '지식인의 한숨'^{溜め息} 다시 말해 고도로 세련된 자의식적 문학이고, 또 다른 하나는 가키노모토노 히토마로[50] 등에 의한 '지존조'^{至尊調}, 즉 천황의 통치를 대범하게 찬미하는 노래이다. 이 둘은 시인과 영웅이라는 모티브로 거듭되고, "쓸쓸한 낭인^{浪人}의 마음"과 "주군의 예술", "울적한 시"와 "향연의 예술"[51] 같은 형태로 반복되고 변주되어 간다. 동시에 야스다는 앞서 고리키에게서 발견했던 것 같은 위대한 정치적 의지를 표현한 송가를 후자의 계보와 이어지는 '기념비'^{monumental}로서 현대 일본에 요청하고 있는 것이다.

아카히토의 조류는 오토모 야카모치[52]로 계승되고, 야카모치 주변의 '살롱'^{salon}, 즉 궁정 여인들에 의해 섬세한 심리주의 문학이 다듬어진다. 헤이안 시기에 개화한 여류 문학, 일기, 모노카타리^{物語}와 왕조 와가^{和歌}의 주류는 이러한 계보를 잇는다. 두 조류를 다시 통합하고, 정점까지 끌어올린 거장으로서 등장한 사람이 고토바인이다. 미나모토노 요리토모[53]와 동시대인이고, 희대의 정치적 책모가였던 이 제왕에게 야스다는 매우 큰 중요성을 부여한다. 왜냐하면 고토바인은 후지와라노 도시나리[54], 사다이에[55] 등을 따라서 신고금와카집^{新古今和歌集} [56]을 성립시킨 시인임과 동시에, 죠큐의 난에 의해 오키^{隠岐}섬에 유배된 정치적 패배자였기 때문이다. 결국 고토바인은 정치와 예술을 통합했던 야마토타케루 이후의 첫 영웅 시인이고, 또한 정치적 패배에 의해서 일본 문화의 순수성을 수호한 사람인 것이다. 이후 천황가는 수백 년에 걸쳐 실질적인 정치권력을 잃어버리지만, 고토바인의 비원을 읊고, 그의 애도를 계승하는 것이 일본 문화의 명맥이었다고 야스다는 주장한다.

야스다 요주로는 고토바인의 위대함을 바쇼[57]에게 배웠다고 한다. 그러나 그 예시는 극히 미미한 것이고, 바쇼의 『시문의 사』㗊門ノ辞 안에서 단 한 번 고토바인의 이름이 언급된 사실을 토대로 한 것에 불과하다. 그럼에도 불구하고, 야스다는 고토바인을 중심으로 야마토타케루노미코토에 이어 히토마로, 야키모치, 사이교[58], 바쇼, 부손[59] 등을 배치함으로써 일본 문예가 하나의 정신 표현의 역사라 생각하게 한다. "나는 고토바인을 말하는 일련의 문장 안에서, 고토바인에게서 시작하여 요시노에 이르러 연소하는 하나의 와가가, 영원한 모습으로 나무 밑을 흘러가는 물과 같이 끊임없이, 중세를 거쳐 유신에 이르기까지 나타나는 것을 서술하고자 한다."[60] "고토바인이 지닌 의의는, 바쇼의 계보를 세심하게 연구하면 고토바인은, 일본의 전통에 있어서의 인간의 아름다운 마음을, 또 그 유미를 마지막으로 지키고자 한 정신이었다는 점이 드러난다. 게다가 그는 동시에 복고의 원류가 되고, 비원의 원천이 되었던 것이다."[61]

고토바인은 헤이안 궁정 문화의 총합자였고 그와 동시에 와카를 조직하고 민중의 속요를 동시대의 가인들에게 유행시켰던 문화상의 조정자coordinator이기도 했다. 야스다는 왕조 와카의 상문相聞 형식 안에서 단련되어온, 기지나 발상의 묘미를 즐기고자 한 와풍이 고토바 문단에서 완성되었고, 무로마치 시기의 렌카와 하이카이[62]를 만들어낸 것이라고 한다. 이는 바쇼의 하이카이에서 결실을 맺어, 일본 문예의 정조正調가 된다. 하지만 야스다에게 고토바인이 중요한 것은 고토바인 또한 영웅과 시인이라는 양면적인 삶을 살았기 때문임이 틀림없다. 제왕으로 살았던 반생 이후 생활이 완전히 뒤바뀐 고토바인은, 먼 섬에서의 고독한 여생을 통해서 울적한 마음을 전하는 일본 문인의 영원한 원형이 되었다.

야스다는 고토바인의 두 시가, 「깊은 산 수풀 밑을 헤쳐 나아가 바로 길이 보이는 세상이라고 사람들에게 알릴 것이다」, 「내가 바로 이 새로운 섬(일본)의 수호자요 거친 풍파 조심해서 불어라」를 최고로 평가한다. 이 두 시가에는 천황의 메아리와 비극의 찬란함이 함께 살아 숨쉬기 때문이다. 그리고 어떤 의미에서 그 후의 일본 문예는 모두 이 두 시가의 반복에 불과하다. "죠큐 사건의 결의는 일본이라는 나라와 민초 간의, 이념에 대한 자신으로 가득 찬 자각적 발동이었다. 그리고 일은 실패로 끝났지만, 그 패배는 인류가 이상이란 이름으로 영광스러워할 가장 위대한 패배 중 하나였다. 일본 문예와 예능이란, 이를 계기로서 하나의 절대적인 신념, 미와 기원의 실체를 표현으로까지 영유했던 것이다."[63]

이후, 궁정 문화, 다시 말해 일본 미의 정수는 역설적이게도 승려 차림의 은둔 시인, 또는 유곽의 거리를 묘사한 세속 문학으로 계승되어 간다. 렌카 작가나 하이카이 작가의 유랑은 "수풀 밑"을 가는 "나라의 신념을 계승하는 길"[64]이고, 그 정신은 고토바인의 비분의 추억에 있다. 은둔 시인의 상징으로서 특권시된 사람은 사이교이다. 고토바인의 정신은 사이교에서 바쇼로 계승된 것이라 한다.

이윽고 가마쿠라 무로마치 시대를 거쳐, 모모야마 시대가 찾아온다. 야스다는 도요토미 히데요시와 그 주변의 예술가(센노 리큐, 가노 에이도쿠[65], 다와라야 소타쓰 등)을 높이 평가하고, 중세 세속 문화의 산란한 개화라 칭한다. 물론 거기에는 상류사회에 의한 궁정문화의 영향이 존재했다. 또 여기에는 피상적인 '문명개화'와는 다른, 진정한 '근대'를 찾고 싶어 하는 모티브가 작용하고 있고, 모모야마 시대는 일본에서 유일하게 실현된 부르주아 문화로서 파악된다. 더욱이 중요한 것은 모모야마 문화가 주군의 예술이자, '영웅'의 표현이기도 하다는 점이다. 조선 정벌이 낭만적인 거사로서 찬양되고, 권력자의 거처를 장식하는 에이도쿠 같은 작가들의 웅대한 작품이 세계를 정복하고 변혁해 가는 권력의지의 직접적인 표현으로서 칭송된다.

그러나 이런 현란하고 호화스런 상류사회 예술도 도쿠가와 체제의 짓밟힘 아래 이하라 사이가쿠[66]로 종언되고, 겨우 우에다 아키나리[67], 요사 부손으로 그 명맥을 유지하게 된다. 한편 은둔 시인의 계보는 마쓰오 바쇼라는 훌륭한 작가를 얻음으로써 화려하게 부활한다. 그것은 복고인 동시에 혁신이자, 열일곱 개의 문자 안에 궁정의 유구한 전통을 밝히는 것이다. 또한 모토오리 노리나가[68] 등의 국학에 의해 문화에서 궁정의 지위가 부흥된다. 이러한 것들의 귀결이 유신의 대업이 된다. 그리고 메이지의 치세에 우뚝 솟은 것이 다시 제왕과 시인이란 두 얼굴을 갖춘 메이지 대제이고, 또한 일본 문화의 세계성을 세계에 내건 오카쿠라 덴신의 위업이다.

이렇게 보면, 야스다 요주로가 현대 문인에게 요구하고 있는 사항은 명확하다. 물론 그것은 좁은 의미의 정치나 전쟁에 대한 헌신이 아니다. 오히려 그는 여기저기서 당대의 보좌 체제를 비판하고 있다. 하지만 문학가의 사명은 고토바인의 뜻을 계승하여, 노래나 작품을 통해서 일본 문화의 미와 정신을 찬미하고 노래하는 것이다.

그렇지만 이 웅대한 체계가 학문적인 검증을 통과하지 못하는 자의적인 인용투성이라는 인상도 지우기 힘들다. 오히려 이것은 화려한 픽션이고, 장대한 거짓 역사일 것이다. 바쇼를 마치 근왕의 지사^{勤士}로 취급하는 듯한 견강부회도 여기저기 보인다. 예를 들어 야스다가 자신은 사실로서가 아니라, 민중의 전통과 정신에 즉위한 것이라 반복해서 단언한다고 해도 말이다.

야스다 요주로가 묘사한 야마토타케루노미코토, 오쓰노미코, 고토바인 등의 인물은 칸트가 말한 '천재'를 상기시킨다. 칸트의 제3비판 속에는 '천재'는 자연의 능산성을 체현하는 개인, 자신이 무엇을 하고 있는지, 왜 그렇게 하고 있는지 이해하지 못한 채, 예술에 규칙을 부여하고, 후세 사람들에게 범례를 남기는 존재이다. 이러한 규칙이란 선행하는 개념에서 도출된 것이 아니다. 즉, 일반적으로 법이나 규범이 그러한 것처럼, 어느 정도의 합리적인 근거나 용도에 의해 근거 지어진 것이 아니다. 예술 작품은 어느 정도의 규칙에 따라서 제작할 수 있는 것이 아니기 때문이다. 그 때문에 천재는 규칙에 따라서 작품을 만드는 자가 아니라, 작품을 만듦으로써 거기에서 규칙을 생성시키는 자이다. 천재가 아닌 후세의 인간들은 그 규칙을 의식하는 것에서 시작해서 창조와 관계된 일을 하는 것이 가능하다. 하지만 천재만은 자기 자신 안에 있는 자연에 따라서 창조한다. 그것은 이른바, 자기가 자기를 넘어서 ─ 자신의 통제조차 넘어서 ─ 흘러넘치는 것이자, 개인의 신체와 행위에서 자연의 힘이 흘러나오는 것이다.

고토바인 등의 인물들은 바로 일본의 정신·전통·미 등으로 바꿔 말할 수 있는, 자연이 일으키는 원천이라고 생각된다. 그들은 정치적 행위와 예술적 창조 양자를 넘나들며 스스로의 생명[삶]을 자유롭게 살았을 뿐이지만, 동시에 그것이 동일한 일본을 표현한 것이다. 야스다의 논리에서 천황 가문의 피의 연속성이 천재로서의 동일성과 하나가 되어 있고, 그 결과 천황의 행위(노래를 읊고, 정사를 행하는 것)가 미적 창조물로서의 일본을 만들어 내고, 그에 따라서 재야의 문인들, 아니 국민의 사명은 천황을 따름으로써 성스러운 국토를 방위하는 것이다.

자크 데리다는 칸트의 제3비판을 독해한 『에코노미메시스』에서, 서양에서 자연 개념의 변천과 미의 이론의 관계에 주의를 촉구하고 있다.[69] 그에 따르면, 아리스토텔레스 이후 전통적으로 자연의 능산성은 미메시스(모방)와 강하게 연결되어 왔다. 잎이 싹트고 과실이 맺히는 것처럼 생산하는 것(포이에시스)은 본래 자연에 속한 권능이며, 인간은 그 힘을 미메시스로서 끄집어내어 자연의 일부로서 제작하고 있는 것에 불과하다. 그러므로 인간의 의도적 창조도 인간 내부의 자연에 의한 창조 – 예를 들어, 사람이 사람을 낳는 것 – 에 가깝고, 반복·모방 행위라고 생각되는 것이다. 하지만 근대에 자연은 데카르트적인 기계 연쇄로 격하되어 능산성을 잃어버린다. 그와 동시에 자연의 산출력은 인간 개인(천재) 안에 집약된다. 예술이란 이러한 인간만이 영위할 수 있는 특권적인 산출 행위에 다름 아니다. 그것은 어디까지나 자연의 힘의 표현임과 동시에 인간 고유의 특유한 행위로서 인간적 주체를 형성하는 것이다.

우리가 이 책에서 다루어온 미적 아나키즘 또한 나의 내부에서 '생명[삶]'이란 능산적 자연을 발견해낸 것에서 시작되었다. 생명[삶]에서 여러 가지 욕망이나 정동이나 이미지가 일어나고 세계와 나를 형성한다. 아리시마 다케오의 본능, 미야자와 겐지의 의식으로 나타나는 이미지나 음성, 이러한 것은 모두 생명[삶]의 발흥이고, 의심할 수 없는 여건, 행위와 창조의 출발점 그 자체였다. 그들은 '나의' 현재의 생명[삶]을 전폭적으로 신뢰하였다.

하지만 야스다 요주로의 경우는 다르다. 야스다의 '나'란 공허한 형식적 주관성, 역사를 쌓아 올려 구성한다고 해도 무엇도 만들 수 없는 무無에 불과하기 때문이다. 그 기능은 창조가 아닌 관조이고, 텅 빈 현재 대신에 과거를 상기하고 미래를 동경하는 것 속에서 나는, 역사라는 서사, 또는 정치적인 스펙타클의 관객이 된다.

그리고 한편 창조하는 주체의 자리는 국가와 민족으로 옮겨진다. 그것은 자기를 창조하는 창발創発적인 주체이고, 천황과 예술가들을 통해서 영원히 자기를 표현해 가는 것이다.

하나의 주관으로서 나와, 그런 내가 귀속된 민족, 이 양자는 상호연관되어 있지만, 그것들 사이의 간격은 결코 메워지지 않는다. 역사는, 다시 말해 일본은, 주관의 내부에만 존재한다. 그것은 애절한 회향과 애도와 동경 안에만 존재한다. 그럼에도 불구하고 진실로 능동적인 것은 역사이고, 주관은 역사에 조아리고 역사를 찬양할 수밖에 없는 것이다. 그곳에서 잃어버린 것은 나의 생, - 생 일반이 아닌 - 현재 내 생이야말로 유일한 가치가 있다는 감각이다.

에필로그

미적 아나키즘의 행방

'자연'이라는 문제

칸트는 『판단력 비판』에서, '취미 판단'이 사람들을 연결시키는 힘임을 인정하고 있다. 그는 취미를, 어떤 특정한 표상에 대해서 지금 자신이 받아들이는 감정을 타인 또한 보편적으로 받아들이는지 아닌지를 판정하는 능력이라 하고 있다.(제40절) 그러므로 미적 판단은 – 기호^{嗜好} 같은 단순한 감각 판단과는 다르게 – 타인의 동의를 요구한다. 이 정의로부터 취미가, 애초부터 타인에 대한 의식에 선행하는 타인에 대한 믿음에 의거하고 있다는 것을 이해할 수 있다. 미적 판단은 이론 이성이 확증할 수 없는 사실, 다시 말해 타인 또한 자신과 같은 하나의 세계를 살고 있고, 같은 감정을 지닐 수 있다는 가능성에 대한 신뢰를 설립하는 것이다. 아름다운 것은 타인과 나누어 가질 수 있고, 또 나누어 가지지 않으면 안 된다는 요청을 내재하고 있으며, 타인에 대한 원초적 신뢰와 연결되어 있다.

이 책에서 다뤄온 것은 미적인 것을 통해서 보다 자유롭고 해방적인 사회가 가능하게 된다고 믿었던 예술가들이다. 그들은 자유롭게 자기를 표현(산출)하는 개인인 동시에 서로를 산출한다는 비전을 안고 있었다. 그럴 때 예술은 노동이나 정치와 하나가 된다고 생각했다.

그러나 태평양 전쟁 이후, 그러한 미적 아나키즘의 계보는 중단된 것처럼 보인다. 전후에 다이쇼 시대 사상가들의 관념적인 코스모폴리터니즘이나 휴머니즘은 비판을 받게 되었다. 마루야마 마사오, 후지타 쇼조[1], 다케우치 요시미[2]가 말한 '민족'과 '계급'의 문제에 농락되어 전쟁의 참화를 간과한 신세대 지식인에게 있어, 다이쇼 시기 주체의 모습은 너무나 공허하고 추상적으로 느껴졌다. 그곳에는 '피와 대지'에 속박되어 있는 육체가 망각되고, 관념상으로만 유지된 '자유'가 있는 것에 불과했다. 포스트모던 시기에 이르러서도, 기본적으로 그러한 평가에는 변함이 없었던 것 같다.[3]

물론 그 이유는 우선 파시즘이라는, 사회적 전체성의 회복을 내건 사회운동이 비참한 결과를 가져왔다는 점에 있을 것이다. 야스다 요주로가 최대한 강조해 보였던 것처럼 일본의 초국가주의도, 국가와 민족을, 세계를 적극적으로 창조하는 능동적 주체로 간주해야 할 순간을 대비하고 있었다. 그 결과 전후의 야스다는 시대의 흐름과의 연관을 대부분 포기하여, 극도로 관념적인 농본주의에 의거할 수밖에 없었다.

전후 비판가들의 다이쇼 시기에 대한 비판은, 인도주의자들이 의거하고 있는 '자연'nature이 그 이름대로 인간의 '본질'nature로서 보편적인 것이 아니라, 오히려 '민족' 같은 고유한 구조물로 간단히 변질되어 버린 것에 불과하다는 점을 향해 있다. 그렇기 때문에 다이쇼 인도주의자들이 자연스럽게 군국주의에 휩쓸려 갔다는 것이다. 하지만 이것도 공교롭게 다카무라 고타로가 「녹색 태양」에서 이미 예시하고 있던 논리^{logic}라고 말할 수도 있다. 거기서 다카무라는 고유색·지역색LOCAL COLOUR 등은 중요한 것이 아니라고 거리낌 없이 말하고 – 그렇기 때문에 태양을 녹색으로 그려도 상관없다 – 내가 그리면 반드시 내 자신의 색(개성)이 나타나게 될 것이라고 한다. 즉 '자연스러움'이란 것은 바깥 세계의 충실한 모방이 아니며, 나 자신의 내부(의 산출력)가 있다는 주장이다. 이런 논리^{logic}는 바로 "일본인이 만든 것은 결국 일본적이다. 일본적으로 구성된 것이다"라는 결론이 된다. 다카무라의 의도가 지방색LOCAL COLOUR 등에 얽매이지 말라, 화풍을 의식해서 '일본풍'을 일부러 의도하지 말라는 것이라고 하더라도, 이 말은 나의 '자연(본성)'은 처음부터 '일본적'인 것이라고 말하는 것과 같다.

미적 아나키즘이란 자기 자신 속에 내재하는 자연의 능산성을 숭배하는 것이었다. 아리시마 다케오, 야나기 무네요시, 미야자와 겐지가 '자연적인 것'과 강한 친화성을 갖고 있었다는 것은 지적할 필요도 없을 것이다. 야스다 요주로에게 있어서도, 그의 핵심 개념이 '혈통'인 것처럼, 일본 문화의 지속은 절반 이상은 자연적인 것으로서 관념적으로 생각되고 있다. 그것은 신화('동전공상')로 시작해서, 길게 이어진 반복에 의해 계승된, 인위를 뛰어넘은 연속성인 것이다. 그것을 자연의 – 그리고 자연스러운 – 촉발성이라 해도 좋을 것이다. 그에게는, 노래나 사물을 통해, 예전

사람들의 비애가 뜻하지 않게 치밀어 오르는 것을 느끼는 것 이외에는 미적 영위란 없기 때문이다. 그것은 이른바 자연=문화의 내부에서 일어나는 자연 자신의 자기 촉발인 것이다.[4] 그러나 전쟁의 경험은 '자연'에 대한 그러한 신용을 실추시키는 결과를 가져왔다.

'예술'에서 서브컬처(하위문화)로 ─ '전후'의 여러 가지 문제들

전후의 다이쇼 시기에 관한 비판은 미적인 방책으로 세계를 회복한다는 주장이 냉소를 받을 수밖에 없는 시대의 시작을 알리고 있다. 전후에 미야자와 겐지의 미적 혁명가로서의 측면이 지워지고, 그가 비정치적인 모럴리스트moralist로서밖에 읽히지 않았다는 것도 그런 시대적 흐름을 나타낸다.[5] 자연에 대한 숭배가 '국가 체제'에 대한 신앙으로밖에 될 수 없고, 유토피아주의가 만주국과 같은 것으로밖에 귀착될 수 없는 것이라면, 자연 숭배가 정치 메커니즘에 불과하다는 것이 명백하기 때문이다. 1960년 안보 투쟁 이전에, 사상계에서 상대적으로 영향력을 확보할 수 있던 것은 마루야마 마사오 등의 정치학·사회과학이었고, 현실의 노동운동과 정치적 실천(맑스주의)이었다.

하지만 전후 사회의 진전은 어떤 의미에서는 더욱 심각한 방식으로 미적 아나키즘을 침식하고 있었다고 볼 수도 있다. 이는 바로 전면적인 대중사회의 도래로 인한 것이다.

말할 필요도 없이, 전후의 민주화(국민국가화)와 경제성장이 불러온 것은 전전의 사회를 소규모 리허설로 삼았던 것 같은, 본격적인 대중사회의 개화였다.

물론 전전의 미적 아나키즘도 대중, 혹은 민중 안에서 직접적인 생명〔삶〕의 발현을 보았다는 태도를 종종 취한다. 오스기 사카에의 노동운동도 야나기 무네요시의 민예운동도, 그러한 자세 없이는 가능하지 않았을 것이다. 한편으로는 전후의 대중사회는 전전의 대지진 이후에 성립한 대중사회의 대규모 반복에 불과한 것처럼 보인다. 하지만 역시 전후의 대중화는 전전의 반복으로서 존재하면서도, 그것을 넘어서는 요소를 내재하고 있다. 그것은 마치 전후의 '진보주의 문학'이 과거의 프롤레타리아트 문학의 재생으로 시작하면서도, 서서히 과거의 지위를 유지할 수 없게 변해간 것과 겹친다.

말할 필요도 없이, 진보주의 문학이 프롤레타리아트 문학 운동의 반복이 아닌가라는 쟁점은, 잡지 『근대문학』의 비평가가 진보주의 문학가에게 문제제기를 함으로써 '정치와 문학' 논쟁의 발단이 되었던 문제이다. '정치와 문학' – 철학계에서는 '주체성 논쟁' – 이야말로 전후 약 15년간 문학의 담론 배치를 규정한 최대 규모의 사상적 테마였다 해도 좋을 것이다. 이는 일반적으로는 '정치의 우위성'에 대한 비판, 문학의 자율성에 대한 주장이었다고 이해되고 있다. 그러나 오늘날의 이론의 문맥에서 다시 이 문제를 바라보면, 맑스주의적 실천과 문학적 창조 모두가 인간의 주체성, 다시 말해 자유를 담보할 수 있는 것인가를 둘러싼 논쟁이었다. 즉 양자는 사회에 있어서의 보다 본질적인 주체의 자리를 두고 경쟁을 했던 것이다.

'역사의 필연성'이 뒷받침하는 '과학적' 이론이라는 점을 자랑으로 여기는 맑스주의에 대해서, 미적 영역으로서의 문학이 자율성을 주장하는 것이 논쟁의 구도였다. 한편 '주체성 논쟁'이라는 측면에서는 역사에 구속되는 것이 아닌, 인간의 윤리적 차원이 강조되었다. 하지만 어느 쪽이라 해도, 결국엔 기능적으로 분화된 영역 사이에서의 위계hierarchy가 문제시되고 있었다.

그러나 이 질문 자체의 기반이 1960년 이후 서서히 소멸한다. 물론 그것은 1950년의 냉전 분열, 스탈린 비판, 안보 투쟁이라는 사건을 거쳐 일본 공산당의 정치적·문화적 지도력이 실추되었다는 문맥 때문이다. 또 전전과의 일정한 연속성을 유지하고 있었던 대중문화가, 세분화되고 급진적radical이 되어 대항문화counter-culture, 하위문화sub-culture로 불리게 된 사태도 위 문맥과 병행하고 있었다.

지금까지 자세히 설명했듯이, 근대 사회에서 예술은 인간의 주체성과 공동성을 담보하는 역할을 맡아 왔다. 1951년에서 1953년까지 다케우치 요시미, 이토 세이[6] 등이 주도한 '국민문학 논쟁'은, 문학이 어떤 형태로 '국민적 주체성'의 형성에 기여할 수 있는지라는 문제가 그때까지만 해도 어느 정도 고려되고 있었다는 것을 나타낸다.[7] 하지만 몇 해 지나지 않아 그러한 신빙성은 광범한 동의를 얻지 못하게 된다. 이 시대에 진행되었던 것은 대중에게서 태어나서, 대중이 소비하는 문화 산물로서의 하위문화의 발흥이었다. 이것이야말로 전후적인 것의 출현이었고, 전후 풍경을 결정적으로 변화시킨 것이다.[8]

여기서 많은 하위문화의 배출이란, 신극에서 언더그라운드 연극으로, 메이저 제작사 중심에서 쇼치쿠 누벨바그를 거쳐 독립 프로그램 작품이나 다큐멘터리로, 서양화에서 요미우리 앙데팡당으로 운집하는 듯한 미술가들의 작품을 말하며, 거기에 포크·록·코믹·애니메이션의 대두라는 일련의 표상을 가리키고 있다. 종종 '1968년'과 연관 지어 이야기되듯이, 이러한 것들이 전세계적인 문화 변동의 일부였다는 것은 말할 필요도 없다. 이러한 하위문화의 특징은, 그것들이 '예술'인지 아닌지를 이미 알 수 없고, 정확히 말해서 그러한 논의 자체에 의미가 없다는 것이었다. 하위문화가 '예술'(이란 제도)을 날카롭게 의식하는 지점에서 생겨났음도 것임에도 불구하고, 그것들을 순수예술high art의 하나의 변종으로 간주하는 것은 그 고유의 특성을 간과해 버리는 것과 같다.(그러나 그렇다고 해서 전후 하위문화를 전근대의 민중 문화와 연결된 '하층'문화로 바라보는 것도 물론 불가능하다.)

예술의 자율성이란 예술이 진이나 선의 영역에 의거하지 않으며, 스스로를 산출할 수 있다는 것을 의미한다. 여기서 진이나 선이란 과학적 인식이나 인과법칙, 권력을 지탱하는 제도나 법도 포함한다. 그리고 예술의 우위란, 예술이, 이 자율성을 통해서 인간이 자신에게 내재해 있는 자연의 능산성을 해방하고, 인간의 굴레로부터 벗어나, 사회체를 산출할 수 있다고 믿는 것이었다. 미적 아나키즘이란 이러한 발상을 극한까지 추구한 것임이 틀림없다.

그러나 하위문화로 정위하면 이러한 발상은 의심스러운 것이 된다. 하위문화는 한 시기의 언더그라운드 문화라고 말하는 것에서도 알 수 있듯이, 하위문화는 어디까지나 사회의 전체성이란 관념과 적대적으로 행동하는 것이기 때문이다. 오히려 하위문화는 사회의 복잡성이 폭발적으로 증대하며 모든 것을 내려다 볼 수 있는 시점 따윈 더이상 있을 수 없다는 감각과 친화적이다.

게다가 하위문화의 기저에 있는 것이 '자연'의 능산성이라는 것도 이제는 명확하지 않다. 그것은 물론, 자유의 능산이라는 칸트적인 예술 이념을 쉽게 유지할 수 없게 되었다는 점을 의미한다. 영화나 팝뮤직이 전형적으로 그러하듯이, 하위문화는 종종 집단 제작을 그 본질로 한다. 영화는 감독의 '표현'으로 간주되지만, 실제로 그러한 생각은 사실 상당 부분 미학상의 의제에 불과하다. 실제로 영화는 (칸트적인 의미에서의) '천재' 예술가의 자기표현인 것 이상으로, 장인적(프로페셔널)인 기술 지식의 집적이고, 그 위에 영화 회사나 배급 제도의 통제를 받는 것이기도 하다.

나아가 하위문화는 원칙적으로 자본주의적인 상품이다. 예를 들어 그 작품이 반反자본주의, 반反상업주의를 표방하는 것이라 해도 말이다. 그런 의미에서도 하위문화는 칸트가 '자유로운 기술'(예술)과 대비되는 것으로 보았던 '보수報酬를 위한 기술'(장인적인 것)이다.(43절) 물론 실제로는 모든 예술가가 작품을 금전과 교환해 왔지만, 권리상, '예술'은 보수를 위해서가 아니라, '유희로서만 존재했던 것처럼' 간주되었다. 그러나 이제 그러한 위계는 성립하지 않는다.

그렇다면 하위문화의 방대한 산출력을 보증하는 것은 당연히 자연의 능산성 등이 아니라, 무한히 이윤을 추구해온 자본의 운동이라고 할 수밖에 없다. 그것은 이른바 우리들의 욕망·정동·환상까지도 절반 이상 자본에 의해 생산되고 있다고 간주하는 것이다. 물론 거기에서는 인간적

자유, 주체성이라는 이념은 이전과 같은 순수함을 잃어버려서, 애매한 형태로만 부지되어 왔을 뿐이다.

이러한 인간적 '자연'의 위기는 사실 각 방면에서 그 나름대로 감지되고 있었다. 예를 들어, 1967년에 에토 준[9]은 고시마 노부오[10]의 『포옹가족』(1965) 등을 언급한 『성숙과 소실』에서 자본주의의 고도화에 의해 야기된 '모성의 붕괴'를 논했다. 이는 『포옹가족』의 처인 도키코가 젊은 미군과의 정사를 계기로 자신을 잃어버려 붕괴해 가는 이야기를 이어 받은 논의이지만, 여기서 잃어버리는 '모성'이란 바로 인간에게 내재하고 있는 '자연'의 언어라고도 읽을 수 있다. '자연'이 '모성'이라는 산출성의 비유로 이야기되고 있기 때문이다. 에토는 문학을 가능하게 하는 '자연' 개념이 아메리카니즘(=하위문화)의 침투에 의해 위기에 직면하고 있다고 두려워한다. 오쓰카 에이지[11]가 지적하듯이 에토는 '문학의 하위문화화'에 특히 예민하게 반응한 비평가였다.[12] 이러한 자연의 붕괴에 대한 감각은 미나마타 치소 사건(미나마타병의 원인)이 상징하고 있는 동시대의 소위 '공해 문제'에도 대응하고 있다. 그런 의미에서 에토의 저작은 이시무레 미치코[13]의 『고해정토』苦海淨土(1969) 같은 작품과도 공명하고 있다. 두 작품 모두, 인간의 본래성, 산출성을 보증하는 것으로 내재하는 '자연'이, 공업화의 진전으로 의해 고통 받고 있다는 감각을, '고난 받는 모성(여성)'이라는 종교적인 이미지로 표현한 것이다.

하위문화란 유사-자연으로서의 자본의 욕동에 몸을 맡기는 것에서 역설적으로 쾌락을 획득한다는 문화 실천을 총칭하는 것에 다름 아니다. 근래에 그러한 태도는 '동물화'(=자연화)라 불린다.

때문에 이러한 상황하에서 — 현재 이르기까지 — 미적 아나키즘이 부활할 수 없었던 것은 당연하다. 그 전제가 되는 예술이란 이념 자체가 의심을 받고 있기 때문이다.

현대의 '불행'과 생명[삶]의 생산

그러나 현실 사회는 근래에 점점 개개인의 단독적인 '나'를 문제 삼는 것처럼 보인다. 정치학자인 우노 시게키[14]는 근대사회의 기본적 이념인 '평등'의 의미가, 모두가 같고, 그렇기 때문에 한 명 한 명이 특별한 존재인 것을 인정한다는 것으로 바뀌었다고 말한다.[15] 고전적인 평등관에서 중시되어온 권리나 자산에서의 평등에서, 각자가 '다름'을 주장하고, 또한 각자가 유일한 하나only one인 것을 요구하는 쪽으로 바뀌었다는 것이다. 거기서 최대한으로 강조되는 것은 '개인의 선택'과 '개인의 차이'이고, 그 결과, 사람은 어딘가 강박적으로, 고유한 '나'를 추구하지 않을 수 없게 되었다. 이러한 '나'는 항상 자신과 타자를 비교하고, 인간관계에서 괴로워하고, 재귀적(자의식적)으로 자신에 관해서 생각하게 되었다.[16]

마찬가지로 고전적인 근대에 있어서 '자유'란 주로 전통적인 인간관계의 구속에서 개인을 해방시키고, 각자의 의지에 따라서 개방적인 사회관계를 맺는다는 것을 의미한다. 그러나 오늘날에는 의거할 만한 사회관계 자체가 유동화되고 있다. 특히 전후 일본의 생활공간을 지탱해온 회사·가족이라는 공동체의 붕괴에 노출되어 있는 젊은 층은, 자기 자신의 기술skill에만 의지해서 인간관계를 만들고 유지하지 않으면 고독에 빠지는 상황에 놓여 있다. 사회관계는 사람을 구속하기도 하는 주어진 전제가 아니라, 자신이 생존을 위해서 적극적으로 산출하지 않으면 안 되는 자산이 되고 있는 것이다.

이러한 사회에서 사람은 외적인 참조점이 없는 채, 끊임없이 자기 자신을 들여다보며 자신의 강함, 욕망, 장래의 모습 등을 발견해 가지 않으면 안 된다. 과거에는 예술가의 특권이기도 했던 '나 자신이고자 하는 충동'이 희박하게 퍼져 있는 것이다.

개개인의 '나'에게 과한 의미와 선택 책임이 집중된다. 하지만 이런 '나'는 끊임없이 자기 참조를 반복함으로써 오히려 불안정하게 흔들리고 있는 자기이기도 하다. 자기를 고정하고 명백하게 만들기 위한 규범이나 공동체는 희박해지고 있다. 그때, '나'는 지극히 우연히 갖춘 것으로서 나타날 것이다. 기기에서는 행복도 불행도 '운에 따라서만 느껴지는 것이다.

스가 히데미[17]는 현대에 '불행'이란, '불쌍한' 것이지만 '어쩔 수 없다'는 반응만 생기는 어떤 것이라 한다. 그 이전에는 아리시마 다케오가 「선언하나」에서 기술했듯이 사회적 약자나 소수자에 대한 '가책'이 넓게 보면 지식인의 조건이기조차 했다. 사회적 약자에게 부과되는 까닭 없는 '차별'은 보편적 정의에 어긋나는 것이 분명하기 때문이다. 따라서 지식인과 약자는 '연대'가 가능했고, 함께 억압에 항거해서 일어선다는 이상이 이야기되었으며, '진보적(양심적) 지식인'의 존립 기반은 여기에 있었다. 하지만 현재, 워킹 푸어working poor나 원전 피해자 같은 존재는 '차별'을 받는 것이 아니라, 단순히 불쌍하다고 여겨지고 방치된다.

'이유 있는' 차이는 현대에는 '차별'로 되지 않는다. 그들은 '위험사회'(울리히 벡)라고도 불리는 현대 자본제에서 불행하게도 — 운 나쁘게, 또는 무능하기 때문에 — 위험을 저질러 버린 존재로 간주되기 때문이다. 예를 들어, 지방 삼류 대학을 나와서 취직 빙하기에 졸업해 버리거나, 남편과 잘 되지 못해서 이혼한 싱글 맘이 되어 버리거나, 후진국에 태어나서 난민이 버리는 '위험'은 '불쌍한 것'이긴 해도 차별의 대상으로 여겨지기는 힘들다. 그것은 '자기 결정'의 귀결로는 되지 않는다. 불쌍하지만, '어쩔 수 없는' 것으로 간주되는 것이다.[18]

약자 당사자의 의식이라는 관점에서 생각해 보면 불행도 우연히 만난 것처럼 느껴질 것이다. 그러므로 그곳에서 초래되는 것도 우울이나 질투의 감정 같은 것이기 쉽다. 현대사회에서는 모든 개인이 글로벌한 자본제의 영향을 직접 받게 된다. 그럼에도 불구하고, 그 영향은 직접적인 인과관계라기 보다는, 애매하고 확률적인 것으로만 느껴진다. 체제system는 반드시 비가시적이며 추상적인 것에 반해서, 개인의 사정은 어디까지나 개별적이고 구체적인 것이기 때문이다. 양자(예를 들어 국제적인 금융시장의 변동과 개인의 명예퇴직) 사이에는 거대한 틈새가 벌어져 있고, 그 사이를 직감적으로 메울 수는 없다. 개인은 명예퇴직 되지 않은 동료와 비교해서, 자신은 때마침 능력이 없었기 때문에, 상사의 나에 대한 인상이 나쁘기 때문에, 나이 먹었기 때문에 따위를 생각할 뿐이다. 과거 사회적 약자(노동자계급이나 소수자) 같은 명확한 위치는 부여되지 않는 것이다. 그리고 자신의 현재의 상태가 어떤 근거도 없는 우연적인 것으로만

느껴져서 어쩔 수 없다.[19]

우연히 얻은 생명[삶], 이란 것이 오늘날의 개인이 처해 있는 상황이다. 나는 왜 존재하고 있는 것인지 알 수 없다. 내가 왜 불행한 것인지 알 수 없다. 그러한 물음을 멈출 수 있을 것처럼 자연스런 자명성을 부여하는 것이 과거의 공동체의 역할이었다. 하지만 그러한 것을 잃어버린 지금, 사람은 근거도 없이, "단지 살아갈 뿐"이라는 벌거벗겨진 사실성에 직면하고 있다.

하지만 "단지 살아갈 뿐"이란 어떠한 사태인 것일까. 인간 한 사람의 생에 처음부터 근거나 이유 따위 없다고 해도, 길모퉁이에서 문득 눈에 들어온 황혼의 저녁놀이나 타인으로부터 건네 받은 눈빛의 상냥함이나 하얀 종이 위나 영화관 암흑에서 만난 정겨운 것들과의 조우에 의지하여 사람은 자신이 지금 살고 있고, 앞으로도 살아간다고 납득하는 것은 아닐까.

이런 벌거벗은 '생명[삶]'에 의미와 문맥을 회복하기 위해서 새롭게 생명[삶]을 사고하는 것, 생명[삶]에서 사고하는 것이 필요한 것이다. 전전 시기와 같은 주체로는 있을 수 없다고 해도, '예술'이 – 어느새 하위문화와의 융합hybrid으로 존재할 수밖에 없다는 것은 자명하지만 – "사는 것이 가치 있는" 생명[삶]의 생산이라는 감각을 줄 수 없다면, 예술은, 이미 낡은 문화유산의 잔존이든지, 그렇지 않으면, 비즈니스 사회의 스트레스를 완화시켜 주는 정신적 보조제supplement로 전락할 수밖에 없을 것이다. 하지만 인간이 미적인 영역 없이 산다는 게 불가능한 이상, 어떠한 형태로든 문화적 창조를 통해서 생명[삶]의 감각을 회복하고자 하는 운동이 계속되고 있는 것은 분명하다. 그것은 보다 풍부하고 자율적인 주체의 상태를 요구하는 시행이고, 결국 "나 자신이고자 하는 충동"의 표현인 것이다. 스스로의 욕망이나 실존의 상태에서 새로운 자기를 형성해 가는 것이 그 어느 때보다도 더욱 요구되고 있다.

프리드리히 실러[20]는, 예술이 인간에 부여하는 것은 '행복의 약속'이라고 했다. 우연히 맞은 '불행'에 처해 있는 우리들은 문화적·정치적 실천을 통해서 각자의 인간관계를, 미적 경험을, '행복'을 창출하지 않으면 안 된다. 왜냐하면, 이마에 땀 흘리며 자신의 손으로 만들어낸 것만이 필연적인 것이고, 그러한 것만이 인간의 본래적인 능동성을 회복시켜 주기 때문이다.

올해 여름은 엄청 더웠다. 딸이 노는 소리를 들으면서 근처 공원 벤치에 걸터앉아 있는 것만으로 흥건한 땀이 온몸의 피부에서 흘러나온다. 나무들이 석양을 받아 황금색으로 물들고, 나뭇가지로 가득한 어두컴컴한 암흑 속에서 매미 소리가 띄엄띄엄 들려온다.

지금 이 순간에도 방사선을 띤 먼지가 조용히 내려오고 있는지도 모른다.

문득 그런 것을 생각해 봐도, 석양빛에 물든 공원의 광경은 너무나도 고요하고 순간적으로 사라져 버릴 것처럼 아름답다. 3월 11일의 대지진으로부터 4개월 후, 모두 일상으로 복귀한 듯하지만, 모두 꿈이었던 것처럼 느껴지는 해리 상태가 사실 아직 어딘가에 잠재되어 있어서, 우연한 때에 그 모습을 드러낸다.

아마 8살 전후의 일이었다고 생각되는데, 지금 자신이 보고 듣고 있는 이 '순간'으로 두 번 다시 되돌아올 수 없으리라는 것을 깨닫고 충격을 받은 적이 있다. 그때 교실 창가에서 보았던 인기척 없는 교정의 아주 조용한 모습을 똑똑히 기억하고 있다. 이 순간은 두 번 다시 되돌릴 수 없다. 그리고 '자신'이 사라져 버리면, 자신이 지금 느끼고 있는 이 순간도 함께 소멸해 버리는 것이다.

그때의 체험을 언어화한다면, '나'라는 존재가 지닌 일회성과 무한성에 대한 깨달음이라 할 수 있을까. '나'와 내가 지각하는 이 '세계'는 등가이고, 세계가 끝없는 다양성을 지닌 이상, '나'란 존재 또한 무한하다. 물론 '내'가 무한하다는 것은 현실의 내가 병이나 자연재해나 그 외의 외부적 폭력에 의해 쉽게 부서진다는 것과 조금도 모순되지 않는다. 사람의 신체는 약하고 덧없다. 하지만 내가 이 세계에 존재하고 있다는 사실이야말로, 풍부하고 경이로움에 가득 찬 이 세계를 존재하게 한다.

소년기의 이런 기억을 떠올린 것은 이 책을 거의 끝마치고 프롤로그를 몇 차례 교정하고 있을 때였다. 거기에는 '나'를 무한한 산출로 간주하는 미적인 사고방식에 관해서 써 있었다. 나는 내가 소년기에 가졌던 자기자신에 대한 인식에서 조금도 나아가지 않았다는 것을 깨달았다. 나 자신은 지금까지 인생의 대부분을 같은 문제에 얽매인 채 지내 왔던 것이다. 세계 안의 극소의 한 점에 불과하면서, 세계를 만들어 내는 기점이기도 한 나란 무엇인가. 아마 앞으로도 이런 물음의 주변을 계속해서 빙빙돌 뿐일 것이다.

이 책은 2008년 도쿄 대학 총합 문화연구과 언어정보과학 전공에 제출된 박사논문을 대폭 수정한 것이다. 멋대로 장르의 벽을 넘어 무성해진 논지로 인해 애를 먹으면서 (결국 초고의 절반 정도는 버릴 수밖에 없었다) 일본과 중국에서 이 논문을 수년에 걸쳐 계속해서 써온 세월이 지금은 필자가 깊은 곳까지 변화한 과정이었던 것으로 생각된다. 나는 결정적으로 청춘을 잃어버리고, 동시에 무언가 — 죽음을 안은 보잘 것 없는 존재인 자신 — 를 받아들였다. 아마도 그것이 박사논문 제출 후 갑자기 소설을 써내려 간 동인이 되었는지도 모른다.

논문을 쓰고 있던 기간과 그에 앞선 수년 간, 수많은 사람들의 도움을 받았다. 긴키 대학 대학원에서 지도해 주신 고토 메이세이 선생님, 가라타니 고진 선생님, 와타나베 나오미 선생님은 학문의 즐거움과 '쓴다'는 것의 혹독함을 몸소 가르쳐 주셨다. 그리고 도쿄 대학에서 지도, 심사를 담당해 주신 고모리 요이치 선생님, 야마다 히로아키 선생님, 엘리스 도시코 선생님, 다지리 요시키 선생님, 요네타니 마사후미 선생님이 부족한 제자를 마지막까지 포기하지 않으신 것에 놀랄 따름이다. 스가 히데미 선생님이 술자리에서 말씀하신 어두우면서도 골계도 있는 전후 문화사를 듣는 일은 아찔한 지적 체험이었다. 오카자키 겐지로 씨는 거의 마술 같은 솜씨로 예술인 것이 어떻게 변화무쌍하게 사람의 전신에 작용하는지를, 그 일면을 보여 주었다. 저자에게 있어서는 참으로 분한 이야기지만, 이 책의 가장 매력적인 부분은 오카자키가 제작한 책표지이다.

그리고 무수한 논의를 통해서 저자를 지지하고, 발전시켜 준 모든 선배와 친구 분들. 일본과 중국의 술자리에서 주고받은 방대한 말들이 그대로 이 책에 스며들어 있다. 친구 쓰네 쓰토무 씨는 이문사를 소개해 주었는데, 그곳에서는 마에세 소스케 씨라는 완벽한 솜씨로 알아주는 전설의 신진 편집자가 기다리고 있었다. 또 이 책의 가장 오래된 부분은 이치카와 마코토 씨가 편집한 『와세다 문학』에 「도시 공간의 계보학」이란 제목으로 연재했던 글이다.

무엇을 하고 있는 것인지 전혀 정체를 알 수 없는 아들에게 원조를 아끼지 않았던 부모님, 장인, 장모님께도 감사를 드리고 싶다. 물론, 아내 아야코에게도 감사한다. 그녀가 없었더라면 내 인생은 틀림없이 고독하게 되었을 것이기 때문이다.

마지막으로, 지금 2살 반인 딸 레이에게. 너는 아버지의 시간을 한없이 빼앗지만, 동시에 그칠 줄 모르는 기쁨을 주었다. 작고 새로운 '내'가 이 세계에서 개화한다고 하는 경이로움을 아빠는 결코 잊지 못할 것이다.

2011년 7월

구라카즈 시게루

나는 본서에서 다루는 일련의 예술가·사상가들을 1장에서 '낭만 roman주의 좌파'라 부르고 있다. 낭만주의는 원래 18세기 유럽을 감싸고 있던 계몽 사조로, 인간의 이성이 세계와 자연을 한눈에 관리하고 지배할 수 있다는 사고에 대한 반발로서 태어난 것이었다. 그 때문에 낭만주의는 이성에 대해서는 감정과 공상을, 설계와 관리에 대해서는 자연스런 자발성과 역사적 전통을 옹호했다.

그러나 내가 '낭만주의 좌파'라고 할 때, 이 책의 등장인물들이 급속하게 근대화되어 가는 현실의 사회관계나 경제제도를 무시하고 낭만적인 몽상으로 도피했다는 것을 의미하지 않는다. 오히려 그들 대부분은 '협동조합주의자'였다고 해도 좋을 것이다. 구체적인 예로는 아리시마 다케오, 야나기 무네요시, 미야자와 겐지가 있다. 말할 필요도 없이, 그들은 당대에 압도적이었던 맑스주의 조류에 저항해서 협동조합을 채택한 것이었다. 그들은 화려한 정치투쟁보다는 수수한 일상의 실천을 선택했고, 이데올로기보다는 경제제도의 개혁을 중시했다. 그들은 아나키스트였지만 개인의 내면으로 숨으려 하지 않았다. 오히려 사회관계와 네트워크 안에서 '개인'個의 소재를 찾고자 하였다.

하지만 그것뿐이었다면 그와 비슷한 사고를 가진 사회운동가는 많이 있을 것이다. 미야자와 같은 사람의 사고가 지닌 독자성은 그가 예술(미적 경험)의 창조야말로 사람들을 연결하고, 공동체를 조직한다고 생각했다는 점이다. 그들은 사회관계의 근원에서 창조력을 발견했다. 확실히 이는 몽상적으로 들릴지도 모른다. 현실의 빈곤이나 사회 문제 앞에서 예술은 일반적으로 무력했기 때문이다. 하지만 21세기를 사는 우리들은 사회의 주변으로 몰리고, 삶의 고통을 껴안은 존재이기 때문에 자신의 감정이나 욕망의 언어화·표현이, 개인이 살아 나가기 위한 실존적인 과제가 된다는 점을 깨닫기 시작하고 있다. 우리들은 언어와 상징과 환상을 통해서 산다는 것의 의미를 확인하는 생명체인 것이다. 그것은 이후에 어떠한 사회가 찾아와도 변하지 않는 사실일 것이다.

1920~30년대라는 시대는 일본이 처음으로, 자본주의의 본격적인 침투로 인한 사회적 유대의 해체를 경험한 시기였다. 이 책의 등장인물들은 그러한 추세의 한복판에서 예술에 대해 사고했다.

2014년 현재, 일본에서는 심각한 저출산·만혼晚婚화로부터 커다란 변화의 조짐이 보이지 않고 시골의 쇠퇴는 앞으로 계속해서 점점 본격화될 것이라 예상된다. 어떤 추정에 의하면 2040년까지 인구 감소로 인해, 일본의 지자체 절반의 행정 기능이 마비될 것이라고 한다.[1]

그리고 조금 역설적으로 보이지만 동시에 현대 일본에서는 '가족'과 '고향'으로의 회귀가 진행되고 있는 듯이 보인다. 오늘날 젊은 세대는 수다스럽게, 자기 가족관계가 좋다는 것에 대해 이야기하며, 성인이 되어도 초등학교와 중학교 시절의 친구들과 어울려 지낸다. 다만 이것은 변동하

는 시대에 대한 적응 전략이고, 자기 자신을 방위하는 것이라고 이해할 수 있다. 전후 일본 사회의 대표적인 공동체가 '기업·직장'인 이상, 정규직에서 배제되고 앞으로 안정된 직업을 얻을 가능성도 없는 젊은이들이 의지할 수 있는 것은 가족과 예전부터 알고 지낸 친구관계뿐이기 때문이다. 정신과 전문의인 나카이 히사오도 소비에트 붕괴 시기의 러시아를 예로 들면서 곤란한 시대에는 가족의 결집력이 증가한다고 지적하고 있다.(『시간의 물방울』時のしずく) 그러나 가족도 이혼율의 증대나 소득의 저하 등에 의해서 이전의 가족상을 유지하는 것이 어렵게 되었다. 그리고 가족을 지탱하던 지역적 연계도 희박해지고 있다.

공동체의 해체와 회귀가 뒤죽박죽 진행되는 가운데 우리는 어떠한 '경험'을 바탕으로 자신의 생명[삶]의 의미를 확인할 것인가. 그때, 문화나 예술은 어떠한 역할을 할 것인가. 이러한 것이 이 책을 집필하는 동안 나의 마음을 붙잡고 있던 질문이었다.

이 책의 대부분은 내가 일본 문학을 가르쳤던 중국의 광저우廣州와 샤먼廈門이라는 도시에서 쓰였다. 가까이서 볼 수 있었던 중국 사회의 급속한 현대화와 그것이 동반한 갈등의 표출은 매우 자극적이었다. 일상에서 접할 수 있었던 중국의 젊은이들은 탁류濁流처럼 일어나는 사회변화의 한복판에서 망설이고 고뇌하고 헤매면서도 필사적으로 살아가고 있었다. 그런 경험으로 체득한 중국에 대한 나의 지식과 비교해 보면, 애석하게도, 한국에 대한 나의 지식은 매우 한정되어 있다.

중국에서 직업을 구했던 것은 일본의 문학·사상을 공부하는 동안 일본의 근대 자체가 아시아 동란의 역사라는 직물 속에 분명히 포함되어 있음을 인식했기 때문이다. 일본을 이해하기 위해서는 동아시아를 알아야만 한다. 동아시아를 알기 위해서 당시 30대였던 나는 현지에 자신을 내던져야 한다고 생각했다. 지금도 그 생각은 틀리지 않았다고 생각한다.

냉전이 종결된 후, 동아시아에서는 그때까지 애매하게 봉인되어 왔던 전쟁의 기억이 되살아나고 일본은 몇 번의 잘못과 실수의 결과, 심각한 갈등을 주변 국가 사이에서 떠안게 되었다. 이미 알고 있듯이, 그 짐의 유산은 지금도 각국의 내셔널리즘을 계속해서 선동하고 있고 동아시아의 미래에 암운^{暗雲}을 드리우고 있다.

하지만 나는 한국·중국·대만·일본이라는 나라는 백수십 년 동안 외적인 환경에 의해 이루어진 근대화라는 거대한 사건을, 방대한 희생을 치르면서 극복해 왔다는 공통의 역사적 경험을 공유하고 있다고 생각한다. 그곳에는 처음에 서구의 충격이 있었고, 정권 다툼과 군사적 동란이 바로 이어졌고, 그 후에 근대적인 과학기술과 체계^{system}의 혼란스럽고 복잡한 수용이 시작되었다. 전쟁 또한 그러한 과정의 참혹한 한 페이지였다.

동아시아에서 각국의 경험을 서로 새롭게 배우고 이해할 필요가 있을 것이다. 그것은 무수한 도안으로 채워진 거대한 그러나 하나로 연결된 텍스트이다. 이 책이 그러한 시도에 소소한 기여가 되기를 기대하고 있다. 내가 흥미를 갖는 것은 사회에 농락당하면서도 어떻게든 자신의 '생명[삶]'에 의미를 두고자 하는 개인의 모습이지만 그 맞은편에는 동아시아 공통의 경험이라는 지평이 펼쳐지고 있다.

마지막으로 이 책을 번역해 주신 한태준 님과 이 책을 출판해 주신 갈무리 출판사에 감사를 드리고 싶다.

2014년 9월 도쿄에서

구라카즈 시게루

　　왜 다시 근대인가. '관동대지진에서 태평양전쟁 발발까지의 예술 운동과 공동체'라는 부제가 지닌 시간성에 이끌려 이 책을 번역하게 되었다. 일본 영화에 흥미를 가지고 논문을 준비하던 역자는 오로지 다이쇼 시기 유행했었던 '에로 그로 넌센스'에 심취해 있었고 논문의 방향도 그렇게 흘러가고 있었다. 하지만 2011년 3월 11일 후쿠시마에서 큰 사고가 터졌고, 논문의 성격도 완전히 뒤바뀌게 되었다. 3·11은 다이쇼 시기에 일어났던 관동대지진과 오버랩되었다. 근대화를 시작으로 완성되었던 공동체는 점차 그 경계를 잃어버리고 어두운 시대의 전조를 체감하며 해체되어 가기 시작했다. 그런 의미에서 근대를 논한다는 것은 현재를 살아가고 있는 우리들의 모습을 반추해 볼수 있는 중요한 시금석이 될 수 있을 것이다.

　　저자가 주목하는 것은 관동대지진 전후의 일본이란 시대상황이다. 새로운 시대의 시작과 어두운 시대의 전조 속에서 일본의 예술·건축·영화·문학은 서로의 장르를 넘어서 다양한 형태로 꽃을 피운 대전환기를 맞이했다. 저자는 그러한 역사 속 다양한 태동을 특히 다이쇼 데모크라시가 끝나고 쇼와의 시대적 광기가 일어나던 시기에 초점을 맞춰서 읽어나간다. 이러한 시대적 상황이 단순히 그 당시의 묘사로만 끝나지 않는 것은 현재 우리가 살고 있는 시대가 그때 당시와 거울에 반사된 대상처럼 매우 닮아 있기 때문일 것이다.

이 책은 프롤로그와 총 6장으로 구성된 본문 그리고 에필로그로 구성되어 있다. 저자가 2008년에 도쿄 대학 총합 문화연구과 언어정보과학 전공에 제출한 박사논문을 책으로 재구성한 것으로 장르를 넘나드는 다양한 정보와 방대한 자료가 담겨있다. 이 책의 핵심 단어는 '미적 아나키즘'이다. 얼핏 보면 각 장들은 서로 간에 공통분모가 없어 보이지만, '미적 아나키즘'이란 단어가 이 책의 전반을 관통하고 있다.

프롤로그는 제목부터 「미적 아나키즘이란 무엇인가」라는 질문으로 시작하고 있다. 벌거벗은 '생명'으로 설명될 수 있는 1920~30년대의 시대 상황과 현재 우리의 시대 상황은 왜 이 책이 아나키즘으로 시작하려 하는지를 알려 준다. 공동체의 해체와 회귀 속에서 개인은 어떤 의미를 지니고 있는 것인가. 본문은 그 개인들의 움직임을 예술이라는 맥락에서 사고하고 있다.

1장 「포스트 백화파 세대」는 관동대지진으로 촉발된 도시공간의 급속한 변화와, 백화파 이후의 예술가들이 미적 아나키즘을 어떻게 자신의 것으로 변형시켰는가를 탐구한다. 특히 고현학의 곤와지로와 『적과 흑』의 하기와라 교지로를 중심으로 이야기가 전개된다.

2장 닫힌 방은 다이쇼 말기에서 쇼와 초기에 걸쳐 유행했던 '독실'과 관련된 이야기들을 통해서 당시의 시대 상황을 분석한다. 주거 공간의 변화는 개인적인 사적 영역과 공적인 영역이라는 구분을 만들어 내기 시작했다. 이렇게 새롭게 생긴 사적 영역은 욕망의 장으로서 여러 문학작품에 반영되었다. 이 장에서는 대표적인 작가로 에도가와 란포를 들고 있다.

3장 「기술의 무한 운동」은 '민예운동'의 창시자인 야나기 무네요시를 중심으로 전개되고 있다. 이 장에서는 야나기의 발상을 하이데거와 비교하면서 이러한 반근대주의가 오히려 근대적인 것이었음을 이야기한다.

4장 「셀룰로이드 속 혁명」은 다이쇼와 쇼와에 걸쳐 일어난 일본의 사회변동을 에이젠슈타인의 몽타주 이론과 같은 영화이론을 통해서 설명하고 있다. 요코미쓰 리이치의 『상하이』에서 엿보이는 영화적 특성이 어떠한 효과를 만들어 내는지 분석한다.

5장 「의식의 형이상학」의 주인공은 미야자와 겐지이다. 그의 작품을 통해서 나타나는 특이성은 세계의 기저로서의 '의식'에 대한 주목에 있다. 이 장에서는 겐지의 시와 동화를 통해서 그가 가지고 있던 사회 변혁의 발상에 대해서 이야기한다.

본문의 마지막 장인 6장 「'혈통'의 생성」은 야스다 요주로를 중심으로 논의되고 있다. 이 장의 목적은 야스다의 사상을 통해서 미적 아나키즘이 어떻게 변해 갔는지를 이해하는 것이다. 야스다는 주체의 자리를 개별의 예술가가 아닌 민족으로 이동시킨다. 그에게 있어 개인은 하나의 계기에 불과하다. 야스다의 사상에서 미적 아나키즘의 소멸을 바라보고 본문은 끝을 맺는다.

에필로그는 앞으로의 미적 아나키즘의 행방에 대한 저자의 생각을 담고 있다. '자연'이라는 문제, 전후의 여러 문제, 현대가 지닌 '불행'과 생명의 생산에 관한 문제들을 예술을 통해서 이야기하고 있다. 관동대지진과 태평양 전쟁을 지나 3·11까지 현대의 '불행' 속에서, 개인의 문화적·정치적 실천을 통해 자신의 미적 경험을 '행복'으로 만들어갈 수 있는 인간의 능동성을 회복시키고자 한다는 점에서 이 책은 의미가 있다.

번역을 하면서, 번역이란 단순히 다른 나라 말을 모국어로 바꾸는 작업이 아니라 또 다른 창작 작업이라는 것을 깨닫게 되었다. 이 책이 지닌 난해함과 다의적인 해석의 가능성은 역자에게 많은 어려움과 고민을 안겨 주었다. 하지만, 어려운 산을 오를수록 그 기쁨은 배가 되듯이 이 책을 탈고하고 나서 느낀 희열은 그 어떤 책보다 컸다고 생각한다.

삶이라는 것은 사람과 사람이 소통하는 과정임을 번역을 하면서 다시금 깨달을 수 있었다. 내 생각만을 주장하며 다른 사람들의 의견을 배제했다면 이 책은 순조롭게 나올 수 없었을 것이다. 이런 과정 자체가 정치이고 예술이라는 생각이 든다. 본서를 번역하면서 많은 것을 배웠고 또 많은 분들의 도움을 얻을 수 있어서 무엇보다도 소중한 경험이었다. 이런 훌륭한 저서를 번역할 수 있게 기회를 주신 조정환 선생님, 책이 나오는 데 많은 시간을 할애해 주신 갈무리 출판사의 활동가분들과 시간을 내어 꼼꼼히 프리뷰를 해주신 이종호 선생님과 박인수 선생님, 한국어판이 나오기까지 많은 도움을 주신 저자 구라카즈 시게루 선생님께 감사의 인사를 전하고 싶다. 마지막으로 곁에서 책이 완성될 때까지 함께 교정에 힘써준 아내 지현에게 고마움을 전하며 부족한 글을 마친다.

2015년 3월

한태준

프롤로그 : 미적 아나키즘이란 무엇인가

1. [옮긴이] 원문은 한자 '生'이다. 이 단어의 사전적 의미는 생명, 삶, 살아 있는 상태 등이다. 여기서는 조르조 아감벤의 '호모 사케르', 즉 'bios'(사회적·정치적 삶)를 박탈당하고 'zoe'(생물적 삶)밖에 가지지 못한 존재를 의미하기 때문에 '벌거벗은 생명'이라 번역했다. '生'은 문맥에 따라서 생명이나 삶으로 번역한 경우도 있지만, 대체로 다의적인 용어로 사용되고 있기에 정확한 의미 전달을 위해 대부분 생명[삶]으로 번역하였다.

2. [옮긴이] 다이쇼(大正)는 다이쇼 천황의 존위 기간인 1912년 7월 30일에서 1926년 12월 25일까지의 시기를 칭하는 일본 연호이다. 메이지(1868~1912), 다이쇼(1912~1926), 쇼와 (1926~1989)로 이어진다.

3. [옮긴이] 쇼와(昭和)는 쇼와 천황 존위 기간인 1926년 12월 25일에서 1989년 1월 7일까지의 시기이다. 헤이세이(1989~)로 이어진다.

4. [옮긴이] 아리시마 다케오(有島武郞, 1878~1923). 일본의 소설가.

5. 有島武郞,「自己と世界」,『惜しみなく愛は奪う 有島武郞評論集』, 一八二頁, 新潮文庫, 二〇〇〇年 [아리시마 다케오,「자기와 세계」,『사랑은 아낌없이 빼앗는다 — 아리시마 다케오 평론집』, 182쪽, 신조문고, 2000년.]

6. 有島武郞,「惜しみなく愛は奪う」, 同, 二三六頁. [아리시마 다케오,「사랑은 아낌없이 빼앗는다」, 같은 책, 236쪽.]

7. 같은 책, 239쪽.

8. [옮긴이] 다이쇼 데모크라시(大正デモクラシー)는 1910년대~1920년대 일본에서 일어난 정치·사회·문화 각 방면에서의 민주주의적이고 자유주의적인 운동·풍조·사조 등을 총칭한다.

9. [옮긴이] 〈전국수평사〉(全国水平社). 1922년(다이쇼 11년) 3월에 결성된 일본 부락 해방 운동 단체이다. 피차별 부락의 지위 향상과 인간의 존엄성 확립을 목적으로 결성되었다.

10. [옮긴이] 백화파(白樺派)는 1910년 창간된 동인지『백화』(白樺)를 중심으로 일어난 문예사조 중 하나로, 그 이념이나 작풍을 공유하고 있었던 작가들을 지칭하는 말이기도 하다. 백화파의 주요 동인으로는, 작가로는 아리시마 다케오, 야나기 무네요시 등이 있고, 화가로는 나카가와 가즈마사, 우메하라 류자부로, 기시다 류세이 등이 있다.

11. [옮긴이] 우노 고지(宇野浩二, 1891~1961). 일본의 소설가, 작가.

12. 有島武郞,「惜しみなく愛は奪う」, 前揭書, 二四九頁. [아리시마 다케오,「사랑은 아낌없이 빼앗는다」, 앞의 책, 249쪽.]

13. 같은 책, 236쪽.

14. 같은 책, 292쪽.

15. [옮긴이] 오스기 사카에(大杉栄, 1885~1923). 사상가, 작가, 저널리스트, 사회운동가. 메이지 와 다이쇼 시기 일본의 대표적인 아나키스트이다.

16. 大杉栄, 「生の拡充」, 『大杉栄評論集』, 六一頁, 岩波文庫, 一九九六年. [오스기 사카에, 「삶의 확충」, 『오스기 사카에 평론집』, 61쪽, 이와나미 문고, 1996년.]

17. 有島武郎, 「惜しみなく愛は奪う」, 前掲書, 三三二頁. [아리시마 다케오, 「사랑은 아낌없이 빼앗는다」, 앞의 책, 332쪽.]

18. 大杉栄, 「生の拡充」, 前掲書, 六六頁. [오스기 사카에, 「삶의 확충」, 앞의 책, 66쪽.]

19. [옮긴이] 히라쓰카 라이초(平塚らいてう, 1886~1971). 일본의 사상가, 평론가, 작가, 페미니스트. 전전과 전후에 걸쳐서 여성해방운동, 부인운동의 지도자였다. 특히 다이쇼에서 쇼와에 걸쳐 '부인 참정권' 획득을 위해 힘썼다.

20. [옮긴이] 아타라시키무라(新しき村). 무샤노코지 사네아쓰와 그 동지들이 이상향을 구현하기 위해 1918년(다이쇼 7년) 미야자키현 기쵸마을에 세운 마을이다. 그저 생활 공동체에 불과했던 것이 아니라, 어떤 정신에 의거한 세계를 세운다는 목적으로 만들어졌다. 현재는 농업을 주업으로 하고 있다.

21. [옮긴이] 칼 슈미트(Carl Schmitt, 1888~1985). 독일의 법학자·정치학자. 베를린 대학 교수였다. 전체주의적인 국가관·정치관을 주장하여 나치에 중요한 이론적 기초를 부여했다. 연방지사법, 지방자치체 조직법의 제정에 힘썼다.

22. [옮긴이] 에마뉘엘 조제프 시에예스(Emmanuel Joseph Sieyès, 1748~1836). 프랑스 대혁명 당시 정치인.

23. [옮긴이] 조르다노 브루노(Giordano Bruno, 1548~1600)는 르네상스 이탈리아의 철학자이다. 18세에 도미니코 교단에 들어가 가톨릭 사제가 되었으나, 가톨릭 교리에 대한 회의를 품게 되었다. 1576년 이단과 살인 혐의로 사제복을 벗게 되면서 유럽 각국을 방랑한다. 1592년 베네치아에서 이단 심문에 회부되어 로마에서 화형에 처해진다.

24. カール·シュミット, 『独裁』, 一六二頁, 田中浩, 原田武雄訳, 未来社, 一九九一年. [칼 슈미트, 『독재』, 162쪽, 다나카 히로시·하라다 다케오 옮김, 미래사, 1991년.]

25. 같은 책, 157쪽.

26. 같은 책, 162쪽.

27. 有島武郎, 「価値の否定と固定と移動」, 前掲書, 二二六頁. [아리시마 다케오, 「가치의 부정과 고정 그리고 이동」, 앞의 책, 226쪽.]

28. 같은 책, 231쪽.

29. [옮긴이] 대역 사건(大逆事件). 일반적으로 1910~1911년(메이지 43~44년)에 사회주의자 고토쿠 슈스이(幸徳秋水) 등이 메이지 천황 암살 계획을 기획했다는 혐의로 검거된 사건을 가리킨다. 고토쿠 사건이라고도 불린다.

30. [옮긴이] 쌀 소동(米騒動). '쌀 가격의 폭등에 뒤이어 일어난 민중폭동'이라는 의미의 소동은 에도 시대(1603~1867)부터 빈번히 발생하고 있었다. 태평양전쟁 이전에는 1890년(메이지 23년), 1897년(메이지 30년), 1918년(다이쇼 7년) 3회에 걸쳐 소동이 일어났다. 1918년의 쌀 소동이 사상 최대 규모였기에 '쌀 소동'이라는 말은 일반적으로 1918년의 사건을 가리킨

다. 본문에서도 1918년의 쌀 소동을 언급하고 있는 것으로 보인다.

31. [옮긴이] 하타노 아키코(波多野秋子, 1894~1923). 중앙공론사에서 출판된 『부인공론』(婦人公論)지의 기자.

32. [옮긴이] 칼 만하임(Karl Mannheim, 1893~1947)은 헝가리 부다페스트 출생의 사회학자이다. 청년 시절에 독일 관념론 철학의 영향을 받아 인식론에 관심을 가졌다. 게오르크 루카치(György Lukács)와 함께 헝가리의 문화혁신 운동에 참가했지만 1차 세계대전 후 호르티(Horthy Miklós)의 반혁명으로 독일에 망명한다.

33. [옮긴이] 고향을 상실한 사람, 본래의 환경에서 벗어난 사람 등을 의미한다.

34. 有島武郎, 「片信」, 前揭書, 四七二頁. [아리시마 다케오, 「편신」, 앞의 책, 472쪽.]

35. 小林秀雄, 「手帖2」, 『小林秀雄初期文芸論集』, 二七四頁, 岩波文庫, 一九八〇年. [고바야시 히데오, 「수첩2」, 『고바야시 히데오 초기 문예 논집』, 274쪽, 이와나미 문고, 1980년.]

36. [옮긴이] 구라하라 고레히토는 자신의 선언문 「프롤레타리아 리얼리즘으로의 길」(プロレタリアレアリズムへの道)에서 "첫째, 프롤레타리아 전위의 '눈을 지니고' 세계를 바라볼 것, 둘째, 엄격한 리얼리스트적인 태도를 지니고 세상을 그릴 것"이라 서술한다.

37. [옮긴이] 〈라스 지인 협회〉(羅須地人協會). 1926년에 미야자와 겐지가 오늘날의 이와테현 하나마키시에 설립한 민간 교육 기관이다. 또는 그런 목적으로 사용된 미야자와의 주택 건물을 의미하기도 한다.

38. 柄谷行人, 『世界史の構造』, 第三部第三章, 岩波書店, 二〇一〇年. [가라타니 고진, 『세계사의 구조』 제3부 제3장, 이와나미 서점, 2010년.]

39. 가라타니의 이론에서 농촌 공동체라는 것은 국가의 하위 체계(sub-system)이며, 농촌 공동체 내부의 상호적인 구조는 국가의 지배와 하나(set)이다. 한편, 보다 고대적인 호혜관계는 수렵민·민족제에 그 기원을 지니고, 국가로부터 자립적이다. 같은 책, 제1부 제1장 참조.

40. 같은 책, 320쪽.

41. [옮긴이] 도죠 히데키(東條英機, 1884~1948). 일본의 군인이자 정치가.

1장 포스트 백화파 세대

1. [옮긴이] 다카무라 고타로(高村光太郎, 1883~1956). 일본의 시인, 조각가.

2. 高村光太郎, 「綠色の太陽」, 『芸術論集 綠色の太陽』, 八〇頁, 岩波文庫, 二〇〇二年. [다카무라 고타로, 「녹색 태양」, 『예술론집 녹색 태양』, 80쪽, 이와나미 문고, 2002년.]

3. [옮긴이] 원문에 이와 같이 영문이 대문자로 표기되어 있는 단어들은 한국어판에도 대문자로 표기했다.

4. 같은 책, 80쪽.

5. [옮긴이] 야마와키 신토쿠(山脇信悳, 1886~1952). 일본의 서양화가. 제3회 문부성 미술전람회에 출품한 〈정류소의 아침〉(停車場の朝)이 모네에 필적하는 작품이라는 버나드 리치의 격찬을 받았고, 다카무라 고타로에게도 높은 평가를 받았다. 〈정류소의 아침〉은 일본 근대 미술사 최초의 자각적인 인상파풍 작품으로서의 위치를 차지한다.

6. [옮긴이] 이시이 하쿠테이(石井柏亭, 1882~1958). 일본의 판화가, 서양화가, 미술평론가.

7. [옮긴이] 무샤노코지 사네아쓰(武者小路実篤, 1885~1976). 일본의 소설가, 시인, 극작가, 화가.

8. [옮긴이] 기노시타 모쿠타로(木下杢太郎, 1885~1945). 피부과의, 시인, 극작가, 번역가, 미술사, 기독교사 연구가.

9. [옮긴이] 요로즈 데쓰고로(萬鉄五郎, 1885~1927). 다이쇼~쇼와 초기의 화가. 포스트 인상파나 포비즘 회화에 한발 빨리 공명했다. 그의 작품들에는 특히, 빈센트 반 고흐나 앙리 마티스 등의 영향이 현저하다. 구로다 세이키 등의 아카데믹 화풍이 지배적이었던 일본 서양 미술계에 당시 전위 회화였던 포비즘을 도입한 선구자이다.

10. 大杉栄,「生の拡充」,『大杉栄評論集』, 六六頁, 岩波文庫, 二〇〇三年. [오스기 사카에,「삶의 확충」,『오스기 사카에 평론집』, 66쪽, 이와나미 문고, 2003년.]

11. 有島武郎,「惜しみなく愛は奪う」,『惜しみなく愛は奪う 有島武郎評論集』, 三一五頁, 新潮文庫, 二〇〇〇年. [아리시마 다케오,「사랑은 아낌없이 빼앗는다」,『사랑은 아낌없이 빼앗는다 아리시마 다케오 평론집』315쪽, 신조문고, 2000년.]

12. [옮긴이] 이시모토 기쿠지(石本喜久治, 1894~1963). 일본의 건축가. 1920년 도쿄 제국 대학교 공학부 건축학과 졸업. 동기 졸업생인 호리구치 스테미, 야마다 마모루 등과 〈분리파 건축회〉를 결성하고 일본의 근대 건축운동의 한 획을 그었다.

13. [옮긴이] 호리구치 스테미(堀口捨己, 1895~1984). 일본의 건축가. 전통문화와 모더니즘 건축 이념의 통합을 꾀했다.

14. [옮긴이] 야마다 마모루(山田守, 1894~1966). 일본의 건축가. 체신(逓信建築) 건축물의 선구자적 존재. 모더니즘 건축을 실천하고 곡면이나 곡선을 사용한 개성적이고 인상적인 디자인의 작품을 남겼다.

15. [옮긴이] 모리다 게이이치(森田慶一, 1895~1983). 일본의 건축가. 분리파로서 작품을 발표하면서 『건축론』이나 『서양건축사개설』 등의 책을 썼고, 서양의 건축 관련 저서들을 번역했다.

16. 「分離派建築会宣言」,『日本建築宣言文集』, 一二六頁, 彭国社, 一九七三年. [「〈분리파 건축회〉 선언」,『일본건축선언문집』, 126쪽, 팽국사, 1973년.]

17. [옮긴이] 사노 도시카타(佐野利器, 1880~1956). 일본의 건축가, 구조학자.

18. [옮긴이] 우치다 요시카즈(内田祥三, 1885~1972). 건축학자, 건축가. 도쿄 제국 대학교 총장을 역임했다.

19. [옮긴이] 나이토 다츄(内藤多仲, 1886~1970). 일본의 건축구조 기술자, 건축 구조학자. 전후에는 도쿄 타워 등 다수의 철골구조 전파탑, 관광탑의 설계에 참여하여 '탑박사'라고도 칭한다.

20. [옮긴이] 고토 신페이(後藤新平, 1857~1929). 일본의 의사, 관료, 정치가. 대만 총독부 민정장관. 만주 철도 초대 총재, 체신대신, 내무대신, 외무대신 등을 역임했다.

21. [옮긴이] 노다 도시히코(野田俊彦, 1891~1932). 일본의 건축가. 다이쇼 시기에서 쇼와 초기에 건축기사로서 활동하였다.

22. [옮긴이] 도쿄 니혼바시에서 열린, 〈분리파 건축회〉가 주최한 "분리파 전람회"를 지칭하는

것으로 보인다.

23. [옮긴이] 이나가키 에이조(稲垣栄三, 1926~2001). 건축사가, 도쿄 대학교 명예교수. 저작
『일본 근대 건축』에서 근대 건축의 시작을 다이쇼 시기로 보아야 한다는 설을 주장했다.

24. 稲垣栄三, 『日本の近代建築 その成立過程(下)』, 二一六頁, 鹿島出版社, 一九七九年. [이나가
키 에이조, 『일본 근대 건축 – 그 성립과정(하)』, 216쪽, 가시마 출판회, 1979년.]

25. [옮긴이] 저자는 이 책에서 '컨텍스트'라는 단어를 문학적 의미에서의 '맥락'으로만 한정된
것이 아니라 역사적 시간을 관통하는 사회적·문화적 맥락을 포함하는 의미로 쓴다. '컨텍
스트'를 '맥락'으로 옮길 경우 저자의 포괄적인 의미를 담지 못하기 때문에 한국어판에서도
저자의 표기 그대로 '컨텍스트'로 표기했다. 이처럼 이 책에서 저자가 영어를 소리나는 대로
적은 일부 표현 중에서 적절한 우리말 번역이 없는 경우 부득이 저자의 표기를 따랐음을
밝힌다.

26. 堀口捨己, 「芸術と建築との感想」, 『日本建築宣言文集』, 一四八頁. [호리구치 스테미, 「예술
과 건축 감상」, 『일본건축선언문집』, 148쪽.]

27. [옮긴이] 구라타 치카타다(蔵田周忠, 1895~1966). 일본의 건축가. 〈분리파 건축회〉의 일원이
었고 건축사와 관련된 여러 권의 저작을 썼다.

28. [옮긴이] 야마구치 분조(山口文象, 1902~1978). 1930년대에서 1960년대에 걸쳐 활약했
던 근대 일본 건축 운동의 리더 중 한 명이다. 모더니즘 건축 디자인과 일본풍 건축의 명
수였다.

29. [옮긴이] 하세가와 다카시(長谷川堯, 1937~). 일본의 건축사가, 건축평론가.

30. [옮긴이] 히비야 방화 사건(日比谷焼打事件, 히비야 야키우치 지켄)은 러일 전쟁 직후인
1905년 9월 5일, 일본 도쿄 히비야 공원에서 러일 전쟁에 대한 보상에 불만을 토로하는 집
회 중에 일어난 폭동이다.

31. [옮긴이] 박열(1902~1974). 18세의 나이로 일본 도쿄로 건너가 〈흑도회〉, 〈흑우회〉 등 항일
사상단체를 이끌다, 1923년 일본 국왕을 폭살하려 했다는 혐의로 구속되었다. 이에 따라
22년 2개월이라는 장기간의 옥살이를 치러야 했다. 해방 후 〈신조선 건설 동맹〉에 이어 〈재
일본조선인 거류민단〉의 초대 단장을 맡았으며, 1949년 영구 귀국했다가 한국전쟁으로 북
한군에 의해 납북되었다.

32. [옮긴이] 모리모토 고키치(森本厚吉, 1877~1950). 일본의 경제학자, 교육자, 문화생활 연
구가.

33. 有島武郎, 「宣言一つ」, 前掲書, 四五九頁. [아리시마 다케오, 「선언 하나」, 앞의 책, 459쪽.]

34. [옮긴이] 유메노 규사쿠(夢野久作, 1889~1936). 일본의 선종 승려, 육군소위, 우편국장, 소
설가, 시인, SF작가, 탐정소설가, 환상문학 작가.

35. 夢野久作, 「街頭から見た新東京の裏目」, 『夢野久作著作集 2』, 七一頁, 葦書房, 一九七九年.
[유메노 규사쿠, 「노상에서 본 새로운 도쿄의 뒷모습」, 『유메노 규사쿠 저작집 2』, 71쪽, 아
시책방, 1979년.]

36. 藤森照信, 『日本の近代建築 (下)』, 一八七頁 (岩波新書, 一九九八年)より再引用. [후지모리
테루노부, 『일본 근대 건축(하)』, 187쪽 (이와나미 신서, 1998년)에서 재인용.] 그리고 〈부락

332 나 자신이고자 하는 충동

장식사)의 선전 유인물에 기록된 결성자 명단은 다음과 같다. "나카가와 기겐(회화), 간바라 타이(회화), 요코야마 준노스케(회화), 아사노 모후(조각), 요시다 겐키치(장식), 오쓰보 시게치카(장식), 요시무라 지로(장식), 도야마 시즈오(조명), 곤 와지로(장식, 건축)."

37. [옮긴이] 야나기타 구니오(柳田國男, 1875~1962). 일본의 민속학자, 관료. 일본 민속학의 개척자로서 다수의 저작들이 오늘날까지도 출판되고 있다.

38. [옮긴이] 오무카 도시하루(五十殿利治, 1951~). 일본의 미술사학자, 전공 분야는 예술학, 근대미술사이다. 특히 러시아 아방가르드, 다이쇼 시기 신흥 미술운동 전문가이다.

39. 五十殿利治, 『日本のアヴァンギャルド芸術 マヴォとその時代』, 青土社, 二〇〇一年. [오무카 도시하루, 『일본 아방가르드 예술 – 〈마보〉(MAVO)와 그 시대』, 청토사, 2001년.]

40. [옮긴이] MAVO. 전전 시기 일본 다다이즘 그룹이다. 일본 다다운동에서 선구적인 역할을 했다. 야나세 마사무, 무라야마 도모요시 등이 관동대지진 직전인 1923년 7월에 결성했다. 선언문을 발표한 후 자신들을 '마보이스트'라 칭했다. 동명의 잡지를 1924년에 창간하여 1925년까지 7호를 간행했다. 1925년에 그룹은 해체한다. 이 그룹은 회화보다도 다른 분야를 중시했고, 입체 작품(조각)·건축·광고·디자인·연극·춤 등 폭넓은 활동을 하였다.

41. 時事新報大正十二年十二月二二日, 「ペンキ屋へ大工よりの抗弁」. [『시사신보』, 다이쇼 12년 12월 22일, 「미장이에게 목수로부터의 항변」.]

42. 時事新報大正二月二三日, 「ペンキ屋へ大工よりの抗弁」. [『시사신보』, 다이쇼 12월 23일, 「미장이에게 목수로부터의 항변」.]

43. 「建築家のために 今和次郎氏に問ふ」, 『建築世界』, 一九二四年, 三月号. [「건축미를 위해서 – 곤 와지로씨에게 묻는다」, 『건축세계』, 1924년 3월호.]

44. 今和次郎, 「装飾芸術の解明」, 『造形論 – 今和次郎集第九巻』, 六三頁, ドメス出版, 一九七五年. [곤 와지로, 「장식 예술의 해명」, 『조형론 – 곤 와지로 모음 제7권』, 63쪽, 도메스 출판, 1975년.] 원본은 『建築新潮』, 一九二四年二月号 [『건축신조』, 1924년 2월호]에 발표된 것이다.

45. 같은 책, 64쪽.

46. [옮긴이] 숯 태우는 오두막, 숯 태우는 사람이 묵는 허술한 오두막 집.

47. 또 곤 와지로의 방법론은 얼마 안 있어 야나기타 구니오와의 결별을 초래한다. 동일한 개별 사례의 수집에서 시작한다 해도, 야나기타의 민속학이 그 방대한 데이터의 모음에서 일본의 심성이라는 추상적인 '본질'로 거슬러 올라가는 경향을 지니고 있는 것에 반해, 곤 와지로는 비중심적인 변천에만 흥미를 가졌기 때문이다.

48. シャルル・ボードレール, 「現代生活の画家」, 『ボードレール批評2』, 一六五頁, 阿部良雄訳, ちくま学芸文庫, 一九九九年. [샤를 보들레르, 「현대생활의 화가」, 『보들레르 비평 2』, 165쪽, 아베 요시오 옮김, 치쿠마 학예문고, 1999년.]

49. 같은 책, 164쪽.

50. 今和次郎, 「考現学とはなにか」, 『考現学入門』, 三六一頁, ちくま文庫, 一九八七年. [곤 와지로, 「고현학이란 무엇인가?」, 『고현학 입문』, 361쪽, 치쿠마 문고, 1997년.]

51. シャルル・ボードレール, 「現代生活の画家」, 前掲書, 一六〇頁 [샤를 보들레르, 「현대생활의

화가」, 앞의 책, 160쪽.]

52. 고현학의 출발점에 관동대지진 후의 광경이 있었다는 사실은, 곤 와지로가, 〈분리파 건축회〉를 포함한 메이지 이후의 건축가들이 회의적이었다는 것을 몰랐음을 의미한다. 그리고 고현학이, 아름답고 기념할 만한 건축(군)에 의해 '도시'가 표상된다는 비전과 무관했음을 의미한다. 여기에는 오히려 폐허 속에서야말로 '도시'의 현전을 보는 (유메노 규사쿠와도 공통된) 감성이 있다. 그것은 말하자면 재난과 희망이 같이 쓰인, 예감의 장소로서의 도시이다.
이탈리아의 저명한 건축(사)가 알도 로씨에 의한 다음 문장도, 유년기 도시의 형상이 재난의 장소로서 나타난다는 점을 암시하고 있다. "일전의 대전에 의한 폭격 후의 유럽 도시를 기억하고 있는 사람이라면, 주변에서 잔인하게 창자를 드러낸 집들을 떠올릴 수밖에 없을 것이다. 하지만 거기에는 건물의 잔해 속에 그 토지에 살았던 가족생활의 단편이 분명하게 새겨져 있고, 이것은 빛바랜 카펫이나 천장에 매달린 세면대, 엉클어진 파이프 등의 광경, 즉 예전부터 그 장소를 점하고 있었을 친밀성이 해체되어 버린 정경 속에도 남아 있었던 것이다. 그리고 언제나 우리 자신에게 이상할 정도로 오래된 것처럼 보이는 것이 유년시절의 집들의 모습이었고, 우리는 변천해 가는 도시 속에서 그것들을 발견하는 것이다."(『都市の建築』, 五頁, 大島哲蔵, 福田晴虔訳, 大龍堂書店, 一九九一年. [『도시의 건축』, 5쪽, 오시마 데쓰조·후쿠다 세이켄 옮김, 대룡당 서점, 1991년.])
고현학의 매력이 그것이 지닌 유아스러움과 한 몸인 것은, 그것이 유년기의 반복인 이상 당연한 것이다.

53. [옮긴이] 요시다 겐키치(吉田謙吉, 1897~1982). 일본의 무대장치가, 영화 미술 감독, 의상 디자이너, 타이포그래피 작가이다.

54. 今和次郎, 「東京銀座街風俗記録」, 『考現学入門』, 八九頁. [곤 와지로, 「도쿄 긴자거리 유흥 기록」, 『고현학 입문』, 89쪽.]

55. 今和次郎, 「考現学とはなにか」, 同, 三六六頁. [곤 와지로, 「고현학이란 무엇인가」, 같은 책, 366쪽.]

56. [옮긴이] 가와조에 노보루(川添登, 1926~). 일본의 건축평론가.

57. 今和次郎, 吉田謙吉, 『モデルノロヂォ 考現学』, 復刻版, 学陽書房, 一九八六年. [곤 와지로·요시다 겐키치, 『모던놀로지오(Modernologio) 고현학』, 복각판, 학양책방, 1986년.]

58. 今和次郎, 「考現学とは何か」, 『考現学入門』, 三六九頁. [곤 와지로, 「고현학이란 무엇인가」, 『고현학 입문』, 369쪽.]

59. 今和次郎, 「郊外住居工芸」, 同, 二六四頁. [곤 와지로, 「교외 주거 공예」, 같은 책, 264쪽.]

60. 20세기 초반의 음악가 에밀 자크 달크로즈는, 리트믹이라 불리는 독자적인 신체 표현 기법으로, 모던 댄스를 비롯한 당시의 예술 조류에 큰 영향을 끼쳤다. 자세한 것은 長谷川章, 『世紀末の都市と身体 芸術と空間あるいはユートピアの彼方へ』, ブリュッケ, 二〇〇〇年 [하세가와 아키라, 『세기말의 도시와 신체 - 예술과 공간 또는 유토피아의 저편에서』, 브뤼케, 2000년] 참조.

61. ヴァルター・ベンヤミン, 「ボードレールにおける幾つかのモティーフについて」『ベンヤミン・コレク

ション1』, 四三七頁, 浅井健二郎編訳, 久保哲司訳, ちくま学芸文庫, 一九九五年. [발터 벤야민, 「보들레르의 몇 가지 모티브에 관하여」, 『벤야민 컬렉션 1』, 437쪽, 아사이 겐지로 편역, 구보 데쓰지 옮김, 치쿠마 학예 문고, 1995년.]

62. 곤 와지로는 '모방' 또는 행동 양식의 전파라는 관점에서, 고현학을 더욱 발전시키는 형식으로 사회의 형성을 묻는 장대한 구상을 가지고 있었다. 공학원 대학에 보존되어 있는 곤 와지로의 유품 노트에는 다음과 같은 내용이 기술되어 있다.

"만약 우리들이 정감적인 의미에서 공유할 수 있는 (공통의 목적에서 뒷받침된) 생활 관념을 지니고 있지 않다면, 우리들은 사회성을 가질 수 없다. '유행'이란 때론 이웃의 행동을 '모방'하는 것, 또는 은유적인 의미로 타인을 매혹하는 것이라 정의된다. 어쩌면 이것은 '유행'의 요인일 것이다. 그렇지만 이 의미는 궁극적으로는 사회 형성에 관련되어 있는 것이다"(黒石いずみ, 『「建築外」の思考 今和次郎論』, 二三八頁, ドメス出版, 二〇〇〇年 [구로이시 이즈미, 『'건축 외부'의 사고 ─ 곤 와지로론』, 238쪽, 도메스 출판, 2000년]에서 재인용.)

63. [옮긴이] 게오르크 카이저(Friedrich Carl Georg Kaiser, 1878~1943). 독일 표현주의의 대표적 극작가. 사상극 『칼레의 시민』으로 명성을 얻으며 표현주의 연극의 지도적 인물로 떠올랐다. 주요 작품으로는 사회극 『아침부터 밤까지』, 풍속극 『평행』, 3부작인 『산호』, 『가스 제1부』, 『가스 제2부』 등이 있다.

64. [옮긴이] 모리 오가이(森鷗外, 1862~1922). 일본 메이지, 다이쇼 시기의 소설가, 평론가, 번역가, 육군 군의관, 관료.

65. [옮긴이] 〈앙데팡당〉(Indépandant). 1884년 프랑스에서 정통파에 반대하여 생겨난 미술가 단체.

66. [옮긴이] 살롱 도톤느(Salon d'Automne). 가을전람회(秋展). 프랑스 미술전의 하나. 1903년에 프랑시 주르당을 리더로 마띠스, 마르케, 루오, 뷔이야르 등이 창립한 살롱이다. 르누아르, 르동, 카리에르 등의 대가와 유이스망, 베르하렌, 로제 미르그스 등의 문필가들이 초기 멤버이다. 드랭, 블라맹크, 반 동겐, 브라크 등은 2~3년 늦게 참가한다. 살롱 나쇼날의 보수성에 반발해서 만들어진 것으로 매년 가을 파리에서 열린다. 수년 후에는 이 살롱에서 포비즘과 큐비즘이 탄생했다. 회화뿐 아니라 조각, 장식미술 등 많은 부분을 포함하면서 현재에 이르고 있다.

67. [옮긴이] 일본 미술가 단체의 하나.

68. [옮긴이] 움베르토 보치오니(Umberto Boccioni, 1882~1916). 이탈리아 화가, 조각가, 이론가. 맑스주의 아나키스트이며 미래파의 주요 멤버이기도 했다.

69. [옮긴이] 간바라 타이(神原泰, 1898~1997). 다이쇼 신흥 미술운동을 대표하는 시인, 미술가, 미술평론가.

70. [옮긴이] 다이쇼 시기에 결성된 미술가 집단.

71. [옮긴이] 기무라 쇼하치(木村荘八, 1893~1958). 일본 서양화가, 수필가, 판화가.

72. [옮긴이] 야마다 고사쿠(山田耕筰, 1886~1965). 일본의 작곡가, 지휘자.

73. [옮긴이] 도고 세이지(東郷青児, 1897~1978). 일본의 서양화가. 도고가 그린 꿈꾸는 것처럼 달콤한 여성상이 인기를 얻어 책이나 잡지, 포장지 등에 다수 사용되었다. 쇼와의 미인도 화

가로서 한 세기를 풍미했다.

74. [옮긴이] 이과상(二科賞). 〈이과회〉가 주최한 전시회에 입선한 사람들 중에서 우수하다고 인정되는 자에게 수여되는 상.

75. [옮긴이] 후몬교(普門暁, 1896~1972). 일본의 미래파 화가.

76. [옮긴이] 야나세 마사무(柳瀬正夢, 1900~1945). 일본의 미술가, 화가, 디자이너, 무대미술가.

77. [옮긴이] 오가타 가메노스케(尾形亀之助, 1900~1942). 일본의 시인.

78. [옮긴이] 이나가키 다루호(稲垣足穂, 1900~1977). 일본의 소설가.

79. [옮긴이] 히라토 렌키치(平戸廉吉, 1893~1922). 다이쇼 시대의 시인. 오사카 출신.

80. [옮긴이] 요한 카스파르 슈미트(Johann Caspar Schmidt, 1806~1856)은 필명인 막스 슈티르너(Max Stirner)로 더 잘 알려진 프로이센의 청년 헤겔학파 철학자였다. 그의 철학은 허무주의와 개인주의에 큰 영향을 끼쳤으며, 개인주의적 아나키스트로 분류되기도 한다.

81. [옮긴이] 쓰지 준(辻潤, 1884~1944). 일본의 번역가, 사상가이다. 일본 다다이즘의 중심적 인물 중 하나였다.

82. [옮긴이] '죽었다'의 일본어 발음은 '신다'이다. 그러나 '죽었다'(しんDA)는 단순히 죽었다는 의미만을 나타내고 있는 것이 아니라, 새로움을 의미하는 한자, 신(新)과 다다이즘의 DADA라는 단어에서 DA를 따와서 만든 합성어이다. 굳이 해석하면, 새로운 다다이즘 정도로 읽으면 될 것이다. 이는 죽음을 탄생의 과정으로 재해석한 것이다.

83. [옮긴이] 사토 하루오(1892~1964). 일본의 시인·소설가·평론가. 20세기 전반 일본의 전통적·고전적 서정시의 제1인자로 평가된다. 평론·수필집·중국 문학·한시(漢詩) 등 여러 방면에 조예가 깊었다.

84. [옮긴이] 무라야마 도모요시(村山知義, 1901~1977). 일본의 소설가, 화가, 디자이너, 극작가, 연출가, 무대장치가, 댄서, 건축가.

85. [옮긴이] 기타가와 후유히코(北川冬彦, 1900~1990). 일본의 시인이며, 영화평론가로서도 활약했다.

86. [옮긴이] 안자이 후유에(安西冬衛, 1898~1965). 일본의 시인.

87. 다카하시의 다다에 대한 깨달음은 1920년 8월 『만조보』 지면에 게재되었던 다다이즘에 관한 두 개의 에세이 「향락주의의 최신예술 – 전후에 환영받고 있는 다다이즘」, 「다다이즘 일방적 시각」에서 기인한다. 그는 그 기사들로부터 '색다른 충격'을 받았는데, 그때 가장 주목한 것이 "문자의 조합이 같은 페이지 안에 세로로 맞춰져 있다든지, 가로로 맞춰져 있다든지, 매우 심하게는, 대각선으로 맞춰져 있다든지"(会田網雄, 「人と作品」, 『高橋新吉詩集』, 一三二頁, 思潮社, 一九八五年 [아이다 아미오, 「사람과 작품」, 『다카하시 신키치 시집』, 132쪽, 시초사, 1985년])라는 부분이었다고 한다.

88. [옮긴이] 『시와 시론』(詩と詩論). 1928년에서 1933년까지 일본에서 간행된 시 전문 잡지.

89. [옮긴이] 쓰보이 시게지(壺井繁治, 1897~1975). 일본의 시인이다. 일본 공산당 당원.

90. [옮긴이] 가와사키 쵸타로(川崎長太郎, 1901~1985). 일본의 소설가.

91. 『赤と黒』, 第一輯, 赤と黒社, 一九二四年. [『적과 흑』 제1집, 적과 흑사, 1924년.]

92. 같은 책, 1쪽.

93. [옮긴이] 모모타 소지(百田宗治, 1893~1955). 일본의 시인, 아동문학가, 작사가.

94. [옮긴이] 도미타 사이카(富田碎花, 1890~1984). 일본의 시인이자 가인.

95. [옮긴이] 센게 모토마로(千家元麿, 1888~1948). 일본의 시인.

96. 예를 들어, 민중시파라는 명칭의 유래가 된 후쿠다 마사오 편집의 『민중』(다이쇼 7년 창간)은 표지에 "우리들은 고향에서 태어났다. 우리들은 대지에서 태어났다. 우리들은 민중의 한 명이다. 세계의 백성이다. 일본의 백성이다. 나 자신이다. 우리들은 자유롭게 상상하고, 자유롭게 평론하고, 진심으로 싸우는 사람들이다. 우리들은 이름 없는 소년으로 보다 큰 세계를 위해서, 예술을 위해서 일어났다. 이제 곧 종은 울린다. 우리는 종루에 서서 아침의 종을 치는 사람들이다"라는 매우 백화파적인 표어를 내세우고 있었다.

97. 高橋新吉, 『ダダイスト新吉の詩』, 日本図書センター, 二〇〇三年. [다카하시 신키치, 『다다이스트 신키치의 시』, 일본도서센터, 2003년.]

98. 岡本潤, 「世紀末病者の寝言 同時に僕一人の宣言書のやうなもの」, 『赤と黒』, 第一輯, 一九頁. [오카모토 준, 「세기말 병자의 잠꼬대 - 동시에 나 혼자의 선언서 같은 것」, 『적과 흑』, 제1집, 19쪽.]

99. 川崎長太郎, 「人間=社会に失恋した男の言葉」, 『赤と黒』, 第一輯, 一〇頁. [가와사키 쵸타로, 「인간=사회에 실연당한 남자의 언어」, 『적과 흑』, 제1집, 10쪽.]

100. 같은 책, 11쪽.

101. 萩原恭次郎, 『死刑宣告』 序, 日本近代文学館名著復刻全集長隆舎書店版, 一九七一年. [하기와라 교지로, 『사형선고』 서문, 일본근대문학관 명저복각전집 초류사 서점 출판, 1971년.]

102. [옮긴이] 오카다 다쓰오(岡田龍夫). 다이쇼, 쇼와기의 판화가.

103. [옮긴이] 리놀륨 판에 새겨 넣고 채색한 후 판화처럼 종이에 찍어 내는 방식.

104. アリストテレス, 『政治学』, 1253a10-18, 牛田德子訳, 京都大学学術出版社, 二〇〇一年. [아리스토텔레스, 『정치학』, 1253a10~18, 우시다 노리코 옮김, 교토대학 학술출판회, 2001년.]

105. 萩原恭次郎, 「生活」, 前掲書, 一五三頁. [하기와라 교지로, 「생활」, 앞의 책, 153쪽.]

106. 萩原恭次郎, 「人間の断層」, 同, 一二七頁. [하기와라 교지로, 「인간의 단층」, 같은 책, 127쪽.]

107. 萩原恭次郎, 「廣告燈」, 同, 一三六一一三八頁. [하기와라 교지로, 「광고등」, 같은 책, 136~138쪽.]

108. 萩原恭次郎, 「煤煙」, 同, 一四六一一四八頁. [하기와라 교지로, 「매연」, 같은 책, 146~148쪽.]

109. ウィトゲンシュタイン, 「哲学探究」, 二四四節, 『ウィトゲンシュタイン全集8』, 大修館書店, 一九七八年. [비트겐슈타인, 「철학탐구」, 244절, 『비트겐슈타인 전집 8』, 다이슈칸 서점, 1978년.]

110. 田中清光, 『大正詩展望』, 二六一頁, 筑摩書房, 一九九六年. [다나카 세이코, 『다이쇼 시 전망』, 261쪽, 치쿠마 책방, 1996년.]

111. フリードリヒ·キットラー, 『グラモフォン フィルム タイプライター』, 三〇頁, 石光泰夫·石光輝

子訳, 筑摩書房, 一九九九年. [프리드리히 키틀러, 『축음기 영화 타자기』, 30쪽, 이시미쓰 야스오·이시미쓰 데루코 옮김, 치쿠마 책방, 1999년.]

112. 같은 책, 31쪽.

113. [옮긴이] 프리드리히 키틀러(Friedrich Kittler, 1943~2011)는 독일의 문학평론가이자 미디어 이론가이다. 특히 미디어, 테크놀로지, 군사 간의 역사적 관계를 중심으로 현대 문화를 비평하는 것이 그의 주된 관심이다.

114. 萩原恭次郎, 「ラスコ―リニコフ」, 前揭書, 一三〇――三三頁. [하기와라 교지로, 「라스코리니코프」, 앞의 책, 130~133쪽.]

115. [옮긴이] 구사노 신페이(草野心平, 1903~1988). 일본의 시인.

116. [옮긴이] 하야시 후미코(林芙美子, 1903~1951). 일본의 소설가.

117. [옮긴이] 히라바야시 다이코(平林たい子, 1905~1972). 일본의 소설가.

118. 平林たい子, 「施療室にて」, 『平林たい子全集1』, 一〇五頁, 潮出版社, 一九七九年. [히라바야시 다이코, 「무료 치료실에서」, 『히라바야시 다이코 전집1』, 105쪽, 시오출판사, 1979년.]

2장 닫힌 방

1. [옮긴이] 일본어로 독실(個室)은 개인만의 공간을 나타내는데, 이전에 존재하지 않았던 사적 공간에 대한 논의가 포함된 단어이다.

2. [옮긴이] 일반적으로는 1910~1911년(메이지 43~44년)에 사회주의자 고토쿠 슈스이 등이 메이지 천황 암살 계획을 기획해서 검거된 사건을 가리킨다. 고토쿠 사건이라고도 한다.

3. 川本三朗, 『大正幻影』, 二四二頁, 新潮社, 一九九〇年. [가와모토 사부로, 『다이쇼 환영』, 242쪽, 신조사, 1990년.] 또는 다케다 노부아키도 작가들이 그러한 작은 공간에 매료된 나머지, 자주 글 속에 공간 그 자체의 그림을 삽입하려 했다고 지적한다. 그가 예로 드는 것은 사토 하루오의 『아름다운 거리』, 우노 고지의 『꿈꾸는 방』, 이나가키 다루호의 『나와 그 집』(1923), 구니에다 시로의 『새벽의 좋은 서북 방향에서』(1927) 등 네 권이다. 『〈個室〉と〈まなざし〉菊富士ホテルから見る「大正」空間』(講談社選書メチエ, 一九九五年) [『'독실(個室)'과 '시선' ― 키쿠후지(菊富士) 호텔에서 본 '다이쇼' 공간』(강담사 선서 메티에, 1995년)] 참조.

4. [옮긴이] 구로다 세이키(黒田清輝, 1866~1924). 일본의 서양화가이자 정치가.

5. [옮긴이] 외광파(外光派). 플레네리즘(pleinairisme)이라고도 한다. 19세기 프랑스 회화사에 등장하는 호칭으로서 아틀리에의 인공조명을 거부하고 실외의 직접적인 빛을 받으며 습작뿐만 아니라 유화까지도 제작하려는 태도, 또는 그러한 태도를 취하는 화가를 지칭함.

6. [옮긴이] 기시다 류세이(岸田劉生, 1891~1929). 다이쇼~쇼와 초기의 서양화가.

7. [옮긴이] 미국의 테일러(F. W. Taylor)가 주장한 과학적 경영관리법으로, 과학적 관리법이라고도 한다. 테일러시스템은 작업과정에서 노동자의 태만을 방지하고 최대의 능률을 발휘하도록 하기 위한 것이다. 시간 연구와 동작 연구를 바탕으로 하여 공정한 1일의 작업 표준량인 과업을 제시하여 과업관리(task management)를 했다. 그와 동시에 노동의욕을 고취시키기 위해 차별적인 성과급 제도를 채택하는 관리방식이다. 그러나 인간에 대한 기계론적 시각과 인간노동의 비인간화, 노동조합의 부정, 인간의 감정 무시 등이 문제점으로 지적된다.

포드시스템은 테일러시스템을 더욱 진보시킨 형태라고 할 수 있다.

8. [옮긴이] 미스미 스즈코(三角錫子, 1872~1921). 일본의 교육자.

9. 『生活改善』, 第一号, 財団法人生活改善同盟会, 一九二一年. [『생활 개선』, 제1호, 재단법인 생활개선 동맹회, 1921년.]

10. [옮긴이] 오에 스미(大江スミ, 1875~1948). 메이지 시기에서 쇼와 시기에 걸쳐 활약한 교육가. 여성 교육의 선각자. 도쿄 가정 학원(현 도쿄 가정 학원 대학교) 창립자.

11. 『住宅家具の改善』, 第一章, 財団法人生活改善同盟会, 一九二四年. [『주택가구 개선』, 제1장, 재단법인 생활개선동맹회, 1924년.] 인용은 1928년 간행된 제3판에서 하였다.

12. [옮긴이] 고구레 조이치(木檜恕一, 1881~1944). 다이쇼~쇼와 전기(前期)의 공예 디자이너. 입식 생활을 주장하고 가구 디자인을 취급했다.

13. [옮긴이] 아돌프 마이어(Adolf Meyer, 1881~1929). 독일의 건축가. 뒤셀도르프 미술공예학교에서 수학했고, 1907~1908년 베렌스의 사무소, 1909~1910년에 브르노 파울의 사무소에 근무하였다. 1911~1925년 그로피우스의 가장 밀접한 협력자로서 그로피우스 대표작의 모든 것에 관여했다. 이후 독립해서 프랑크푸르트에 도시계획 사무소를 열고, 그곳의 미술학교에서 건축을 가르쳤다.

14. [옮긴이] 게오르크 무헤(Georg Muche, 1895~1987). 독일의 화가, 판화가, 건축가, 작가, 그리고 교육자.

15. アドルフ・マイヤー, 『バウハウスの実験住宅』, 貞包博幸訳, 中央公論美術出版, 一九九一年 [아돌프 마이어, 『바우하우스의 실험주택』, 사다카네 히로유키 옮김, 중앙공론미술출판, 1991년] (柏木博, 『家事の政治学』, 青土社, 二〇〇二年 [가시와기 히로시, 『가사의 정치학』, 청토사, 2002년]에서 재인용).

16. [옮긴이] 가시와기 히로시(柏木博, 1946~). 일본의 디자인 평론가, 무사시노 미술 대학교 교수.

17. 柏木博, 前掲書. [가시와기 히로시, 앞의 책.]

18. [옮긴이] 도마(土間). 일본 건축에서 가옥 내의 일부를 구성하는 공간. 일본의 전통 민가와 헛간의 실내공간은 나무 널빤지 등을 깐 마루 부분과 지면(地面)과 같은 높이의 부분으로 나뉘는데, 후자가 바로 도마(土間)다. 일본 원시주거지는 처음에 도마뿐인 방이었다. 그러다 중세 이후부터는 취사와 작업에는 도마를, 거실로는 마루를 각각 사용하게 되었다.

19. 서민의 '문화주택'을 향한 꿈을 북돋았던 것은 다이쇼 시대에 반복해서 개최되었던 박람회였다. 1915년에 개최되었던 '가정박람회'(국민신문사 주최), '주택박람회'(알림신문사 주최), 1919년의 '생활개선 전람회'[문부성 주최]라는 이벤트에는 하니 모토코의 자유학원이나 일본 여자 대학교 등이 주택모형이나 부엌의 평면도를 출전하여, 선진적인 라이프스타일 제안을 겨루고 있었다. '가정박람회'의 개최 목적으로서 다음과 같은 문구를 내세웠다. "어떠한 집에 살아야만 하는가? 어떠한 음식을 사용해야만 하는가? 또는 어떠한 의복을 입어야만 하는가? …… 그 시대에 적당한 가정 및 가정의 생활을 이론상으로만 설명하지 않고, 있는 그대로의 실제로 나타낸다."(松田妙子, 『家をつくって子を失う 中流住宅の歴史─子供部屋を中心に』, 一七八頁, 財団法人住宅産業研修財団, 一九九八年. [마쓰다 다에코, 『집을 만

들어 아이를 잃어버린다. 중산층 주택의 역사 – 아이 방을 중심으로』, 178쪽, 재단법인 주택산업연수재단, 1998년.]) 사는 것, 먹는 것, 입는 것이라는 일상 생활양식 그 자체가 설계·계획의 대상이 되고, 모델로서 또한 전시된다는 것이다.

20. [옮긴이] 스즈키 미에키치(鈴木三重吉, 1882~1936). 일본의 소설가, 아동문학가. 일본 아동문화운동의 아버지로 여겨진다.

21. [옮긴이] 야마모토 가나에(山本鼎, 1882~1946). 미술의 대중화, 민중예술 운동에 헌신한 판화가, 서양화가, 교육자이다.

22. [옮긴이] 하니 모토코(羽仁もと子, 1873~1957). 일본의 첫 여성 저널리스트, 자유학원의 창립자.

23. [옮긴이] 니시무라 이사쿠(西村伊作, 1884~1963). 일본의 교육자. 문화학원의 창립자로서 알려져 있다. 다이쇼, 쇼와를 대표하는 건축가, 화가, 도예가, 시인, 생활문화연구가이다.

24. [옮긴이] 마쓰야마 이와오(松山巖, 1945~). 일본의 소설가, 평론가.

25. 松山巖, 『まぼろしのインテリア』, 一二五頁, 作品社, 一九八五年. [마쓰야마 이와오, 『환상의 인테리어』, 125쪽, 작품사, 1985년.]

26. 내무성 경보국(內務省 警保局)의 『신문 잡지 또는 통신사에 관한 조사』에 따르면, 1927년 『주부의 벗』(主婦之友)의 발행부수는 약 20만 부에 달했고, 『킹』 다음으로 높은 판매고를 점했다. 復刻版, 『新聞雑誌社特秘調査』(大正出版, 一九七九年) [복각판 『신문잡지사 극비 조사』(다이쇼출판, 1979년)] 참조.

27. [옮긴이] 에브니저 하워드(Ebenezer Howard, 1850~1928). 근대 도시계획의 조상이라 불리는 영국의 사회 개혁가. 전원도시론에서 자연과의 공생, 도시의 자율성을 제시하였고, 그 후 근대 도시계획에 많은 영향력을 끼쳤다.

28. [옮긴이] 여기서 한큐는 관서 지역(오사카, 고베 등)에서 운영되는 철도회사를 말한다. 미노는 오사카 지역에 위치한 시 이름이다.

29. [옮긴이] 고바야시 이치조(小林一三, 1873~1957). 일본의 실업가, 정치가. 철도를 기점으로 도시개발, 유통 사업을 진행해 상승효과를 올리는, 민영철도 경영 모델의 원형을 독자적으로 만들었다.

30. [옮긴이] 일반적으로 야마노테선(山手線)은 동일본여객철도(JR동일본)가 운영하는 철도 노선을 말한다. 여기서는 야마노테선에 둘러싸인 지역을 일컫는다. 한국의 지하철 2호선을 떠올리면 된다.

31. [옮긴이] 시부사와 에이이치(渋沢栄一, 1840~1931). 에도 시대 말기(막부 말기)에서 다이쇼 초기에 걸쳐 활동했던 일본의 무사(막부 관료), 관료, 실업가. 일본 자본주의의 아버지라 불린다.

32. [옮긴이] 이케다 히로시(池田宏, 1881~1939). 일본의 내무관료, 도시계획가.

33. [옮긴이] 하라 다카시(原敬, 1856~1921). 일본의 외교관이자 정치가.

34. [옮긴이] 요네자와는 오늘날의 야마가타(山形)현 동남부에 위치한 오키타마치(置賜地) 지방을 가리킨다. 번은 무사 제후들이 통치하던 지역이나 그 통치 조직을 의미한다.

35. [옮긴이] 어메니티(amenity) : 어떤 장소나 기후 등에서 느끼는 쾌적함을 일컫는 용어. 본문

에서는 '쾌적함'으로 번역하였다.

36. 당시 덴엔초후에 살고 있던 어느 주부는 다음과 같은 증언을 남기고 있다. "시부자와 에이이치 씨는 덴엔초후의 경관과, 그곳에서 어떤 생활을 해야만 하는지를 고려하고 계셨던 거죠. 계약시의 약속으로서 건물은 부지의 절반 이하로 하고, 집 주변에 토담 등의 울타리를 하지 않도록 하는 조약이 명시되어 있었습니다. 그래서 어느 집도 정원이 넓었고, 주위는 정원수로 둘러싸일 정도로 거리 전체가 개방감으로 넘쳐나고 있었습니다. 그렇게 밝은 환경 탓일까요, 친구와는 정원을 오고 가는 스스럼없는 관계를 유지하였습니다. 가스도 수도도 통하지 않고 전기만 있었기 때문에 즉시 시부자와 씨로부터 전기제품을 추천 받았습니다."(松田妙子, 前揭書, 二三二頁 [마쓰다 다에코, 앞의 책, 232쪽])

37. 애초에 하워드의 전원도시론은 도시문명(과잉된 자본주의)을 비판하고, 독립된 강력한 지역 공동체의 창설을 주장하는 것이었다. 그는 도시의 상공업과 농촌의 농업생산을 직접 결합하는 것을 고안했다. 농촌은 인접한 도시를 위해서 식료품을 생산하고, 도시의 상공업자는 주변의 농촌을 통해 판로를 얻는다. 그 결과, 전원도시는 외부의 시장경제에서 상대적으로 자율적이 된다. 이 생각의 배경에는 당시 도시의 과밀화와 농촌의 과소화 그리고 경기변동에 좌우되는 경제와 농촌의 빈곤화라는 현실이 있었다. 주변 지역을 착취하면서 확대재생산하지 않으면 안 되는 실재인 자본주의를, 지속가능하고 자기완결적인 경제 시스템으로 변환시키고자 한 것이라 할 수 있다. 하워드의 시스템에서는 상대적으로, 유통경로가 폐쇄계통을 이루고 있어 화폐가 지역 밖으로 유출되지 않는다. 유통경로가 단축된 결과, 비용이 저하되고, 생산자와 소비자 간의 소통도 원활하게 된다는 것이 그의 전망이다.

그의 급진주의는 토지의 공동체 소유라는 생각에서 명확하게 나타난다. 주민들은 지대를 지불하고, 그 지대는 토지의 구입에 할당된 채권을 지불한 후, 공동체의 재산으로 축적된다. 그러한 수입은 공동체의 유지와 공공시설, 인프라의 정비에 사용된다. 그 결과는 정부와 지방자치 단체로부터의 독립인 것이다. 재정에 여유가 생긴 이후부터는 고령자의 연금이나 보험도 구비될 것이다. 전원도시는 시장만이 아니라, 국가로부터도 자립하는 것을 목표로 하고 있다. 이는 단순한 도시계획이라기보다는 로버트 오언의 뉴래너크처럼 자율적인 정치·경제 시스템의 제창인 것이다.

38. [옮긴이] 세리자와 가즈야(芹沢一也, 1968~). 일본의 사회학자.

39. [옮긴이] 도미이 마사아키라(富井政章, 1858~1935). 일본의 법학자, 교육자. 법학박사.

40. [옮긴이] 마키노 에이이치(牧野英一, 1878~1970). 일본의 법학자.

41. [옮긴이] 구레 슈조(呉秀三, 1865~1932). 일본의 의학자, 정신과의. 도쿄 제국 대학교 의과대학 교수.

42. [옮긴이] 미노베 다쓰키치(美濃部達吉, 1873~1948). 일본의 법학자, 헌법학자, 정치가, 도쿄 제국 대학교 명예교수.

43. [옮긴이] 천황기관설(天皇機關說)은 일본제국 헌법 하에서 확립된 일본의 헌법 학설이다. 통치권(주권)은 법인인 국가에 있으며, 일본 천황은 그러한 국가의 최고 기관으로서 다른 기관의 도움을 얻어 통치권을 행사한다는 논리를 전개했다. 독일의 공법학자 게오르크 옐리네크로 대표되는 국가법인설에 근거를 둔다.

44. [옮긴이] 요시노 사쿠조(吉野作造, 1878~1933). 일본의 정치가. 교육자. 그리스도교교도로서 20세기 초 일본의 민주주의 운동을 지도했다.

45. [옮긴이] 우에스기 신키치(上杉慎吉, 1878~1929). 메이지 후기에서 쇼와 초기에 걸쳐 활동한 일본의 헌법학자. 천황주권설을 주장하는 군권(君権)학파(신권학파)이며, 천황기관설과 격렬한 논쟁을 전개했다.

46. 芹沢一也, 『〈法〉から解放される権力 犯罪, 狂気, 貧困, そして大正デモクラシー』, 二三一頁, 新曜社, 二〇〇一年. [세리자와 가즈야, 『'법'으로부터 해방된 권력 - 범죄, 광기, 빈곤, 그리고 다이쇼 데모크라시』, 231쪽, 신요사, 2001년.]

47. 宇野浩二, 『宇野浩二全集』第三巻, 二八八頁, 中央公論社, 一九七二年. [우노 고지, 『우노 고지 전집』제3권, 288쪽, 중앙공론사, 1972년.]

48. 다이쇼 말기가 되면, 독실만을 늘어놓은 듯한 형태의 집합적 주거 형태, 즉 아파트먼트하우스가 등장한다. 도쿄에서 근무하는 직업 여성을 위해 만들어진 '오후카이(横楓会) 아파트먼트하우스'(1922)가 최초였고, 이어서 에도가와 란포가 자신의 작품 속 등장인물인 아케치 고고로의 주거지로 설정한 '오차노미즈(お茶の水)문화아파트'(1923)나 일련의 도쥰카이(同潤会) 아파트(1923~1934)들이 생겨났다. '오차노미즈 문화아파트'는 모리모토 고키치의 〈문화보급회〉에 의한 것으로 - 그 전신인 〈문화생활 연구회〉에는, 아리시마 다케오와 요시노 사쿠조도 협력하고 있었다 - 지하 1층, 지상 4층의 철근 콘크리트 구조로는 최초의 본격적인 건물이었다. 한편 지진 재해 재건 사업의 일환으로서 내무성 사회정책국 지원 하에 창설된 도쥰카이는 도내 13개 소에 공영주택을 건설하였고, 집합 주택의 보급에 큰 역할을 맡았다. 덧붙여서 이 양자에는 모두 사노 도시카타가 관여하고 있었다.

49. 宇野浩二, 前掲書, 二九五頁 [우노 고지, 앞의 책, 295쪽.]

50. 같은 책, 299쪽.

51. 같은 책, 305쪽. 이 묘사는 란포가 『오시에(押し絵)와 여행하는 남자』의 서두에서 수평선상의 신기루에 대하여 "유색(乳色)의 필름 표면에 먹물을 떨어뜨려서, 그것이 자연적으로 서서히 번져 가는 것을 터무니없이 거대한 영화로 하여, 하늘에 확대되는 듯이 보이는 것이다"(『에도가와 란포 전집 6』, 9쪽)라고 쓴 것을 상기시킨다.

52. 같은 책, 297쪽.

53. [옮긴이] 에로 그로 넌센스(エロ·グロ·ナンセンス). 에로는 에로틱, 그로는 그로테스크의 약어로 1930~31년(쇼와5~6년)에 절정을 이룬 퇴폐적 풍속의 하나. 심각한 불황, 금융공황, 도산의 속출, 실업증가, 흉작에 의한 농촌 가족의 동반자살이나, 여성의 매춘, 좌익사상가·운동가에 대한 철저한 검거 등 출구가 없던 절망과 허무감이 문화적 배경이며, 당시 정부의 에로 그로 넌센스에 대한 단속은 에로 그로 넌센스가 국민의 좌익화보다는 낫다고 해서 적당히 이루어졌다. 1931년 만주사변 이후, 군국주의의 대두로 에로 그로 넌센스는 사라졌다.

54. 江戸川乱歩, 『江戸川乱歩全集1』, 二五五頁, 講談社, 一九七八年. [에도가와 란포, 『에도가와 란포 전집 1』, 255쪽, 강담사, 1978년.]

55. 같은 책, 255쪽.

56. ヴァルター·ベンヤミン, 『パッサージュ論 3』, 一三七頁, 今村仁司ほか訳, 岩波書店, 一九九四

年. [발터 벤야민, 『파사주론 3』, 이마무라 히토시 외 옮김, 137쪽, 이와나미 서점, 1994년.]

57. [옮긴이] 한국어 번역본에는 「고구마벌레」라는 제목으로 수록돼 있다. 에도가와 란포, 『에도가와 란포 전단편집 3』, 김은희 옮김, 두드림, 2008.

58. 江戸川乱歩, 『江戸川乱歩全集5』, 一四頁, 一九七八年. [에도가와 란포, 『에도가와 란포 전집 5』, 14쪽, 1978년.]

59. [옮긴이] 무로 사이세이(室生犀星, 본명은 무로 테루미치(室生照道), 1889~1962). 일본의 시인, 소설가.

60. 室生犀星, 『室生犀星全集』, 第二巻, 三二八頁, 新潮社, 一九六五年. [무로 사이세이, 『무로 사이세이 전집』 제2권, 328쪽, 신조사, 1965년.]

61. 같은 책, 331쪽.

62. [옮긴이] 고이데 나라시게(小出楢重, 1887~1931). 다이쇼에서 쇼와 초기의 서양화가.

63. [옮긴이] 조안 콥젝(Joan Copjec). 미국의 철학자, 이론가, 작가, 페미니스트.

64. ジョアン・コプチェク, 『わたしの欲望を読みなさい』, 二〇三頁, 梶田和子, 下河辺美知子, 鈴木英明, 村山敏勝訳, 青土社, 一九九八年. [조안 콥젝, 『나의 욕망을 읽어라』 203쪽, 가지 리와코, 시모코베 미치코, 스즈키 히데아키, 무라야마 도시카쓰 옮김, 청토사, 1998년.]

65. [옮긴이] 소에다 아젠보(添田唖蝉坊, 1872~1944). 메이지, 다이쇼 시기에 활약했던 엔카시의 창시자이다.

66. 페아노(Giuseppe Peano)의 공리(公理).

67. ジョアン・コプチェク, 前掲書. [조안 콥젝, 앞의 책.]

68. [옮긴이] 이 부분은 곤 와지로의 글을 인용한 것이다. 인용문 속 파밀이라는 단어는 현재 일본에는 존재하지 않는 물건이다. 그 당시의 젊은 부녀자들 사이에서 유행했거나 사용되었던 물건 내지는 '상품명' 정도로 추정해볼 수는 있으나, 이것이 구체적으로 어떤 물건이며 어떤 용도로 사용되었는지는 알 수 없다. 따라서 원서에 표기된 대로 '파밀'이라고 적고 원문을 병기하였다.

69. [옮긴이] 오시에(押絵) : 꽃·새·인물 등 여러 모양의 판지를 다양한 빛깔의 헝겊으로 싸고, 솜을 넣어 높낮이를 나타나게 하여 널빤지 따위에 붙인 것.

70. 江戸川乱歩, 『江戸川乱歩全集6』, 二一頁, 一九七九年. [에도가와 란포, 『에도가와 란포 전집 6』, 21쪽, 1979년.]

71. 江戸川乱歩, 「闇に蠢く」, 『江戸川乱歩全集2』, 一八三頁, 一九七八年. [에도가와 란포, 「어둠 속에서 꿈틀거리다」 『에도가와 란포 전집 2』, 183쪽, 1978년.]

72. ニーチェ, 『権力への意志』 上巻, 八八頁, ちくま学芸文庫, 一九九三年. [프리드리히 니체, 『권력에의 의지』 상권, 88쪽, 치쿠마 학예문고, 1993년.]

73. 小林秀雄, 『小林秀雄全作品4』, 一一頁, 新潮社, 二〇〇三年. [고바야시 히데오, 『고바야시 히데오 전작품 4』, 11쪽, 신조사, 2003년.]

74. 川端康成, 「水晶幻想」, 『川端康成全集』, 第二巻, 三五四頁, 新潮社, 一九八〇年. [가와바타 야스나리, 「수정환상」, 『가와바타 야스나리 전집』, 제2권, 354쪽, 신조사, 1980년.]

75. 같은 책, 350쪽.

76. 松山巖, 『乱歩と東京』, 一四六頁, ちくま文庫, 一九九四年. [마쓰야마 이와오, 『란포와 도쿄』, 146쪽, 치쿠마 문고, 1994년.]

77. 川端康成, 前揭書, 三四九頁. [가와바타 야스나리, 앞의 책, 349쪽.]

78. ヴァルター・ベンヤミン, 『パッサージュ論 5』 一二四頁, 今村仁司ほか訳, 岩波書店, 一九九四年. [발터 벤야민, 『파사론 5』, 124쪽, 이마무라 히토시 외 옮김, 이와나미 서점, 1994년.]

79. 川端康成, 前揭書, 三七二頁. [가와바타 야스나리, 앞의 책, 372쪽.]

80. [옮긴이] 마씨모 카치아리(Massimo Cacciari, 1944~). 이탈리아의 철학자이자 정치가.

81. マッシモ・カッチャ-リ, 「世紀転換期のウィーン」, 『批評空間』 第二期二〇号, 一九二頁, 太田出版, 一九九九年. [마씨모 카치아리, 「세기 전환기의 빈(Wien)」, 『비평공간』, 제2기 20호, 192쪽, 오타출판, 1999년.]

82. 같은 책, 192쪽.

83. 川端康成, 『川端康成全集』 第一〇巻, 一二頁, 新潮社, 一九八〇年. [가와바타 야스나리, 『가와바타 야스나리 전집』, 제10권, 12쪽, 신조사, 1980년.]

84. [옮긴이] 이중인화(superimpose). 두 개 이상의 화면을 합하여 하나의 화면으로 만드는 화면 합성 기법.

85. ヴァルター・ベンヤミン, 『パッサージュ論 3』, 一三七頁, 今村仁司ほか訳, 岩波書店, 一九九四年. [발터 벤야민, 『파사론 3』, 137쪽, 이마무라 히토시 외 옮김, 이와나미 서점, 1994년.]

86. 川端康成, 前揭書, 三五〇頁. [가와바타 야스나리, 앞의 책, 350쪽.]

87. [옮긴이] 에도가와 란포의 『비인간적인 사랑』(人でなしの恋)의 한국어판 제목은 「사람이 아닌 슬픔」(『에도가와 란포 전단편집 3』, 김은희 옮김, 도서출판두드림, 2008)이다. 그러나 이 책에서는 원제의 뉘앙스를 살리고 '비인간적인'(人でなし)이라는 의미를 강조하기 위해서 '비인간적인 사랑'으로 번역했다.

88. [옮긴이] 시가 나오야(1883~1971). 이상주의적·인도주의적 경향을 가진 백화파(白樺派) 작가로 분류되며 주요 작품으로는 사생활의 사건을 소재로 한 사소설적인 「화해」, 자연과의 교류를 통해 삶과 죽음을 응시한 「키노사키에서」, 완성까지 20여 년이 소요된 대작 「암야행로」 등이 있다.

89. 『오시에와 여행하는 남자』에서 화자인 남동생이 말하는 형의 소실이, 『비인간적인 사랑』 같은 욕망이나 질투와 관계가 없다는 것을 나타내는 가장 명료한 증거는 형이 이쪽을 바라보고 사라졌다는 것이다. 이는 화자가 지닌 욕망의 극(劇)이 아니다. 화자는 형의 욕망에 참가하고 있지 않고, 거리를 두고 공감하고 있을 뿐이다.

90. カント, 『純粋理性批判』の「先験的分析論」 第二章一五七節(篠田英雄訳, 岩波文庫, 上巻, 一九八頁以下) [임마누엘 칸트, 『순수이성비판』의 「선험적 분석론」 제2장 157절 (시노다 히데오 옮김, 이와나미 문고, 상권, 198쪽 이하)], 또는 「先験的弁証論」 第二篇第一章(中巻, 五七頁以下) [「선험적 변증론」 제2편 제1장 (중권, 57쪽 이하)], 특히 '통각에서의 나'의 단수성을 둘러싼 논의 등을 참조.

91. モリース・メルロ=ポンティ, 『知覚の現象学 2』, 二一頁, 竹内芳朗, 木田元訳, みすず書房, 一九七四年. [모리스 메를로-뽕띠, 『지각의 현상학 2』, 21쪽, 다케우치 요시로, 기다 겐 옮김,

미스즈 책방, 1974년.]

92. [옮긴이] 베르그손의 'l'image'는 국내에서는 보통 '이미지'로 번역되지만, 이 책에서 베르그
손적 의미가 아닌 '이미지'와 베르그손의 '이마쥬'를 구분하기 위해 베르그손의 개념일 때는
저자의 표기대로 '이마쥬'로 쓴다.

93. アンリ・ベルクソン, 『物質と記憶』(合田正人, 松本力訳, 二〇〇七年, ちくま学芸文庫) 第一章
「表象に向けてのイマ-ジュの選択について」[앙리 베르그손, 『물질과 기억』(고다 마사토, 마쓰
모토 치카라 옮김, 2007년, 치쿠마 학예문고) 1장 「표상을 위한 이미지들의 선택」] 참조.

94. [옮긴이] 한스 벨머(Hans Bellmer, 1902~1975)는 독일의 화가이자 조형 작가. 관절이 움직
이는 마네킹과 동판화, 소묘 등으로 병적 에로티시즘과 섬뜩함의 미학을 표현하였다. 한스
벨머의 구체 관절 인형 사진은 다음 링크를 참조하라. http://vsblstudio.com/wp-content/
uploads/2013/12/hans1.jpg

95. [옮긴이] 앙드레 브르통(André Breton, 1896~1966). 프랑스의 시인·작가. 초현실주의의 창
시자이며, 그 지도 이론가.

96. 江戸川乱歩, 『江戸川乱歩全集 3』, 八五頁, 講談社, 一九七八年. [에도가와 란포, 『에도가와
란포 전집 3』, 85쪽, 강담사, 1978년.]

97. 같은 책, 92쪽.

98. 같은 책, 95쪽.

99. 谷崎潤一郎, 『谷崎潤一郎全集』第二巻, 四九八頁, 中央公論社, 一九八一年. [다니자키 준이
치로, 『다니자키 준이치로 전집』, 제2권, 498쪽, 중앙공론사, 1981년.]

100. 같은 책, 481쪽.

101. [옮긴이] 쓰쓰미 야스지로(堤康次郎, 1889~1964). 일본의 실업가, 정치가. 세이부 그룹의
창업자.

102. 谷崎潤一郎, 前掲書, 四九四頁. [다니자키 준이치로, 앞의 책, 494쪽.]

103. 谷崎潤一郎, 『谷崎潤一郎全集』第六巻, 一二八頁, 一九八一年. [다니자키 준이치로, 『다니
자키 준이치로 전집』, 제6권, 128쪽, 1981년.]

104. 같은 책, 129쪽.

105. 같은 책, 129쪽.

106. [옮긴이] 미시마 유키오(三島由紀夫, 1925~1970)는 일본의 소설가이자 극작가, 평론가, 정
치 운동가로 우익 민족주의자로 알려져 있다. 인공성(人工性)과 구축성(構築性)을 갖춘
허무주의적이고 탐미주의적인 작풍을 띄었으며, 할복자살한 것으로 유명하다.

3장 기술의 무한 운동

1. [옮긴이] 가와이 간지로(河井寬次郎, 1890~1966). 일본의 도예가.

2. [옮긴이] 하마다 쇼지(濱田庄司, 1894~1978). 주로 쇼와 시기에 활약했던 일본의 도예가.

3. 야나기 무네요시나 민예운동에 대한 비판은 크게 두 가지 관점으로 나뉜다. 첫 번째는 그의
「조선의 친구에게 보내는 글」(1919)에서 보이는 조선에 대한 관점이다. 조선 도자기의 곡선
을 '애상(哀傷)의 미'(「조선의 미술」)라 부르고, 조선시대 백자의 흰색을 '상'(喪)의 색채라 했

던 야나기 무네요시는 처음부터 조선 민족을 억압받는 '여자'로서 표상하고 있었다. 그리고 그럼으로써 현실의 독립운동을 조선에서 지워 버리고, 미와 예술의 나라라는 이미지로 봉인하고자 했다. 이러한 비판은 전후에 여러 차례 한국에서 발표되었고 야나기를 논할 때 하나의 큰 틀이 되었다. 확실히 조선에 대한 야나기의 시선이 소위 오리엔탈리즘에 속하고, 그가 3·1운동을 "부자연스러운 행위"라 하여 "여러분도 피 흘리는 방식에 따라 혁명을 일으켜서는 안 됩니다"(「朝鮮の友に贈る書」, 『民藝四十年』, 二七頁, 岩波文庫, 一九八四年 [「조선의 친구에게 보내는 글」, 『민예40년』, 27쪽, 이와나미 문고, 1984년])라고 기술했던 것은 사실이다. 하지만 그렇다고 해서, 그가 일본의 동화(同化) 정책의 몇 안 되는 비판자이고 그와 동시에 "동화의 주장이 이 세상에서 획득하는 것은 반항의 결과뿐 일 것이다"(같은 책, 43쪽)라고 썼다는 사실이 사라지지는 않는다. 그는 명확히 "일본이 스스로 자아낸 소요에 대해서는 일본 스스로가 그 책임을 져야만 한다"라고 기술하고 있다.(같은 곳) 그런 의미에서 야나기 무네요시가 어디까지나 다이쇼 휴머니즘의 테두리 안에서 일본의 식민정책을 비판하였다는 것에는 의심의 여지가 없다. '이른바 소요 사건에 대해서, 누구도 불행한 조선 사람들을 공개적으로 변론하는 사람이 없는' 상황에서 그는 그 변론을 맡고자 한 것이다. 야나기의 태도는 충분하지 않았을지도 모른다. 그의 조선에 대한 정치적 관심이 1919년을 정점으로 줄어들고, 그 후 깊이 관여한 것이 없었기 때문이지만, 그가 그런 휴머니즘 — 그중에서도 '피 흘리는 방식'을 부정하는 비폭력주의 — 을 극복했어야 하는지의 여부에 관해서는 단순한 식민지주의 비판을 넘어선 다른 판단 기준이 필요할 것이다.

두 번째 논점으로 야나기의 민예운동이 당대의 군국적 민족주의를 보완하는 것이었는지에 대해서는 보다 신중한 접근이 필요하다. 우선 이 문제에 있어서는 야나기 본인과 민예운동의 전개를 구별할 필요가 있을 것이다. 민예운동이 1937년에 조직된 관제(官製) 보좌 운동과 연결되었고, '지방 문화'의 진흥을 꾀하는 입장이었던 것은 틀림없다. 게다가, 민예운동의 주요한 구성원 중에는 점령지인 화북(華北)이나 만주에 민예운동을 이식하고자 한 사람도 있었다. 야나기의 운동 속에서 보이는 주된 입장을 생각하자면, 그가 이러한 전개를 '묵인'하지 않고 '권장'하고 있었다는 것은 명확한 사실이다. 그리고 노골적인 군국주의에는 염려를 느끼면서도, 오히려 신체제에는 적극적으로 참가하는 태도는 당시의 리버럴(liberal)파 지식인에게 전형적인 모습이었다고도 말할 수 있다. 야나기는 조선에 대한 대응 문제에 관해서도, 대륙에서의 팽창에 대해서나 태평양전쟁에 대해서 열정적인 비판자로 있을 수 없었다. 또 점령하에 있는 이국땅의 '문화'를 발견하고 찬양하는 태도의 정치적 의미에까지는 생각이 미치지 않았다.

그러나 야나기 무네요시 자신은, 야나기와 친밀한 관계였던 무샤노코지 사네아쓰처럼 적극적으로 애국심을 선동하고, 전쟁 동원에 대한 협력을 호소한 것은 아니다. 왜냐하면, 그의 사상이 지닌 '지방주의'는 '일억이 한마음'이 되어 전쟁에 협력한다는 식의 집중성에 융합되지 않았기 때문이다. "그릇 하나의 배후에는 특수한 기온이나 지질 또는 물질이 숨겨져 있다." "민예에는 반드시 그 향토색이 있지 않은가. 그 땅에 원료가 있어 그 민예가 시작된다. 자연에서 혜택 받은 물자를 낳아준 어머니이다. 풍토와 소재와 제작, 이러한 것들은 떨어져서는 안 된다."(「雜器の美」, 同, 八七頁 [「잡기의 미」, 같은 책, 87쪽]) 그는 지방마다의 풍토에

뿌리내린 민예품을 찬양하는데, 그것이 너무나 광범위하고, 무계층적이기 때문에 문화에서의 중심은 해체되고, 단지 다양성의 바다만이 보인다. 이 논리를 끝까지 파고들어 간다면, 적어도 문화적으로는 일본이란 국가조차 사라져 버리고, 일본 내부에서는 — 게다가 아시아에서도 — 무수한 향토가 상호적으로 서로 교류하고 있을 뿐이란 논리가 될 것이다. 그는 일본의 전통문화를 식민지에 보급시키는 것에는 관심이 없었고, 1941~2년의 단계에서도, 그보다는 토착 민예품의 가치를 정당하게 평가하는 것에 마음을 쓰고 있었다. 그런 의미에서 그의 사상에는 일관되게, 다이쇼적인 데모크라시와 코스모폴리터니즘이 유지되고 있다.

물론, 이 자체가 '대동아공영권' 이데올로기의 소프트한 측면과 합치된다고 생각할 수 있다. 예를 들어, 야나기가 류큐(琉球)왕국의 여러 섬에서 쓰이던 방언을 일본어로 교정하는 문제에 분개하여 행했던 방언 팻말에 대한 항의는, 신문화운동 내부에 식민지와 관련지어 방언을 평가하는 조류가 존재한 이상, 국책에 대한 저항이라 단정할 수 없다. 물론 '국책' 안에서는 늘 복수의 경향들이 경합하고 있던 것이어서, 뭐가 '저항'이고 뭐가 '영합'인지, 사후적으로도 쉽게 결정지을 수는 없다고 해도 말이다.

그렇지만 야나기가 군사적 확장과 그것을 지원하는 민족주의를 거부하지 않았다고 해도, 그것을 적극적으로 지지하지는 않았다고 해야 할 것이다. 그는 일본 민족이나 일본 문화의 우월을 주장하지 않았다. 야나기는 민족 간의 우열이라는 발상을 지니고 있지 않았고, 그에게 있어 전통은 고대부터 길게 이어지는 것이 아니라, 눈앞에 존재하는 그릇으로서, 지금도 구체적으로 생성하고 있는 것, 게다가 늘 복수적인 것이었다. 본래 그의 근대 비판은 정치경제적인 성격을 지니고 있지 않았기 때문에, 전쟁에 의해 서양의 지배가 타파된다고도 생각하지 않았다.

그는 저항의 논리를 지니고 있지 않았다고 할 수 있다. 그의 '민족'관은 항상 해체 직전에 있었기 때문에, 오히려 아시아를 저항의 주체로 위치 지을 수 없었다. 또 그의 비폭력주의는 처음부터 사랑에 의한 화해를 꿈꾸고 있었기 때문에 그것에서 촉발되는 강한 분개가 진심으로 일본을 향하지도 않았다.

하지만 이는 다문화주의 일반이 안고 있는 딜레마이지 않을까. 어느 입장에 서서 결정적으로 언급하지 않고, 또 결코 소거 불가능한 항쟁을 인정하지 않았다는 점에서 야나기는 다문화주의적이다. 당돌하게 들릴지 모르겠지만, 야나기 무네요시는 전쟁 말기에 다케우치 요시미가 『루쉰』(魯迅, 1944)에서 행한 것처럼, 일본 전쟁을 정면에서 부정하지 못했다. 물론 다케우치의 저항이라고 명시적인 것이 아니다. 그러한 것이 가능했을 리도 없다. 하지만 그 의미는 명확했다. 그리고 다케우치의 말은, 인류나 민족은 평등하고 사람은 서로 이해하는 것으로 살육 관계를 회피할 수 있을 것이라는 휴머니즘의 논리가 아니라, 살육 관계는 거부할 수 없다는 것에 의해, 나아가 '적'(敵)의 편에 선다는 각오에 의해 가능하게 되었다. 실제로 『루쉰』에서 제시하는 최후의 저항은 '죽임당하는 것'이다. 야나기 무네요시가 미학자로서 전쟁의 현실을 간과했다고 할 수 있다면, 다케우치는 전장에 선 병사로서 이야기했다. 그렇다고 해도, 모든 영역에 권력이 침투하는 상황에서, 병사가 되는 것 그 자체를, 다시 말해 살육 관계를 강요하는 사회를 전체로서 거부하는 방법은 아직까지도 발견되지 않았다. 다케우치가 언급하듯이, "총력전에서의 저항의 철학은 전쟁 중에 발견되지 않았을 뿐만 아니라, 전후에도 아직 발견되지 않고 있다."(『近代の超克』, 三一一頁, 冨山房文庫, 一九七九年. 『근대의 초극』, 311쪽, 후잔보문고, 1979년.])

그러나 이 책의 관심은 야나기 무네요시의 정치적 (또는 비정치적) 자세를 단죄하는 것이나, 휴머니스트로서의 그의 무력함을 왈가왈부하는 데 있지 않다. 오히려 그의 노동관이나 기술관이 '미'로 이어진 본연의 자세를 측정하는 것이다. 그의 예술이론은 보수적이고 회고적이거나 반동적일지 모르지만, 그렇기 때문에 그것은, 근대 기술이 모든 장소에 침투하고 생활 세계를 구성하기 시작한 시대의 정확한 부정이 된다. 요컨대, '사회'가 전근대적 공동체나 '세상'을 추상적으로 확장한 것으로서 인식되는 것이 아니라, 기술과 자본주의적 동력에 의해 조직되고, 구동되어 가는 것으로 인식되기 시작한 시대 ─ 다시 말해, 현대 ─ 에 대응하고 있는 것이다.

이는 야나기 자신이 바라던 바가 아니라는 점은 분명하다. 그의 예술이론은 오히려 20세기의 공업 자본주의를 반영하고 있다. 그는 생산 행위를 밋밋한 과정으로 보고, 거기서 일하는 세공인들을 의식을 결여한 바보로 바라보았지만, 생산의 자기목적화와 기술의 자기증식은 기계공업에 의거한 20세기 자본주의의 현저한 특징에 다름 아니기 때문이다. 무심히 단조로운 반복 행위에 종사하는 익명의 사람, 이것이 포드=테일러리즘 하에 있는 노동자의 정확한 초상이 아니고 무엇이겠는가. 기술과 상품의 재생산의 흐름의 미를 인정한 야나기 미학은 얄궂게도 대규모 생산과 기술적 발전 그 자체를 '가치'로 하고, 무명의 대중을 '주역'으로 위치 지은 시대의 반어적 표현이 되어 버렸다. 그러므로 야나기에게서 '수공업'이나 '자연'의 복권을 발견하고 찬양하는 것은 단적으로 어리석은 일이다. 덧붙인다면, 흔한 염가의 공업품에서 '소박'하고 '자연'스러운 미를 발견한 것도 20세기 중엽이 되자, 지극히 표준적인 감성이 된다. 앤디 워홀의 백만 개의 캠벨 수프 캔은 그 상징(symbol)이다. 단지 다른 점은 대상이 손으로 만든 상품인지, 공업 생산물인지의 차이일 뿐이다. 현대인은 민예품 대신 '무인양품'(MUJI)의 무개성적인 디자인으로 생활공간을 채워 만족한다.

4. [옮긴이] 미야자와 겐지(宮沢賢治, 1896~1933)는 이와테현 출신의 문인이자 교육자, 에스페란티스토이다. 이 책의 4장에서 중점적으로 다룬다.

5. [옮긴이] 생디칼리즘(Syndicalisme)은 노동조합에 의한 산업관리를 주장하는 사회주의를 말한다. '생디카'(syndicat)는 그리스어에서 기원한 프랑스어로 '조합'을 뜻하며, 프랑스 및 이탈리아의 정치 상황 속에서 일어난 사상이다. 생디칼리즘은 단순한 노동조합주의와 의회정치를 경시하고 지식인의 정치 지도를 존중하지 않으며, 총파업에 의해 노동자의 정치적 주장을 펴고 공장의 탈취도 기도한다.

6. [옮긴이] 혼마 히사오(本間久雄, 1886~1981). 일본의 영문학자, 국문학자, 문학박사. 와세다 대학교 명예교수.

7. 大杉栄, 「新しき世界のための新しき芸術」, 『大杉栄全集』 第五巻, 三七頁, 現代思潮新社, 一九八九年. [오스기 사카에, 「신세계를 위한 신예술」, 『오스기 사카에 전집』, 제5권, 37쪽, 현대사조신사, 1989년.]

8. [옮긴이] 쓰치다 교손(土田杏村, 1891~1934). 일본의 철학자, 평론가.

9. [옮긴이] 윌리엄 모리스(William Morris, 1834~1896). 영국 출신으로, 화가, 공예가(工藝家),

건축가, 시인, 정치가, 사회운동가 등 다양한 활동을 하였고 진정한 노동의 즐거움을 예찬하였다.

10. [옮긴이] 와쓰지 데쓰로(和辻哲郎, 1889~1960). 『고찰순례』, 『풍토』 등의 저작으로 알려진 일본의 철학자, 윤리학자, 문화사가, 일본 사상가. 그의 윤리학 체계는 와쓰지 윤리학이라 불린다.

11. [옮긴이] 에도시대 풍속화의 한 형태

12. [옮긴이] 우메하라 류자부로(梅原龍三郎, 1888~1986). 일본의 서양화가.

13. [옮긴이] 다와라야 소타쓰(俵屋宗達). 에도 시대 초기의 화가.

14. [옮긴이] 오쓰에(大津絵). 일본의 시가켄 오쓰시의 에도 시대 초기부터 만들어진 민속 회화.

15. [옮긴이] 이케노 다이가(池大雅, 1723~1776). 일본 에도 시대 문인화가이자 서예가.

16. [옮긴이] 도미오카 뎃사이(富岡鉄斎, 1837~1924). 메이지, 다이쇼 시기의 문인화가이자 유학자.

17. [옮긴이] 어네스트 프란시스코 페놀로사(Ernest Francisco Fenollosa, 1853~1908). 미국의 동양 미술 연구가이자 철학자.

18. [옮긴이] 오카쿠라 덴신(岡倉天心, 1862~1913). 도쿄 미술학교 교장이자 일본 미술원의 창립자.

19. [옮긴이] 다나카 기사쿠(田中喜作, 1885~1945). 다이쇼~쇼와 시대 전기의 미술사가.

20. [옮긴이] 호소카와 모리타쓰(細川護立, 1883~1970). 일본의 관료, 정치가.

21. [옮긴이] 하쿠인 에카쿠(白隠慧鶴, 1686~1769). 임제종(臨済宗) 중흥의 선조라 칭하는 에도 중기의 선종(禅宗) 승려.

22. [옮긴이] 야지마 아라타(矢島新). 일본 미술사 연구가이자 〈일본 미술사 학회〉 회원. 공저로 『일본 미술의 발견자들』(도쿄대학출판회, 2003년 6월) 등이 있다.

23. 小林俊介, 「誰が梅原·安井を「古典」にしたか」, 五十殿利治·河田明久編, 『クラシックモダン』, 八一頁, せりか書房, 二〇〇四年. [고바야시 슌스케, 「누가 우메하라·야스이를 '고전'으로 만들었나?」, 오무카 도시하루·가와타 아키히사 엮음, 『클래식 모던』, 81쪽, 세리카 책방, 2004년.]

24. [옮긴이] 오카자키 겐지로(岡﨑乾二郎, 1955~). 조형작가, 비평가. 킨키 대학교 국제인문학과 연구소 교수.

25. [옮긴이] 마쓰우라 히사오(松浦寿夫, 1954~). 일본의 화가, 프랑스 미술사 연구자.

26. 岡﨑乾二郎, 松浦寿夫, 『絵画の準備を!』(朝日出版社, 二〇〇五年) 第四章 [오카자키 겐지로, 마쓰우라 히사오, 『회화 준비를!』(아사히 출판사, 2005년) 제4장] 참조.

27. [옮긴이] 카노파(狩野派). 일본 회화 사상 최대의 화파. 무로마치 시대 중기(15세기)에서 에도 시대 말기(19세기)까지 약 400년에 걸쳐 활동하였으며, 항상 화단의 중심이 있었던 전문 화가 집단.

28. [옮긴이] 무라야마 카이타(村山槐多, 1896~1919). 일본의 서양화가.

29. 柳宗悦, 「雑器の美」(一九二六年発表), 『民芸四十年』, 八〇頁, 岩波文庫, 一九八四年. [야나기 무네요시, 「잡기(雑器)의 미」(1926년 발표), 『민예40년』, 80쪽, 이와나미 문고, 1984년.]

30. 같은 책, 81쪽.

31. [옮긴이] 마루야마 마사오(丸山眞男, 1914~1996). 일본의 정치학자로 일본 정치사상사의 권위자이다. 막스 베버의 영향을 강하게 받은 학자 중 한 명.

32. ジョルジョ・アガンベン, 『中身のない人間』, 八八頁, 人文書院, 二〇〇二年. [조르조 아감벤, 『내용 없는 인간』, 88쪽, 인문서원, 2002년.]

33. 柳宗悦, 「法と美」, 『美の法門』 二一二頁, 岩波文庫, 一九九九年. [야나기 무네요시, 「법과 미」, 『미의 법문』, 212쪽, 이와나미 문고, 1999년.]

34. 같은 책, 212쪽.

35. マルティン・ハイデガ-, 『芸術作品の根源』, 関口浩訳, 三八頁, 平凡社, 二〇〇二年. [마르틴 하이데거, 『예술 작품의 근원』, 세키구치 히로시 옮김, 38쪽, 평범사, 2002년.] 다만 하이데거의 이 저작은 소위 '케레'(Kehre, 전환)기의 저서라 생각된다. 테크네, 도구, 미라는 문제에 관한 보다 후기의 모델은 『有るといえるものへの観入』, 『ハイデッガ-全集』第七九巻, ブレーメン講演とフライブルク講演(森一郎, ハルトームート・ブフナ-訳, 創文社, 二〇〇三年) [「존재한다는 것으로의 인식」, 『하이데거 전집』 제79권, 브레멘 강연과 프라이부르크 강연 (모리 이치로, 하르트무트 부흐너 옮김, 창문사, 2003년)]을 참조.

36. 같은 책, 38쪽.

37. 같은 책, 54쪽.

38. 같은 책, 55쪽.

39. "인간은 그 탄생에 의해 '시작'(Initium), 신참자, 창시자가 되기 때문에, 창시(Initiative)를 떠맡고, 활동으로 촉발된다. '인간이 만들어졌을 때, 그것은 시작이고 그 전에는 누구도 존재하지 않았다'라고 한 아우구스티누스는 그러한 정치철학 속에 있었다. 여기서 '시작'은 세계의 '시작'과 동일한 것이 아니다. 그것은 '무언가'의 '시작'이 아니라, '누군가'의 '시작'이고, 이 '누군가'란 사람이 시작하는 사람인 것이다. 인간의 창조와 함께 '시작'의 원리가 세계 속에 늘어오게 된 것이다. 물론, 이는 자유의 원리가 창조된 것은 인간이 창조되었을 때이고, 그 전에는 없었다는 것을 바꿔 말한 것에 불과하다."(ハンナ・アレント, 『人間の条件』, 二八九頁, ちくま文芸文庫, 一九九四年 [한나 아렌트, 『인간의 조건』, 289쪽, 치쿠마 문예문고, 1994년]) 아렌트의 '시작'이라는 개념은 인간 개인의 유일성(Uniqueness)과 연결되어 있지만, 야나기가 부정한 것은 사물과 인간의 이러한 일회성에 있다.

40. 이 점에서 야나기는 결국 마루야마가 말한 일본 문화의 '고층'(古層)으로서의 '자연' 또는 '점차 변해 가는 시대'(つぎつぎになりゆくいきほひ)라는 사고에 충실했다고 말할 수밖에 없다. 마루야마는 『고사기』(古事記)나 모토오리 노리나가(本居宣長) 등을 검토함으로써, 일본 문화에는 다음과 같은 시간 의식이 잠재해 있고, 반복적으로 거기로 회귀해 간다고 기술하고 있다. "이와 같이 고층에서 역사 이미지의 중핵을 이루는 것은 과거도 미래도 아닌, 바로 '현재'이다. 우리들의 역사적 낙천주의(Optimism)는 '현재'에 대한 존중과 한 세트이다. 과거는 그 자체로 무한히 소급할 수 있는 생성이기 때문에, 그것은 '현재'의 지위에서 비로소 구체적으로 위치 지어진다. 이처럼 역으로 '된다'와 '낳다'의 과정이 된 과거는 부단히 새롭게 현재하고, 그러한 의미에서도 현재는 전(全)과거를 대표(represent)한다. 그래서 미래란 바

로 과거로부터의 에너지를 가득 품은 '현재'의, '현재'로부터의 '첫 발생'에 다름 아니다."(丸山
真男, 「歴史意識の「古層」」, 『忠誠と反逆』 四一三頁, ちくま学芸文庫, 一九九八年 [마루야마
마사오, 「역사의식의 '고층'」, 『충성과 반역』, 413쪽, 치쿠마 학예문고, 1998년])

41. 柳宗悦, 「工芸の道」, 『柳宗悦全集』 第八巻, 筑摩書房, 一九八〇年. [야나기 무네요시, 「공예
의 길」, 『야나기 무네요시 전집』, 제8권, 치쿠마 책방, 1980년.]

42. 柳宗悦, 「国工芸の美」, 同, 一二一頁. [야나기 무네요시, 「국공예(國工藝)의 미」, 같은 책,
121쪽.] 야나기 무네요시는 민예운동을 시작한 다음 해인 1927년에 교토 가미가모에서 '협
단'(協団)을 만든다. 그러나 이 직인 길드는 야나기의 구미 여행 기간 동안 어이없이 해체되
어 버린다. 그러나 야나기에게 있어서 길드와 미의 상관은 본질적인 것이었다. "미를 주관하
는 왕국, 나는 그것을 협단이라 부른다. 우리들이 세워진 사회를 구성하는 것이 아니다. 오
히려 협단에 의해 우리들이 구성되는 것이다. 미를 만들기 위한 단결이 아니다. 단결에 의
해서 미가 허용되는 것이다."(「工芸の道」 [「공예의 길」]) 야나기에 대한 영국의 길드 사회
주의자, 아서 J. 펜티의 영향에 관해서는 中見真理, 『柳宗悦 時代と思想』(東京大学出版会,
二〇〇三年) 第八章, 第三節 「ペンティ思想への共鳴」 [나카미 마리, 『야나기 무네요시 — 시
대와 사상』(도쿄대학출판회, 2003년), 제8장 제3절 「아서 펜티 사상에 대한 공명(共鳴)」]
참조.

43. [옮긴이] 센노 리큐(千利休, 1522~1591). 일본 다도를 정립한 것으로 유명한 역사적 인물이
다.

44. 柳宗悦, 「「喜左衛門井戸」を見る」, 『柳宗悦茶道論集』 四一頁, 岩波文庫, 一九八七年. [야나
기 무네요시, 「'기자에몬이도'를 보다」, 『야나기 무네요시 차도논집』, 41쪽, 이와나미 문고,
1987년.]

45. [옮긴이] 고다 로한(幸田露伴, 1867~1947). 일본 소설가, 본명은 고다 시게유키이다. 『풍류
불』(風流佛)로 높은 평가를 받았고, 『오층탑』, 『운명』 같은 작품으로 문단에서의 지위를
확립했다. 오자키 고요(尾崎紅葉)와 함께 고로 시대(紅露時代)를 이룩한 대문호다.

46. 小林秀雄, 「真贋」, 『小林秀雄全作品19』, 新潮社, 二〇〇四年. [고바야시 히데오, 「진위」,
『고바야시 히데오 전작품 19』, 신조사, 2004년.]

47. カール・ポランニー, 『大転換 市場社会の形成と崩壊』, 吉沢英成訳, 東洋経済新報社,
一九七五年 [칼 폴라니, 『거대한 전환, 시장사회의 형성과 붕괴』, 요시자와 히데나리 옮김,
동양경제신보사, 1975년] 참조.

48. 다도에 있어서, '도구'를 보이는 행위의 의미는 거기에 있다. 원래부터 다도는 대륙에서 유래
한 고가의 도자기('중국 당나라 시기에 들어온 도자기')를 꽉 차게 전시한 권력자의 사적 공
간에서 먹고 마시는 것에 그 기원이 있다('가이쇼차'(会所茶)). 혼아미 고에쓰(本阿弥光悦)
등은 당나라에서 유입한 그러한 물물의 감정·관리를 담당하는 도호슈(同朋衆) 출신 인물
이다.(센노 리큐(千利休)에게도 같은 전통이 있다.) 하지만 중요한 것은 당나라 물물을 배
제하고, 재산으로서는 가치가 없는 일본의 자기(和物) 자기나 자택에서 만든 차 도구를 귀
하게 여기는 '와비차'(佗び茶)의 형성 과정에서, 과시적 전시로부터 사용과 전달을 통해서
도구를 보여준다는 미묘한 강조점의 변화가 일어났다는 사실이다. 초기의 다도 속에는, 명

물을 다수 수집하고 권력의 과시에 도움이 되고자 하는 지향과, 그저 희소성에 의존하는 것이 아닌 가치를, 유통과 개인이 지닌 미의식의 전달에 의해서 고쳐 써 가는 것으로서 제시하고자 한 지향 간의 갈등이 잠재하고 있다. 말할 필요도 없이, 사카이(堺)의 지역 대표인 센노 리큐는 이런 전환점에 위치하고 있었고, 그가 '할복'을 명받은 것도 이러한 갈등과 무관하지 않다.

49. [옮긴이] 혼아미 고에쓰(本阿弥光悦, 1558~1637). 에도 시대 초기의 서예가, 도예가, 예술가이다.

50. 여기에서는 물건으로서의 작품만이 아니라, 사원이나 궁전에서 유래하는 다양한 지식·기예·정보 등도, 같은 네트워크를 통해 유통되고 있었다는 것에 유의할 필요가 있다. 그 때문에 네트워크와의 접촉은 접촉자의 지식·경험의 개선 역시 이끌 수밖에 없었다. 중세 말기는 무가, 귀족, 종교 세력, 대외무역을 경영하는 지역 대표 등으로, 고도로 사회가 분화한 시대이고, 그러한 상호 교섭의 복잡함은 근세를 넘어, 어떤 부분에서는 국가에 의해 균질성을 획득한 근대사회 이상이었을지도 모른다. 승려를 포함한 예능인은 이러한 다른 계열 간의 중개 역할을 하고 있었다.

51. 일반적으로 '미술'이라는 장르가 순간성과 명확히 관계 맺게 된 것은 레싱〔『라오콘』(1766)〕부터라고 한다. 모더니즘, 특히 형식주의에서 탈신체화된 시각성에 대한 비판에 관해서는, 우선 로잘린드·크라우스, 「見る衝動/見させるパルス」(『視覚論』, ハル·フォスター編, 榑沼範久訳, 平凡社ライブラリー, 二〇〇七年) [로잘린드 크라우스, 「보는 충동/보여주는 펄스 (Pulse)」, 『시각론』, 할 포스터 엮음, 구레누마 노리히사 옮김, 평범사 라이브러리, 2007년)〕 참조.

52. [옮긴이] 렌카(連歌). 렌카는 와카(和歌)를 모태로 하여 중세에 유행·발달한 시의 형식으로, 우아하고 아름다운 노래이다.

53. マルティン·ハイデガ-, 前掲書, 五八頁. [마르틴 하이데거, 앞의 책, 58쪽.]

54. 柳宗悦, 「法と美」, 『美の法門』, 二二八頁. [야나기 무네요시, 「법과 미」, 『미의 법문』, 228쪽.]

55. [옮긴이] 아미타불과 같은 말이다.

4장 셀룰로이드 속 혁명

1. [옮긴이] 천두슈(陳獨秀, 1879~1942). 중국의 사상가, 혁명가, 정치가. 베이징 대학 문과대학장으로 1917년 후스(胡適)와 함께 백화문(白話文)을 제창하는 한편, 유교 사상을 비판하는 글을 발표하였다. 1921년 중국공산당 제1차 전국대회를 개최하고 중앙서기에 피선되었다.

2. [옮긴이] 야오원위안(姚文元, 1931~2005). 중국의 문인 겸 정치가. 잡지 『맹아』(萌芽)의 편집위원, 『해방일보』의 주필을 역임하면서 문예 비판 논문을 발표했다.

3. [옮긴이] 조르주-외젠 오스만(Baron Georges-Eugène Haussmann, 1809~1891)은 나폴레옹 3세가 주도한 파리 개조 사업에 공이 컸던 인물이다.

4. [옮긴이] 공동조계(共同租界). 중국에 있었던 여러 나라 사람들의 공동 거류지.

5. [옮긴이] 마에다 아이(前田愛, 1931~1987). 일본의 국문학자·문예비평가.

6. 前田愛, 「SHANGHI 1925」, 『都市空間のなかの文学』, 四七四頁, ちくま学芸文庫, 二〇〇〇

年. [마에다 아이, 「SHANGHI 1925」『도시 공간 속의 문학』, 474쪽, 치쿠마 학예문고, 2000 년.]

7. 横光利一, 『上海』, 二四頁, 講談社文芸文庫, 一九九一年. [요코미쓰 리이치, 『상하이』, 24쪽, 강담사 문예문고, 1991년.]

8. 같은 책, 17쪽.

9. [옮긴이] 르 코르뷔지에(Le Corbusier, 1887~1965). 스위스 태생의 프랑스 건축가·작가이며 현대 건축에 큰 공헌을 했다.

10. 横光利一, 前揭書, 一〇頁 [요코미쓰 리이치, 앞의 책, 10쪽.]

11. 같은 책, 34쪽.

12. [옮긴이] 리피트 미즈타 세이지(リビット水田清爾), UCLA College of Letters & Science 아시아 언어, 문화 전공 부교수.

13. リビット水田清爾, 「モダニズムにおけるグロテスクと小説の解体について」, 『批評空間』, 二期 七号, 太田出版, 一九九五年. [리피트 미즈타 세이지, 「모더니즘에서 그로테스크와 소설의 해체에 관해」, 『비평공간』, 2기 7호, 오타출판, 1995년.]

14. [옮긴이] 무라마쓰 쇼후(村松梢風, 1889~1961). 일본의 소설가.

15. [옮긴이] 요시유키 에이스케(吉行エイスケ, 1906~1940). 일본의 다다이스트 시인이자 소설가.

16. [옮긴이] 가네코 미쓰하루(金子光晴, 1895~1975). 일본의 시인.

17. [옮긴이] 마쓰바라 이와고로(松原岩五郎, 1866~1935). 일본의 소설가이자 저널리스트이다.

18. 横光利一, 「戦争と平和」, 『定本横光利一全集』 第二三巻, 二五頁, 河手書房新社, 一九八二年. [요코미쓰 리이치, 「전쟁과 평화」 『정본 요코미쓰 리이치 전집』, 제23권, 25쪽, 가와데 책방신사, 1982년.] 이와 관련해서, 인용 부분 마지막 절의 "어느 시대인가" 모든 서로 다른 고리를 포섭하는 "공통적인 하나의 고리"란 '제국'적 주체와 같은 것으로 존재할 수밖에 없을 것이다. 일본군이 상하이에 주둔하기 시작한 것은 거의 10년 후의 일이었다.

19. 横光利一, 『上海』, 二四頁. [요코미쓰 리이치, 『상하이』 24쪽.]

20. 같은 책, 13쪽.

21. 같은 책, 27쪽. 실제로 이러한 묘사가, 오손 웰즈(Orson Welles)의 1948년 작품 〈상하이에서 온 여인〉(!)의 유명한 미로 거울의 집 장면이나, 버스비 버클리 안무의 〈42번가〉(1933)의 여성들의 군무 쇼 장면을 연상시킨다고 해도, 그다지 어색하지 않다.

22. 같은 책, 34쪽.

23. 같은 책, 45쪽.

24. [옮긴이] 세르게이 미하일로비치 에이젠슈타인(Сергей Михайлович Эйзенштейн, 1898~1948). 러시아의 영화 감독이자 영화 이론가이다. 주요 작품으로는 〈전함 포템킨〉, 〈파업〉, 〈10월〉 등이 있으며, 몽타주 이론을 비롯한 영화 이론을 많이 발표하기도 했다.

25. [옮긴이] 지가 베르토프 (Давид Абелевич Ка́уфман, 1896~1954). 러시아의 영화 감독. 아방가르드와 다큐멘터리를 접목시킨 새로운 형식의 영화를 만들고자 했다. 주요 작품으로는 〈카메라를 든 사나이〉(1929) 등이 있다.

26. [옮긴이] 마키노 쇼조(牧野省三, 1878~1929). 일본의 영화 감독, 영화 제작자, 사업가. 일본 최초의 직업적 영화 감독이자, 일본 영화의 기초를 쌓았다. '일본 영화의 아버지'라고 불린다.

27. [옮긴이] 기누가사 데이노스케(衣笠貞之助, 1896~1982). 일본의 배우이자 영화 감독이다. 대표작으로 〈미친 한 페이지〉, 〈지옥문〉 등이 있다.

28. [옮긴이] 가타오카 뎃페이(片岡鉄兵, 1894~1944). 다이쇼, 쇼와 시기에 활동했던 소설가.

29. [옮긴이] 이케타니 신사부로(池谷信三郎, 1900~1933). 일본의 소설가, 극작가.

30. [옮긴이] 기시다 구니오(岸田國士, 1890~1954). 일본의 극작가, 소설가, 평론가, 번역가, 연출가.

31. [옮긴이] 프세볼로트 푸도프킨(Всéволод Илларио́нович Пудо́вкин, 1893~1953). 구소련의 영화 감독. 구소련 영화의 혁명적 전통을 개척한 사람으로 평가 받으며 '몽타주 이론'의 수립과 보급에도 크게 공헌하였다.

32. 〈미친 한 페이지〉의 제작 경위에 관해서는 衣笠貞之助, 『わが映画の青春 日本映画史の一側面』(中公新書, 一九七七年) [기누가사 데이노스케, 『내 영화 청춘 - 일본 영화사의 한 측면』(중공신서, 1977년)]을 포함하여, 佐藤忠男, 『日本映画史』第二章 (岩波書店, 一九九六年) [사토 다다오, 『일본 영화사』 제2장 (이와나미 서점, 1996년)]을 참조하라. 기누가사에 따르면, 가와바타 야스나리 전집에 수록되어 있는 〈미친 한 페이지〉의 시나리오는 본래 기누가사가 촬영 시에 사용했던 메모를 가와바타가 손본 것이라 한다.

33. [옮긴이] 데이비드 보드웰(David Bordwell, 1947~). 미국 영화 이론가이자 영화 역사가. 주요 저서로는 『영화의 내레이션 1,2』, 『영화 스타일의 역사』, 『영화예술』 등이 있다.

34. デイヴィッド・ボードウェル, 「フランボワイヤンから荘重性へ」, 『時代劇映画とはなにか ニュー・フィルム・スタディーズ』, 筒井清忠, 加藤幹郎編, 人文書院, 一九九七年. [데이비드 보드웰, 「플랑보와이양(flamboyant)에서 장중성(荘重性)으로」, 『시대극영화란 무엇인가, 뉴필름 스터디스』, 쓰쓰이 기요타다·가토 미키로 엮음, 인문서원, 1997년.] 1920년대 전반까지는 배경이나 인물의 위치 관계 등이 간파되는 롱 쇼트를 '마스터 쇼트'로서, 클로즈 쇼트는 흥미를 끄는 부분을 일시적으로 확대할 뿐인 것으로서 취급하는 경우가 많았다. 그 때문에, 클로즈 쇼트나 미디엄 쇼트 다음에는 다시 롱 쇼트로 되돌아가서 인물들의 전체상을 확인해 가는 서사가 전개되었다. 반대로 플랑보와이양 양식은 이해하기 쉬운 그러한 것보다 시각적인 흥분을 중시한 것이었다.

35. [옮긴이] 하스미 시게히코(蓮實重彦, 1936~). 도쿄 출신의 불문학자, 영화평론가, 문예평론가, 편집자이다. 제26대 도쿄 대학 총장을 역임했고 현재 도쿄 대학 명예교수이다.

36. [옮긴이] 후지이 진시(藤井仁子, 1973~). 일본 영화 비평가.

37. 藤井仁子, 「日本映画の一九三〇年代 トーキー移行期の諸問題」, 『映像学』 六二号, 日本映像学会. [후지이 진시, 「일본 영화의 1930년대, 토키이행기의 여러 문제」, 『영상학』, 62호, 일본영상학회.]

38. [옮긴이] 버스터 키튼(Buster Keaton, 1895~1966). 유명한 미국의 영화 배우, 감독, 각본가이다. 미국 슬랩스틱 코미디 장르의 대부로서 무표정으로 펼치는 아크로바틱한 연기로 유

명하다.

39. [옮긴이] 마니에리즘(Manierisme). 르네상스 전성기에 완성된 고전주의 예술의 뒤를 이어, 1520년경부터 17세기 첫머리에 이르기까지 주로 회화를 중심으로 유럽 전체를 풍미한 예술 양식.

40. [옮긴이] 소설 원문에도 원어 그대로 적혀 있어 한국어판에서도 번역하지 않았다.

41. 横光利一, 『上海』, 一五頁. [요코미쓰 리이치, 『상하이』, 15쪽.]

42. ヴァルター・ベンヤミン, 「複製技術時代の芸術作品」, 『ベンヤミン·コレクション 1』, 六一九頁, 浅井健二郎編訳·久保哲司訳, ちくま文芸文庫, 一九九五年. [발터 벤야민, 「기술복제 시대의 예술 작품」『벤야민 컬렉션1』, 619쪽, 아사이 겐지로 편역, 구보 데쓰지 옮김, 치쿠마 학예 문고, 1995년.]

43. 横光利一, 『上海』, 二三頁. [요코미쓰 리이치, 『상하이』, 23쪽.]

44. [옮긴이] 오다기리 히데오(小田切秀雄, 1916~2000). 일본의 문예평론가이자 근대문학 연구 자.

45. [옮긴이] Allgemeine Elektricitäts-Gesellschaft Aktiengesellschaft (AEG, General electricity company). 1883년에 에밀 라테나우에 의해 설립된 독일 전자 제품 제조업체.

46. [옮긴이] GE(General Eletric Company). 미국에 본사를 둔 세계적인 다국적 기업.

47. [옮긴이] 마즈다(MAZDA). 1909년에 미국에 설립된 브랜드이다. 백열전구 등을 제조한다. 이 회사의 전구를 마즈다램프(MAZDA Lamp)라 불렀다.

48. 横光利一, 前揭書, 二一頁. [요코미쓰 리이치, 『상하이』, 21쪽.]

49. 같은 책, 40쪽.

50. 같은 책, 35쪽.

51. [옮긴이] 프세볼로드 메이에르홀트(Всеволод Эмильевич Мейерхольд, 1874~1940). 러시아 연출가, 배우이다. 혁명 후의 소비에트에서도 도전적이라 할 수 있는 부단한 연극 혁신 운동 을 전개했다. 현대 연극에서 최고봉 중 한 명이다.

52. [옮긴이] 생역학(biomechanics). 프세볼로드 메이에르홀트가 배우의 연기 지도를 위해 고 안한 신체 훈련법. 신체 활력을 사용해 감정의 표현력을 촉발시킨다.

53. [옮긴이] 마르셀 뒤샹(Marcel Duchamp, 1887~1968). 프랑스 화가이자 다다이즘의 중심적 인 인물.

54. [옮긴이] 메어리 앤 도앤(Mary Ann Doane, 1952~). 영화학에서 젠더 연구의 선구자이다.

55. メアリ-·アン·ドーン, 「フロイト, マレー, そして映画」, 『アンチ·スペクタクル』, 長谷正人, 中村 秀之編, 小倉敏彦訳, 四六頁, 東京大学出版会, 二○○三年. [메어리 앤 도앤, 「프로이트, 머레 이, 그리고 영화」, 『안티 스펙타클』, 하세 마사토·나카무라 히데유키 엮음, 오구라 도시히 코 옮김, 46쪽, 도쿄대학출판회, 2003년.]

56. [옮긴이] 조트로프(Zoetrope). 회전하는 원형 통의 틈새로 보이는 연속 그림의 스트립을 사 용하는 광학 장치.

57. [옮긴이] 톰 거닝(Tom Gunning). 미국의 영화연구자.

58. [옮긴이] 헤일즈 투어는 1904년 세인트루이스 박람회에서 발표된 라이드(ride)형의 어트랙

션 기구이다.

59. トム・ガニング,「アトラクションの映画」,『アンチ・スペクタクル』, 三〇七頁. [톰 거닝,「어트랙션 영화」,『안티 스펙타클』, 307쪽.]

60. [옮긴이] 필리뽀 마리네티(Filippo Tommaso Emilio Marinetti, 1876~1944). 이탈리아의 소설가, 시인. 1909년「미래파 선언」을 발표, 과거의 전통에서 벗어나 모든 해방을 목표로 하는 미래주의 운동을 창시했다.

61. [옮긴이] 페르낭 레제(Fernand Léger, 1881~1955). 프랑스 화가. 기계 문명의 역동성과 명확성에 이끌려 그것을 반영한 다이내믹 입체파를 구축했다. 후에 무대 장치와 영화에도 관심을 기울여, 순수 영화를 제창함으로써 전위 영화의 길을 열었다.

62. エイゼンシュテイン,『映画の弁証法』, 佐々木能理男訳, 六四頁, 角川文庫, 一九五三年. [세르게이 에이젠슈타인,『영화의 변증법』, 사사키 노리오 옮김, 64쪽, 카도카 문고, 1953년.]

63. [옮긴이] 그랑기뇰 극장(Le Théâtre du Grand-Guignol)은 프랑스 파리에 위치한 극장이다. 파리의 샤프타르가(街)에 자리 잡고 있으며 에로틱하고 그로테스크한 공포를 주로 상연하는 오락 극장이다.

64. 横光利一,「純粋小説論」,『愛の挨拶・馬車・純粋小説論』, 二五七頁, 講談社文芸文庫, 一九九三年. [요코미쓰 리이치,「순수소설론」『사랑의 인사・마차・순수소설론』, 257쪽, 강담사 문예문고, 1993년.]

65. [옮긴이] 레뷰(revue). 흥행을 목적으로 노래, 춤 따위를 곁들여 풍자적인 볼거리를 위주로 꾸민 연극.

66. ジョアン・コプチェク,『私の欲望を読みなさい』, 梶理和子, 下河辺美知子, 鈴木英明, 村山敏勝訳, 三七頁, 青土社, 一九九八年. [조안 콥젝,『나의 욕망을 읽어라』, 가지 리와코・시모코베 미치코・스즈키 히데아키・무라야마 도시카쓰 옮김, 37쪽, 청토사, 1998년.]

67. 横光利一,『上海』, 三五頁. [요코미쓰 리이치,『상하이』, 35쪽.]

68. 같은 책, 35쪽.

69. 같은 책, 23쪽.

70. 같은 책, 23쪽.

5장 의식의 형이상학

1. [옮긴이] 곤도 세이쿄(権藤成卿, 1868~1937). 일본의 우익 사상가, 농본주의 사상가.

2. [옮긴이] 기타 잇키(北一輝, 1883~1937). 전전 일본의 사상가, 사회운동가, 국가사회주의자. 2·26 사건을 주도했던 젊은 장교들의 '이론적 지도자'로서 체포되어 군법회의 비밀 재판에서 사형 판결을 받고 처형당함.

3. [옮긴이] 이시와라 간지(石原莞爾, 1889~1949). 일본의 군인.『세계최종전론』등을 쓴 군사 사상가로 알려져 있다. 관동군 작전 참모로서 류탸오후 사건을 일으켰고 만주사변을 성공시켰다.

4. 이하에서 미야자와 겐지 작품의 인용은 모두 치쿠마 문고판 전집을 바탕으로 한 것이다. 全集7, 二二五頁. [전집 7권, 225쪽.]

5. 『まなこをひらけば四月の風が』, 全集2, 五三八頁. [『눈을 뜨면 사월의 바람이』, 전집 2권, 538쪽.]

6. 『眼にていふ』, 全集2, 五〇六頁. [『눈으로 말하다』, 전집 2권, 506쪽.]

7. 全集8, 一九〇頁. [전집 8권, 190쪽.]

8. 全集9, 五二三頁. [전집 9권, 523쪽.]

9. 미야자와 겐지는 그가 쇼와 초기에 설립한 〈라스 지인 협회〉 시절에 당대의 사회주의 운동에 강한 관심을 가지고 있었던 것이 틀림없다. 〈라스 지인 협회〉에서 강의했던 '농민예술의 융성' 원고에 톨스토이 등과 나란히 트로츠키, 윌리엄 모리스, 에드워드 카펜터, 무로후세 고신 등 사회주의자들의 이름이 적혀 있는 것은 알려져 있는 사실이고, 그가 다카바타케 모토유키 번역의 『자본론』을 소장했다는 사실도 확인되어 있다. 게다가 이 시기 『나리오카 중학교 교우회 잡지』의 요구에 응해서 쓴, 『학생 여러분에게 보낸다』에는 "충동처럼 행해진 / 모든 농업노동을 / 냉정하고 투명한 해석에 의해 / 그런 쪽빛 그림자와 함께 / 무용의 범위로 올리자 / …… / 새로운 시대의 맑스여 / 이러한 눈먼 충동에서 움직이는 세계를 …… 훌륭하고 아름다운 구성으로 바꾸자"(全集9, 三〇二頁 [전집 2권, 302쪽])라는 시구도 보인다.
전기적 사실로는 이 시기 노동농민당 히에와(稗和) 지부에 대한 언급이 있다. 노동농민당은 1926년에 결성된 무산정당인데, 1928년의 총선거(최초의 보통선거)에서는 당시 비합법이었던 일본공산당 당원 다수를 자신의 당 후보자로 옹립한 것으로도 알려져 있다. 그리고 미야자와 겐지는 선거 준비로 혼잡한 당사무소에 복사판 한 벌과 종이로 싼 20엔을 " '이거 보탬에 쓰시게'라고 말하고 조용히 두고 왔다"(이리사와 야스오에 의한 전집 1권 해석)는 것이다. 겐지는 그 전년에도 '약간의 지원'을 해서 경찰 조사를 받았음에도 불구하고 말이다.
이 시기 겐지의 시에는 '노농당'(労農党)이라는 단어가 두 번 정도 출현한다. 하나는 '1927. 3. 26.' 날짜가 기입된 『검은 땅에 서서』(『시 노트』)에서, "너희들이 모두 노농당이 되고부터 / 그 후 진정한 내 직업이 시작된 것이다"라는 언급이 보인다. 또 하나는 '도쿄'노트(1928년 6월 전후의 도쿄체제 중일 때 받은 인상에 의거하고 있다고 한다) 속의 『고가선』이란 작품으로, 모던한 도시 풍경이 가져오는 매혹과 미미한 혐오의 기록을 어딘가 당돌하다고도 생각되는 기세로 "빛나는 파란 하늘 아래 / 노농당은 해산되었다"라는 소절에 쓰고 있다. 사실 이 해 봄, 노동농민당은 3·15사건의 여파로 당 해산의 위험에 처해 있었다.
그렇다고는 하지만, 그의 맑스주의에 대한 공감이 불안정한 것이었다는 점도 확실해 보인다. 그가 자신은 쁘띠부르주아라 하고, "나는 혁명이란 수단을 선호하지 않는다", "혁명이 일어나면, 나는 부르주아 편입니다"라고 단언했다는 증언도 존재하며(〈라스 지인 협회〉에서 겐지의 학생이었던 이토 요조로의 기록), 소비에트형 프롤레타리아트 독재에 대해서는 비판적이었다고 봐야 할 것이다. 그의 「농민예술론」도, 영국 사회주의에서는 비주류였던 윌리엄 모리스의 사상에 친화적인 것이었다.
그의 '혁명'에 대한 애매모호함은 『시 노트』 속의, '1927. 3. 23.'에서 '3.28'까지 날짜가 기입된 일련의 미완성 원고에 집중적으로 나타난다. 『산 저편은 흐리고 어두운』에서는 수일 전에 재무장관의 실언에 의해 일어난 금융공황이 "산 저편은 흐리고 어둡다 / 이미 공황(panic)이 봄과 함께 찾아왔다"고 초봄의 불안한 예감과 함께 이야기되고, 『노동을 싫어하는 사람이』에선 노동하지 않는 사람이 "정신병자로 업신여겨지고" "나병처럼 두려워지는" 시대가 마침내 찾아왔다고 서술되어 있다. 결국 겐지에게 있어서 쇼와 시기의 도래는 높은 파도처럼 차츰 솟아오르는 혁명의 전조로서 감수되는 것이고, 이런 불길한 일을 전율하면서 기다리고 있는 심정은 약 일 개월 후의 『사키노하카라는 검은 꽃과 함께』에서 거의 피로 얼룩졌다고 말하고 싶어질 정도의 처참함으로 형상화되고 있다. 전문을 올린다.

사키노하카라는 검은 꽃과 함께
혁명이 이윽고 찾아온다
부르주아지도 프롤레타리아트도
대체로 비겁하고 하등한 녀석들은
모두 혼자서 양지로 나온 버섯처럼
짓밟혀 흘러내리는 그날이 온다
해치워 버려라 해치워 버려라
술을 마시기 위해 굉장한 것 같은 파란을 일으킨 녀석도
자신만이 재밌는 일을 독차지하고서
인생이 사막이라는 등 말하는 가짜 교사도
언제나 두리번두리번 타인과 자신을 비교하는 녀석들도
그 녀석들 모두를 세차게 내동댕이쳐서
그중에서 비겁한 귀신들을 쫓아 버려라
그것들을 모두 생선이나 돼지에 들러붙게 하라
철을 단련하듯이 새로운 시대는 새로운 인간을 단련한다
감색을 한 산지의 귀퉁이도 깨뜨려라
은하를 사용해서 발전소도 만들어라 (全集2, 二三三頁. [전집 2권, 233쪽.])

여기서는 일반적으로 미야자와 겐지의 형상이라고 알려진, 『비에도 지지 않고』의 한결같은 휴머니스트의 모습은 조금도 찾아볼 수 없다. "검은 꽃"을 옥죄이는 혁명은 "다시 나를 잡으려고 오는" "그 무서운 검은 구름" (『その恐ろしい黒雲が』, 全集2, [『그 무서운 검은 구름이』, 전집 2권])이나 고열로 괴로워하는 병자의 시계에 떠오르는 "거대한 꽃봉오리"(『丁丁丁丁丁』전집 2권)라고 눈짓을 교환하면서, 왠지 터무니없이 무서운 (그러나 그와 동시에 그리운) 파멸로서 감수되고 있다. "해치워 버려라 해치워 버려라"라고 후렴구를 반복하면서 그는 자신이 "세차게 내동댕이쳐지는" 쪽의 한 사람이라고 느끼고 있었던 것이다. 어쩌면 항상 사회적 부정을 응시하며 어찌할 도리가 없었던 분개와, 지금부터 찾아올 참화에 대한 두려움과, 게다가 스스로의 입장에 대한 불안이, 항상 겐지의 몸 안에 있던 죽음의 예감과 융합되어 자기 파멸의 욕동으로 변화를 이루고 있었던 것이다. 이른바 이는 자신의 몸을 처형하는 것에 대한 개가(凱歌)이다.

더욱이 사토 가쓰지는 사키노하카라는 실재하지 않는 식물 이름이 '폭력'이란 글자를 해체한 것은 아닌가라는 설을 제시하고 있다.(『「サキノハカ考」』, 出版所不明, 一九七八年. [『사키

노하카 연구』, 출판사 불명, 1978년.])

10. [옮긴이] 이하토브란 미야자와 겐지에 의한 조어로, 겐지의 심상 세계 속 이상향을 가리키는
    말이다. 이와테현을 모티브로 한 것으로 알려져 있고, '이와테'라는 단어를 비튼 것이란 견해
    가 정설로 되어 있지만, 겐지 자신은 어원에 관해 구체적인 설명을 남기지 않았다.

11. 全集9, 五九一頁. [전집 9권, 591쪽.]

12. 安丸良夫, 『日本の近代化と民衆思想』, 平凡社ライブラリー, 一九九九年 [야스마루 요시오,
    『일본의 근대화와 민중사상』, 평범사 라이브러리, 1999년] 참조.

13. 橋川文三, 「昭和超国家主義の諸相」, 『橋川文三著作集』第五巻, 筑摩書房, 一九八五年. [하
    시가와 분소, 「쇼와 초 국가주의의 여러 모습」, 『하시가와 분소 저작집』, 제5권, 치쿠마 책
    방, 1985년.]

14. [옮긴이] 하시가와 분소(橋川文三, 1922~1983). 일본의 정치학 연구자, 정치사상사 연구자,
    평론가.

15. [옮긴이] 삼천대천세계(三千大千世界). 고대 인도인의 세계관에서 전 우주를 가리키는 말.

16. 全集9, 一二〇頁. [전집 9권, 120쪽.]

17. [옮긴이] 나카이 히사오(中井久夫, 1934~). 일본의 의학자, 정신과의.

18. [옮긴이] 니노미야 손토쿠(二宮尊徳). 에도 시대 후기의 농본정치가, 사상가

19. [옮긴이] 야스마루 요시오(安丸良夫, 1934~). 일본의 역사학자. 전문 영역은 일본 근세, 근
    세사, 종교 사상사이다. 1960년대 이후 왕성했던 민중 사상사 연구의 일인자.

20. 中井久夫, 『分裂病と人類』, 東京大学出版会, 一九八二年. [나카이 히사오, 『분열병과 인류』,
    도쿄대학출판회, 1982년.]

21. 같은 책, 51쪽.

22. 같은 책, 62쪽.

23. [옮긴이] 메르헨(Märchen). 독일어로, 원뜻은 '작은 이야기', '짧은 보고'를 뜻한다. 독일에서
    는 중세 후반 무렵의 비현실적인 이야기라는 의미로 사용되며, 오늘날의 문예학에서는 자
    연법칙의 인과율이나 시간·공간의 규정에 구애받지 않고 자유로운 상상력으로 만들어진
    비일상적이고 불가사의한 이야기를 의미한다. 동화·민화(fairy tale, conte de fée)라는 말이
    이에 해당된다.

24. [옮긴이] 노발리스(Novalis, 1772~1801). 본명은 Friedrich von Hardenberg. 독일의 시인·
    작가. 독일 낭만파를 대표하는 인물. 서정시 「밤의 찬가」 등을 발표했다.

25. ノヴァーリス, 『ノヴァーリス作品集3』, 二八五頁, 今泉文子訳, ちくま学芸文庫, 二〇〇七年.
    [노발리스, 『노발리스 작품집 3』, 285쪽, 이마이즈미 후미코 옮김, 치쿠마 학예문고, 2007
    년.]

26. 같은 책, 145쪽.

27. 全集5, 一八〇頁. [전집 5권, 180쪽.]

28. 같은 책, 186쪽.

29. [옮긴이] 나가이 히토시(永井均, 1951~). 일본의 철학자이자 대학교수. 전공은 자아론·윤리
    론 등이다.

30. 永井均, 『私, 今, そして神』(講談社現代新書, 二〇〇四年) [나가이 히토시, 『나, 지금, 그리고 신』(강담사 현대신서, 2004년)]을 포함하여 『なぜ意識は実在しないのか』(岩波書店, 二〇〇七年) [『왜 의식은 실재하지 않는가』(이와나미 서점, 2007년)]을 참조하라.

31. 書簡番号50, 全集9, 七八頁. [서간 번호 50, 전집 9권, 78쪽.]

32. [옮긴이] 미야자와 세이로쿠(宮澤淸六, 1904~2001). 미야자와 겐지의 친동생, 겐지 전집의 교정자로서 겐지 연구에 큰 공헌을 했다.

33. 書簡番号212, 全集9, 二九五頁. [서간 번호 212, 전집 9권, 295쪽.]

34. 全集2, 一八三頁. [전집 2권, 183쪽.]

35. 『疾中』, 全集2, 五四二頁. [『병중』, 전집 2권, 542쪽.]

36. 全集1, 一五頁. [전집 1권, 15쪽.]

37. 見田宗介, 『宮沢賢治 存在の祭りの中へ』, 岩波現代文庫, 二〇〇一年. [미타 무네스케, 『미야자와 겐지 - 존재의 축제 안에서』, 이와나미 현대문고, 2001년.]

38. [옮긴이] 미타 무네스케(見田宗介, 1937~). 일본의 사회학자. 도쿄 대학 명예교수. 사회의 존위구조론이나 코뮤니즘에 대한 저작 활동으로 널리 알려져 있음.

39. 『小岩井農場』, 全集1, 七三頁. [『고이와이 농장』, 전집 1권, 73쪽.]

40. [옮긴이] 윌리엄 제임스(William James, 1842~1910). 미국의 심리학자·철학자. '의식의 흐름'(Stream of Consciousness)이라는 용어를 처음 사용하였고 빌헬름 분트와 함께 근대 심리학의 창시자이다.

41. ウイリアム·ジェイムズ, 『純粋経験の哲学』, 伊藤邦武訳, 岩波文庫, 二〇〇四年 [윌리엄 제임스, 『순수경험의 철학』, 이토 구니타케 옮김, 이와나미 문고, 2004년]을 포함하여, およびアンリ·ベルクソン, 『物質と記憶』, 合田正人, 松本力訳, ちくま学芸文庫, 二〇〇七年 [앙리 베르그손, 『물질과 기억』, 고다 마사토·마쓰모토 치카라 옮김, 치쿠마 학예문고, 2007년]을 참조하라. 겐지가 제임스를 읽었다는 것은 확실하다. 예를 들어 『임학생』(林学生)이라는 시 속에서는 산꼭대기에서 붉은 빛을 띤 날이 떠오르는 모습이 '선생 선생 산악 지대 위의 무거운 안개 뒤편으로/ 찌그러진 붉은 것이 나오고 있다고 해요./ (그것은 찌그러진 붉은 신뢰!/ 천태종, 제임스 이 땅에 의하면!)'이라 묘사되고 있다. 여기서 등장하는 '제임스'가 윌리엄 제임스를 가리킨다는 것은 거의 확실하다. 제임스는 당시의 대표적인 심리학자·철학자였을 뿐만 아니라, 종교적 경험이나 심령학에도 강한 관심을 드러낸 학자였는데, 겐지도 여동생 토시를 통해서 그 동향을 쫓고 있었다고도 할 수 있다.

42. 全集1, 一六頁. [전집 1권, 16쪽.] 겐지가 1924년 1월 21일에 서문을 작성했을 때, "이 서문은 상당히 자신이 있다. 후에 식자들에게 보여도 부끄럽지 않다"고 자랑스레 동생들에게 읽어주었다는 것은 잘 알려져 있다.(堀尾靑史, 『年譜 宮沢賢治伝』, 中公文庫, 一九九一年. [호리오 세이시, 『연보, 미야자와 겐지 전기』, 중공문고, 1991년]) 또, 다음 해 바야시 사이치 앞으로 보낸 편지에는 "나는 저런 무모한 『봄과 아수라』에서 서문의 생각을 주장하고, 역사나 종교의 위치를 완전히 변환하고자 기획"했다고 써 있다.(書簡番号200, 全集9, 二八一頁. [서간 번호 200, 전집 9권, 281쪽])

43. [옮긴이] 이와나미 시게오(岩波茂雄, 1881~1946). 일본의 출판인, 일본의 출판사인 이와나

미서점의 창업자.

44. 書簡番号214a, 全集9, 二九八頁. [서간 번호 214a, 전집 9권, 298쪽.]

45. 『復活の前』, 全集8, 二八二頁. [『부활 전야』, 전집 8권, 282쪽.]

46. 書簡番号200, 全集9, 二八一頁. [서간 번호 200, 전집 9권, 281쪽.]

47. [옮긴이] 아마자와 다이지로(天沢退二郎, 1936~). 일본의 시인, 불문학자, 아동문학 작가, 번역가, 미야자와 겐지 연구자.

48. [옮긴이] 우타모노가타리(歌物語). 와가(和歌)를 중심으로 한 짧은 이야기를 모은 것(헤이안 시대 설화의 한 양식).

49. 全集8, 六〇三頁. [전집 8권, 603쪽.]

50. 『注文の多い料理店 序』, 全集8, 一五頁. [『주문 많은 요릿집 ― 서』, 전집 8권, 15쪽.]

51. 天沢退二郎, 『宮沢賢治の彼方へ』, ちくま学芸文庫, 一九九三年. [아마자와 다이지로, 『미야자와 겐지의 저편에』, 치쿠마 학예문고, 1993년.]

52. 全集8, 一四七頁. [전집 8권, 147쪽.]

53. 全集8, 一一〇頁. [전집 8권, 110쪽.]

54. 全集1, 一〇四頁. [전집 1권, 104쪽.]

55. 全集6, 三〇二頁. [전집 6권, 302쪽.]

56. 全集8, 一五頁. [전집 8권, 15쪽.]

57. 全集8, 三七五頁. [전집 8권, 375쪽.]

58. 全集8, 三七六頁. [전집 8권, 376쪽.]

59. 全集8, 三七五頁. [전집 8권, 375쪽.]

60. 全集8, 三七七頁. [전집 8권, 377쪽.]

61. 『小岩井農場』, 全集1, 九七頁. [『고이와이 농장』, 전집 1권, 97쪽.]

62. ヴァルタ・・ベンヤミン, 「言語一般および人間の言語について」, 『ベンヤミン・コレクション1』, 浅井健二郎編訳, 久保哲司訳, ちくま学芸文庫, 一九九五年. [발터 벤야민, 「언어 일반과 인간의 언어에 대하여」, 『벤야민 컬렉션 1』, 아사이 겐지로 편역, 구보 데쓰지 옮김, 치쿠마 학예문고, 1995년.]

63. 같은 책, 33쪽.

64. 『若い研師』, 全集5, 四六四頁. [『젊은 토기시』, 전집 5권, 464쪽.]

65. ジル・ドゥルーズ, 「ミシェル・トゥルニエと他者なき世界」, 『意味の論理学 下』, 小泉義之訳, 二三九頁, 河出文庫, 二〇〇七年. [질 들뢰즈, 「미셸 투르니에와 타자 없는 세계」, 『의미의 논리학 (하)』, 고이즈미 요시유키 옮김, 239쪽, 가와데 문고, 2007년.]

66. 全集8, 七七頁. [전집 8권, 77쪽.]

67. 물론 이는 법적인 과정, 법정 안의 과정이다. 이러한 소송(process) 등이 겐지의 세계와 거리가 먼 것은 아니다. 『도토리와 살쾡이』에서 이치로는 판결 대신에 법적인 규칙 자체를 뒤엎어 버리는 난센스를 선언하는 것에 의해 "이 정도로 가혹한 재판을, 1분 반 만에 처리해" 버린다.(全集8, 二六頁. [전집 8권, 26쪽.])

68. 全集6, 一三七頁. [전집 6권, 137쪽.]

69. 같은 책, 144쪽.

70. 같은 책, 146쪽.

71. 『種山ヶ原』, 全集5, 一〇九頁. [『다네야마가하라 고원』, 전집 5권, 109쪽.]

72. 『ひかりの素足』, 全集5, 二四一頁. [『빛의 맨발』, 전집 5권, 241쪽.]

73. 『風の又三朗』, 全集7, 二九九頁. [『바람의 마타사부로』, 전집 7권, 299쪽.]

74. 같은 책, 299쪽.

75. 全集8, 八六頁. [전집 8권, 86쪽.]

76. 全集7, 六〇頁. [전집 7권, 60쪽.]

77. 全集6, 三五七頁. [전집 6권, 357쪽.]

78. 같은 책, 365쪽.

79. 書簡番号六三, 全集9, 九〇頁. [서간 번호 63, 전집 9권, 90쪽.]

80. 『復活の前』, 全集8, 二八三頁. [『부활 전야』, 전집 8권, 283쪽.]

81. 天沢退二郎, 「≪宮沢賢治≫作品史の試み」, 六一頁, 『≪宮沢賢治≫鑑』, 筑摩書房, 一九八六年. [아마자와 다이지로, 「〈미야자와 겐지〉 작품사의 시도」, 61쪽, 『〈미야자와 겐지〉 조사』, 치쿠마 책방, 1986년] 참조.

82. 全集5, 二五頁. [전집 5권, 25쪽.]

83. 『よだかの星』, 全集5, 八八頁. [『요다카(쏙독새)의 별』, 전집 5권, 88쪽.]

84. 全集6, 一二四頁. [전집 6권, 124쪽.]

85. 全集8, 三六九頁. [전집 8권, 369쪽.]

86. 全集9, 六七頁. [전집 9권, 67쪽.]

87. 예를 들어 다음과 같은 악몽으로서, "전쟁이 시작된다. 지금부터 삼십 리의 거리를 생물의 흔적을 남기지 말고 전진하라는 명령이 있었다. 나는 검으로 늪 속이나 변소에 숨어 손을 모아 기도하는 노인이나 여자를 푹푹 찔러 죽이고 크게 울부짖으며 구보를 한다."(『復活の前』, 全集8, 二八四頁. [『부활 전야』, 전집 8권, 284쪽.]) 이 문장이 게재된 동인지 『아자리아』는 1918년 2월 20일 발행되었고 앞의 편지가 쓰인 시기와 같은 달이다.

88. 『구스코 부도리의 전기』를 굳이 예로 들지 않아도, 겐지의 작품에서 동북 지방을 종종 덮친 심각한 기근의 역사적 기억이 잠재해 있다는 것은 이제 와서 설명할 필요도 없다. 그런데, 『타넬리는 분명 온종일 씹고 있었던 것 같았다』보다 먼저 집필된 세 개의 원고 중 하나인 『사할린과 8월』에서 소년 타넬리 옆에 있는 어머니는 "말린 연어 껍질"을 이어 수수께끼 같은 "겉옷"을 만드는 데 여념이 없다. 이 겉옷이 어떠한 것인지 분명치 않지만, 여기에도 불길한 기운이 떠돌고 있는 것처럼 느껴진다. 1914년 아직 17세인 겐지의 단가(短歌)에 "조심스럽게 점심의 방어를 비유하자면 확실히 파란 뱀의 껍질 같이"(全集3, 三九頁 [전집 3권, 39쪽]) 라는 말이 있다. 점심상에 놓여 있는 방어의 껍질이 뱀의 허물처럼 보였던 것이고, 육식에 대한 혐오감이 언어로 표출된 가장 초창기의 사례로 볼 수 있을 것이다. 뱀(또는 그 친족인 용) 이란 것은 겐지의 상상력에서 이른바 '아수라'를 상징하는 표상으로서 마이너스의 거룩함을 띠고 있고, 종종 공포나 불쾌함을 동반해서 출현한다. 거기에서 유추할 수 있는 것은 "연어 껍질로 만든 겉옷"도 생물이 먹힌 후의 잔해라는 것과, 동시에 그것을 입는 자를 먹고-먹

힌다는 연쇄 안으로 밀어 넣는다는 암시가 있는 것이 아닐까. 그것이 어린 타넬리를 위한 옷인지, 아니면 다른 가족의 것이지는 알 수 없다고 해도, 거기에는 자식 살해이나 식인이라는, 기근과 관련된 민간 전승이 멀리 울려 퍼지고 있다.

89. 全集6, 三七二頁. [전집 6권, 372쪽.]

90. 全集5, 一九〇頁. [전집 5권, 190쪽.]

91. 『白い鳥』, 全集1, 一六九頁. [『하얀 새』, 전집 1권, 169쪽.]

92. 全集5, 一九四頁. [전집 5권, 194쪽.]

93. 『インドラの網』, 全集6, 一四七頁. [『인드라의 그물』, 전집 6권, 147쪽.]

94. 같은 책, 148쪽.

95. 『ひかりの素足』, 全集5, 二四一頁. [『빛의 맨발』, 전집 5권, 241쪽.]

96. 『若い研師』, 全集5, 四六四頁. [『젊은 토기시』, 전집 5권, 464쪽.]

6장 '혈통'의 생성

1. 保田與重郎, 『戴冠詩人の第一人者』七頁, 新学社保田與重郎文庫, 二〇〇〇年. [야스다 요주로, 『대관시인의 일인자』, 7쪽, 신가쿠샤 야스다 요주로 문고, 2000년.]

2. 같은 책, 8쪽.

3. 같은 책, 8쪽.

4. 保田與重郎, 『英雄と詩人』九八頁, 新学社保田與重郎文庫, 一九九九年. [야스다 요주로, 『영웅과 시인』, 98쪽, 신가쿠샤 야스다 요주로 문고, 1999년.]

5. 같은 책, 99쪽.

6. [옮긴이] 나카노 시게하루(中野重治, 1902~1979. 일본의 소설가, 시인, 평론가, 정치가.

7. 中野重治, 「素朴ということ」, 『中野重治全集』第九巻, 筑摩書房, 一九七七年. [나카노 시게하루, 「소박하다는 것」, 『나카노 시게하루 전집』, 제9권, 치쿠마 책방, 1977년.]

8. 保田與重郎, 『英雄と詩人』, 一〇一頁. [야스다 요주로, 『영웅과 시인』, 101쪽.]

9. 같은 책, 102쪽.

10. 같은 책, 101쪽.

11. 保田與重郎, 『文学の立場』, 二八一頁, 新学社保田與重郎文庫, 一九九九年. [야스다 요주로, 『문학의 입장』, 281쪽, 신가쿠샤 야스다 요주로 문고, 1999년.]

12. 保田與重郎, 『英雄と詩人』, 一〇二頁. [야스다 요주로, 『영웅과 시인』, 102쪽.]

13. [옮긴이] 셰스토프(Лев Исаакович Шестов, 1866~1938). 러시아계 유대인 철학자. 혁명 후 파리에 살면서 소르본 대학 러시아 연구소 교수를 지냄. 신비 사상에서 출발하여 이성(理性)주의를 비판, 가톨리시즘에 접근하였음.

14. 保田與重郎, 「文学の曖昧さ」, 『文学の立場』, 六三頁. [야스다 요주로, 「문학의 애매함」, 『문학의 입장』, 63쪽.]

15. 같은 책, 65쪽.

16. 같은 책, 64쪽.

17. [옮긴이] 와타나베 가즈야스(渡辺和靖, 1946~). 일본 사상사 학자, 아이치 교육대학교 명예

교수. 2006년 「야스다 요주로 연구, 1930년대 사상사의 구상」(保田與重郎研究 一九三〇年代思想史の構想)으로 토호쿠 대학교 문학 박사학위 취득.

18. 渡辺和靖, 『保田與重郎研究』, ぺりかん社, 二〇〇四年. [와타나베 가즈야스, 『야스다 요주로 연구』, 펠리칸사, 2004년.]

19. [옮긴이] 아쿠타가와 류노스케(芥川龍之介, 1892~1927). 일본의 대표적인 소설가. 대표작으로 『라쇼몽』, 『코』 등이 있다.

20. [옮긴이] 다니가와 데쓰조(谷川徹三, 1895~1989). 일본의 철학자. 게오르크 짐멜, 칸트의 책들을 번역했고, 문예·미술·종교·사상 등의 영역에서 폭넓은 평론 활동을 했다.

21. [옮긴이] 고미야 도요타카(小宮豊隆, 1884~1966). 일본의 독문학자, 문예비평가, 연극평론가.

22. [옮긴이] 오리쿠치 노부오(折口信夫, 1887~1953). 일본의 민속학자, 국문학자, 국어학자.

23. 후에 야스다는 고향의 산과 들을 산책하면서 자연스레 고전의 소양을 몸에 익힌 것처럼 행동하지만, 실은 그의 지적 형성의 출발점은 싸구려 전집이나 이와나미 문고의 발간이라는 당시의 '교양' 대중화 정황에 있다. 그의 '문명개화의 논리'(＝근대주의)에 대한 열정적인 비판에서는 외래문화를 열심히 배우는 것으로 지적 상승을 성취한 지방 출신 수재였던 자신에 대한 혐오를 간파하지 않으면 안 된다.

24. [옮긴이] 덴표(天平). 일본 원호 중 하나. 729년에서 749년까지의 기간(나라 시대)을 가리킨다. 절 문화가 융성했던 시기이다.

25. 保田與重郎, 『戴冠詩人の御一人者』, 一〇六頁, 新学社保田與重郎文庫, 二〇〇〇年. [야스다 요주로, 『대관시인의 일인자』, 106쪽, 신가쿠샤 야스다 요주로 문고, 2000년.]

26. 같은 책, 106쪽.

27. 같은 책, 106쪽.

28. [옮긴이] 하인리히 뵐플린(Heinrich Wölfflin, 1864~1945). 스위스 출신의 미술사가로 근대적 양식론을 확립했다.

29. 같은 책, 110쪽.

30. 같은 책, 112쪽.

31. 保田與重郎, 「更級日記」, 同, 一五一頁. [야스다 요주로, 「사라시나 일기」, 같은 책, 151쪽.]

32. 같은 책, 153쪽.

33. 같은 책, 166쪽.

34. [옮긴이] 사이바라(催馬楽). 나라 시대의 속요(俗謠)를 헤이안 시대에 아악 형식으로 가곡화한 곡.

35. [옮긴이] 모노가타리(物語). 일본 문학 형식의 하나. 작가가 본 것이나 들은 것, 또는 상상을 기초로 한 인물이나 사건에 관해서 서술한 산문 형식의 문학 작품.

36. 保田與重郎, 『保田與重郎文芸論集』, 二二頁, 川村二郎編, 講談社文芸文庫, 一九九九年. [야스다 요주로, 『야스다 요주로 문예론집』, 22쪽, 가와무라 지로 엮음, 강담사 문예문고, 1999년.]

37. 같은 책, 17쪽.

38. 같은 책, 49쪽.

39. 같은 책, 50쪽.

40. ヘーゲル, 『精神現象学』 三六三頁, 長谷川宏訳, 作品社, 一九九八年. [헤겔, 『정신현상학』, 363쪽, 하세가와 히로시 옮김, 작품사, 1998년.]

41. [옮긴이] 고토바인(後鳥羽院). 고토바인은 1183년부터 1198년까지 재위한 제82대 고토바 천황이 퇴위 후 상황(上皇)이 되었을 때 붙은 명칭. 천황이면서 최고의 가인(歌人)으로 유명했다.

42. [옮긴이] 오쓰노미코(大津皇子, 663~686). 아스카 시대의 황족, 천무천황의 황자.

43. [옮긴이] 죠큐(承久). 일본 원호의 하나. 1219년에서 1221년까지의 시기를 가리킨다.

44. 와타나베 가즈야스, 앞의 책, 제3부 제4장 참조. 와타나베는 야스다의 '혈통' 관념이 독일 문예학의 프리드리히 군돌프에 그 기원을 두며, 후에 그것이 실제 천황의 혈통이라는 의미를 띠게 되었을 때는 야스다의 독자적인 것이 되었다고 지적한다. 프리드리히 군돌프 (Friedrich Gundolf)는 게오르게 일파(George Kreis)의 일원이기도 했던 시인·학자로, 훌륭한 시인을 시대정신을 상징하는 영웅으로 바라보는 문학관을 전개하였다.

45. [옮긴이] 상문(相聞). 만엽집(万葉集)의 부(部) 가름의 하나, 창화(唱和)·증답(贈答)의 노래를 모은 것(주로 연가(戀歌)가 많음).

46. 保田與重郎, 「芭蕉の新しい生命」, 『後鳥羽院』, 一七四頁, 新学社保田與重郎文庫, 二〇〇〇年. [야스다 요주로, 「바쇼의 새로운 생명」, 『고토바인』 174쪽, 신가쿠샤 야스다 요주로 문고, 2000년.]

47. 保田與重郎, 「日本文芸の伝統を愛しむ」, 同, 一六頁. [야스다 요주로, 「일본 문예의 전통에 감사하다」, 같은 책, 16쪽.]

48. [옮긴이] 야마토타케루노미코토(日本武尊). 『고사기』와 『일본서기』에 등장하는 황자이다. 구마소 족 등을 정벌하여 일본 야마토 정권의 초석을 다듬었다고 찬양되는 인물. 줄여서 야마토타케루라고도 부른다.

49. [옮긴이] 야마베노 아카히토(山部赤人, 생년 미상~736?). 나라 시대의 가인.

50. [옮긴이] 가키노모토노 히토마로(柿本人麻呂, 660년경~720년경). 아스카 시대의 가인.

51. 같은 책, 15쪽.

52. [옮긴이] 오토모 야카모치(大伴家持, 718년경~785). 나라 시대의 귀족이자 가인.

53. [옮긴이] 미나모토노 요리토모(源頼朝, 1147~1199). 가마쿠라 시대의 무장, 정치가.

54. [옮긴이] 후지와라노 도시나리(藤原俊成). 헤이안 시대 후기에서 가마쿠라 초기의 귀족, 가인.

55. [옮긴이] 후지와라노 사다이에(藤原定家). 가마쿠라 시대 초기의 귀족, 가인.

56. [옮긴이] 고토바(後鳥羽) 상황이 19세에 쓰치미카도(土御門) 천황에게 자리를 물려주고 가인을 불러모아 노래를 고르고 다듬으며 만든 노래집

57. [옮긴이] 마쓰오 바쇼(松尾芭蕉, 1644~1694). 일본 에도 시대 전기 하이쿠(俳句) 작가. 전국 각지를 여행하며 많은 명구와 기행문을 남김. 주요 저서로는 『노자라시 기행』(野晒紀行), 『사라시나 기행』(更科紀行) 등이 있다.

58. [옮긴이] 사이교(西行, 1118~1190). 헤이안 시대 말기에서 가마쿠라 시대 초기에 걸쳐 활동했던 무사, 승려, 가인.

59. [옮긴이] 요사 부손(与謝蕪村, 1716~1784). 에도 시대 중기의 하이쿠 시인, 화가.

60. 保田與重郎, 「宮廷の詩心」, 同, 一〇〇頁. [야스다 요주로, 「궁정의 시심」, 같은 책, 100쪽.]

61. 保田與重郎, 「芭蕉の新しい生命」, 同, 一七六頁. [야스다 요주로, 「바쇼의 새로운 생명」, 같은 책, 176쪽.]

62. [옮긴이] 하이카이(誹諧). 하이쿠, 렌쿠의 총칭.

63. 保田與重郎, 「物語と歌」, 同, 三七頁. [야스다 요주로, 「모노가타리와 노래」, 같은 책, 37쪽.]

64. 保田與重郎, 「日本文芸の伝統を愛しむ」, 同, 二二頁. [야스다 요주로, 「일본 문예의 전통에 감사하다」, 같은 책, 22쪽.]

65. [옮긴이] 가노 에이도쿠(狩野永徳, 1543~1590). 아즈치 모모야마 시대의 화가. 가노파(무로마치 시대에서 에도 시대까지 일본 화가들을 중심으로 이뤄진 화파)의 대표적인 화가이고, 일본 미술사에서 가장 저명한 화가 중 하나이다.

66. [옮긴이] 이하라 사이가쿠(井原西鶴, 1642~1693). 에도 시대 오사카 출신의 우키요조시, 닌교조루리 작가, 하이카이 작가.

67. [옮긴이] 우에다 아키나리(上田秋成, 1734~1809). 에도 시대 후기의 독본 작가, 가인, 다도학자, 국학자, 하이쿠 작가. 괴기소설 『우게쓰 모노가타리』의 작가로서 가장 많이 알려져 있다.

68. [옮긴이] 모토오리 노리나가(本居宣長, 1730~1801). 에도 시대의 국학자, 문헌학자이자 의사.

69. ジャック・デリダ, 『エコノミメーシス』, 湯浅博雄, 小森謙一郎訳, 未來社, 二〇〇六年. [자크 데리다, 『에코노미메시스』, 유아사 히로오·고모리 겐이치로 옮김, 미래사, 2006년.]

에필로그 : 미적 아나키즘의 행방

1. [옮긴이] 후지타 쇼조(藤田省三, 1927~2003). 일본의 사상사가, 정치학자 (일본 사상사). 전후를 대표하는 리버럴(liberal)과 지식인.

2. [옮긴이] 다케우치 요시미(竹内好, 1910~1977). 일본의 중국문학자. 문예평론가. 루쉰 연구, 중일관계론, 일본 문화 등에 관해 언론에서 자주 발언을 했다.

3. 예를 들어 第一期, 『批評空間』 第二号(一九九一年) [제1기 『비평공간』 제2호(1991년)] 지면상에서 행해진 좌담회 「다이쇼 비평의 여러 가지 문제」(아사다 아키라, 가라타니 고진, 하스미 시게히코, 노구치 타케히코, 미우라 마사시). 후에 『近代日本の批評 明治·大正編』(講談社文芸文庫, 一九九八年) [『근대 일본의 비평 - 메이지, 다이쇼 편』(강담사 문예문고, 1998년)]에 수록됨.

4. 그렇기 때문에, 전후의 야스다는 문화적 지속에서 역사성조차 사상(捨象)시켜 버리고, 정사(政事)의 본래 의미는 '농사'에 있고, 국민의 사명은 그런 삶을 유구히 전달하는 것이라는 심층생태론(?)(Deep ecology)으로까지 경도된다. 결국, '전통'은 농사의 순환하는 시간으로 해소되어 버릴 것이다. 그곳에는 이미 변화도 역사도 없다.

5. 그러나 정치적 동란기에, 미적 아나키즘에 대한 관심이 다시 새롭게 타오르게 되는 것도 분

명하다. 1960년대에서 1970년대에 걸친 일본 낭만파의 재평가(하시가와 분소, 다케우치 요시미, 오케타니 히데아키 등)나 다니가와 간에 의한 미야자와 겐지 독해 등. 게다가 이제는 고전이라 해도 좋은 아마자와 다이지로의 재기발랄한 미야자와론(『宮沢賢治の彼方へ』, ちくま文芸文庫, 一九九三年 [『미야자와 겐지의 저편에』, 치쿠마 학예 문고, 1993년])도 블랑쇼에 의거한 극히 난해한 내용에도 불구하고, 그 모티브의 일부에는 당시 '반항교사'였던 아마자와의 정치적 관심이 반영되어 있다고 추측할 수 있다.

6. [옮긴이] 이토 세이(伊藤整, 1905~1969). 일본의 소설가, 시인, 문예평론가, 번역가.

7. 이는 또한 문학이 국민국가 시대에 어울리는 '건전한' 내셔널리즘의 육성에 공헌할 수 있다고 생각되었다는 점을 나타낸다. 다케우치 요시미의 경우에는 이념적인 모델로서 중국 문학에서의 루쉰의 존재를 의식하고 있었다. 그러나 제국주의 본국으로부터의 독립을 지향한 아시아, 아프리카의 제3세계 내셔널리즘이 보급되자, 그러한 신뢰도 불확실한 것이 된다. 우선, 내셔널리즘의 '진보적 역할'에 대한 믿음이 흔들리고, 동시에 문학이 내셔널리즘의 표현이라는 감각도 소실된다.

8. 아마도 전후적인 의미에서의 '순수문학' 개념이 정리된 것은 1960년대 중반에서 1970년대에 걸쳐서일 것이다. 거기에는 '정치와 문학'이라는 패러다임의 실효가 전제되고 있다.

기백이 날카로운 신진 비평가였던 이소다 고이치는 '순수문학 논쟁'(1961년)이 문단에서 종료된 직후에 「전후문학의 정신상」(1963년)이라는 평론을 작성했다(『文芸』, 一九六三年三月号. [『문예』, 1963년 3월호.]) 당시에, 문단의 한 조류였던 '전후문학파'의 퇴조라는 말이 돌고 있었지만, 그 배경에는 이미 '정치적' 테마를 반영한 문학이 시대에 뒤떨어지게 되었다는 인식이 있었다. 이소다는 그러한 풍조에 편승하듯이 전후 문학의 휴머니즘과 리얼리즘 지향을 비판하고, 지금부터의 문학은 "현실을 넘고자 하는 '정신'의 자기완결성"에 의거해서, "생명[삶]을 하나의 허구에 의해 의미 짓고자 하는" 것이 아니면 안 된다고 말했다. 문학은 '현실(정치)'로부터의 속박에서 해방되어, '형이상학'적인 차원을 가지지 않으면 안 된다. 비슷한 취지의 발언은 몇 명의 신진들로부터 반복되었는데, 그곳에서 전후 최대의 '순수문학 작가'로 탁월화한 사람이 미시마 유키오였다. 그러한 주장에서 공통되는 것은 사회에서 분리된 '내면'의 강조라 해도 좋을 것이다. 그것은 가라타니 고진의 지적처럼 " '내면'과 그 '표현'이라는 이제는 자명하고 자연스럽게 보이는 형이상학을 점점 강화"한 것이다.(『日本近代文学の起源』, 七六頁, 講談社文芸文庫, 一九八八年, 初出は一九七八年. [『일본근대문학의 기원』, 76쪽, 강담사 문예 문고, 1988년, 초판은 1978년.]) 여기에 존재하는 것은 하위문화의 대두가 문학의 위기를 초래한 것에 대한 방위적인 몸짓이고, 정치와의 관계가 사라짐으로써 무용해진 문학의 자율성을 개인의 '내면'의 독립성으로 왜소화한 것으로, 순수예술로서 문학을 연명시키고자 하는 태도이다.

1960년대 안보 전후의 문학 개념의 변용에 관해서는 倉数茂, 「ゲームの終わり, 始まりのゲーム」(『新潮』 二〇〇六年, 十二月号)[구라카즈 시게루, 「게임의 끝, 시작의 게임」(『신조』(新潮), 2006년, 12월호)] 참조.

9. [옮긴이] 에토 준(江藤淳, 1932~1999). 일본의 문학평론가, 문학박사(게이오기주쿠 대학).

10. [옮긴이] 고시마 노부오(小島信夫, 1915~2006). 일본의 소설가, 평론가.

11. [옮긴이] 오쓰카 에이지(大塚英志, 1958~). 일본의 비평가, 민속학자, 소설가, 만화가, 편집자.

12. 大塚英志, 『サブカルチャー文学論』, 朝日文庫, 二〇〇七年. [오쓰카 에이지, 『하위문화 문학론』, 아사히 문고, 2007년.]

13. [옮긴이] 이시무레 미치코(石牟礼道子, 1927~). 일본의 작가.

14. [옮긴이] 우노 시게키(宇野重規, 1967~). 일본의 정치학자. 전공은 프랑스 정치사상사, 정치학사.

15. 宇野重規, 『<私>時代のデモクラシー』, 岩波新書, 二〇一〇年. [우노 시게키, 『'개인(私)'시대의 데모크라시』, 이와나미 신서, 2010년.]

16. 소위 영적인 것에 대한 열광(spiritual boom)은 개인의 선택에 모든 것을 위임하는 경향(＝시장화)에 지친 인간이 사소한 휴식을 얻기 위한 수단이다. 사주나 영혼이라는 유사초월적인 것(사실은 해리(解離)된 자기 자신이지만)에 선택을 맡김으로써, 자기 결정의 압력을 끊임없이 회피할 수 있는 것이다.

17. [옮긴이] 스가 히데미(絓秀実, 1949~). 일본의 문예평론가.

18. 絓秀実, 『吉本隆明の時代』, 三四四頁, 作品社, 二〇〇八年. [스가 히데미, 『요시모토 다카아키의 시대』, 344쪽, 작품사, 2008년.]

19. 체계(system)가 우위에 있는 사회에 사는 인간에게 세계는 애매하고 오류로 가득 찬 것처럼 느껴진다. 세계(＝체계)는 그 자체로 악의를 지니고 있고, 의미로 가득 차 있지만, 그 의미는 나로서는 결코 알 수 없다고 인지된다. 무라카미 하루키의 작품에는 아내가 의미도 없이 실종되거나, 주인공이 갑자기 달이 두 개 있는 세계로 떨어지거나 하는 형태로 체계의 악의가 표현된다. 그러나 주인공은 어느 정도 기묘한 사태에 직면해서도 직접 그 원인을 찾는 등의 행위는 하지 않는다. 체계와 일상 현실은 본래 인과관계에 의해 연결되어 있지 않기 때문이다. 주인공은 단지, 세계로부터 일어나 신비로운 신호(signal)에 귀를 기울일 뿐이다.

20. [옮긴이] 프리드리히 실러(Johann Christoph Friedrich von Schiller, 1759~1805). 독일의 시인, 극작가.

한국어판 후기

1. 増田寛也編著, 『地方消滅 東京一極集中が招く人口急減』. [마스다 히토야 편저, 『지방소멸 도쿄 수도권 집중화가 초래한 인구급감』.]

:: 참고문헌

柄谷行人編,『近代日本の批評 明治·大正編』, 講談社文芸文庫, 一九九八年.

柄谷行人,『日本近代文学の起源』, 講談社文芸文庫, 一九八八年, 初出は一九七八年. [가라타니 고진,『일본근대문학의 기원』, 박유하 옮김, 도서출판b, 2010.]

柄谷行人,『世界史の構造』, 岩波書店, 二〇一〇年. [가라타니 고진,『세계사의 구조』, 조영일 옮김, 도서출판b, 2012.]

柏木博,『家事の政治学』, 青土社, 二〇〇二年.

川本三朗,『大正幻影』, 新潮社, 一九九〇年.

川端康成,『川端康成全集』第一〇巻, 新潮社, 一九八〇年.

川端康成,「水晶幻想」,『川端康成全集』, 第二巻, 新潮社, 一九八〇年.

川崎長太郎,「人間＝社会に失恋した男の言葉」,『赤と黒』, 第一輯.

ゲオルク·ヴィルヘルム·フリードリヒ·ヘーゲル,『精神現象学』, 長谷川宏訳, 作品社, 一九九八年. [게오르그 빌헬름 프리드리히 헤겔,『정신현상학』1~2, 임석진 옮김, 한길사, 2005.]

建築家のために 今和次郎氏に問ふ,『建築世界』, 一九二四年, 三月号.

小林俊介,「誰が梅原·安井を「古典」にしたか」, 五十殿利治·河田明久編,『クラシックモダン』, せりか書房, 二〇〇四年.

小林秀雄,「手帖 2」,『小林秀雄初期文芸論集』, 岩波文庫, 一九八〇年.

小林秀雄,「真贋」,『小林秀雄全作品19』, 新潮社, 二〇〇四年.

今和次郎,『考現学入門』, ちくま文庫, 一九九七年.

今和次郎,「装飾芸術の解明」,『造形論 — 今和次郎集第九巻』, ドメス出版, 一九七五年.

今和次郎, 吉田謙吉,『モデルノロヂオ 考現学』, 復刻版, 学陽書房, 一九八六年.

黒石いずみ,『「建築外」の思考 今和次郎論』, ドメス出版, 二〇〇〇年.

倉数茂,「ゲームの終わり, 始まりのゲーム」,『新潮』二〇〇六年, 十二月号.

衣笠貞之助,『わが映画の青春 日本映画史の一側面』, 中公新書, 一九七七年.

永井均の,『なぜ意識は実在しないのか』, 岩波書店, 二〇〇七年.

永井均の,『私, 今, そして神』, 講談社現代新書, 二〇〇四年.

内務省警保局編,『新聞雑誌社特秘調査』, 復刻版, 大正出版, 一九七九年.

中野重治,「素朴ということ」,『中野重治全集』第九巻, 筑摩書房, 一九七七年.

中見真理,『柳宗悦 時代と思想』, 東京大学出版会, 二〇〇三年. [나카미 마리,『야나기 무네요시 평전 : 미학적 아나키스트』, 김순희 옮김, 효형출판, 2005.]

中井久夫,『分裂病と人類』, 東京大学出版会, 一九八二年. [나카이 히사오,『분열병과 인류』, 한승동 옮김, 마음산책, 2015.]

ノヴァーリス,『ノヴァーリス作品集3』, 今泉文子訳, ちくま学芸文庫, 二〇〇七年.

田中清光,『大正詩展望』, 筑摩書房, 一九九六年.

谷崎潤一郎,『谷崎潤一郎全集』第二巻, 中央公論社, 一九八一年.

高村光太郎,「緑色の太陽」,『芸術論集 緑色の太陽』, 岩波文庫, 二〇〇二年.

高橋新吉,『ダダイスト新吉の詩』, 日本図書センター, 二〇〇三年.

武田信明,『〈個室〉と〈まなざし〉菊富士ホテルから見る「大正」空間』, 講談社選書メチエ, 一九九五年.

デイヴィッド・ボードウェル,「フランボワイヤンから荘重性へ」,『時代劇映画とはなにか ニュー・フィルム・スタディーズ』, 筒井清忠, 加藤幹郎編, 人文書院, 一九九七年.

ロザリンド・クラウス,「見る衝動/見させるパルス」(『視覚論』, ハル・フォスター編, 榑沼範久訳, 平凡社ライブラリー, 二〇〇七年).

ウィトゲンシュタイン,「哲学探究」,『ウィトゲンシュタイン全集8』, 大修館書店, 一九七八年. [루트비히 비트겐슈타인,『철학적 탐구』, 이영철 옮김, 책세상, 2006.]

リピット水田清爾,「モダニズムにおけるグロテスクと小説の解体について」,『批評空間』, 二期七号, 太田出版, 一九九五年.

丸山真男,『忠誠と反逆』, ちくま学芸文庫, 一九九八年 [마루야마 마사오,『충성과 반역』, 박충석 옮김, 나남출판, 1998.]

マルティン・ハイデガ-,『芸術作品の根源』, 関口浩訳, 平凡社, 二〇〇二年. [마르틴 하이데거,『예술작품의 근원』, 예전사, 1996.]

松田妙子,『家をつくって子を失う 中流住宅の歴史一子供部屋を中心に』, 財団法人住宅産業研修財団, 一九九八年.

松山巌,『乱歩と東京』, ちくま文庫, 一九九四年.

松山巌,『まぼろしのインテリア』, 作品社, 一九八五年.

マッシモ・カッチャ-リ,「世紀転換期のウィーン」,『批評空間』第二期二〇号, 太田出版, 一九九九年.

前田愛,「SHANGHI 1925」,『都市空間のなかの文学』, ちくま学芸文庫, 二〇〇〇年.

メアリ-・アン・ドーン,「フロイト, マレー, そして映画」,『アンチ・スペクタクル』, 長谷正人, 中村秀之編, 小倉敏彦訳, 東京大学出版会, 二〇〇三年.

モリース・メルロ=ポンティ,『知覚の現象学2』, 竹内芳朗, 木田元訳, みすず書房, 一九七四年. [모리스 메를로-퐁티,『지각의 현상학』, 류의근 옮김, 문학과지성사, 2002.]

室生犀星,『室生犀星全集』, 第二巻, 新潮社, 一九六五年.

宮沢賢治,『宮沢賢治全集』, 第一巻, 筑摩書房, 一九八六年. [미야자와 겐지,『봄과 아수라』, 고한범 옮김, 웅진지식하우스, 1996 / 미야자와 겐지,『미야자와 겐지 전집 1』, 박정임 옮김, 너머, 2012.]

宮沢賢治,『宮沢賢治全集』, 第二巻, 筑摩書房, 一九八六年. [미야자와 겐지,『미야자와 겐지 전집 2』, 박정임 옮김, 너머, 2013.]

宮沢賢治,『宮沢賢治全集』, 第三巻, 筑摩書房, 一九八六年. [미야자와 겐지,『미야자와 겐지 전집 2』, 박정임 옮김, 너머, 2015.]

宮沢賢治, 『宮沢賢治全集』, 第五巻, 筑摩書房, 一九八六年.

宮沢賢治, 『宮沢賢治全集』, 第六巻, 筑摩書房, 一九八六年.

宮沢賢治, 『宮沢賢治全集』, 第七巻, 筑摩書房, 一九八五年.

宮沢賢治, 『宮沢賢治全集』, 第八巻, 筑摩書房, 一九八六年.

宮沢賢治, 『宮沢賢治全集』, 第九巻, 筑摩書房, 一九九五年.

見田宗介, 『宮沢賢治 存在の祭りの中へ』, 岩波現代文庫, 二〇〇一年.

ヴァルタ-・ベンヤミン, 「言語一般および人間の言語について」, 『ベンヤミン・コレクション1』, 浅井健二郎編訳, 久保哲司訳, ちくま学芸文庫, 一九九五年. [발터 벤야민, 「언어 일반과 인간의 언어에 대하여」, 『언어 일반과 인간의 언어에 대하여 번역자의 과제 외』, 최성만 옮김, 길, 2008.]

ヴァルター・ベンヤミン, 「ボードレールにおける幾つかのモティーフについて」, 『ベンヤミン・コレクション1』, 浅井健二郎編訳, 久保哲司訳, ちくま学芸文庫, 一九九五年. [발터 벤야민, 「보들레르의 몇 가지 모티프에 관하여」, 『보들레르의 작품에 나타난 제2제정기의 파리 / 보들레르의 몇 가지 모티프에 관하여 외 − 발터 벤야민 선집 4』, 김영옥·황현산 옮김, 길, 2010.]

ウイリアム・ジェイムズ, 『純粋経験の哲学』, 伊藤邦武訳, 岩波文庫, 二〇〇四年.

ヴァルター・ベンヤミン, 『パッサージュ論 5』, 今村仁司ほか訳, 岩波書店, 一九九四年. [발터 벤야민, 『아케이드 프로젝트』 2, 조형준 옮김, 새물결, 2006.]

ヴァルター・ベンヤミン, 「複製技術時代の芸術作品」, 『ベンヤミン・コレクション 1』, 浅井健二郎編訳・久保哲司訳, ちくま文芸文庫, 一九九五年. [발터 벤야민, 「기술복제시대의 예술작품」 『기술복제시대의 예술작품 / 사진의 작은 역사 외 − 발터 벤야민 선집 2』, 최성만 옮김, 길, 2007.]

「分離派建築会宣言」, 『日本建築宣言文集』, 彭国社, 一九七三年.

佐藤勝治, 『「サキノハカ考」』, 出版所不明, 一九七八年.

佐藤忠男, 『日本映画史』, 岩波書店, 一九九六年.

シャルル・ボードレール, 「現代生活の画家」, 『ボードレール批評 2』, 阿部良雄訳, ちくま学芸文庫, 一九九九年. [샤를 보들레르, 『현대생활의 화가』, 박기현 옮김, 인문서재, 2013.]

芹沢一也, 『〈法〉から解放される権力 犯罪, 狂気, 貧困, そして大正デモクラシー』, 新曜社, 二〇〇一年.

生活改善』, 第一号, 財団法人生活改善同盟会, 一九二一年.

絓秀実, 『吉本隆明の時代』, 作品社, 二〇〇八年.

アドルフ・マイヤー, 『バウハウスの実験住宅』, 貞包博幸訳, 中央公論美術出版, 一九九一年 [아돌프 마이어, 『바우하우스의 실험주택』, 과학기술, 1995.]

アルド・ロッシ, 『都市の建築』, 大島哲蔵, 福田晴虔訳, 大龍堂書店, 一九九一年. [알도 롯시, 『도시의 건축』, 오경근 옮김, 동녘, 2006.]

アリストテレス, 『政治学』, 牛田徳子訳, 京都大学学術出版社, 二〇〇一年. [아리스토텔레스, 『정치학』, 천병희 옮김, 도서출판 숲, 2009.]

有島武郎,『惜しみなく愛は奪う 有島武郎評論集』, 新潮文庫, 二〇〇〇年

天沢退二郎,『宮沢賢治の彼方へ』, ちくま学芸文庫, 一九九三年.

天沢退二郎,「≪宮沢賢治≫作品史の試み」,『≪宮沢賢治≫鑑』, 筑摩書房, 一九八六年.

会田網雄,「人と作品」,『高橋新吉詩集』, 思潮社, 一九八五年.

アンリ・ベルクソン,『物質と記憶』, 合田正人, 松本力訳, ちくま学芸文庫, 二〇〇七年 [앙리 베르그손,『물질과 기억』, 박종원 옮김, 아카넷, 2005.]

柳宗悦,「工芸の道」,『柳宗悦全集』第八巻, 筑摩書房, 一九八〇年.

柳宗悦,「「喜左衛門井戸」を見る」,『柳宗悦茶道論集』, 岩波文庫, 一九八七年.

柳宗悦,「雑器の美」(一九二六年発表),『民芸四十年』, 岩波文庫, 一九八四年.

保田與重郎,『戴冠詩人の御一人者』, 新学社保田與重郎文庫, 二〇〇〇年.

保田與重郎,「芭蕉の新しい生命」,『後鳥羽院』, 新学社保田與重郎文庫, 二〇〇〇年.

保田與重郎,『文学の立場』, 新学社保田與重郎文庫, 一九九九年.

保田與重郎,『保田與重郎文芸論集』, 川村二郎編, 講談社文芸文庫, 一九九九年.

保田與重郎,『英雄と詩人』, 新学社保田與重郎文庫, 一九九九年.

安丸良夫,『日本の近代化と民衆思想』, 平凡社ライブラリー, 一九九九年

江戸川乱歩,『江戸川乱歩全集1』, 講談社, 一九七八年.

エイゼンシュテイン,『映画の弁証法』, 佐々木能理男訳, 角川文庫, 一九五三年.

五十殿利治,『日本のアヴァンギャルド芸術 マヴォとその時代』, 青土社, 二〇〇一年.

大杉栄,「生の拡充」,『大杉栄評論集』, 岩波文庫, 一九九六年.

大杉栄,「新しき世界のための新しき芸術」,『大杉栄全集』第五巻, 現代思潮新社, 一九八九年.

大塚英志,『サブカルチャー文学論』, 朝日文庫, 二〇〇七年.

岡本潤,「世紀末病者の寝言 同時に僕一人の宣言書のやうなもの」,『赤と黒』第一輯.

岡崎乾二郎, 松浦寿夫,『絵画の準備を!』, 朝日出版社, 二〇〇五年.

渡辺和靖,『保田與重郎研究』, ぺりかん社, 二〇〇四年.

横光利一,『上海』, 講談社文芸文庫, 一九九一年. [요코미쓰 리이치,『상하이』, 김옥희 옮김, 소화, 1999.]

横光利一,「戦争と平和」,『定本横光利一全集』第二三巻, 河手書房新社, 一九八二年.

横光利一,「純粋小説論」,『愛の挨拶・馬車・純粋小説論』, 講談社文芸文庫, 一九九三年. 1999.]

宇野浩二,『宇野浩二全集』第三巻, 中央公論社, 一九七二年.

宇野重規,『〈私〉時代のデモクラシー』, 岩波新書, 二〇一〇年.

夢野久作,「街頭から見た新東京の裏目」,『夢野久作著作集 2』, 葦書房, 一九七九年.

稲垣栄三,『日本の近代建築 その成立過程 (下)』, 鹿島出版社, 一九七九年.

ジョルジョ・アガンベン,『中身のない人間』, 人文書院, 二〇〇二年.

ジョアン・コプチェク,『わたしの欲望を読みなさい』, 梶理和子, 下河辺美知子, 鈴木英明, 村山敏勝訳, 青土社, 一九九八年.

『住宅家具の改善』, 財団法人生活改善同盟会, 一九二四年.

ジル・ドゥルーズ, 「ミシェル・トゥルニエと他者なき世界」, 『意味の論理学 下』, 小泉義之訳, 河出文庫, 二〇〇七年. [질 들뢰즈, 「미셸 투르니에와 타인 없는 세상」, 『의미의 논리』, 이정우 옮김, 한길사, 1999.]

時事新報大正二月二三日, 「ペンキ屋へ大工よりの抗弁」.

時事新報大正十二年十二月二二日, 「ペンキ屋へ大工よりの抗弁」.

カント, 『純粋理性批判』, 篠田英雄訳, 岩波文庫, 一九六一年. [임마누엘 칸트, 『순수이성비판』, 백종현 옮김, 아카넷, 2006.]

カール・シュミット, 『独裁』, 田中浩, 原田武雄訳, 未来社, 一九九一年. [칼 슈미트, 『독재론』, 김효전 옮김, 법원사, 1996.]

カール・ポランニー, 『大転換 市場社会の形成と崩壊』, 吉沢英成訳, 東洋経済新報社, 一九七五年. [칼 폴라니, 『거대한 전환』, 홍기빈 옮김, 길, 2009.]

トム・ガニング, 「アトラクションの映画」, 『アンチ・スペクタクル』, 東京大学出版会, 二〇〇三年.

フリードリヒ・ニーチェ, 『権力への意志』 上巻, ちくま学芸文庫, 一九九三年. [프리드리히 니체, 『권력에의 의지』, 강수남 옮김, 청하, 1998.]

フリードリヒ・キットラー, 『グラモフォン フィルム タイプライター』, 石光泰夫・石光輝子訳, 筑摩書房, 一九九九年.

ハイデッガ, 「有るといえるものへの観入」, 『ハイデッガ-全集』 第七九巻, ブレーメン講演とフライブルク講演, 森一郎, ハルトムート・ブフナ-訳, 創文社, 二〇〇三年. [마르틴 하이데거, 『예술작품의 근원』, 예전사, 1996.]

萩原恭次郎, 『死刑宣告』, 日本近代文学館名著復刻全集長隆舍書店版, 一九七一年.

橋川文三, 「昭和超国家主義の諸相」, 『橋川文三著作集』 第五巻, 筑摩書房, 一九八五年.

ハンナ・アレント, 『人間の条件』, ちくま文芸文庫, 一九九四年. [한나 아렌트, 『인간의 조건』, 이진우·태정호 옮김, 한길사, 1996.]

堀口捨己, 「芸術と建築との感想」, 『日本建築宣言文集』, 彭国社, 一九七三年

堀尾青史, 『年譜 宮沢賢治伝』, 中公文庫, 一九九一年.

藤森照信, 『日本の近代建築（下）』, 岩波新書, 一九九八年.

藤井仁子, 「日本映画の一九三〇年代 トーキー移行期の諸問題」, 『映像学』 六二号, 日本映像学会.